문서와 범죄

박 상 기 외

집 현 재

머 리 말

'문서와 범죄'는 박상기 교수의 정년을 기념하여 박상기 교수와 제자, 동료들이 공동으로 참여하여 쓴 책이다.

1986년 독일 괴팅엔(Göttingen)대학교에서 박사학위를 취득하고 1987년 연세대학교 법과대학 교수로 임명되신 박상기 교수는 2017년까지 30년간 연세대학교에서 봉직하셨다. 지난 30년간 박상기 교수는 학자로서 선도적 연구로 한국 형법학계를 이끌어 오셨고, 교육자로서 진정어린 교육으로 후학을 길러오셨다. 또한 박상기 교수는 행정가로서 연세대학교 법과대학장, 학교법인 동덕여학단 재단이사장, 한국형사정책연구원장을 역임하면서 합리적인 운영을 통해 교육연구기관의 모범적 운영을 제시하셨고, 2003년부터 2006년까지 대법원 사법개혁위원회 위원과 사법제도개혁추진위원회 실무위원을 역임하면서 사법제도의 개혁, 특히 법학교육의 전환을 가져온 법학전문대학원제도의 도입에 있어서 큰 역할을 하셨다.

사회변화를 반영하면서도 민주적 가치를 지키는 최후수단으로서의 형법을 추구해 온 박상기 교수의 정년이 다가오자, 제자들이 2016년 여름에 모여 박상기 교수의 업적과 뜻을 기릴 수 있는 행사를 기획하였다. 당시 박상기 교수는 제자 및 동료들에게 폐를 끼치는 일을 원하지 않았기에, 제자들은 기존의 정년기념행사와는 다른 방식을 생각하게 되었다. 그것은 법학전문서적의 출간이 어려운 현재의 상황에서 후학들에게 조금이나마 도움이 될 수 있도록 특정한 주제에 대한 선문서적을 제자 및 동료들과 공저형태로 출간하는 것이었다. 물론 박상기 교수는 공저의 출간도 공저자들에게 부담을 줄 수 있기에 반대하셨지만, 같이 공저를 저술하자는 제자들의 부탁을 승낙하셨다. 이에 박상기 교수와 제자인 김슬기 교수, 김용수 박사, 김정환 교수, 김혜경 교수, 이경재 교수, 이승준 교수, 이창현 교수, 임정호 박사, 정소영 박사, 황태정 교수 및 연세대학교 법학전문대학원 동료인 심희기 교수, 전지연 교수, 한상훈 교수가 기꺼이 참여하여 총 14명의 공저자가 '문서와 범죄'의 출간에 참여하였다.

박상기 교수는 이론에 머무르는 법학이 아니라 현실과 소통하는 법학을 추구하셨기에 공저의 주제도 구체적인 범죄행위에서 찾았고, 이에 '문서와 범죄'라는 주제가 선정되었다. '문서와 범죄'에서는 문서의 역사적 의미변화를 시작으로 문서의 개념, 문서범죄의 죄수, 문서와 최우량증거제출, 진술조서의 증명력, 문서위조, 문서부정행사, 전자기록위변작, 통화·인장위변조, 공문서에 의한 사생활침해라는 세부적 주제가 다루어진다. 그리고 각국의 입법적 상황을 비교할 수 있도록 독일, 영국, 미국, 일본의 문서범죄가 다루어진다.

14명의 저자가 공동 작업을 하고 개별 저자가 세부주제에 관해서 독자적으로 저술하는 방식을 택하다 보니 '문서와 범죄'의 출간에 어려움이 있었다. 문서범죄에 관한 세부주제의 개별논문을 모은 논문집을 출간하는 것으로 오인한 경우나 강의용교재의 출간으로 오인한 경우 등이 있었으며, 14명의 공저자들이 모두 한 자리에 같이 모여 소통할 수 있는 기회를 가지기도 힘들었다. 그러다 보니 각 장 간의 범위배분이나 형식, 유기적 연결, 상호 인용 등이 부족하게 되었다. 이 점 독자 여러분의 혜량을 구할 수밖에 없다.

'문서와 범죄'가 나오기까지 여러 분들의 수고가 있었다. 수익성이 없을 것으로 예상됨에도 기꺼이 출간을 해 주신 집현재 위호준 대표께 심심한 감사의 말씀을 올리고, '문서와 범죄'가 보다 좋은 형태로 출간될 수 있도록 꼼꼼하게 편집해 주신 집현재 전충영 상무께도 감사드린다. 또한 공저자와 출판사 간의 중개에 있어서 수고를 마다하지 않으신 김슬기 교수께도 감사드린다.

박상기 교수의 정년을 기념하여 박상기 교수와 제자, 동료들이 같이 쓴 '문서와 범죄'가 대학, 대학원, 실무 등에서 활용되어 형법학을 공부하는 독자들에게 조금이나마 도움이 되길 빌며, 많은 사람이 소장하지는 않더라도 많은 사람에게 오래도록 활용되는 책이길 기원한다.

2017년 6월

저자들을 대표하여 김정환

박 상 기(朴相基) 교수

학 력

- 연세대 법학과 졸업(1974)
- 독일 괴팅엔(Goettingen) 대학 법학부 수료, 법학박사(1986, Dr.jur.)

경 력

- 연세대학교 법학전문대학원 교수(1987.9.~현재)
- Bonn 대학, Wisconsin Law School(1995.9~12), 게이오(慶應義塾) 대학, Frankfurt/M 대학 Visiting Professor
- 연세대학교 법과대학 학장(2003.3.1~2006.1.31)
- 연세대학교 법무대학원장(2004.2.1~2006.1.31)
- 학교법인 동덕여학단 재단이사장(2004.8~2007.3)
- 한국형사정책연구원 원장(2007.11.16.~2010.11.15)
- 한국형사정책학회 회장(2004)
- 한국형사법학회 회장(2005)
- 법무부 정책위원회 위원(2003.5.20.~2005.5.19.)
- 대법원 사법개혁위원회 위원(2003.10.28~2004.12.31)
- 사법제도개혁추진위원회 실무위원(2005~2006)
- 법무부 형사법개정특별위원회 위원(현재)
- 경제정의실천시민연합(경실련) 공동대표(2017.3.~현재)

저서 및 역서

- Die nachträgliche Tatbeteiligung, Diss., Uni. Göttingen, 1986
- 독일형법사, 1993, 율곡출판사
- 형사정책(Heinz Zipf, 공역), 1999, 한국형사정책연구원
- 인과관계와 객관적 귀속(Claus Roxin, 공역), 한국형사정책연구원
- 형법연습, 제3판, 2004, 박영사

- 형법총론, 제9판, 2011, 박영사
- 형법각론, 제8판, 2012, 박영사
- 형사특별법(공저), 제2판, 2016, 집현재
- 형법학(제3판), 2016, 집현재
- 형사정책(공저), 제11판, 2016, 한국형사정책연구원
- 형법의 기초, 2016, 집현재

주요논문

- 성범죄 피해아동의 진술의 신빙성 판단기준, 피해자학연구(제24권), 2016.4.
- 파업에 대한 업무방해죄 적용의 문제점, 형사판례연구(제23권), 2015.6.
- 포괄일죄와 연속범 및 공동정범성, 저스티스(제129호), 2012.4.
- 파업과 업무방해죄, 형사판례연구(20), 2012.6.
- 스포츠 승부조작과 형사책임, 스포츠와 법(제14권 제3호), 2011.8.
- 소위 化學的 去勢와 '성폭력범죄자의 성충동 약물치료에 관한 법률'의 문제점, 형사정책연구(제21권 제3호), 2010.9.
- 공동정범론과 현대적 과제, 형사법연구(제21권 제4호), 2009.12.
- 형법상 法益類型과 법정형에 관한 小考, 형사법연구(제19권 제3-하), 2007.9.
- 간첩죄에 관한 소고, 형사정책연구(제18권 제3호), 2007.9.
- 공무상 표시무효죄와 착오, 형사판례연구(12), 2004.6.
- 편의시설부정이용죄의 본질과 전화카드의 문서성, 형사판례연구(11), 2003.6.
- 강간치상죄와 강간고소의 취소, 형사판례의 연구 II(이재상교수화갑기념논문집), 2003.1.
- 방조행위와 인과관계, 형사판례의 연구 I, 2003.1.
- 고의의 본질과 대법원 판례의 입장, 형사판례연구(10), 2002.6.
- 신용카드절취와 절도죄 성립여부, 연세법학연구(제12권 제2호), 2002.6.
- 형법제정 50년과 공범론의 전개, 형사법연구(제18권), 2002.12.
- 돈세탁행위의 유형과 금융기관 종사자의 책임, 형사법연구, 2002.11.
- 1990년대 재산범죄에 대한 대법원 판례의 동향, 형사판례연구(9), 2001

- 중지미수의 성격과 자의성 판단, 형사법연구(제14호), 2000.12.
- 공문서등부정행사죄, 형사판례연구(제8권), 2000.6.
- 우리나라 학설과 판례에 나타나는 공동정범의 유형과 문제점, 형사법연구(제13호), 2000.6.
- 21세기 한국형법의 나아갈 방향, 법조, 2000.1.
- 의료과실과 과실인정조건, 형사판례연구(제7권), 1999.1.
- 간호업무에 대한 법적 의무와 책임인식에 관한 연구, 한국의료법학회지(제6권)
- 부동산명의신탁과 횡령죄, 형사판례연구(6), 1998.7.
- 법조양성과 법학교육, 한국법학원보(제79호), 1998.1.
- 돈세탁행위의 유형과 금융기관 종사자의 책임, 형사법연구(제9권), 1997.1.
- 사회변화와 형사정책의 과제, 형사정책연구, 1997.1.
- 강간죄와 폭행 · 협박의 정도, 형사판례연구(4), 1996.6.
- 출판물에 의한 명예훼손죄, 형사판례연구(3), 1995.1.
- 독일형법상의 돈세탁처벌규정, 성곡논총, 성곡학술문화재단
- 업무방해죄에서의 '업무방해'의 의미 – 소위 "위장취업"과 업무방해죄, 형사판례연구(2), 1994.7.
- 여호와의 증인의 輸血拒否와 의사의 형사책임, 한국마취과학회지(제23권 제5호), 1990.12.
- 법학방법론의 史的 考察, 동서양의 법철학과 사회철학, 1990.12.
- 미국에서의 probation과 parole에 관한 소고, 형사정책연구(제2권 제3호), 1991.6.
- 결과적 가중범의 공동정범, 형사판례연구(제1권), 1993.11. 등 총 100여 편.

차례 개요

Ⅰ. 한국의 문서범죄

Ⅱ. 각국의 문서범죄

차 례

Ⅰ. 한국의 문서범죄

Ⅱ. 각국의 문서범죄

I

한국의 문서범죄

1. 총 설
2. 문서의 개념 변화: 작은 입법 만들기와 경제성의 원리
3. 문서범죄와 죄수
4. 문서와 최량증거 규칙
5. 참고인진술조서의 증거능력과 문서범죄
6. 문서위조 · 변조죄
7. 문서부정행사죄
8. 전자기록 위작 · 변작죄
9. 통화 · 인장 위 · 변조: 문서범죄와의 몇 가지 구별점
10. 공문서로 인한 범죄피해자의 사생활 침해

1. 총설: 문서의 과거, 현재, 그리고 미래

Ⅰ.

문서는 인간의 일상생활에서 불가분리의 유용성을 지닌 물체이다. 과거에는 물론이고 디지털시대에도 문서의 기록적인 가치의 중요성은 증대되고 있다. 고대 이래 문서는 역사기록의 방식으로 가장 중요했으며, 통치를 위한 수단으로서도 문서의 역할은 핵심적이었다. 문서는 통치자의 통치행위를 기록하고 통치수단의 매개물로서 기능하였다. 고대 바빌로니아의 함무라비(Hammurabi)왕이 당시 법률을 비석에 새겨 세워놓았던 것이 대표적인 예이다. 오늘날 문서는 법 공동체 구성원 간에 신뢰를 바탕으로 한 공공성을 지닌 매체로서 역할을 하고 있으며, 동시에 사회생활의 근간을 이루는 매체로서 필수적인 대상이 되었다. 그리고 기록매체로서 문서는 비석과 같은 판각에서 종이로, 현대에는 이메일이나 전자문서처럼 디지털 방식으로 기록되는 등 새로운 기록방식이 등장하고 있으며, 이러한 매체의 성질변화와 관계없이 그 중요성이 확대되고 있다.

유럽에서 문서는 일상생활에서 매우 중요한 역할을 하였다. "기록하면 남게 된다"(Was man schreibt, das bleibt)는 표현이 이를 나타낸다. 문서가 중요시되는 것은 문서가 갖는 증거로서의 가치 때문이다. 그러나 문서의 공신력은 중세 유럽에서는 증인의 가치에 미치지 못하였다. 문제는 증인은 사망 등에 의해 사라지지만 문서는 지속성이 있기 때문에 점차 문서가 갖는 증거로서의 사용가능성이 중요시되었다는 점이다. 중세 유럽에서는 문서의 증거 사용성을 유지하기 위해서 필요한 요건이 있었는데, 하나는 인장(Siegel)

이고 다른 하나는 공증인 제도(Notariat)이다. 독일에서는 13세기 이후 교황이나 국왕, 선제후(選帝侯) 또는 교회의 인장이 찍힌 문서가 교회법의 요건에 맞는 문서로서 공적 효력이 인정되었다. 반면에 귀족이나 도시의 관인이 찍힌 문서는 일반적 효력이 인정되지 않고 개별 사안의 경우에 대해서만 효력이 인정되었다.[1)]

유럽에서 중세 초기에는 문서의 형식성을 중요시하였다. 즉 관행으로 작성되는 문서의 요식성이 전승되어 이를 모아놓은 문서모음집(Formelsammlung)이 법의 역할을 하였다. 중세나 근세 초기까지 유럽에서 문서는 공문서와 사문서로 분류하였는데 그 방식은 오늘날의 기준과 다르다. 당시에 문서는 발행인이 주권자인지 여부에 따라 공·사문서를 구별하였다. 즉 공문서는 교황이나 국왕 또는 공국의 왕이 발행하는 문서를 일컬었으며, 사문서는 수도원이나 독자적인 지배영역이 없는 귀족 또는 도시가 발행하는 문서를 가리켰다. 이들 문서는 내용에 따라 법률행위를 기재한 법률문서나 처분행위를 기재한 처분문서 그리고 사실관계를 입증하기 위한 증명문서로 나뉘었다. 그리고 문서 위·변조는 오늘날과 마찬가지로 사기행위의 전 단계로서 이루어지는 경우가 많았다.

게르만법상으로는 문서가 법률행위의 서면증거로서 이용되었는지 명확하지 않다. 게르만 고대 문자인 루네어로 된 루네문서(Runenzeichen)로 개인이나 종족의 소유임을 알리는 가옥표시(Hausmarke)만이 사용되었다. 게르만 족에게 "문서"(Urkunde)라는 표현은 중세에 들어와서 사용되었으며, 이전에는 "Urkunde"(문서)라는 표현 대신에 "Buch"(책, 기록부)라는 표현을 사용하였다. 중세 프랑크제국 시대[2)]에 들어와서 문서에는 두 가지 중요한 종류가

1) Karl Kroeschell, Deutsche Rechtsgeschichte, Bd. 1(bis 1250), Rowohlt Taschenbuch Verlag GmbH, 1972, S. 35ff.

2) 5세기에서 9세기에 이르는 동안 존속하였으며, 서로마제국의 멸망(476년) 후 유

있었다. 하나는 왕의 문서(Königsurkunde)이고, 다른 하나는 사문서(Privaturkunde)였다. 당시에 거래문서(Geschäftsurkunde, cartae)는 단순한 증명문서(Beweisurkunde, notitiae)와 구별되었다.[3)]

왕의 문서에 대해서는 다툴 수가 없었기 때문에 증인도 필요하지 않았다. 그리고 왕의 처분이 포함된 문서에는 왕의 서명이 들어있었던 데 반해 왕립 재판소에서 이루어진 재판을 기록한 문서(placita)나 관리에 대한 지시사항을 기록한 문서(indiculi), 왕의 명령문서(capitularia) 등에는 왕의 서명이 필요하지 않았다. 사문서는 거래내용을 기록한 문서를 발행자가 수령자에게 교부하는 문서이다(traditio cartae). 그리고 문서교부행위는 법적 효력을 발생시키기 때문에 부동산 이전의 경우에는 양도의 효과가, 채무문서의 경우에는 교부가 채무의 성립을 의미하였다. 문서의 활용이 확산되자 판례를 축적하여 선결례를 따르듯이 문서를 수집하여 동일한 내용의 거래시 과거 문서의 형식을 따르게 되었다. 이러한 방법을 취하면서도 문서 명의를 지우거나 구체적인 내용을 제거하고 일반화하고 중립화하여 일반적 원칙 내지 방식으로 사용하였다. 방대한 문서를 축적한 사람들은 궁정의 서기들 - 오늘날의 법률가 - 이었는데, 후일 이 축적된 문서가 법률행위의 내용을 파악하는 중요한 원천자료가 되었다. 이 문서모음집 가운데 가장 유명한 것으로는 중세초기 프랑크제국 신부였던 마르쿨프(Marculf)에 의해 만들어진 것이 있다.[4)] 당시 문서의 내용은 주교임명에 관한 것, 백작 임명, 국왕의 면책특권(675년에 국왕이 한 주교구에 면책특권을 부여한 사실), 소송경과와 판결 관련 문서, 증여계약서, 매매 또는 교환계약서, 농노해방 관련 문서, 아내의 재산지참금 서류 등이었다. 이러한 법률

럽에서 가장 중요한 제국이었다.

3) Hermann Conrad, Deutsche Rechtsgeschichte, Bd. 1(1962), S. 137 ff.

4) Kroeschell, Karl, a. a. O., S. 56 ff.

행위에 관하여 과거의 문서 - 양식과 내용 - 가 이용된 것이다. 특히 프랑크제국 시대 카알(Karl) 대제(768~814)의 궁내부에서는 마르쿨프의 모음집을 실무에 이용하였다. 또한 당시 수도원 부설 학교에서 교육자료로 이용되기도 하였다(마르쿨프 자신이 모음집을 발간하면서 교육자료로 사용될 것을 희망하기도 하였다). 중세 초기 이러한 법률양식 모음집은 당시의 법을 이해하는 데에 매우 중요한 자료라고 할 수 있다.

이러한 문서의 요식성은 게르만 왕국을 넘어 로마제국에서도 문서의 증명력을 갖추기 위한 요건이 되었다. 즉 문서는 발행인이나 증인의 서명이 필요했고, 나중에 이탈리아 내에서는 공증인의 서명을 필요로 하였다. 다른 로마제국 지역에서는 관청에 문서양도를 하거나 공문서에 기록하는 것을 요건으로 하였다.

한편 중국 명나라의 법률서 "大明律"을 이두식으로 역해한 "大明律直解"에서도 문서위조죄는 사기범죄의 일종으로 규정하고 있었다. 즉 조서(詔書)를 위조한 죄[詐僞制書]에는 조서를 위조한 자는 참형에 처하는 것으로 규정하고 있다[大明律直解 권 24, 刑律]. 조서의 내용을 증감한 자 - 오늘날의 의미로는 변조행위에 해당 - 역시 마찬가지로 처벌하였다. 과실로 문서를 잘못 기재한 경우에는 과실범으로 처벌하였다. 오늘날 과실위조행위를 처벌하지 않는 것과 비교되는 부분이다. 서류위조 이외에 화폐를 위조한 행위도 처벌되었다.

우리나라의 경우 삼국시대에 이미 문서는 다양하게 사용되었다. 즉, 종이문서가 사용되기 전에도 목간이나 비석이 문서기능을 하였으며, 특히 목간의 경우 일반 백성의 거래를 증명하는 중요한 기능을 한 것으로 보인다. 목간은 백제나 신라의 것도 전해지고 있으며, 충남 태안 앞바다에서 발견된, 강진에서 출발해 송도로 향하던 고려시대 도자기를 선적한 난파선에서 발견된 목간을 예로 들

수 있다. 여기에는 적재한 물품의 종류와 수량, 선적일과 발송인, 수령인 및 수령지 주소까지 기록되어 있어서 오늘날의 운송서류와 같은 기능을 한 것으로 볼 수 있다. 다음으로 광개토대왕비나 진흥왕 순수비 등 비석의 형태로 남은 기록을 통해서도 당시 사회상을 알 수 있으며 정치적·외교적 상황을 파악할 수도 있다. 고려시대나 조선왕조에서 문서는 왕의 문서와 관청의 문서 그리고 백성들의 법률행위를 증명하는 사문서가 존재하였다. 왕의 문서로는 왕의 명령을 기록한 교지(敎旨)가 대표적이다. 교지는 국왕이 신하에게 관직·관작·자격·시호·토지·노비 등을 내려주는 문서이다. 사문서는 부동산 관련문서나 노비문서가 대표적인 것이었다. 기록에 의하면 고려시대 노비상속을 기록한 문서가 발견되었는데, 고려 공민왕 때의 직장동정(直長同正)으로 있던 윤광전(尹光琠)이 그의 적장자(嫡長子)이며 소윤(少尹)의 관직을 가진 단학(丹鶴)에게 노비를 상속해 주는 증서이다. 〈소지(所志)〉 4장, 〈입안(立案)〉 2장의 모두 6장으로 된 문서인데 〈소지〉는 윤광전이 그 사유를 상세히 적고 끝에 현 노비의 소유자·보증인·대서인의 성명과 수결(手決)을 붙여서 작성한 것이다. 〈입안〉은 당시의 담당구역의 지방관인 탐진감무(耽津監務)가 이를 확인하여 상사의 결재를 신청하는 문서이다.[5]

Ⅱ.

비교법적으로 살펴보면 문서에 대한 죄는 몇 가지 특징이 있다. 첫째는 독일형법을 비롯하여 오스트리아 및 스위스형법에서는 공·사문서의 구별이 없는 데 반해 우리 형법은 일본형법과 마찬가지로 이를 구별하고 있다. 그리고 공문서에 대한 위조 등의 행위를

5) 두산백과사전, 지정십사년노비문서(至正十四年奴婢文書).

더 무겁게 처벌한다. 다만 오스트리아형법의 경우 공·사문서를 구별하지는 않지만 공문서에 대해서는 형을 무겁게 규정하고 있다(동법 제224조). 둘째는 문서의 내용적 진실성에 대한 것이다. 내용이 허위인 문서작성행위를 무형위조라고 하는데 독일형법은 이를 처벌하지 않는다. 그러므로 내용이 허위인 문서가 진정한 문서가 될 수 있고, 반대로 내용이 진실하지만 위조문서가 될 수 있다. 이처럼 독일형법은 무형위조를 처벌하지 않지만 우리 형법과 마찬가지로 예외적으로 허위진단서 등에 대한 무형위조는 처벌한다(독일형법 제278조). 그러나 오스트리아형법은 일체의 무형위조를 처벌하지 않는다. 그리고 공문서와 사문서를 구별하는 우리나라나 일본의 입법체계는 국가 우선의 사고에서 비롯된다고 볼 수 있다. 그 밖에 스위스형법은 공·사문서의 구별 없이 문서 위·변조, 서명·자필의 부정행사, 허위공증행위를 처벌한다(동법 제251조).

우리의 현행형법 제정에 많은 영향을 끼친 일본 "改正刑法假案"에서는 천황의 조서(詔書), 칙서(勅書) 또는 어서(御書)를 위조하는 행위를 가장 무겁게 처벌하였다(제306조. 무기 또는 3년 이상의 징역). 그리고 공문서와 사문서를 구분하여 공문서를 더 무겁게 처벌하는 것으로 규정하였다(동 가안 제307조-제317조). 일본 "개정형법가안"의 내용은 현행 일본형법에서도 구조적으로는 동일하게 반영되어 있다. 다만 공문서위조의 경우 공무소나 공무원의 인장, 서명을 사용하여 위조하는 행위를 규정하고 있는 점(일본형법 제155조 제1항)에서 현행 일본형법 및 우리 형법과 차이가 나는 부분이다. 특히 현행 일본형법이 사문서에 대한 무형위조를 처벌하지 않는 점에서는 우리 형법과 동일하다.

Ⅲ.

문서의 제조 - 작성 - 와 관련된 자는 발행인과 작성인 및 수신인으로 나뉜다. 발행인이 동시에 작성자인 경우가 많지만 반드시 일치할 필요는 없다. 그리고 문서가 문서로서 인정받기 위해서는 지속가능성이 있는 존재양식을 가지고 있어야 하고 작성명의인의 의사표시가 표명되어 있어야 한다. 최근 판례는 사기죄와 관련하여 '서명사취' 형태의 사기죄를 인정하고 있다(대법원 2017. 2. 16. 선고 2016도13362 전원합의체 판결). '서명사취'의 특수성은 기망행위에 의해 유발된 착오로 인하여 피기망자가 내심의 의사와 다른 처분문서에 서명 또는 날인함으로써 재산상 손해를 초래한 경우이다. 여기서는 행위자의 기망행위 태양 자체가 피기망자가 자신의 처분행위의 의미나 내용을 제대로 인식할 수 없는 상황을 이용하거나 피기망자로 하여금 자신의 행위로 인한 결과를 인식하지 못하게 하는 것을 핵심적인 내용으로 하고 있다. 이로 말미암아 문서작성자인 피기망자는 착오에 빠져 처분문서에 대한 자신의 서명 또는 날인행위가 초래하는 결과를 인식하지 못한다. 피기망자의 하자 있는 처분행위를 이용하는 것이 사기죄의 본질인데, '서명사취'의 경우에는 그 하자가 피기망자의 의사표시 자체의 성립과정에 존재하는 것이다. 비록 피기망자가 처분결과, 즉 문서의 구체적 내용과 법적 효과를 미처 인식하지 못하였더라도, 어떤 문서에 스스로 서명 또는 날인함으로써 이러한 서명 또는 날인하는 행위에 관한 인식이 있었던 이상 피기망자의 처분의사 역시 인정되고 문서 역시 유효하게 성립한 것이 된다.

이러한 새 판례에 의하면 문서상에 표시된 의사가 작성자의 의사와 반드시 일치할 필요는 없다는 것이 된다. 즉 문서작성자가 의도했던 목적을 달성하지 못하거나 인식하지 못한 문서작성의 결과를 초래하였더라도 문서의 유효성은 인정되고 그 결과 이를 이용한 사기죄의 성립을 인정한 것이다. 이러한 판례의 입장은 기망행위로 유발된 착오로 인하여 처분문서에 서명 또는 날인함으로써 사기죄가 성립한다는 일반적 견해 이외에 문서상의 의사표시와 의사표시의 동기가 일치하지 않더라도 문서작성이라는 처분행위의 유효성을 인정하는 것은 문서에 대한 사회적 신뢰 보호가 필요하다는 사고에 기반하고 있다고 볼 수 있다. 이러한 판례의 입장은 처분행위자가 처분결과, 즉 처분행위로 인한 결과를 인식하고 이러한 의사에 지배된 행위이어야 한다는 과거의 판례(대법원 2011. 4. 14. 선고 2011도769 판결)와 다르다.

문서는 문서작성 명의인의 의사표시를 나타내는 것이라는 관점에서 보면 이러한 판례의 변경은 작성 당시 의사표시의 방향과 결과적으로 나타나는 의사표시의 효과가 일치하지 않아도 된다는 것이다. 착오에 의해 서명 또는 날인을 하여 작성된 '착오문서'도 문서로서의 효력을 인정받을 수 있다는 것은 문서의 요식성이 문서성을 판단하는 가중 중요한 기준이 된다는 것을 의미한다. 만일 문서 명의인의 의사와 일치되는 문서만을 유효하다고 할 경우 사회적 신뢰를 기반으로 하는 문서는 그 기능을 할 수 없게 될 것이기 때문이다. 문서의 무형위조를 원칙적으로 처벌하지 않는 우리 형법이나 일본·독일·오스트리아형법의 태도는 이러한 의미에서 이해할 수 있다.

Ⅳ.

문서로서 성립하기 위한 요건 가운데 하나인 문서의 작성명의인의 존재가 미래에도 현재와 같이 요구되고 유지될 것인가? 자연인과 법인에 국한되는 현재의 작성명의인은 가까운 장래에 확대되지 않을 수 없을 것으로 예상된다. 바로 인공지능체(Artificial Intelligence Agent)라는 법률행위에서의 '제3의 종(種)'이 등장할 것이기 때문이다. 법인의 경우에는 자연인의 판단과 결정에 의존하는 것이지만 인공지능체의 경우에는 인공지능의 독립적 판단과 결정을 전제로 할 것이라는 점에서 완전히 새로운 상황이 전개될 것이다. 즉 인공지능의 등장에 의해 자동적으로 체결되는 계약이라든가 아니면 인공지능의 판단에 의해 작성되거나 체결되는 문서가 등장할 것이다. 현재는 인공지능이 사람의 의사를 대리하는 수준에 머무르고 있다. 그러나 장래에는 인공지능체의 독자적인 판단으로 작성되는 문서가 등장할 것이고 법학은 이에 대한 판단을 하여야 할 것이다. 인공지능체는 생명이 없는 존재이기 때문에 자유의지를 인정할 것인지 여부가 문제되고 법률행위의 주체성을 인정할 수 있는지 여부가 문제된다. 핵심주제 가운데 하나는 인공지능체에 법률상 독립적 지위를 인정할 수 있는지 여부가 될 것이다.[6] 그러나 법학 전체에 영향을 미칠 이러한 미래상황은 문서의 영역에서 다루기에는 너무 광대한 법학의 새로운 도전분야가 될 것이다.

6) Samir Chopra & Laurence F. White, A Legal Theory for Autonomous Artificial Agents, University of Michigan Press, 2011, p. 162ff.

2. 문서의 개념 변화: 작은 입법 만들기와 경제성의 원리

Ⅰ. 갈림길에서 길을 잃은 형법: 다기망양(多岐亡羊)

오늘날의 사회는 감각기관을 가진 능동적 유기체처럼 스스로 몸을 부풀리며 급변한다. 경제적인 면에서 '보이지 않는 손', '의견의 시장', '무임 승차자'라든가 병리적인 측면에서 '유리천정' 또는 '그물', '안전망'이라고 표현되기도 하지만, 날마다 격변하는 거대하고 진폭이 큰 동선들은 사회를 하나의 무언가로 정의하는 것조차 어렵게 만든다. 좌표 축처럼 날실과 씨실만으로 구성되어 양축의 변화만으로 미래를 전망할 수 있는 것도 아니며, 수많은 축들이 서로의 이해관계의 강도를 조절하지 못하고 얽혀 있어서 어느 하나의 변화가 다른 영역들에게 미칠 영향에 대하여도 쉽게 예측할 수 없다.

법 영역 역시 그 수많은 축들 중 일부이며, 입법 또한 3권 분립이념을 주장하던 과거 시대의 명쾌하고 분명한 '자생적이고 독립된 힘'이 아니다. 도대체 대의제로 상징화된 입법권이라는 추상적 권리 이외에 구체적으로 입법권의 실현이 대의를 담고 있는지 여부를 형법영역에서 논함은 한계가 있을 것이다. 그럼에도 불구하고 형사법 영역은 이미 입법권이 낳아 놓은 기형아들로 가득하다. 이처럼 입법권에 의하여 생성과 발전과 소멸의 목숨을 내 놓고 사생의 기로에 놓여 있는 형사법들은 이미 다기망양(多岐亡羊)[1]의 형국

1) 心都了曰: "大道以多 亡羊, 學者以多方喪生. 學非本不同, 非本不一, 而末異若是. 唯歸同反一, 爲亡得喪. 子長先生之門, 習先生之道, 而不達先生之 也, 哀哉!"

에서 벗어날 수 없는 듯 보인다. 형법이 다기망양의 늪에서 벗어나지 못하는 이유 역시 한가지일 듯 싶다. 심도자의 말과 같이 오늘날 우리가 접하는 형사법 역시, 본질은 하나임에도 불구하고 갈림길이 많아져서 그 근본 또는 목표를 잃어버리고 무수한 논쟁들에 빠져, 헤어나오지 못하는 건 아닐까 싶다.

형법의 근본 또는 목표가 무엇인가? 이 역시 이미 다기망양의 형국임은 언급하지 않아도 될 듯 싶다. 그러나 "보호법익 없는 범죄는 없다"는 명제는, 다기망양에 처한 형법의 수많은 갈림길의 출발이자 도착점이라고 주장해도 대체로 수용가능할 것이다. 법익은 형법상 범죄의 존립이유와 위상을 투영한다. 형법은 그 자체로 법익을 보호하기 위한 법률이기 때문이다.

법익이 무수한 논쟁의 갈림길들 사이에서도 중심축을 이루는 이유는 형법의 기능 때문이다. 형법이 법익과 사회 보호의 기능을 수행하여야 한다고 할 때에는, 법익을 해하거나 위태화하는 특정한 행위들을 금지함으로써 사회의 안녕을 유지할 수 있도록 기능한다고 이해하는 것이 일반적이다. 그렇다면 형법에 의하여 금지되는 행위들은 반드시 법익을 침해하거나 위태화하여야만 하며, 구성요건행위는 명확하여야 한다. 그러나 행위나 구성요건이 명확하게 규정되어 있더라도, 구성요건의 규범적 성격으로 인하여 그 적용 여부가 명확하지 않는 경우가 발생한다. 일반적으로 구성요건의 성격을 규범적인 것과 기술적인 것으로 구분하지만, 이는 무의미한 구분일 뿐이다. 기술적 구성요건이란 없다. 형법의 적용이란 사물의 사실현상 - 그것이 철학적이든 자연법칙적이든 - 을 대상으로 하는 것이 아니라, 형법상의 적용가치가 있는 것만을 대상으로 하기 때문이다. 예컨대, 절도죄의 재물은 재이면서 물이어야 한다. 그러나 재도 물도 사실확정에 의하여 그 의미를 인식할 수 있을 것인가의 문제는 별론으로 하고, 형법은 형법상의 법익으로서 보호가치 있는 재이면서 물인 것만을 대상으로 한다.

형법의 규범성은 형법 내에서 기술적 요소들을 배제시키는 작용을 함에도 불구하고, 형법은 반드시 '사고의 규범'이어야 한다는 요건을 충족시키기 위하여 지나치게 많은 논쟁들이 갈림길을 만들고 세분화시켜서 원래의 목표점으로 가기 위해서는 지나치게 너무나 많은 길에서 논박을 하고 헤매어야 하게 되어버렸다. 그러나 형법도 동시대의 '평균인의 합리적 이성'에 부합하여야 한다는 필요조건을 갖추었는가로부터 시작한다면 의외로 간단해질 수도 있을 것이다. 즉, 다기망양한 형세로부터 한걸음 벗어나 '평균인의 합리적 이성'이라는 렌즈를 통해 일단 바라보는 것으로부터 출발한다면, 수범자에 의한 예측가능성과 법규로서의 수용가능성을 높일 수 있을 것이다. 일반인의 예측가능성과 법규로서의 수용가능성이야말로 수범자로 향한 규범에의 순응력을 높이는 지름길이기 때문에, 형법 역시 그러한 점을 간과해서는 안 된다는 점을 지적하고 싶은 것이다.

문서에 관한 죄 역시 마찬가지이다. 무엇이 문서인가는 무엇이 문과 서인가의 문제가 아니다. 수범자들이 '평균인의 합리적 이성'의 시각으로 바라보았을 때, 어떠한 것이 문서로서 보호되어야 하는지에 관한 예측가능성과 법규로서의 수용가능성이 있어야만 한다. 지나치게 형식논리로 만든 갈림길들 내에서 논리적 정합성만을 맞추다보면 본질적으로 의도했던 목적으로부터 점점 멀어져 갈 수 있다. 물론, 논리적으로 부합되지 않는 것을 논(論)해서는 안 됨은 말할 나위없는 필요조건이지만, 충분조건을 찾아내는 데 있어서 기본은 '평균인의 합리적 이성'이어야 한다.

수범자를 배려하지 않은 법은 시대를 너무 앞서가거나 시대에 너무 뒤처져 있을 뿐이다. 물론 법은 헌법의 보호영역 내에 위치해 있어야 하지만, 헌법은 단지 그것이 감내할 수 없는 헌법이적 영역에 있는가 여부만을 판단할 뿐 법 자체의 가치를 논하지는 않는다. 그러나 형법은 헌법 내에 위치해 있으면서도 좋은 법이어야 한다. 그리고 좋은 법은 '평균인의 합리적 이성'을 통해 가장 많은 지지를 받는 법이어야 한다.

여기에서는 이러한 시각으로 문서에 관한 죄에서의 '문서'의 의미를 해석하고자 한다. 우선 법익의 면에서 문서에 관한 죄를 처벌하여 보호하고자 하는 법익이 무엇인지 살펴보고(Ⅱ), 그러한 법익을 보호하기 위한 규정정립에 있어서 작은 입법만들기의 의미와 그 기본원리로서 경제성의 원리를 살펴보고자 한다(Ⅲ). 다음으로 문서의 정의에 관하여 우선 현행 형법상 '문서'의 정의를 '평균인의 합리적 이성'의 시각에서 살펴보고, 왜 문서의 정의가 그러하여야 하는지를 귀납적으로 풀어본 후에, 그러한 문서의 정의에 포섭될 수 있는 문서를 복사문서와 전자문서를 예로 들어, 현대 사회현상에서 찾아보고자 한다(Ⅳ).

Ⅱ. 법익의 영역 구분짓기

1. 법익과 좋은 형법/감내할 수 없는 경계의 형법

법익개념은 체계내적으로도 체계비판적으로도 그 역할을 수행하여야 한다. 체계내적인 측면에서, 특정한 법익의 보호를 목적으로 하지 않는 형법규정은 존재근거를 잃어버리게 되고 법익에 대한 실제적 침해 내지는 위험을 초래하지 않는 행위는 범죄의 카테고리에서 배제된다. 최근에는 과도한 형법의 양산에 대한 경고로서 체계비판적 측면이 보다 강조되는 경향이 있는 듯하다.

형법이 어떠한 보호객체들을 어떠한 형식으로 보호할 것인가에 관하여는 전통적인 법익론처럼 헌법질서와 같은 규범적인 원칙들을 기초로 찾아볼 수도 있고, 형법 역시 사회현상을 바탕에 두고 사회현상을 통제하기 위한 수단이므로 사회현상을 고찰할 수도 있다. 그런데 후자의 접근이 반드시 법익론을 배제한 고찰이라고는 할 수 없다. 법익론 역시 무엇이 법적으로 보호해야 할 이익인가 여부, 즉 보호의 가치는 사회적으로 찾아져야 하기 때문이다. 앞서 언급한 바와 같이 다기망양(多岐亡羊)의 형국으로 모든 논의들에 갈림길을 만들고 양자선택의 문제로 귀결시켜버린다면, 통합적인 이해로부터 점점 멀어져버리게 된다. 즉, 사회적 현상을 포함하는 법익론은 전통적 법익론을 '뛰어넘는'[2] 고찰방법이라고 양자를 구분해버리면, 전통적 법익론은 '뛰어넘겨져야 할' 구시대의 폐쇄적 사고가 되는 꼴이 되고 만다. 그러나 형법은 현실적으로 사회에 유해한 행위만을 대상으로 형벌을 투입해야 하며, 단순한 도덕이나 윤리에 저촉되는 행위나 추상적인 위험에 대해서는 개입하지 말아야 한다는 것이 전통적인 법익론에서의 법익보호원칙이다. 즉, 전통적인 법익론에서도 '사회에 유해한 행위'인가 여부는 사회적 현상에 대한 관점을 배제하고 판단할 수 없는 것이다. 오히려, 문제는 법익으로만 만들면, 헌법의 보호영역 내에서는 그 무엇이든 형법을 통해 통제할 수 있다는 관점이다. 좋은 형법이 아니라, 다수결을 통해 헌법영역내로 들어오기만 한다면 감내할 수 없는 한계지점 또는 경계선 위에까지 형법을 만들어 놓겠다는 입법결단이 문제인 것이다.

본질과 현상을 명확하게 드러내기 위하여 구분하고 범주를 나

2) 이신국, "형사입법에서 법익개념의 체계비판적 기능", 「동아법학」 제37권, 동아대학교 법학연구소, 2005/12, 112면의 각주 19)는 Winfried Hassemer, Theorie und Soziologie des Verbrechens, Fischer Taschenbuch Verlag · fm, 1973, S. 130ff., S. 147을 소개하면서 "사회적 합의에 중심된 법익론의 대표자인 Hassemer 교수는 형법이 어떠한 보호객체들을 어떠한 형식으로 보호할 것인가에 관한 물음과 관련하여 전통적 법익론과 같이 헌법질서 등과 같은 규범적 원칙들로부터 대답을 도출하는 것을 뛰어넘어 규범의 발생근거로서 사회현상들도 함께 고찰"하고 있다고 소개하고 있다.

누기도 하지만, 때로는 수없이 나뉘어지고 구분됨으로 인하여 원래의 형체를 알 수 없게 되기도 한다. 나눌 것은 나누되, 불필요한 구분은 제거되어야 한다. 이른바 '경제성의 원리'는 형법 영역에서도 지켜져야 할 것이다.

2. 문서범죄의 법익의 영역 변화

법익의 확정은 사회의 발전 및 동태적 변화에 의존하므로, 사회적 가치관의 변화는 법익의 생성과 소멸을 좌우하게 된다. 그럼에도 불구하고 법익의 영역의 변화, 그것이 개인적 법익인지 사회적 법익인지 또는 국가적 법익인지는 어떠한 이익을 보호하고자 하는가에 따라 달라지는 해석의 문제가 될 뿐, 그것만으로 법익보호의 객체 또는 대상의 해석상의 변화를 초래하지는 않는다. 예컨대 문서범죄가 개인의 특정명칭을 악용함으로써 개인에게 해악을 가한다는 취지에서 개인적 법익으로 범주화되든 개인의 명칭이 기재된 문서를 유통시킴으로써 거래계의 신뢰를 저버릴 위험이 발생한다는 취지에서 사회적 법익으로 범주화되든지 간에 '특정인의 권리의무나 사실관계가 기재되어 이를 증빙할 수 있는 문서'를 객체 또는 보호대상으로 하겠다는 법의 의지는 변함이 없다. 다만, '특정인의 권리의무나 사실관계가 기재되어 이를 증빙할 수 있는 문서'의 악용으로 인하여 타인이 특정인을 사칭함으로써 특정인의 재산권에 해를 가하거나 명예를 실추시킨다면 개인적 법익이겠지만, 그러한 문서를 거래계에 유통시킴으로써 이를 신뢰한 사회구성원들의 기대를 해한다면 사회적 법익의 영역이 된다. 이러한 현상은 오늘날 형사법에서도 간혹 드러나는 현상이다. 예컨대, 개인에 대한 침해로 간주되었던 행위들이 빈번하게 발생할 뿐만 아니라, 그것의 확산이 사회적으로도 위해를 가할 우려가 발생한다면 개인적 법익을 침해하는 범죄는 사회적 법익을 침해하는 범죄 영역으로 이동하게 된다. 범죄행위가 변하는 것이 아니라 보호되는 법익의 내용이 중심이동을 한다. 물론 그것이 개인적 법익인가 아니면 사회적 법익인가 여부에 따라서 보호의 정도나 행위태양 등이 달라질 수 있지만, 문서에 관한 죄의 구성요건을 어떻게 입법화하고 입법화된 구성요건을 어떻게 해석할 것인가는 별개의 문제가 된다.

특히, 역사적으로 문서범죄는 개인적 법익에서 사회적 법익으로, 재산범죄에서 공공의 신용을 해하는 범죄로 이동함으로써, 이동거리로 치자면 범죄들 중에서도 가장 많은 여정을 거쳤다고 해도 과언이 아니다. 역사적으로 위조란, '고의적으로 진실을 왜곡하여 제3자의 손해를 야기한 사실'이라고 정의되었기 때문에, 19세기 초까지 위조가 행위태양인 문서범죄는 사기죄의 하위유형으로 분류되어 왔고, 프로이센 형법에 이르러서야 사기죄로부터 독립하여 현재의 위치를 가질 수 있었다.[3)]

역사적 맥락에서 그 법익이 변화하기도 하였을 뿐만 아니라, 고대에는 문서 그 자체가 귀한 재질로서 재산범죄의 대상이 되었다는 점에서 고대문화의 반영이 될 수 있고, 중세 및 근대의 복사기술, 현대의 정보통신기술의 발달을 통한 문서개념의 변화는 현대 기술사회의 문화를 반영할 수 있다는 점에서 문서의 죄 역시 사회현상의 변화를 투영해 볼 수 있는 대표적인 범죄라고 할 수 있다.

---

3) Georg Schilling, Das strafrechtliche Schutz des Augenscheinsbeweises, 1965, S. 37 ff.(류전철, "문서위조죄의 형사정책적 고찰", 「법학논총」 제20권, 전남대학교 법학연구소, 2000/12, 294면 각주 2 재인용).

Ⅲ. 작은 입법만들기와 형법상 경제성의 원리

1. 법익의 의미변화와 형법의 변화

(1) 사회현상의 변화와 법익의 의미변화

형법은 국가형벌권에 의하여 보호될 가치가 있는 이익을 존중함에 있어서 상징적 의미가 아닌 현실적 작동원리가 되어야 한다. 형법의 임무이자 정당화 근거로서 법익의 개념은 사회의 변화에 민감하게 반응한다. 사회가 복잡하고 거대화될수록 형법이 보호해야 할 대상도 확대된다는 암묵적인 경향으로 인하여 법익은 또 다시 만들어지고 변화한다. 그리고 법익개념의 변화는 다시 범죄유형에 영향을 미친다. 새로운 법익의 보호에 대한 필요성은 구성요건의 신설 내지는 재검토를 야기하는 것이다. 이런 의미에서 사회와 법익의 개념과 구성요건 체계의 변화는 상호불가분의 관계를 가지고 순차적으로 도미노 효과를 가져온다고 한다.[4] 이처럼 형법의 임무이자 정당화의 근거로 작용하는 법익은 그 자체로서 동적인 개념이기 때문에 사회의 변화에도 매우 민감하게 반응할 뿐만 아니라, 자생적인 생산력을 가지고 개념의 폭을 수축 또는 팽창하기도 한다. 즉, 법익 그 자체는 여전히 변함이 없을지라도 때로는 법익의 의미나 법익을 포용하는 영역이 변화하기도 한다.

형법의 제·개정은 사회가 복잡·다변화됨에 따라 형법으로 보호해야 할 대상이 확대되거나 변하기 때문이기도 하지만, 때로는 이처럼 형법으로 보호해야 할 대상으로서의 법익은 변함이 없지만, 법익의 의미나 포용영역의 변화로 인하여 그 의미 또는 적용대상이 변화할 수도 있다. 전자의 경우에는 입법자의 결단에 의한 형

---

4) 김동률, "법익개념의 변화와 새로운 범죄유형의 필요성 - 보편적 법익과 관련한 독일에서의 논의를 중심으로 -", 「형사정책」 제26권 제1호, 한국형사정책학회, 2014. 4, 191면.

법의 제정 또는 개정이 필요하지만, 후자의 경우, 즉 법익의 의미나 포용영역의 변화문제는 해석자의 해석의 문제로 귀결되기도 한다. 다시 말해, 새로이 발견된 또는 만들어진 법익의 보호에 대한 필요성은 구성요건의 신설 또는 변화를 야기하게 된다. 그 결과 법익에 대한 시각은 구성요건 자체의 변화를 초래하고, 양자는 불가분적 연관성을 통해 순차적으로 돌고 도는 순환관계 속에서 나선형의 발전 또는 퇴보를 하게 된다. 하지만, 앞서 언급한 후자의 경우에는 경제성의 원리가 적용되어야 한다. 법률의 변화 역시 경제성의 원리에 따라 변화가능성을 최소화함으로써 자기 스스로 안정성을 지키려고 하기 때문이다.

(2) 작은 입법 만들기

문서위조죄는 대표적인 위조범죄로서 공공의 신용을 보호법익으로 한다. 그런데 공공의 신용이라는 사회적 법익은 그 추상성으로 인하여 어떠한 범위나 정도의 보호를 목적으로 하는지를 법익 자체로부터 도출하기는 매우 어렵다. 판례는 오늘날 일상거래에서 복사문서가 원본에 대신하는 증명수단으로서의 기능이 증대되고 있는 실정에 비추어 볼 때 이에 대한 사회적 신용을 보호할 필요가 있다고 하여, 공공의 신용이라는 보호법익을 거래현실을 반영하는 개념으로 판단하고 있다. 공공의 신용이라는 법익의 범주가 중요성을 가지는 이유는 이로부터 어떠한 문서를 보호할 것인가라는 신용의 대상이 확정되기 때문이다.

판례는 문서의 죄의 보호법익은 '문서 자체의 가치가 아니고 문서에 대한 공공의 신용'이라고 본다.[5] 따라서 문서위조죄의 객체가

5) 대법원 1989. 9. 12. 선고 87도506 전원합의체 판결. 동 판결은 형법개정 전 복사문서의 문서성을 인정한 전원합의체판결이다. 여기에서 대법원은 복사문서에 대하여 "문서의 사본 중에서도 사진기나 복사기 등을 사용하여 기계적인 방법에 의하여 원본을 복사한 문서 이른바 복사문서는 사본이라 하더라도 필기의 방법

되는 문서는 반드시 원본에 한한다고 보아야 할 근거는 없고 문서의 사본이라 하더라도 원본과 동일한 의식내용을 보유하고 증명수단으로서 원본과 같은 사회적 기능과 신용을 가지는 것으로 인정된다면 이를 위 문서의 개념에 포함시키는 것이 상당하다고 본다. 즉, 증명수단의 종류와 기능이 증대되고 있는 사회적 변화를 반영하여, 그러한 수단에 대한 사회적 신용의 보호필요성, 즉 법익의 보호를 위하여 필요한 영역으로 그 객체를 확대할 수 있다는 가능성을 확인시켜 준 것이다.

이로써 작은 입법 만들기의 기준이 간접적으로 제시된 것이 아닌가 한다. 이는 보호법익의 범주 내에 포섭되고, 사회적 변화가 - 그것이 가치의 변화이든 기술의 발전이든 간에 - 법익의 보호를 위하여 필요한 영역이면 해석을 통하여 형법의 적용영역을 확장시킬 수 있다고 이해되는 대목이다. 물론 형법의 과잉생산을 우려하는 시각에서는 입법에 의한 확장보다 더욱 경계하여야 할 방법이 해석을 통한 은밀한 확장임은 명백하다. 따라서 과잉입법뿐만 아니라 형법의 확장해석 역시 경계하여야 한다. 그러나, 사회변화에 의하여 불가피한 영역까지도 형법의 영역확대 저지를 빌미로 방치할 수는 없는 것이다. 형법의 확장을 경계하여야 할 영역은 추상적이고 모호한 새로운 법익의 출현영역이다. 그것이, 이미 기존에 전통적으로 인정되어 온 법익의 보호를 외면할 것을 요구하는 것은 아니다.

그렇다면 법익 보호의 필요성이 명백한 새로운 영역에서 형법의 확장을 최대한 축소하는 방안은, 그러한 영역에 대하여 최대한

등에 의한 단순한 사본과는 달리 복사자의 의식이 개재할 여지가 없고, 그 내용에서부터 모양, 형태에 이르기까지 원본을 실제 그대로 재현하여 보여주므로 관계자로 하여금 그와 동일한 원본이 존재하고 있는 것으로 믿게 할 뿐만 아니라 그 내용에 있어서도 원본 그 자체를 대하는 것과 같은 감각적 인식을 가지게 하는 것"이라고 판시하였다.

작은 입법을 만드는 것이 아닌가 한다. 작은 입법만들기란 해석을 통하여 해결될 수 있는 법영역에 입법의 칼을 휘두르지 말 것을 요구함을 의미하고자 한다.

작은 입법만들기는 수반되는 여러 효과가 있을 것으로 사료된다. 우선, 법적 안정성이다. 기존의 형법 틀을 최대한 제·개정함이 없이 해석만으로 형법의 손길이 필요한 영역을 포섭한다면, 법의 외형적 틀이 변하지 않음으로써 법적 안정성을 유지할 수 있을 것이다. 둘째, 입법권 남용의 방지이다. 법의 변화는 연쇄되는 변화들을 요구하게 되고, 그러한 변화의 연결고리들은 기본권침해작용에 있어서의 법률주의를 바탕으로 하기 때문에 더 많은 법들을 파생적으로 양산할 수밖에 없다. 이는 불가피하게 입법권의 과잉행사 또는 남용으로 이어질 우려가 있음을 간과해서는 안 될 것이다. 셋째, 경제성의 원리이다. 경제성의 원리는 사회현상 전반에 적용되는 원리가 아닐까 한다. 우리가 사용하는 언어에서부터 산업에 이르기까지 경제성의 원리는 거의 대부분의 사회작용에 작동하는 바, 입법 역시 예외가 아니라고 본다. 따라서 작은 입법만들기는 형사입법에서도 경제성의 원리가 구동한다는 의미의 다른 표현이라고 보고자 한다.

2. 작은 입법만들기와 형사입법에서의 경제성의 원리

입법에서의 경제성의 원리란, 사회와 법익의 개념과 구성요건체계의 변화가 상호 불가분의 관계가 있음을 전제로 할 때, 이러한 도미노 효과를 낳는 순환관계 속에서의 변동이 초래하는 입법상 힘의 소비가 일종의 낭비가 되지 않도록 해야 한다는 점을 암시한다. 경제성의 원리(principle of economy)란 반드시 필요하지 않다면 더 많은 것들을 가정하지 말라는 원칙(Pluralitas non est ponenda sine necessitate)이다.[6] 즉, 최소한의 것들만으로 논하라는 오캄(Occam)의 중세철학의 기본원리이다. 간단히 말하면 어떠한 현상을 설명할 때 복잡한 가정을 하지 않고, 가장 간단한 설명을 고르는 것이 맞을 확률이 높다는 의미이다. "같은 현상을 설명하는 두 개의 주장이 있다면, 간단한 쪽을 선택하라"는 뜻으로, 사고절약의 원리(principle of parsimony) 또는 단순성의 원리라고도 한다.

물론 간단한 것이 진실이거나 참이라는 의미는 아니다. 다만, 불필요한 가설을 배제함으로써 상황을 명료하게 만들어야 함을 의미한다. 이는 명제의 진위에 관한 기준이 아니라, 태도이다. 그럼에도 불구하고 현대 사회현상이나 과학에서 경제성의 원리는 가장 기본적 원리로서 차용된다. 심지어 언어 선택의 문제부터 소비와 지출의 기준에 이르기까지 우리의 일상생활 전반에서 경제성의 원리는 다양한 형태로 스며들어 있다. 경제성의 원리를 선호하는 이유 역시 매우 간단하고 경제적이다. 불필요한 에너지의 낭비를 경계하고 오해의 소지를 최대한 축소하려는 것이다. 주장에 대한 논증자료가 많으면 많을수록 오류의 가능성 및 논증자료들간의 양립불가능성도 상대적으로 커진다. 대화에 있어서도 불필요한 미사여구가 많으면 많을수록 의미전달을 방해하게 된다. 이러한 경제성의 원리는 입법에서도 예외는 아니다. 과도한 입법은, 첫째, 법률간의 양립가능성을 저해할 우려가 있다. 입법의 과잉양산은 무수한 입법들간의 정치한 비교작용을 거쳐서 이루어지지 않을 경우, 법률간에 모순을 발생시키기도 한다. 둘째, 법률의 중복 입법으로 인하여 적용순서 또는 일반법과 특별법 관계의 혼동을 초래한다. 어느 하나의 현상 또는 사건에 대하여 2개 이상의 법률을 적용해야 하는 경우가 발생하는 경우 적용순서는 일반법과 특별법, 구법과 신법 등

6) Peter Kunzmann/Franz-Peter Burkard/Franz Wiedmann, dtv-Atlas Philosophie (여상훈 역, 철학도해사전, 들녘, 2016, 177-178면).

의 몇 가지 원칙이 있지만, 그것조차 모호한 경우에는 법적용 순서의 혼동으로 인한 적용오류의 문제가 발생하기도 한다. 셋째, 입법권의 과도한 남용이 입법권의 부당한 월권 또는 반대로 약화를 초래할 우려가 있다. 권리는 사용하면 할수록 비대해지는 경향이 있다. 또는 반대로 잘못 사용된 권리는 그에 대한 불신으로 인하여 약화되기 마련이다. 반대로 적절한 입법권의 사용은 입법에 대한 수범자의 신뢰를 강화시킨다는 점을 상기하여야 한다.

Ⅳ. 문서의 죄에서 문서의 개념확장과 경제성의 원리

1. 보호법익의 해석과 문서개념의 확장가능성

(1) 문서의 죄 보호법익을 통해 본 구성요건의 신설과 해석

형법상 위조범죄는 통화, 유가증권, 우표, 인지, 인장 그리고 문서에 대한 위조관련 행위를 통하여 공공의 신용을 해할 우려가 있는 범죄를 의미한다. 이 중에서 문서위조죄는 다른 범죄들과의 위치에서 일반법과 특별법의 관계에 놓인다. 위조범죄의 보호법익을 공공의 신용이라고 보는 데에는 견해가 일치한다.[7] 이를 특정한 공증의 형태의 신뢰를 보호[8]하는 것이라고 하거나 문서를 통한 법적 거래의 안전과 신용[9]이라고 표현하거나 문서를 수반하는 공공

7) 김일수/서보학, 형법각론, 717면; 류전철, "위조범죄의 보호법익으로서의 '공공의 신용'과 복사물", 「형사판례연구」(13), 한국형사판례연구회, 2005, 431면; 박상기, 형법각론, 518면; 손동권, 형법각론, 534면; 이재상, 형법각론, 561면; 임웅, 형법각론, 619면; 최우찬, "형법상 복사문서의 불법사용", 「인권과 공익법」 제1권, 2007, 1면; 하태훈, "복사문서의 문서성", 「형사판례연구」(1), 한국형사판례연구회, 1993, 205면 등.

8) 최우찬, 위의 글, 1면.

9) 김일수/서보학, 앞의 책(주 7), 717면; Lackner/Kühl §267 RN. 1; LK/Gribbohm Vor §267 Rn. 6; MK/Hefendehl/Hohmann, §267 Rn. 1; NK/Puppe, §267 Rn. 3; Schönke/Schröder/Cramer/Heine, §267 Rn. 1; Otto, BT §69 Rn. 1; Wessels/Hettinger, §267 Rn. 789.

의 거래상의 안전 및 신용보호[10]라고 하거나 표현상의 차이에 불과할 뿐 '공공의 신용'이 보호법익이라는 점에서는 이견이 없다.[11]

공공의 신용이 추상적으로 보호되어야 하는 법익이라면, 공공의 신용을 어떻게 해석할 것인가는, 문서위조범죄 규정을 둠으로써 보호되는 신용의 수단으로서의 '문서'의 범위와 관련된다. 이와 관련하여 우리 사회를 다양한 삶의 방식과 생각들이 서로의 이해관계를 바탕으로 질서라는 테두리 안에 그물처럼 연결된 곳이라고 표현하면서 신용은 현대사회에서 시민생활을 구성하는 기초요소로 보는 데에서 신용의 출발을 찾는 견해가 있다.[12] 따라서 모든 제반요건들이 완전히 갖추어져 있다고 하더라도 공공의 신용이 없는 사회는 사회생활에 필요한 실존조건들이 완전히 갖추어졌다고 할 수 없으며, 이른바 위조범죄들로서 보호되는 대상들은 현대의 신용사회에 있어서 신용도구라고 본다. 이에 따르면 기술혁신을 통하여 전통적인 신용도구들이 변하여 다양한 영상매체나 전자기록·전산자료·전송사진·가입전신·모사전송 등과 같은 신용의 새로운 수단들이 등장하게 되면, 이러한 신용도구들 역시 보호대상이 되어야 한다.[13] 반면 공공의 신용이라는 법익과 관련하여 규범과 현실의 직접적인 연관을 통하여 구성하면서, 문서의 기능적인 측면을 고려한다면 새로운 신용도구들을 보호하기 위한 입법이 별도로 요구되

---

10) 박상기, 앞의 책(주 7), 518면; 이재상, 앞의 책(주 7), 561면. 임웅, 앞의 책(주 7), 619면은 독일 형법처럼 '법적 거래에 있어서 기망하기 위하여'라는 구성요건이 명시되지 않은 형법의 태도상 거래수단으로서의 기능 이외에 증명수단으로서의 기능을 포괄한다는 의미에서 법적 거래라는 표현을 배제한 공공의 신용이라는 표현이 보다 적절하다고 본다.

11) 공공의 신용을 보호법익으로 하는 포괄적 위조범죄의 역사적 의미에 관하여는 류전철, "보호법익으로서 공공의 신용의 형법해석론상 의미", 「형사법연구」 제18호, 한국형사법학회, 2002/겨울, 311-318면 참조.

12) 김일수/서보학, 앞의 책, 676면.

13) 류전철, 앞의 논문 "보호법익으로서 공공의 신용의 형법해석론상 의미", 318면은 이러한 태도에 관하여, 공공의 신용은 사회에서 존재하는 것이 아니라, 법규범에 의한 제재의 반사적 측면에 불과하다고 보는 견해라고 비판한다.

지 않고, 기존의 문서죄로도 이를 포섭할 수 있는 가능성이 있다고 보기도 한다.[14)]

(2) 보호법익의 해석방법과 공공의 신용

형법상 법익개념이나 법익의 역할 또는 법익의 해석방법은 오늘날에도 여전히 형법해석과 관련하여 끊임없이 논의되고 있다. 개인적 법익의 영역에서는 형법으로 보호할 만한 이익이 상대적으로 실체적이고 명확하기 때문에 외형적으로 큰 문제가 되지는 않는다. 그러나 추상적으로 정의되는 사회적 법익이나 국가적 법익으로 관심을 돌린다면 이러한 추상적이고 보편적인 법익을 어떻게 인정할 것인지는 보호법익의 해석방법에 관한 문제를 제기하게 한다.

법익이란 일정한 인식관심이나 정책 등에 영향을 받지 않을 수 없다. 물론 어떤 방법 또는 관점에 따라 법익개념을 바라보고 구성하는가에 따라 각기 달리 법익개념이 구성된다. 그러나 입법자의 입법의도를 고려한 해석에 의하든 객관적 목적론적 해석에 의하든, 입법내재적으로 가지는 이익은 사회변화에 따른 정책적인 측면을 배제한 채 오로지 입법자의 의도만으로 해석할 수는 없을 것이다.[15)]

---

14) 류전철, "형법상 문서개념의 재구성", 「형사법연구」 제11호, 한국형사법학회, 1999, 227-246면은 이러한 측면에서 문서개념의 재구성을 논의하고 있다.

15) 법익개념의 정책의존성을 잘 드러내고 있는 주장은 W. Hassemer의 의사소통적 법익구상과 인격적 법익구상이라고 할 수 있을 것이다. Hassemer는 법익구상을 양자로 나누면서, 의사소통적 법익구상이란 법익개념이 사회적·규범적 의사소통을 통해 구성되는 것이기 때문에 법익개념은 고정된 개념이 아니라 사회적·역사적 맥락에서 비로소 구성된다고 본다. 그리고 인격적 법익구상의 측면에서 법익은 관계적 개념으로서, 인격을 유지하고 보장하는 데 도움이 되는 이익이 형법상의 법익이라고 본다. 따라서 인격적 관점에서 도움이 되지 않는 규범들은 비범죄화의 대상이 되어야 할 것이며, 이러한 점에서 인격개념은 일정한 형법정책의 방향을 지향하게 된다고 본다. 그리고 인격적 법익구상은 의사소통적 법익구상을 포함하고 있다고 본다. W. Hassemer, Grundlinien einer personalen Rechtsgutslehre, in: ders., Strafen im rechtsstaat, 2000, 168면(양천수, "형법상 법익 개념의 새로운 근거설정 필요성과 가능성", 고려법학 제47권, 고려대학교

공공의 신용이란 법규범이 특정 행위를 제재함으로써 반사적으로 보호되는 이익이 아니라, 사회의 유기적이고 평화로운 공존을 위하여 요구되는 신용의 정도를 법이 보호하기 위하여 금지규범을 통해 정립하는 것이다. 공공의 신용은 동법이 존재하는 시대의 사회의 유기적이고 평화로운 공존을 위하여 요구되는 정도의 '신용'이라고 보아야 한다. 따라서 공공의 신용이라는 보호법익이 위조범죄를 금지함으로써 국가가 보호하고자 하는 법익이라는 점은 역사적으로 언제나 일치하지만, 그 범주나 해석은 그 시대가 요구하는 정도에 따라서 변화하는 동태적 개념으로 보아야 할 것이다. 즉 각 시대와 공간에 따라 변화하는 가변적인 개념으로서, 각 시대와 공간과 소통하면서 결정지어지는 개념이기 때문에 시대정책적인 측면을 배제하고 해석할 수는 없다. 따라서 현대의 공공의 신용은 문서위조죄가 입법화된 1953년 세성법이 보호하고자 하는 이익과 반드시 일치하지 않는다.[16)]

법익론이 그 기능을 발휘하기 위해서는 현실과의 소통을 기초로 해야 한다는 점은, 형법에 의하여 규정된 법익의 내용과 한계가 법률 자신으로부터 생겨나는 것이 아니라, 그러한 법률을 사회적 현실에 적용하면서 비로소 생겨나는 것으로 보아야 한다는 것이다.[17)] 이렇게 본다면 공공의 신용이라는 법익은 온전히 사회현실만으로 형성되는 것도 아니고 오로지 규범적으로만 형성되는 것도 아니다. 규범적으로는 마치 진정한 문서가 존재하는 듯한 외관을

법학연구원, 2006, 268-287면 참고 및 재인용).

16) 1953년 제정된 형법상 제225조 내지 237조의 문서에 관한 죄는 1995년 제227조의2(공전자기록위작 · 변작), 제232조의2(사전자기록위작 · 변작) 및 제237조의2(복사문서 등)을 제외하고는 법정형의 변화 이외에 구성요건이 변화된 개정사항이 없다.

17) W. Hassemer, Theorie und Soziologie des Verbrechens, 1973, 105면(류전철, "보호법익으로서 공공의 신용의 형법해석론상 의미", 「형사법연구」 제18호, 한국형사법학회, 2002/겨울, 321면 재인용).

가진 문서를 생성함으로써 공공의 신용을 해할 위험성이 있는 행위를 금지하는 것으로 해석하되, 법익보호를 위한 대상이 되는 공공의 신용의 도구는 사회현실의 동태적 변화를 고려하여 해석하는 것이 타당할 것이다.

특히 문서의 경우에는 사적 거래에 참여하는 자들 사이에서 형성되는 대상물의 신용이 형법규범을 통해서 보호해야 하는 보호객체이므로, 입법자가 규범적으로 설정해 놓은 대상물로만 한정하는 것은 현실을 외면한 해석이 된다.[18] 따라서 보호의 객체는 신용형성의 수단일 뿐이다. 공공의 신용이라는 보호법익은 현실을 반영하여 유지하고, 법익이 보호하고자 하는 신용을 형성하는 사회적 수단은 시대나 사회발전속도에 따라 변화가능하다고 본다면, 법익개념이 보호되는 문서의 범위[19]를 결정하는 데 중요한 기준이 됨을 알 수 있다.

2. 공공의 신용보호를 위한 문서 1: 복사문서의 문서성[20]

(1) 복사문서의 문서성에 관한 논쟁

복사문서의 문서성에 관하여는 1989년 대법원 전원합의체 판결

18) 류전철, "보호법익으로서 공공의 신용의 형법해석론상 의미", 「형사법연구」 제18호, 한국형사법학회, 2002/겨울, 324면.

19) 대법원 1995. 9. 5. 선고 95도1269 판결은 "형법상 문서에 관한 죄에 있어서 문서라 함은 문자 또는 이에 대신할 수 있는 가독적 부호로 계속적으로 물체 상에 기재된 의사 또는 관념의 표시인 원본 또는 이와 사회적 기능, 신용성 등을 동시할 수 있는 기계적 방법에 의한 복사본으로서 그 내용이 법률상, 사회 생활상 주요 사항에 관한 증거로 될 수 있는 것을 말하는 것으로, 사람의 동일성을 표시하기 위하여 사용되는 일정한 상형인 인장이나, 사람의 인격상의 동일성 이외의 사항에 대해서 그 동일성을 증명하기 위한 부호인 기호와는 구분되며, 이른바 생략문서도 그것이 사람 등의 동일성을 나타내는 데에 그치지 않고 그 이외의 사항도 증명, 표시하는 한 인장이나 기호가 아니라 문서로서 취급하여야 한다."고 보아 사회적 기능, 신용성 등을 문서개념의 주요한 기준으로 삼고 있음을 알 수 있다.

20) 이하의 내용은 졸고, "문서위조죄에서 복사와 팩사의 개념", 「형사판례연구」(18), 한국형사판례연구회, 2010/6의 내용을 인용하였다.

이 확정된 이후에도 계속하여 반론이 제기되고 있다.[21] 이에 대한 긍정설 및 부정설도 내용상 견해의 차이를 보이고 있다.

규범적인 측면에서 복사문서는 문서고유의 특성을 가지지 않기 때문에 문서성을 인정할 수 없다고 보는 견해[22]에 따르면, 기계적 방법에 의해서 원본을 그대로 재현하여 복사문서를 만드는 행위를 "위조"라고 보는 것은 문언의 가능한 의미를 벗어나는 것으로서 허용된 확장해석의 한계를 넘어서는 것이라고 본다. 또는 복사문서의 문서성을 인정하는 것은 문서에 관한 죄에서의 위조, 변조의 개념과 관련하여 구조적으로 성립불가능하며, 다만 복사본의 제시가 일반인들로 하여금 진정문서의 존재를 오인하게 할 뿐, 복사행위를 위조 또는 변조행위라고 볼 수는 없기 때문에 개정 형법 제237조의2는 폐지되어야 한다고 보기도 한다.[23]

복사문서의 문서성을 기본적으로는 부정하되 매우 제한적으로 인정하는 견해에 따르면 복사문서는 원본의 내용을 그대로 보여주는 매개물일 뿐이고, 진정한 명의인의 존재를 분명히 문서로 보여줄 수 없기 때문에 문서의 요건을 갖추지 못한다고 본다.[24] 다만

21) 복사문서의 문서성에 관한 논문으로는 김일수, "복사문서도 문서위조 및 동 행사죄의 객체인 문서인가?", 「법률구조」, 1992/봄호, 23면 이하; 류전철, "형법상 문서개념의 재구성", 「형사법연구」 제11호, 한국형사법학회, 1999, 227면 이하; 이정원, "문서위조 및 동 행사죄의 객체로서의 복사문서", 「영남법학」 제26호, 영남대학교 법학연구소, 2008/4, 151면 이하; 최우찬, "형법상 복사문서의 불법사용", 「인권과 공익법」 제1권, 서강대학교 법학연구소, 2007/10, 1면 이하; 하태훈, "복사문서의 문서성", 「형사판례연구」(1), 한국형사판례연구회, 1993, 197면 이하 등이 있다.

22) Lackner/Kühl, §267 Rn. 16; NK/Puppe, §267 Rn. 47; Schönke/Schröder/Cramer, §267 Rn. 42; Tröndle/Fischer, §267 Rn. 12; 하태훈, 위의 논문, 210-211면은 따라서 1989년 대법원의 전원합의체판결을 법관의 임무를 떠난 새로운 법발견 내지 법형성이라고 비판한다.

23) 이정원, 앞의 논문, 167면은 따라서 복사문서로 인하여 오인을 유발하는 행위에 대하여는 사기죄나 위계에 의한 공무방해죄 또는 신용·업무·경매에 관한 죄 등에서 규율하고 있으므로, 그러한 범죄의 성립을 인정하는 것으로도 충분하다고 본다.

24) BGHSt, 24, 141.

행위자가 진정하지 않은 문서를 작성하거나 진정하게 성립된 문서를 변조하는 방법으로 복사하여 법률거래를 가능하게 한 경우에는 특히 원본문서를 유용하는 특별한 형태로서, 문서의 작성자의 진정성이 보호되는 범위 내에 해당하므로 이때에는 복사문서는 형법의 보호대상이 된다고 한다.[25] 이에 따르면 단순한 필사본 역시 문서에 속하지 않는 이유는, 원본문서 작성자가 재생된 사본의 정당성에 대하여 책임이 없기 때문이라고 본다.[26] 이러한 견해를 달리 해석한다면 원본문서 작성자가 재생된 사본의 정당성에 대하여 책임이 있는 가능성이 존재한다면 그것이 필사본이든 복사본이든 법적 거래에서 보호되어야 할 문서에 해당한다고 보아야 할 것이다.

다음 단계로는 복사문서의 문서성을 인정하는 것은 확장해석에 의한 허용된 새로운 법발견이지만, 위조한 원본의 복사행위 자체를 "위조"로 보는 것은 확장해석의 범위를 벗어나는 것이라고 평가하는 견해가 있다.[27]

다음으로는 완전하게 복사문서의 문서성을 인정하는 견해이다. 이 견해도 세부적으로는 두 가지로 나뉘게 된다. 1995년 개정형법이 복사문서의 문서성을 인정하는 규정을 신설함으로써, 비록 인증이 없다고 하더라도 사회에서 증명수단으로서의 중요한 기능을 하고 있는 복사문서에 대한 사회적 신용도 형법이 보호하여야 한다고 본다. 즉 형법 제237조의2는 복사문서는 비록 사본이라도 필사본과 달리 복사자의 의식이 개재할 여지가 없고, 그와 동일한 원본 자체의 존재를 확인시켜주며, 오늘날 일상거래에서 복사문서가 원본에 대신하는 증명수단으로서의 기능이 증대되고 있는 실정을

25) BGHSt, 23, 176, 179.
26) Lackner/Kühl, §267 Rn. 16; Schönke/Schröder/Cramer, §267 Rn. 40; Tröndle/Fischer, §267 Rn. 12.
27) 김일수, 앞의 논문, 23면.

고려하여 복사문서의 문서성을 수용한다.[28]

이에서 더 나아가 복사문서의 문서성은 기존의 문서위조죄의 객체인 문서의 개념으로도 충분히 포섭할 수 있기 때문에 오히려 형법 제237조의2 규정은 불필요한 조문이라고 보는 견해가 있다. 즉, 규범적 구성요건의 해석은 사회변화에 따른 평가에 따라 그 개념적 외연을 달리할 수 있는 것이기 때문에, 복사문서의 문서성은 규범적 구성요건의 해석에 맡겨놓을 일이지 이를 입법적으로 모두 해결하고자 하는 태도는 바람직하지 못하다고 본다.[29]

(2) 보호법익을 통해 본 복사문서

복사문서의 문서성이 문제되는 경우는 대부분 문서를 이미 위조한 후에 이를 복사하여 원본 대신 복사된 문서를 사용하는 경우이다. 이 경우에는 이미 원본문서 자체에 문서위조죄가 성립한다. 따라서 이때 복사문서의 문서성 인정 여부는 문서의 개념뿐만 아니라 복사행위를 위조행위로 볼 수 있는가의 문제도 함께 제기된다. 이에 대하여 다수설은 최초 위조행위도 문서위조죄이고 복사행위도 문서위조죄에 해당한다고 본다.[30] 반면 소수설은 복사문서의 문서성을 인정하지 않는 입장에서 최초의 위조행위는 문서위조죄에 해당하지만 후의 복사행위는 불가벌적 사후행위에 해당한다고 본다.[31] 반면 최초의 위조행위는 문서위조죄가 성립하지 않는다고 보는 견해가 있다. 문서위조죄는 '행사할 목적'으로 문서를 위조하여

28) 김일수/서보학, 형법각론, 723면; 박상기, 형법각론, 524면; 손동권, 형법각론, 538면; 이재상, 형법각론, 565면; 이형국, 형법각론, 604면; 임웅, 형법각론, 626면 등은 적극적으로 복사문서의 문서성을 주장하는 것이 아니라 신설된 형법 제237조의2와 관련하여 복사문서의 문서성을 입법적으로 해결하였음을 서술하고 있다.

29) 류전철, "문서죄에 대한 개정 입법론", 「형사법연구」 제22호, 한국형사법학회, 2004/겨울, 835면.

30) 박상기, 형법각론, 524면; 배종대, 형법각론, 682면; 임웅, 형법각론, 635면; 정영일, 형법각론, 582면 등

31) 김일수/서보학, 형법각론, 736면; 정성근/박광민, 형법각론, 627면.

야 하는 목적범인데 최초 원본문서의 위조는 이러한 행사의 목적이 결여되었기 때문에 문서위조죄가 성립하지 않는다고 보는 것이다.[32]

앞서 문서위조죄의 보호법익을 살펴본 취지는 문서의 개념을 보호법익과 관련하여 해석하여야 하기 때문이다. 따라서 작성명의의 진정을 침해하여 공공의 신용을 해할 추상적 위험이 있는 경우를 대비하고자 하는 취지로부터 복사의 개념을 도출하여야 한다. 문서의 본질은 문서의 존재 자체에 있는 것이 아니라 그 속에 화체되어 있는 관념 또는 의사의 표시에 있다. 문서에 화체되어 있는 관념 또는 의사표시는 법적으로 중요한 사실을 증명할 만한 것이다.[33] 그리고 문서는 공공의 신용을 보호하기 위하여, 그러한 관념 또는 의사표시를 담는 그릇에 불과하다. 따라서 공공의 신용을 보호하기 위한 도구에 불과하다. 그런데 법적으로 중요한 사실을 담는 매개물은 사회현실의 발전에 따라 다양하게 변화할 수 있다. 즉, 문서위조죄에서 문서는 신용형성의 수단일 뿐이고, 공공의 신용이라는 보호법익은 존속하되, 법익이 보호하고자 하는 신용형성의 사회적 수단은 시대나 발전속도에 따라 변화가능하다고 보아야 할 것이다.

이렇게 본다면 복사문서가 지금의 사회현실에서는 신용을 형성하는 수단으로서 충분히 기능하고 있다는 점을 고려하여야 한다. 대법원이 1989년 판결전문에서 드러냈듯이, 오늘날 일상거래에

32) 이정원, 앞의 논문, 161면 이하.

33) 이와 관련하여 법적 거래에서의 중요성을 문서의 기준으로 삼기도 하지만(류전철, "보호법익으로서 공공의 신용", 325면), 독일형법 제267조처럼 법적 거래시(im Rechtsverkehr)라는 구성요건을 종속시키기 위한 전제조건을 요구하지 않는다. 따라서 권리의무 또는 사실증명을 내용으로 하는 의사표시, 즉 내용의 중요성만을 의미하고 법적 거래의 중요성을 의미하는 것은 아니라고 보여진다. 물론 행사할 목적이 있어야 하므로 "행사"는 법적 거래에서 행해진다고 볼 수도 있겠지만, 행사할 목적은 실제로 행사를 요구하는 것이 아니기 때문에 행사가 법적 거래에서의 중요성을 드러낸다고 보기는 어려울 것이다.

서 복사문서가 원본에 대신하여 증명수단으로서의 기능이 증대되고 있는 실정에 비추어 본다면, 복사문서는 사회적 신용을 표현하는 신용형성 수단으로서 공공의 신용이라는 보호법익을 보호하기 위하여는 복사문서 역시 문서위조죄의 대상으로서 보호해야 할 것이다.

(3) 복사문서의 문서개념의 충족

복사문서의 문서성을 인정할 것인가에서 문제되는 것은 기존의 문서의 개념이 복사문서에도 그대로 적용될 수 있는가이다. 형법상 보호의 대상물로서 문서는 계속적 기능, 증명적 기능, 보장적 기능을 갖추어야 한다.

첫째, 계속적 기능이란 유체물에 의사 내지 관념의 표시가 계속적으로 화체되어 있어야 함을 의미한다. 이 점에서 복사문서는 의사 내지 관념의 표시 그 자체가 아니라 이를 기계적으로 재현한 것에 불과하기 때문에 문서성을 인정할 수 없다는 견해가 있다.[34] 그런데 계속성이란 문서 자체의 존재를 의미하는 것이 아니라 매개물 속에 담겨져 있는 의사 내지 관념의 지속을 의미한다. 그리고 복사의 방법을 통하여 의사 내지 관념은 새로운 매개물에 화체되어 지속적으로 존재하기 때문에 계속성을 부정할 이유가 없다고 본다. 즉, 매개물 자체가 아니라 그 내용 또는 가치의 측면에서 바라본다면 의사 내지 관념은 복사의 방법을 통하여 새로운 매개물에 새롭게 화체되어 있다고 보아야 할 것이다.

둘째, 증명적 기능이란 법적으로 중요한 사실을 증명할 수 있는 능력과 증명의사가 있음을 의미한다.[35] 이에 반하여 증명기능에

34) Lackner/Kühl, §267 Rn. 16; NK/Puppe, §267 Rn. 47; Schönke/Schröder/Cramer, §267 Rn. 42; Tröndle/Fischer, §267 Rn. 12
35) 박상기, 형법각론, 521면; 이재상, 형법각론, 567면.

서 가장 중요한 것은 사실의 법적 중요성이며, 그에 상응하는 증명의사의 현존을 전제하는 것은 아니기 때문에 증명의사란 중요한 의미를 가지지 못한다고 보는 견해가 있다.[36] 복사문서의 경우 문서의 기능적 측면을 고려한다면, 원본을 그대로 재현함으로써 거래계에서 원본이 보유한 증명능력과 증명의사를 담고 있는 것으로서 법률관계에서 동일하게 사용될 수 있다는 점을 고려하여 판단할 필요가 있다. 즉, 증명능력이 화체된 의사 또는 관념이 권리의무나 사실관계를 객관적으로 증명할 수 있고 증명하는 데 쓰이는 기능을 하고 있으며, 이를 행사하는 자가 증명하는 데 쓰고자 하는 의사를 가지고 복사문서를 사용한다는 점을 사회적 현실이 보편적으로 인정할 만하다면 증명적 기능을 보유하고 있음을 부정할 이유가 없다.

셋째, 가장 문제가 되는 점이 보장적 기능이다. 보장적 기능이란 문서에는 의사 또는 관념을 표시한 주체, 즉 작성명의인이 표시되어야 함을 의미한다. 이와 관련하여 복사문서의 작성명의인은 원본의 명의인이 아니라 복사문서를 작성한 자, 즉 복사자인데 이는 복사문서에 나타나 있지 않다는 점을 들어, 의사표시의 내용을 보증할 수 있는 작성명의인을 인식할 수 없기 때문에 복사문서는 보장적 기능이 결여되었다고 비판하는 견해가 있다.[37] 그 결과 복사문서의 문서성을 인정하게 된다면 명의인이 없는 익명의 의사표시도 모두 형법적으로 보호받게 되는 부당한 결론에 이르게 된다고 본다. 그런데 문서위조죄가 보호하고자 하는 것은 신성문서 자

36) 김일수/서보학, 형법각론, 725면은 따라서 증명의사는 확정적 의사여야 한다는 견해(오영근, 형법각론, 825면; 이재상, 형법각론, 567면; 이형국, 형법각론, 602면; 임웅, 형법각론, 627면; 정성근/박광민, 형법각론, 567면)에 대하여 문서에 화체된 의사표시 자체는 확정적이어야 하지만, 증명의사는 확정적 의사일 필요가 없다고 본다.

37) 하태훈, 앞의 논문, 209면.

체가 아니라 진정문서처럼 보일 만한 외관을 가지고 사회적으로 사용됨으로써 일반인이 거래계에서 가지는 공공의 신용에 추상적으로 위험이 야기될 것으로부터의 보호이다. 즉, 진정한 문서 자체의 보호가 아니다. 따라서 이때의 보장적 기능이란 법적으로 중요한 사실을 표시한 자가 누구인지 문서를 통해서 인식할 수 있으면 충족된다고 보아야 할 것이다. 복사문서는 거래현실에서 복사문서를 통하여 원본이 존재한다는 점을 증명하고, 원본을 대신하여 원본의 작성명의인의 의사가 계속적으로 존재한다는 점을 보장하는 기능을 가지기 때문이다. 문서죄에 의해서 보호되는 보호법익은 문서의 특유한 증명가치이므로, 복사문서가 사회적으로 기능하는 면을 고려하여 해석해야 한다. 따라서 위조문서의 복사이전문서 자체의 작성명의인을 고려하여 판단한다면, 선재하는 원본의 의사 또는 관념의 표시자로 기재된 자라고 해야 할 것이다.

따라서 만일 원본을 위조한 자가 복사행위를 하였다면 마치 원본의 작성명의인인 것처럼 한 행위를 통하여 타인명의를 모용하였다는 점에 비난의 초점이 있게 된다. 그리고 원본을 위조한 자 이외의 자가 복사행위를 하였다 하더라도 원본의 작성명의인이 실제 작성자와 불일치하다는 것을 인식하면서도 복사행위를 하였다는 점에서 타인명의를 모용한 자와 동일하게 불법하다고 평가할 수 있을 것이다.

(4) 경제성의 원리와 복사문서의 문서성: 복사문서 규정의 삭제

1995년의 형법의 대폭적인 개정과정에서 신설된 제237조의2는 전자복사기, 모사전송기 기타 이와 유사한 기기를 사용하여 복사한 문서 또는 도화의 사본을 원본과 동일한 효력을 가지는 문서로 간주하는 규정을 신설하였다. 1989년에 이미 대법원이 전원합의체판결로 복사문서의 문서성을 인정한 후의 신설규정이다. 이미 해석상 일반 문서규정상 보호객체에 복사문서가 포함되고 있음에도 불구하고, 신설한 취지는 단지 주의적 또는 선언적 규정에 불과하다는 인상을 지울 수 없다.

뿐만 아니라, 복사문서 규정을 별도로 신설함은 입법에 있어서 경제성의 원리에도 반한다. 이는 중복된 규정에 불과하다. 이러한 중복은 불필요한 의혹을 가중할 뿐이며, 적용상의 혼선으로 이어지게 된다. 신설조항은 '이 장의 죄에 있어서'라고 명문화되어 있기 때문에, 형법 제20장 이외의 장에서는 복사문서는 문서가 아닌지 여부, 형법 이외의 형사특별법에서는 복사문서는 문서가 아닌지 여부에 관한 적용상의 문제를 초래하기 때문이다. 예컨대 형법 제140조 공무상비밀표시무효죄, 제316조 비밀침해죄, 제366조 재물손괴죄 등도 행위의 객체로 문서를 두고 있는 바, 이 경우의 문서는 '제20장의 죄'가 아니기 때문에 복사문서도 포함되는지 여부를 달리 판단해야 하는가라는 의문을 제기한다. 뿐만 아니라 형사특별법으로 시선을 넘기면, 문서와 관련된 규정들은 헤아리기 힘들 정도로 많아진다.

경제성의 원리가 경고하는 바로 그 문제이다. 주장에 대한 논증자료가 많으면 많을수록 오류의 가능성 및 논증자료들간의 양립불가능성도 상대적으로 커진다. 형법 역시 반드시 필요한 규정 이외의 문구들은 해석상의 비경제성을 불러일으킬 뿐만 아니라, 불필요한 규정들은 해석상의 오류를 초래할 뿐이다. 따라서 제237조의2의 복사문서의 문서성은 삭제함으로써 오히려 법규정의 명확성을 높이고, 해석의 통일성을 높일 수 있을 것이다.

3. 공공의 신용보호를 위한 문서 2: 전자문서의 문서성[38)]

(1) 보호법익을 통해 본 전자문서

문서의 개념은 규범적 해석이 필요한 부분이며, 규범적 해석은 사회현상의 변화를 반영하여 법문의 목적에 부합하는 목적론적 해석을 하여야 한다. 법해석에는 입법자의 의사, 법규의 문법적인 의미관계, 그리고 형식론적 조작을 통한 논리적 해석 등의 전 과정을 거쳐야 하지만, 이는 법의 객관적 의미를 확정하기 위한 자료나 조건이 될 뿐이다. 그러므로 법규의 해석은 객관적·논리적이어야 할 뿐만 아니라, 입법자의 의사나 법규의 문리적 의미에만 한정할 것이 아니라 법에 내재해 있는 법의 이념과 목적, 그리고 사회적인 가치합리성에 기초한 입법의 정신 등을 객관화해야 하며, 단순한 형식논리적 방법을 넘어서서 목적론적 해석이 요구된다. 문서의 죄의 보호법익은 근본적으로는 법적 거래의 보호가 아닌, 법적 거래에 참여하는 사람들의 신뢰보호에 있다. 이러한 신뢰의 대상은 최소한 특정한 명의인에게 의사표시를 귀속하게 하고, 이를 통하여 법적 거래에 대한 일반의 안전과 신용을 보호함에 있다. 따라서 주관적 해석의 면에서도 역시 입법자는 법적 거래에 관여하는 일반인들의 신뢰보호의 대상으로서 문서를 개념화하였으며, 따라서 그 매체물의 형태가 어떠하든 사회생활상 법적 거래에서 신용의 수단으로서 이용됨을 보호하고자 하는 것이다.

이처럼 보호법익의 측면에서 전자문서는 일반 문서와 완전히 동일하며, 전자적 형태로 되어 있다고 해서 문서로서의 법적 효력이나 보호가 부정되어서는 안 될 것이다.

---

38) 이하는 졸고, "전자문서의 문서성과 형법상 범죄성립", 「경찰학연구」 제12권 제3호(통권 제31호), 경찰대학, 2012/9의 내용을 인용하였다.

(2) 전자문서의 문서개념의 충족

전자문서가 형법상의 문서로서 인정되느냐는 전자문서도 앞선 복사문서와 같이 문서의 세 요건을 충족하는가의 문제로 귀결된다.[39] 그중에서 가장 문제되는 것이 계속적 기능이다. 문서의 계속성은 매개물 자체가 아니라 의사 내지 관념의 계속성이므로, 새로운 매개체에의 저장방법을 통하여 언제든지 화체될 수 있다고 보아야 할 것이다. 즉, 물체와의 결합은 새로운 매체물이 등장하면 당해 매체물과의 결합성을 판단해야 하며, 비록 자기디스크나 자기테이프 등에의 자성체에 불과하더라도 세부요건으로서 가독성 또는 가시성이 인정되는가를 판단하여야 한다. 전자문서의 계속적 기능에 대한 부정설의 근거는 다음과 같다. 데이터는 이를 아무리 확대하더라도 직접 사람이 인식할 수 없고, 반드시 변환 후에만 가독성이 생기는 것이므로 문서요건으로서의 가독성이라고 볼 수 없다고 한다.[40] 뿐만 아니라 모니터상에 현출된 화상은 일시적인

39) 전자문서의 문서성을 인정할 것인가는 형법상의 접근보다는 민사법 또는 경제법적으로 먼저 거론되었다. 여기에서 논의되었던 찬반론을 살펴보면 다음과 같다. 우선 긍정설의 입장에서는 전자적 기록물인 자기디스켓이나 자기테이프 등도 컴퓨터 특유의 기계어인 부호 등에 의하여 표현되어 있고, 둘째 부호 등 그 자체는 가시성이나 가독성을 가지고 있지 아니하나 사람의 사상…, 의사·관념 등을 표시하고 있으며, 이를 컴퓨터 조작을 통하여 출력하면 누구든지 이해할 수 있는 문서로 재현할 수 있으며, 셋째 이와 같은 재현된 문서와 전자적 기록물 또는 프로그램은 일체불가분한 관계를 갖고 있기 때문에 전자적 기록물은 당연히 문서로서 인정되어야 한다고 본다.

반면 부정설의 입장에서는 자기디스켓 등에 입력되는 자기는 문자·부호 등의 어떤 형태로 물체 위에 표시되어 있는 것이 아니라 단지 −, +의 자성체에 불과하며, 둘째 이러한 자성체는 순간적으로 흔적없이 소멸될 수 있으므로 이것까지 문자나 기호로 본다면 문서의 개념에 크게 혼란을 가져올 수 있다는 점, 셋째 컴퓨터 조작에 의하여 출력된 자료는 당연히 문서이지만 그 전단계인 전자적 기록 자체는 가시적·가독적일 수 없으므로 이것까지 문서로 인정한다는 것은 논리의 지나친 비약이라고 본다(최동호/신동진, "전자문서의 개념과 종이문서 대체가능성", 「산경연구」 제3집, 영남대학교 산업경영연구소, 1995/12, 6면 참조).

40) 김연, "전자문서에 대한 증거조사", 「IT와 법연구」 제3집, 경북대학교 IT와 법연구소, 2009/2, 256면은 현미경이나 돋보기처럼 단순히 크기 확장을 통하여 가독성이 생기는 것과는 구별해야 한다고 본다.

것으로서 전자기록이 저장된 매체나 표현된 모니터와 계속적인 결합상태에 있다고 보기 어렵다는 점에서 매체물과의 계속성 자체를 부정해야 한다고 보기도 한다.[41]

반면 긍정설은 전자문서란 이미 표준화되어 있는 문서에 한정된다는 전제하에 상호간의 해독의 합의가 존재하고 컴퓨터간에 상호 교환될 수 있으므로 가독성을 인정한다.[42] 즉, 화상의 형태로 교환되는 방식의 가시성을 부정할 이유가 없으며, 법적 거래에 있어서 주요 기능을 할 정도의 영속성으로 족하다는 점을 근거로 한다.[43] 또한 유사한 의미로 비록 전자정보는 디버그(debug) 프로그램에 의할 경우 그 내용에 관한 덤프리스트를 출력하여 볼 수 있고, 그 덤프리스트를 해석하여 보면 그 정보의 내용을 추론할 수 있으며 나아가 그 정보내용을 사람이 인식할 수 있는 것으로 변환하는 작업을 통하여 그 내용을 인식할 수 있다는 점에서 가독성을 인정하기도 한다.[44]

문서의 계속성을 관념 또는 의사표시와 매개물과의 결합성과 가시성으로 나누어 살펴본다면, 전기적 또는 자기적 방법으로 작성되었다고 하더라도 결합성 자체를 부정할 이유는 없다. 여기에서 매개물과의 결합성은 영구적일 것을 요하지 않으며, 공공의 신용을 보호법익으로 하는 문서의 특성상 거래계에서 고유의 역할을 수행할 정도의 지속성을 의미한다. 따라서 비록 부정설이 주장하는

---

41) 오영근, 형법각론, 732면; 이재상, 형법각론, 601면; 최동호/신동진, 앞의 논문, 8면; 황태정, 앞의 논문, 270면.

42) 황희철, "전자서명과 법률문제", 한국정보법학회 심포지움, 1998, 8면.

43) 이정훈, "형법상 문서와 전자기록과의 관계", 「비교형사법연구」 제5권 제2호, 한국비교형사법학회, 2003, 348면은 마치 종이와 잉크라는 요소로 종이문서의 성립을 인정한다면 전자적 펄스로 이루어진 자성체도 이와 동일하게 판단해야 한다고 본다.

44) 황찬현, "전자문서의 민사증거법상의 문제", 「법조」 제48권 제9호, 법조협회, 1999/9, 24면.

바와 같이 자기가 문자·부호 등의 어떤 형태로 물체 위에 표시되어 있는 것이 아니라 단지 −, +의 자성체에 불과하더라도, 그러한 형태로 현실적으로 거래계에서 이용될 수 있을 정도의 지속성을 가질 수 있다면 매체물과의 결합성은 인정될 수 있다.

문제는 가시성 또는 가독성을 인정할 수 있겠는가이다. 문서에서의 가시성 또는 가독성이 '관념 또는 의사의 표시체를 인간의 눈으로 직접 인식가능성'이 있는가로 제한하여 해석할 것인지, 아니면 표시된 형태를 '특정한 방법을 통해서 인간의 눈으로 직접 인식가능성'도 포함해서 해석할 것인지의 문제이다. 생각건대 가시성이란 반드시 매체물에 화체된 관념이나 의사표시를 인간의 시각력에 전적으로 의존하여 인식할 수 있어야 한다는 의미는 아닐 것이다. 물론 부정설은 현미경이나 확대경으로 단순확대하여 그 의미내용을 인식할 수 있는 것과 전자적 형태는 성질상 다르다고 주장하나, 단순확대이든 변형프로그램에 의하든 인간의 시각력 밖에 존재하는 형태의 표현물을 시각화하는 데 적합한 '특정한 도구'를 사용한다는 점에서는 양자는 차이가 없다.

다음으로 증명적 기능과 관련하여서는, 증명능력이 화체된 의사 또는 관념이 권리의무나 사실관계를 객관적으로 증명할 수 있고 증명하는 데 쓰이는 기능을 하고 있으며, 이를 행사하는 자가 권리의무나 사실관계를 증명하는 데 쓰고자 하는 의사를 가지고 거래계에서 사용한다는 점을 사회적 현실이 보편적으로 인정할 만하다면 의사표시를 전달한 새로운 매개물의 증명적 기능은 부정할 이유가 없다.[45] 전자문서의 증명적 기능을 부정하고자 하는 주된

45) 개정 전자거래기본법안은 전자문서가 의사표시라는 점을 확인하기 위하여 "전자적 의사표시"라는 개념을 도입하고자 한다. 전자적 의사표시란 전자문서의 방법으로 행한 의사표시이며, 전자문서는 전자적 의사표시를 매개하는 수단으로서의 역할을 하게 되므로 상위개념인 전자적 의사표시에 법적 효력을 인정할 필요성이 제기된다고 본다(최승원 외, 전자거래기본법 개정방안연구, 정보통신산업진흥

논거는 그 특성상 종이문서와는 달리 정보의 불안정성과 법률적 불확실성이 존재한다는 점이다. 그러나 이는 순수하게 기술적 문제일 뿐이며, 그것이 증명적 기능이라는 요소를 부정할 근거는 되기 어렵다. 또한 전자문서의 법적 거래를 위한 안정성은 이미 전자문서의 유동성에 대한 보완책로서 암호화시스템, 거래시스템의 접근제한, 보관제도의 수립, 공인전자문서보관소 등을 통하여 확보되고 있다는 점을 고려해야 할 것이다.

마지막으로 전자문서의 보장성에 관하여는 출력을 통하여 언제든지 동일한 문서를 얻을 수 있다는 점에서 원본성을 보장하기가 어렵다거나,[46] 명의인의 서명날인이 부적합하거나 작성명의인이 불명확한 방식에 의한다는 점을 근거로 부정하기도 한다.

전자문서의 보장적 기능은 전자기록과 달리 평가하여야 한다. 전자기록은 기록상 명의인이 표기되지 않거나 분명하지 않은 경우가 많으므로 쉽게 보장적 기능을 인성할 수 없다. 그러나 전자문서는 전자기록과는 별개의 개념이다. 현행법상 전자문서는 일률적으로 그 효력이 정해져 있는 것이 아니라 개별 법률에서 각각 법의 목적에 따라 달리 규정하고 있지만, 공통적으로는 전자서명 등이 부착된 문서를 의미한다. 전자서명은 일반적으로 전자문서의 명의인 또는 작성자를 식별할 수 있게 하는 기호 또는 부호[47]로서, 이러한 전자서명의 방식은 기술발전에 따라 다양하게 나타나고 있다. 대표적인 것이 전자서명법에 의하여 인정되는 비대칭암호화방

원, 2010, 27면). 또한 전자적 의사표시라는 개념은 민법상의 "의사표시"라는 용어와 달리 전자적 환경에 적합하게 도입된 새로운 법률개념으로 파악된다(최경진 외 4인, 전자문서 및 공인전자문서보관소 활성화를 위한 제도개편연구, 한국전자거래진흥원, 2008/12, 41면(양재모, "전자거래 및 전자문서에 관한 기본법안에 대한 소고", 「재산법연구」 제28권 제2호, 한국재산법학회, 2011/8, 180면 재인용)). 즉, 이러한 전자거래기본법안을 통하여, 전자문서는 전자적 "의사표시"라는 점을 명확히 함으로써 전자문서의 증명적 기능을 확인하였다고 평가할 수 있다.

46) 이정훈, 앞의 논문, 349면.

47) 무역자동화촉진에 관한 법률 제2조 제8호 참조.

식의 전자서명의 부착이다. 여기에서의 전자서명이란 전자문서를 작성한 작성자의 신원과 당해 전자문서가 그 작성자에 의하여 작성되었음을 나타내는 전자적 형태의 서명 중에서 전자문서를 작성한 자의 신원과 전자문서의 변경 여부를 확인할 수 있도록 비대칭암호화방식을 이용하여 전자서명생성키로 생성한 정보로서 당해 전자문서에 고유한 전자서명만을 의미한다.[48] 이러한 전자서명은 행위자를 증명할 수 있는 한 서명이나 기명날인으로 인정될 수 있으며, 특정 폐쇄적 네트워크에서 이루어지는 전자문서교환방식상 행해지는 전자서명에 대하여는 개별 특별법들이 그 효력을 이미 인정하고 있다. 그 밖에도 명의인을 식별할 수 있는 방식이 부착되어 있거나, 이러한 자동화방식에 의하지 않고 명의인을 문서 내용상 식별할 수 있는 경우도 있다.

이처럼 전자문서에서의 보장적 기능은 종이문서의 서명·날인에 준하는 기술적 방식에 의하여 작성자의 보장을 확인하고 있고, 앞으로의 기술적 발달은 보다 다양한 방법으로 작성자 또는 명의자를 식별할 수 있도록 해 줄 것이다. 따라서 종이문서와 같은 서명·날인에만 보장적 기능을 한정할 필요는 없다. 뿐만 아니라 기존의 문서에서도 특정된 명의인이 있다고 오신시킬 정도의 문서이거나 문서의 종류·형식·내용 등 여러 가지 사정을 기초로 작성명의인을 인식할 수 있는 문서이면 보장적 기능을 인정[49]하는 것이 일반적이라는 점을 고려한다면 전자문서의 보장적 기능은 부정되

48) 이와 같은 전자서명은 전자서명생성키와 이에 합치하는 전자서명검증키의 조합인 전자서명키에 의해 생성되고 검증된다. 전자거래기본법상의 전자서명은 방식에 관계없이 비대칭암호화방식의 전자서명을 포함하여 일반적으로 이루어지는 전자적 형태의 서명 모두를 지칭하고, 전자거래법상의 전자서명은 정보를 암호화하기 위하여 사용하는 키와 암호화된 정보를 복원하기 위하여 사용하는 키가 서로 다른 암호화방식인 비대칭암호화방식으로 행해지는 것을 의미한다. 김은기, "전자문서의 법적 효력", 「기업법연구」 제5집, 한국기업법학회, 2000/4, 475면 이하 참조.

49) 김일수, 앞의 논문, 457면.

지 않는다.

(3) 경제성의 원리와 전자문서의 문서성

전자문서는 의사의 표시방식을 의미할 뿐이다. 즉, 종이에 표시되어 종이와 일체화된 정보와 비교할 때, 일체화된 정보라는 점은 동일하며[50] 다만 표시매체가 정보처리장치라는 점에서 차이가 있을 뿐이다. 또한 전자문서는 전자 형태로 생산된 기록(born digital)과 종이 등 아날로그 형태로 생산되었다가 이미지 스캔 등의 방식으로 디지털화된 기록을 모두 포함한다. 예컨대, 이메일은 전자 형태의 편지에, 워드 프로세서로 생성된 문서 파일은 종이 문서의 전자 형태에 대응된다.

전자적 형태로 존재하게 되는 모든 정보를 포함하는 개념(전자적 저장정보)과 문서의 형태로 현출될 수 있는 전자형태의 정보는 구별하여야 한다.[51] 전자가 전자기록의 개념에 근접해 있다면 후자는 형법상 문서의 개념이 보다 강하다. 즉, 전자문서는 "정보처리시스템에 의하여 전자적 형태로 작성된 후, 송신되거나 수신되거나 저장된 정보"들 중에서 문서적 형태로 표출되는 전자적 저장정보를 의미한다고 보아야 한다. 현행법상으로도 전자문서 및 전자거래기본법 제4조 제1항은 전자문서는 다른 법률에 특별한 규정이 있는 경우를 제외하고는 전자적 형태로 되어 있다는 이유로 문서로서의 효력이 부인되지 아니한다고 규정하고 있으며, 공공기관의 정보공개에 관한 법률 제2조 제1호는 문서를 정보의 기록매체로 하면서 동법상 문서는 전자문서를 포함한다고 규정하고 있다.[52]

---

50) 김은기, 앞의 논문, 473면.

51) 양재모, 앞의 논문, 180면은 전자적 저장정보라는 개념을 사용하고 있는 바, 모든 정자정보는 일시적으로라도 전기적 신호를 통하여 저장되므로 "저장"정보로 본다.

52) 공공기관의 정보공개에 관한 법률 제2조(정의): 이 법에서 사용하는 용어의 뜻은 다음과 같다.

이와 같은 전자문서에 대하여 문서의 요건으로서 계속적 기능, 증명적 기능, 보장적 기능을 인정할 수 있다면 전자문서를 기존의 문서개념에서 분리하여 독립적 개념으로 이해하는 것은 아무런 실익이 없다. 이른바 경제성의 원리에 반하는 해석을 초래하기 때문이다. 오히려 문서개념에 포섭하면서 법조경합 중 특별관계로 파악하는 것이 법적 효력의 부여에 있어서 보다 체계적인 해석방법이 될 것이다.

Ⅴ. 입법과 해석영역의 구별

이 글은 작은 입법만들기를 주제로 하여, 형법상 문서 개념의 확장가능성을 살펴보고자 하였다. 작은 입법만들기란 해석을 통하여 해결될 수 있는 법영역에 입법의 칼을 휘두르지 말 것을 요구하는 것이다. 작은 입법만들기는 수반되는 여러 효과가 있을 것으로 사료된다. 우선, 법적 안정성이다. 기존의 형법 틀을 최대한 제·개정함이 없이 해석만으로 형법의 손길이 필요한 영역을 포섭한다면, 법의 외형적 틀이 변하지 않음으로써 법적 안정성을 유지할 수 있을 것이다. 둘째, 입법권 남용의 방지이다. 법의 변화는 연쇄되는 변화들을 요구하게 되고, 그러한 변화의 연결고리들은 기본권 침해작용에 있어서의 법률주의를 바탕으로 하기 때문에 더 많은 법들을 파생적으로 양산할 수밖에 없다. 이는 불가피하게 입법권의 과잉행사 또는 남용으로 이어질 우려가 있음을 간과해서는 안 될 것이다. 셋째, 경제성의 원리이다. 경제성의 원리는 사회현상 전반에 적용되는 원리이며 입법 역시 예외가 아니다. 따라서 작은 입법만들기는 형사입법에서도 경제성의 원리가 구동한다는

1. "정보"란 공공기관이 직무상 작성 또는 취득하여 관리하고 있는 문서(전자문서를 포함한다. 이하 같다)·도면·사진·필름·테이프·슬라이드 및 그 밖에 이에 준하는 매체 등에 기록된 사항을 말한다.

의미의 다른 표현이라고 보고자 한다.

그 결과 경제성의 원리는 입법에서도 작동할 필요가 있다. 그 이유는 간단하다. 과도한 입법은 첫째, 법률간의 양립가능성을 저해할 우려가 있다. 입법의 과잉양산은 무수한 입법들간의 정치한 비교작용을 거쳐서 이루어지지 않을 경우, 법률간에 모순을 발생시키기도 한다. 둘째, 법률의 중복 입법으로 인하여 적용순서 또는 일반법과 특별법 관계의 혼동을 초래한다. 어느 하나의 현상 또는 사건에 대하여 2개 이상의 법률을 적용해야 하는 경우가 발생하는 경우 적용순서는 일반법과 특별법, 구법과 신법 등의 몇 가지 원칙이 있지만, 그것조차 모호한 경우에는 법적용 순서의 혼동으로 인한 적용오류의 문제가 발생하기도 한다. 셋째, 입법권의 과도한 남용이 입법권의 부당한 월권 또는 반대로 약화를 초래할 우려가 있다. 권리는 사용하면 할수록 비대해지는 경향이 있다. 또는 반대로 잘못 사용된 권리는 그에 대한 불신으로 인하여 약화되기 마련이다. 반대로 적절한 입법권의 사용은 입법에 대한 수범자의 신뢰를 강화시킨다는 점을 상기하여야 한다.

형사정책적인 측면에서 의사표시의 수단이 되는 매체가 무엇인가는 중요하지 않다. 문서의 죄에서 보호법익은 공공의 신용이며, 공공의 신용을 형성하기 위한 수단이 보호대상이 아니라는 점을 주목한다면, 문서개념의 포섭가능성은 보다 완화된 접근이 가능해질 것이다. 이처럼 근본적으로 문서의 죄에 있어서 법적 거래의 보호가 중요한 것이 아니라 법적 거래에 참여하는 사람들의 신뢰를 보호하는 것이 법익으로서의 중심에 있게 된다면, 이에 이용되는 매개체가 보호의 중심에 있는 것이 아니라 이를 통하여 이루어지는 관여자들의 신뢰의 측면에서 범죄성립 여부에 관하여 접근하여야 할 것이다.

의사표시의 전달매체가 사회의 변화 또는 정보통신기술의 발달에 따라 급속도로 발전할 것이라는 전망은 어느 사회에서나 예측 가능하다. 그리고 그러한 매체들 역시 궁극적으로는 의사표시의 전달을 통한 공공의 신용형성에 관여한다는 측면에서는 여전히 변함이 없다는 점을 주목하여야 할 것이다.

[참고문헌]

김동률, "법익개념의 변화와 새로운 범죄유형의 필요성 - 보편적 법익과 관련한 독일에서의 논의를 중심으로 -", 「형사정책」 제26권 제1호, 한국형사정책학회, 2014/4.

김 연, "전자문서에 대한 증거조사", 「IT와 법연구」 제3집, 경북대학교 IT와 법연구소, 2009/2.

김은기, "전자문서의 법적 효력", 「기업법연구」 제5집, 한국기업법학회, 2000/4.

김일수, "복사문서도 문서위조 및 동 행사죄의 객체인 문서인가?", 「법률구조」, 1992/봄.

김혜경, "문서위조죄에서 복사와 행사의 개념", 「형사판례연구」 제18권, 한국형사판례연구회, 2010/6.

______, "전자문서의 문서성과 형법상 범죄성립", 「경찰학연구」 제12권 제3호(통권 제31호), 경찰대학, 2012/9.

류전철, "문서위조범죄의 형사정책적 고찰", 「법률행정논총」 제12집, 전남대학교 법학연구소, 2000/12.

______, "문서죄에 대한 개정 입법론", 「형사법연구」 제22호, 한국형사법학회, 2004/겨울.

______, "보호법익으로서 공공의 신용이 형법해석론상 의미", 「형사법연구」 제18호, 한국형사법학회, 2002/겨울.

______, "위조범죄의 보호법익으로서의 '공공의 신용'과 복사물", 「형사판례연구」(13), 한국형사판례연구회편, 2005.

______, "형법상 문서개념의 재구성", 「형사법연구」 제11호, 한국형사법학회, 1999.

______, "문서위조죄의 형사정책적 고찰", 「법학논총」 제20권, 전남대학교 법학연구소, 2000/12.

양재모, "전자거래 및 전자문서에 관한 기본법안에 대한 소고", 「재산법연구」 제28권 제2호, 한국재산법학회, 2011/8.

양천수, "형법상 법익 개념의 새로운 근거설정 필요성과 가능성", 「고려법학」 제47권, 고려대학교 법학연구원, 2006.

이정원, "문서위조 및 동 행사죄의 객체로서의 복사문서", 「영남법학」 제26호, 영남대학교 법학연구소, 2008/4.

이정훈, "형법상 문서와 전자기록과의 관계", 「비교형사법연구」 제5권 제2호, 한국비교형사법학회, 2003.

이진국, "형사입법에서 법익개념의 체계비판적 기능", 「동아법학」 제37권, 동아대학교 법학연구소, 2005/12.

최경진 외 4인, 전자문서 및 공인전자문서보관소 활성화를 위한 제도개편연구, 한국전자거래진흥원, 2008/12.

최동호/신동진, "전자문서의 개념과 종이문서 대체가능성", 「산경연구」 제3집, 영남대학교 산업경영연구소, 1995/12.

최승원외, 전자거래기본법 개정방안연구, 정보통신산업진흥원, 2010.

최우찬, "형법상 복사문서의 불법사용", 「인권과 공익법」 제1권, 서강대학교 법학연구소, 2007/10.

하태훈, "복사문서의 문서성", 「형사판례연구」(1), 한국형사판례연구회 편, 1993.

황찬현, "전자문서의 민사증거법상의 문제, 「법조」 제48권 제9호, 법조협회, 1999/9.

황희철, 전자서명과 법률문제, 한국정보법학회 심포지움, 1998.

Adolf Schönke/Horst Schröder/Theodor Lenckner/Peter Cramer/Albin Eser/Walter Stree, Strafgesetzbuch, 26. Aufl., München: C. H. Beck, 2001.

Duranti/MacNeil, "The Protection of the Integrity of Electronic Records: An Overview of the UBC-MAS Research Project", Archivaria 42, Fall 1996.

Georg Schilling, Das strafrechtliche Schutz des Augenscheinsbeweises, 1965.

Hans-Joachim Rudolphi/Eckhard Horn, Systematischer Kommentar zum Strafgesetzbuch, 5. 6, bzw. 7. Aufl., Berlin: Luchterhand, 2003.

Herbert Tröndle/Thomas Fischer, Strafgesetzbuch, 51. Aufl., München: C. H. Beck, 2003.

Joecks/Miebach, Münchener Kommentar zum Strafgesetzbuch, Bd. 3, Beck Juristischer Verlag, 2005.

Johannes Wessels/Michael Hettinger, Strafrecht - Besonderer Teil/1, 25. Aufl., Heidelberg: C.F. Müller, 2001.

Karl Lackner/Kristian Kühl, Strafgesetzbuch (StGB), C. H. Beck, 2001.

Peter Kunzmann/Franz-Peter Bukard/Franz Wiedman, dtv-Atlas Philosophie(여상훈역, 철학도해사전, 들녘, 2016).

Winfried Hassemer, Grundlinien einer personalen Rechtsgutslehre, in: ders., Strafen im rechtsstaat, 2000.

Winfried Hassemer, Theorie und Soziologie des Verbrechens, Fischer Taschenbuch Verlag · fm, 1973.

3. 문서범죄와 죄수

Ⅰ. 서 론

문서에 관한 범죄에 있어서는 죄수가 항상 논의될 수밖에 없다. 문서위조죄에서도 문서가 2매 이상이 되기도 하고 그 명의자가 2인 이상이 되기도 한다. 그리고 위조 내지 변조한 문서 등을 당연히 행사하게 되고, 행사하는 과정은 필연적으로 다른 범죄의 목적이 있기 때문이다.

원래 죄수의 문제는 기본적으로 형법총론상의 쟁점이지만 문서범죄에서 특별히 중요하게 논의가 되고 있으면서도 아직 명확히 정립되지 못하고 있다고 하겠고, 판례에 의해서도 경우에 따라서는 혼란스런 부분이 적지 않게 나타나고 있다. 실제 일련의 문서관련 범죄에 대해서 단순 일죄로 평가하여야 하는지, 아니면 상상적 경합관계인지, 실체적 경합관계인지를 분명히 판가름하기가 쉽지 않다.

따라서 죄수에 대한 일반적인 논의를 먼저 살펴보고, 이어서 실제 자주 발생하는 문서범죄의 유형에 따라 문서범죄에서의 죄수론을 판례의 입장과 함께 검토하여 본다.

Ⅱ. 죄수와 죄수의 결정

1. 죄수의 의의

죄수란 범죄의 수가 1개인가 아니면 수개인가의 문제이며, 형법 각칙 등에서의 일반적인 구성요건은 범죄자가 1개의 행위로 1개의 구성요건을 실현하는 것으로 되어있다. 그러나 실제에 있어서는 범죄자가 1개나 수개의 행위로 1개의 구성요건을 수회 실현하거나 1개나 수개의 행위로 수개의 구성요건을 실현하는 경우도 있기 마련이고 이를 적절하게 형사처벌하기 위해서는 반드시 죄수의 검토가 필요하게 되는 것이다.

형법에 의하면 형법 제40조에서 상상적 경합을, 형법 제37조 내지 제39조에서 실체적 경합을 규정하고 있어서 죄수는 기본적으로 일죄와 함께 수죄에서는 상상적 경합범과 실체적 경합범으로 나눌 수 있다.

2. 죄수의 결정기준

범죄자의 죄수가 1개인가 아니면 수개인가는 그 범죄가 성립하는지 여부를 판단하는 문제 다음으로 중요한 문제라고 할 수 있다. 가령 강도범죄자(제333조)에 대한 양형에 있어서 죄수가 1개인 경우에는 징역 30년이 최고형이지만 실체적 경합범으로 죄수가 2개인 경우에 가중하면 징역 45년의 선고도 가능하기 때문에(제38조 제1항 제2호, 제42조) 죄수는 선고형에 큰 영향을 줄 수 있는 것이다. 또한 소송법적으로도 죄수가 1개인가 또는 수개인가에 따라 공소제기시에는 공소사실의 특정에, 판결선고시에는 범죄사실의 특정에 차이가 있으며, 1개의 죄에 대해서는 1개의 판결주문만이 가능하게 된다. 공소시효나 기판력, 일부상소 등에서도 죄수의 결정에 의해 중요한 차이를 보이고 있다.

이에 따라 범죄론은 1개의 범죄가 존재하느냐의 여부를 확인하기 위한 것인 반면에 죄수론은 2개 이상의 범죄가 존재하느냐의 여부를 확인하기 위한 것이라고 할 수 있고,[1] 죄수론은 범죄론과

1) 오영근, 형법총론(제3판), 박영사, 2014, 458면.

형벌론의 중간에 위치하는 이론이라고도 한다.[2)]

다음에서 죄수 결정기준에 대한 기존의 학설을 소개하고 판례의 입장을 알아본 후 그에 대해 검토해 본다.

(1) 죄수 결정기준에 관한 학설

죄수를 어떤 기준으로 일죄와 수죄로 결정하는지에 대하여는 다음과 같이 학설이 나뉘고 있다.

1) 행위표준설

죄수를 행위의 수를 기준으로 하여 행위가 1개이면 범죄도 1개이고 행위가 수개이면 범죄도 수개라는 견해이다. 이에 대해서는 형법에서 1개의 행위가 수개의 죄에 해당하는 경우로 상상적 경합(제40조)을 인정하고 있는 취지와 맞지 않으며, 강도죄(제333조)가 폭행 또는 협박이란 행위와 재물의 강취라는 행위가 필요한 바와 같이 1개의 구성요건의 내용이 2개 이상의 행위로 이루어져 있는 결합범을 설명하기 어렵다는 비판 등이 제기된다.[3)]

2) 법익표준설

죄수를 범죄에 의해 침해되는 법익의 수를 기준으로 하여 1개의 행위라도 수개의 법익을 침해한 경우는 수죄가 되고 수개의 행위라도 1개의 법익을 침해하면 일죄가 된다는 견해이다.[4)] 이에 대해서는 실질상 수죄인 상상적 경합범을 과형상 일죄로 취급하는 이유를 설명하기 어렵고, 강도죄 등과 같은 결합범은 수개의 법익 침해를 수반하여 수죄로 파악하여야 한다는 비판이 제기되어 행위

2) 이재상/장영민/강동범, 형법총론(제8판), 박영사, 2015, 514면.

3) 그래서 임웅, 형법총론(제8정판), 법문사, 2016, 593면에 의하면 행위표준설에서의 행위를 자연적 의미의 행위가 아니라 사회적·형법적 의미의 행위로 재정립하는 것이 합당하다는 주장을 하고 있기도 한다.

4) '결과표준설'이라고도 한다(정성근/박광민, 형법총론(전정2판), 성균관대 출판부, 2015, 629면).

표준설과 결과적으로 비슷한 결합을 보여주고 있다.

3) 의사표준설

죄수를 범죄의사의 수를 기준으로 하여 행위나 법익침해가 수개이더라도 범죄의사가 1개이면 범죄도 1개이고 행위나 법익침해가 1개라도 범죄의사가 수개이면 범죄도 수개라는 견해이다. 여기서의 범죄의사란 고의뿐만 아니라 과실도 포함된다.[5] 이에 대해서는 죄수를 단지 범죄의사에 의하여 결정하는 것은 범죄의 정형성을 무시하는 결과가 되며, 범죄의사가 1개라면 다수의 범죄결과가 발생하여도 일죄라고 하는 것은 부당할 수밖에 없다는 비판이 제기된다.

4) 구성요건표준설

죄수를 구성요건에 해당하는 수를 기준으로 하여 행위가 수개이더라도 구성요건해당이 1회이면 일죄이고, 행위가 1개라도 구성요건해당이 수회이면 범죄도 수개라는 견해이다.[6] 이에 대해서는 구성요건이 1회 충족되었는가 수회 충족되었는가 하는 점을 판단하기가 쉽지 않으며,[7] 접속범이나 집합범 등을 수죄로 파악하게 된다는 비판이 제기된다.[8]

5) 종합고려설

죄수를 행위, 법익, 의사, 구성요건 등의 여러 요소를 종합적으로 고려해서 결정하여야 한다는 견해이다.[9]

---

5) 오영근, 앞의 책(주 1), 459면.

6) 김성돈, 형법총론(제3판), 성균관대 출판부, 2014, 709면; 신동운, 형법총론(제9판), 법문사, 2015, 737면; 이재상/장영민/강동범, 앞의 책(주 2), 518면; 정성근/박광민, 앞의 책(주 4), 632면.

7) 신동운, 위의 책, 737면; 이재상/장영민/강동범, 앞의 책(주 2), 517면.

8) 오영근, 앞의 책(주 1), 459면.

9) 김일수/서보학, 형법총론(제12판), 박영사, 2014, 513면; 박상기, 형법총론(제9판), 박영사, 2012, 505면(단일의 학설에 의한 죄수결정은 불가능하다는 입장이

이에 대해서는 모든 경우를 망라하기 위한 기준을 얻기 위하여 죄수론 판단의 기본척도를 지나치게 추상화한다는 비판이 제기된다.[10]

(2) 판례의 입장

판례는 도로교통법위반(무면허운전)죄에 있어서 무면허운전한 날마다 1죄가 성립한다고 보고,[11] 여신전문금융업법위반죄에 있어서 신용카드를 이용한 자금융통행위마다 1죄가 성립한다고 보고,[12] 미성년자의제강간죄와 미성년자의제강제추행죄에 있어서 행위시마다 1죄가 성립한다고 보아[13] 행위표준설에 따른 경우도 있고, 사기죄

어서 사실상 종합고려설의 입장으로 보여진다); 배종대, 형법총론(제10판), 홍문사, 2011, 749면; 오영근, 앞의 책(주 1), 460면; 정웅석/백승민, 형법강의(개정제4판), 대명출판사, 2014, 554면.

10) 신동운, 앞의 책(주 6), 737면.

11) 대법원 2002. 7. 23. 선고 2001도6281 판결: “(1) 무면허운전으로 인한 도로교통법위반죄에 있어서는 어느 날에 운전을 시작하여 다음날까지 동일한 기회에 일련의 과정에서 계속 운전을 한 경우 등 특별한 경우를 제외하고는 사회통념상 운전한 날을 기준으로 운전한 날마다 1개의 운전행위가 있다고 보는 것이 상당하므로 운전한 날마다 무면허운전으로 인한 도로교통법위반의 1죄가 성립한다고 보아야 할 것이고, 비록 계속적으로 무면허운전을 할 의사를 가지고 여러 날에 걸쳐 무면허운전행위를 반복하였다 하더라도 이를 포괄하여 일죄로 볼 수는 없다고 할 것이다. (2) 기록에 의하면, 위 약식명령이 확정된 도로교통법위반(무면허운전)사건의 범죄사실은 피고인이 자동차운전면허 없이 2001. 5. 5. 11:35경 서울 구로구 가리봉동 소재 가리봉 5거리 앞길에서부터 서울 구로구 신도림동 소재 대림아파트 앞길까지 약 5㎞ 가량을 경기 58나4388호 아반테 승용차를 운전하였다는 것임을 알 수 있고, 위 범죄사실과 이 사건 공소사실은 피고인이 운전한 차량에 있어서는 동일하나, ① 운전한 일자가 다르고, ② 전후 운전행위 사이에 하루 반 정도의 시간적 간격이 있으며, ③ 전후 운전행위를 사회통념상 동일한 기회에 일련의 과정에서 계속된 하나의 운전행위로 볼 만한 자료도 찾아볼 수 없으므로 위 각 무면허운전행위는 수죄로 처벌되어야 할 것으로 보인다.”

12) 대법원 2001. 6. 12. 선고 2000도3559 판결: “여신전문금융업법 제70조 제2항 제3호는 ‘물품의 판매 또는 용역의 제공을 가장하거나 실제 매출금액을 초과하여 신용카드 매출전표를 작성하고 자금을 융통하여 준 자’를 처벌하도록 규정하고 있는바, 그 구성요건 및 보호법익에 비추어 볼 때 위 규정 위반의 죄는 신용카드를 이용한 자금융통행위 1회마다 하나의 죄가 성립한다고 할 것이고, 일정기간 다수인을 상대로 동종의 자금융통행위를 계속하였다고 하더라도 그 범의가 단일하다고 할 수 없으므로 이를 포괄하여 하나의 죄가 성립한다고 할 수 없다.”

13) 대법원 1982. 12. 14. 선고 82도2442 판결: “미성년자의제강간죄 또는 미성년자의제강제추행죄는 행위시마다 1개의 범죄가 성립하므로 이 사건 공소사실 중 ‘피

에 있어서 범의가 단일하고 범행방법이 동일하더라도 각 피해자의 피해법익은 독립한 것이므로 피해자별로 독립한 사기죄가 성립한다고 보고,[14] 업무상횡령죄에 있어서도 피해자가 수인인 경우는 피해법익이 단일하다고 할 수 없으므로 포괄일죄의 성립을 인정하기 어렵다고 보고,[15] 강도죄에 있어서도 피해자들의 수에 따라 수개의 강도죄를 구성하는 것이라고 보아[16] 원칙적으로 법익표준설에 따르면서도 특히 재산죄에 있어서는 반드시 법익침해의 개수에 의하는 것은 아니라는 입장을 보이기도 한다.[17]

고인이 1980. 12. 일자불상경부터 1981. 9. 5 전일경까지 사이에 피해자를 협박하여 약 20여회 강간 또는 강제추행하였다'는 부분은 그 범행일시가 명시되지 아니하여 동 공소사실부분에 대한 공소는 기각을 면할 수 없다."

14) 대법원 2015. 4. 23. 선고 2014도16980 판결: "다수의 피해자에 대하여 각별로 기망행위를 하여 각각 재산상 이익을 편취한 경우에는 범의가 단일하고 범행방법이 동일하더라도 각 피해자의 피해법익은 독립한 것이므로 이를 포괄일죄로 파악할 수 없고 피해자별로 독립한 사기죄가 성립된다. 다만 피해자들이 하나의 동업체를 구성하는 등으로 피해법익이 동일하다고 볼 수 있는 사정이 있는 경우에는 피해자가 복수이더라도 이들에 대한 사기죄를 포괄하여 일죄로 볼 수도 있을 것이다. 그리고 1개의 기망행위에 의하여 다수의 피해자로부터 각각 재산상 이익을 편취한 경우에는 피해자별로 수 개의 사기죄가 성립하고, 그 사이에는 상상적 경합의 관계에 있는 것으로 보아야 한다."

15) 대법원 2011. 2. 24. 선고 2010도13801 판결: "수개의 업무상횡령 행위라 하더라도 피해법익이 단일하고, 범죄의 태양이 동일하며, 단일 범의의 발현에 기인하는 일련의 행위로 인정되는 경우는 포괄하여 1개의 범죄라고 할 것이지만, 피해자가 수인인 경우는 피해법익이 단일하다고 할 수 없으므로 포괄일죄의 성립을 인정하기 어렵고, 특정경제범죄가중처벌등에관한법률 제3조 제1항에서 정한 이득액은 단순일죄의 이득액이나 포괄일죄의 이득액 합산액을 의미하는 것이지 경합범으로 처벌될 수죄의 이득액을 합한 금액을 말한다고 볼 수는 없으므로, 횡령행위를 포괄하여 특정경제범죄가중처벌등에관한법률위반(횡령)죄로 의율하려면 원칙적으로 피해자 및 피해자별 피해액에 관한 공소사실의 특정이 필요하다."

16) 대법원 1991. 6. 25. 선고 91도643 판결: "강도가 동일한 장소에서 동일한 방법으로 시간적으로 접착된 상황에서 수인의 재물을 강취하였다고 하더라도, 수인의 피해자들에게 폭행 또는 협박을 가하여 그들로부터 그들이 각기 점유관리하고 있는 재물을 각각 강취하였다면, 피해자들의 수에 따라 수개의 강도죄를 구성하는 것이고, 다만 강도범인이 피해자들의 반항을 억압하는 수단인 폭행·협박행위가 사실상 공통으로 이루어졌기 때문에, 법률상 1개의 행위로 평가되어 상상적 경합으로 보아야 될 경우가 있는 것은 별문제이다."

17) 대법원 1996. 7. 30. 선고 96도1285 판결: "강도가 시간적으로 접착된 상황에서 가족을 이루는 수인에게 폭행·협박을 가하여 집안에 있는 재물을 탈취한 경우

계속해서 판례는 강간죄에 있어서 피해자를 1회 강간한 후 약 1시간 후에 다른 장소에서 다시 1회 강간한 것은 각 별개의 범의에서 이루어진 행위이므로 경합범에 해당한다고 보고,[18] 뇌물수수죄에 있어서 일정기간 7회에 걸쳐서 같은 명목으로 뇌물을 수수한 것은 단일한 범의에 의한 것으로 포괄일죄에 해당한다고 보아[19] 의사표준설에 따르면서도 범의 외에 법익을 함께 고려하여 판단하기도 한다.[20]

그 재물은 가족의 공동점유 아래 있는 것으로서, 이를 탈취하는 행위는 그 소유자가 누구인지에 불구하고 단일한 강도죄의 죄책을 지는 것으로 봄이 상당하다."; 대법원 1979. 10. 10. 선고 79도2093 판결: "당원은 일찌기 단일한 범의로써 절취한 시간과 장소가 접착되어 있고 같은 사람의 관리하에 있는 방안에서 소유자가 다른 물건을 여러 가지 절취한 경우에는 단순일죄가 성립한다고 판시한 바 있는데(대법원 1970. 7. 21. 선고 70도1133 판결), 이는 이 사건과 같은 강도죄의 경우에도 적용이 되는 것이라 함이 상당하고 또 절도나 강도죄와 같은 도죄의 죄수를 정하는 표준이 반드시 법익침해의 개수에만 의거하지 않는 경우가 있다는 것을 말한 것이라 할 것이다."

18) 대법원 1987. 5. 12. 선고 87도694 판결: "피해자를 1회 강간하여 상처를 입게 한 후 약 1시간 후에 장소를 옮겨 같은 피해자를 다시 1회 강간한 행위는 그 범행시간과 장소를 달리하고 있을 뿐만 아니라 각 별개의 범의에서 이루어진 행위로서 형법 제37조 전단의 실체적 경합범에 해당한다."

19) 대법원 1982. 10. 26. 선고 81도1409 판결: "피고인이 1977. 4. 15.경 사무실에서 원심 공동피고인으로부터 아파트보존등기신청사건을 접수처리함에 있어서 신속히 처리해 달라는 부탁조로 금원을 교부받은 것을 비롯하여 같은해 9. 10.경까지 전후 7회에 걸쳐 각종 등기사건을 접수처리하면서 같은 공동피고인으로부터 같은 명목으로 도합 금 828,000원을 교부받아 그 직무에 관하여 뇌물을 수수한 것이라면, 이는 피고인이 뇌물수수의 단일한 범의의 계속하에 일정 기간 동종행위를 같은 장소에서 반복한 것이 분명하므로 피고인의 수회에 걸친 뇌물수수행위는 포괄일죄를 구성한다고 해석함이 상당하다."

20) 대법원 2005. 11. 10. 선고 2004도42 판결: "수뢰죄에 있어서 단일하고 계속된 범의 하에 동종의 범행을 일정 기간 반복하여 행하고 그 피해법이도 동일한 경우에는 각 범행을 통틀어 포괄일죄로 볼 것이므로 기무부대장인 피고인이 그 직무인 골프티 배정 또는 골프장 출입인가증 발급과정에서의 보증과 관련하여 계속적으로 돈을 받은 것은 단일하고 계속된 범의하에 동일한 법익을 침해한 경우로서, 골프티 배정과 관련하여 20회에 걸쳐 합계 480만원을 교부받은 범행과 골프장 출입인가증 발급과 관련하여 7회에 걸쳐 합계 160만원을 교부받은 범행은 각각 포괄일죄에 해당한다고 할 것이다."; 대법원 1999. 1. 29. 선고 98도3584 판결: "뇌물을 여러 차례에 걸쳐 수수함으로써 그 행위가 여러 개이더라도 그것이 단일하고 계속적 범의에 의하여 이루어지고 동일 법익을 침해한 때에는 포괄일

그리고 판례는 조세포탈죄에 있어서 구성요건의 충족 횟수를 기준으로 1죄가 성립한다고 보고,[21] 허위공문서작성죄 등에서 1개의 행위로 형법의 구성요건과 행정적 처벌법규의 구성요건에 모두 해당하는 경우에는 법조경합이 아니라 상상적 경합에 해당된다고 보아[22] 구성요건표준설에 따르면서도 구성요건해당성 외에 보호법익을 함께 고려하여야 한다는 입장을 보이기도 한다.[23]

결국 판례는 구체적인 사건에 따라서 행위, 법익, 의사, 구성요건 중에서 어느 하나를 따르거나 2개 정도를 결합하여 함께 고려함으로써 죄수를 결정하고 있다고 보여진다.

죄로 처벌함이 상당하다."

21) 대법원 2011. 6. 30. 선고 2010도10968 판결: "조세의 종류를 불문하고 1년간 포탈한 세액을 모두 합산한 금액이 구 특가법 제8조 제1항 소정의 금액 이상인 때에는 같은항 위반의 1죄만이 성립하고, 같은항 위반죄는 1년 단위로 하나의 죄를 구성하며 그 상호간에는 경합범 관계에 있다. 한편 같은항에 있어서 '연간'은 역법상의 한 해인 1월 1일부터 12월 31일까지의 1년간을 의미하므로, 구 특가법 제8조 제1항에서 말하는 '연간 포탈세액등'은 각 세목의 과세기간 등에 관계없이 각 연도별(1월 1일부터 12월 31일까지)로 포탈한 또는 부정 환급받은 모든 세액을 합산한 금액을 의미한다."; 대법원 2000. 4. 20. 선고 99도3822 전원합의체 판결 등.

22) 대법원 1961. 10. 12. 선고 4293형상966 판결: "1개의 행위로서 본법의 구성요건과 행정적 처벌법규의 구성요건에 각 해당하는 경우에 이 양자간의 관계는 특별관계 또는 흡수관계 등 법조경합으로 볼 것이 아니라 상상적 경합으로 보아야 할 것이다."

23) 대법원 2011. 11. 24. 선고 2010도8568 판결: "(1) 법조경합은 1개의 행위가 외관상 수개의 죄의 구성요건에 해당하는 것처럼 보이나 실질적으로 1죄만을 구성하는 경우를 말하며, 실질적으로 1죄인가 또는 수죄인가는 구성요건적 평가와 보호법익의 측면에서 고찰하여 판단하여야 한다. (2) 구 국토의계획및이용에관한법률(2009. 2. 6. 법률 제9442호로 개정되기 전의 것, 이하 '국토계획법'이라 한다)과 구 경제자유구역의지정및운영에관한법률(2009. 1. 30. 법률 제9366호 경제자유구역의지정및운영에관한특별법으로 개정되기 전의 것, 이하 '경제자유구역법'이라 한다)은 각각 입법목적과 보호법익을 달리하고 있을 뿐만 아니라, 처벌조항인 국토계획법 제140조 제1호, 제56조 제1항과 경제자유구역법 제33조 제1호, 제8조의2 제1항을 비교하여 보면 행위 대상지역 및 허가권자, 금지되는 행위의 내용 등 구체적인 구성요건에서 상당한 차이가 있으므로, 국토계획법 제140조 제1호, 제56조 제1항 위반죄가 경제자유구역법 제33조 제1호, 제8조의2 제1항 위반죄와 법조경합 관계에 있다고 하기 어렵고, 두 죄는 각각 독립된 구성요건으로 이루어져 있다."

(3) 검 토

지금까지 살펴본 바에 의하면 학설은 크게 구성요건표준설의 입장과 종합고려설의 입장으로 나뉘어 있다고 볼 수 있으며,[24] 판례는 일관된 기준을 적용하기보다는 구체적인 범죄에 따라 그 범죄의 특성을 고려하여 판단하고 있기에 그 입장이 분명해 보이지는 않는다.

형법에서는 수죄를 상상적 경합범과 실체적 경합범으로 나누어 규정하고 있는데, 형법 제40조에서 상상적 경합범은 '1개의 행위가 수개의 죄에 해당하는 경우'로 보고 있으며, 형법 제37조에서 실체적 경합범은 '판결이 확정되지 아니한 수개의 죄 또는 금고 이상의 형에 처한 판결이 확정된 죄와 그 판결확정 전에 범한 죄'로 보고 있다. 여기서 '수개의 죄'란 개별 구성요건에 해당하는 죄가 수개라는 의미로 보아야 할 것이고, 또한 행위, 법익, 의사 등은 구성요건의 내용으로 포함되는 것이다.

구성요건표준설에 대하여 구성요건이 1회 충족되었는가 아니면 수회 충족되었는가를 판단하기 어렵다는 비판은 구성요건 자체의 문제일 뿐이고 이로 인해 구성요건을 기준으로 죄수를 결정할 수 없다는 주장은 전혀 설득력이 없다. 또한 구성요건 해당 여부에 따라 죄수를 결정하는 경우에 접속범이나 집합범을 수죄로 파악할 수밖에 없다는 비판도 실제 구성요건에 수회 해당되어 수죄로 볼 수도 있으나 수개의 범죄가 불가분으로 접속하거나 반복되는 범죄의 성격을 특별히 고려하여 이를 포괄하여 일죄로 보는 예외를 인정하고 있기 때문에 이로 인해 구성요건을 기준으로 할 수 없다는 주장도 큰 의미가 있다고 보여지지 않는다.

24) 이기헌, "죄수의 결정", 「형사판례연구」(8), 박영사, 2001, 116면에 의하면 "현재 죄수결정의 기준으로 소개된 학설은 어느 것도 죄수의 개념을 파악하거나 실제로 죄수를 결정하는 데 도움이 되기는커녕 오히려 혼란만을 가중시키고 있다"는 주장도 있다.

결국 죄수의 결정은 원칙적으로 구성요건표준설에 의하여야 할 것이며, 종합고려설의 입장에서도 기본적으로는 구성요건을 기준으로 결정하는 것이 타당하다고 보기도 하므로[25] 구체적인 죄수의 결정에 있어서 큰 차이가 있지는 않을 것이다. 그리고 판례도 일관된 입장을 명확하게 보이지는 않고 있지만 개별 구성요건의 특성을 고려하여 경우에 따라서 행위, 법익, 의사 등을 기준으로 삼고 있기 때문에 사실상 구성요건이 기준이 되고 있다고 하여도 무방할 것으로 판단된다.

Ⅲ. 개별 문서범죄의 죄수 검토

1. 문서범죄에서의 죄수 논의

문서에 대한 위조 내지 변조범죄는 필연적으로 그 문서를 행사하기 위하여 성립하게 되는 것이고, 또한 문서에 대한 행사범죄도 행사 자체에 의미가 있는 것이 아니라 궁극적으로 다른 범죄 등의 목적이 있기 마련이다.

사문서를 위조한 경우는 형법 제231조에 의하여, 공문서를 위조한 경우는 형법 제225조에 의하여 각각 사문서위조죄 또는 공문서위조죄가 성립한다. 그리고 위조한 사문서를 행사한 경우는 형법 제234조에 의하여, 위조한 공문서를 행사한 경우는 형법 제229조에 의하여 각각 위조사문서행사죄 또는 위조공문서행사죄가 성립한다. 그리고 위 각 위조죄와 위 각 행사죄는 문서위조라는 행위와 위조문서의 행사라는 행위로 구분되므로 수개의 행위이기에 실체적 경합관계로 볼 수 있을 것이다.[26]

25) 오영근, 앞의 책(주 1), 461면; 정웅석/백승민, 앞의 책(주 9), 554면.
26) 물론 이에 대해서도 일죄로 보아야 한다는 견해 등이 주장되고 있으며 다음에서 상세히 살펴보기로 한다.

그런데 위조나 행사하는 문서가 1매가 아니라 2매 이상이거나 문서는 1매라도 그 작성명의자가 2인 이상인 경우, 문서위조의 과정에서 인장 등을 위조하는 경우, 단순히 문서를 위조하고 행사하는 것에 그치지 않고 위조와 행사의 과정 자체가 예를 들어 사기행위 등의 내용이 되는 것과 같이 구체적으로 문서범죄와 다른 범죄와의 관계에서 죄수가 논의된다. 또한 문서위조와 행사 등의 범죄가 특별법에 의하여 규정되고 있는 경우도 죄수가 논의될 수 있다.

2. 2매 이상의 문서나 명의자가 2인 이상인 문서를 위조한 경우

피고인이 A 명의의 약속어음 2매를 위조, 행사한 사안에서 판례는 "유가증권위조죄의 죄수는 원칙적으로 위조된 유가증권의 매수를 기준으로 정할 것인바, 위 약속어음 2매의 위조행위를 포괄일죄로 보지 아니하고 경합범으로 본 원판결은 정당하다"고 하여[27] 2매의 위조행위를 실체적 경합범으로 판단한 바 있고, 피고인이 동의서 1매의 B 명의부분과 C 명의부분을 위조한 사안에서 판례는 "문서에 2인 이상의 작성명의인이 있을 때에는 각 명의자마다 1개의 문서가 성립되므로 2인 이상의 연명으로 된 문서를 위조한 때에는 작성명의인의 수대로 수개의 문서위조죄가 성립하고 그 연명문서를 위조하는 행위는 자연적 관찰이나 사회통념상 하나의 행위라 할 것이므로 위 수개의 문서위조죄는 형법 제40조가 규정하는 상상적 경합범에 해당한다고 볼 것이다"고 하여[28] 1매의 문서라도 명의자가 2인 이상이면 수죄이지만 1개의 행위로 보고 상상적 경

27) 대법원 1983. 4. 12. 선고 82도2938 판결.
28) 대법원 1987. 7. 21. 선고 87도564 판결; 대법원 1977. 7. 12. 선고 77도1736 판결; 대법원 1956. 3. 2. 선고 4288형상343 판결.

합범으로 판단하였다.

이에 대해 위와 같은 2매의 약속어음 위조행위는 동일한 기회에 수회에 걸쳐 물건을 훔치는 것과 같은 접속범에 해당하므로 1죄를 구성한다는 주장이 있다.[29)]

접속범이란 포괄일죄의 한 유형으로서 단독의 행위에 의하여도 구성요건을 충족할 수가 있으나 수개의 행위가 동일한 기회에 동일한 법익에 대하여 불가분적으로 접속하여 행하여지는 범죄를 말한다. 예를 들어 한 사건의 증인으로 선서한 후에 여러 가지 사실에 관하여 기억에 반하는 허위의 진술을 한 경우이다.[30)]

절도범이 어느 피해자의 집 앞에 자동차를 세워놓고 2회 금품을 반출하여 실은 경우에는 접속범에 해당하여 포괄일죄가 되겠지만 만일 절도범이 A 피해자와 B 피해자의 집 중간지점에 자동차를 세워놓고 A의 집에서 1회, B의 집에서 1회씩 순차적으로 금품을 반출한 경우는 금품을 반출한 회수가 2회로 같다고 하더라도 피해자와 범죄장소가 다르므로 범의와 법익이 같다고 할 수 없기에 수죄로 보아야 할 것이다. 따라서 1매의 문서에 변조행위를 수개 하였다면 접속범으로 볼 수 있지만 2매의 문서를 위조한 행위는 비록 동일한 기회에 이루어진 것이라고 하여도 접속범으로 볼 수는 없다고 판단된다. 또한 1매의 문서라고 하여도 그 명의자가 다른 경우

---

29) 이기헌, 앞의 글(주 24), 123면.

30) 대법원 2007. 3. 15. 선고 2006도9463 판결: "하나의 사건에 관하여 한번 선서한 증인이 같은 기일에 여러 가지 사실에 관하여 기억에 반하는 허위의 진술을 한 경우 이는 하나의 범죄의사에 의하여 계속하여 허위의 진술을 한 것으로서 포괄하여 1개의 위증죄를 구성하는 것이고 각 진술마다 수개의 위증죄를 구성하는 것이 아니므로, 당해 위증 사건의 허위진술 일자와 같은 날짜에 한 다른 허위진술로 인한 위증사건에 관한 판결이 확정되었다면, 비록 종전 사건 공소사실에서 허위의 진술이라고 한 부분과 당해 사건 공소사실에서 허위의 진술이라고 한 부분이 다르다 하여도 종전 사건의 확정판결의 기판력은 당해 사건에도 미치게 되어 당해 위증죄 부분은 면소되어야 한다."; 대법원 1998. 4. 14. 선고 97도3340 판결.

에는 범의와 법익이 같다고 할 수 없으므로 마찬가지라고 하겠다.

3. 문서위조 과정에서 인장위조도 행하여진 경우

피고인이 타인의 인장을 위조하고 그 위조한 인장을 사용하여 권리의무 또는 사실증명에 관한 타인의 사문서를 위조한 사안에서 판례는 "인장위조죄는 사문서위조죄에 흡수되고 따로 인장위조죄가 성립하는 것은 아니다"고 하여[31] 문서위조죄와 인장위조죄는 흡수관계로 판단하고 있다.

흡수관계란 법조경합의 한 유형으로서 외형상 수개의 구성요건이 충족되어 있지만 개념상 혹은 일반경험칙상 하나의 구성요건이 다른 구성요건의 모든 내용을 포함함으로써 별도의 구성요건의 성립을 논해서는 안 되는 경우라는 것이 통설과 판례의 입장이다.[32] 또한 흡수관계는 불가벌적 수반행위와 불가벌적 사후행위로 나누어 볼 수 있는데, 문서위조와 인장위조는 불가벌적 수반행위의 한 예로 보는 것에 이견이 없다.

4. 문서위조죄와 행사죄의 과정에서 사기죄 등이 성립한 경우

피고인이 예금통장을 강취하고 예금자 명의의 예금청구서를 위조한 다음 이를 은행원에게 제출하여 예금인출금 명목의 금원을 교부받은 사안에서 판례는 "강도, 사문서위조, 동행사, 사기의 각 범죄가 성립하고 이들은 실체적 경합관계에 있다"고 하여[33] 사문

31) 대법원 1978. 9. 26. 선고 78도1787 판결: "흡수관계에 있는 인장위조죄와 사문서위조죄를 경합범으로 잘못 기소한 경우에 인장위조사실 자체가 없는 것으로 밝혀진 경우에는 경합범으로 기소한 인장위조의 공소사실에 대한 판단으로서 별도로 무죄선고를 하여야 한다."

32) 오영근, 앞의 책(주 1), 464면.

33) 대법원 1991. 9. 10. 선고 91도1722 판결; 대법원 1981. 7. 28. 선고 81도529 판결: "위조사문서행사죄와 공소제기가 된 이 사건 사기죄와는 상상적 경합관계에 있다고 볼 수 없다."

서위조죄와 행사죄가 실체적 경합관계일 뿐만 아니라 사기죄와도 실체적 경합관계를 인정하고 있다.

(1) 문서위조죄와 그 행사죄의 관계

먼저 문서위조죄와 위조문서행사죄의 관계를 살펴본다. 학설로 ① 문서를 위조하여 행사하는 일련의 행위를 둘로 나누어 평가하는 것은 상식에 반한다며 문서위조죄는 문서를 위조한 자와 행사한 자가 서로 다른 경우와 행위자가 같은 때에는 행사할 목적으로 위조만 하였을 뿐 아직 행사하지 않은 경우에만 독립된 범죄로서 성립할 수 있을 뿐이고 문서위조죄는 원칙적으로 위조문서행사죄에 흡수시켜 1죄로 보아야 한다는 주장과[34] ② 목적범에 있어서는 목적을 달성하기 이전까지 1개의 행위가 될 수 있으므로 사문서위조죄와 위조사문서행사죄는 상상적 경합관계에 있다는 주장이 있다.[35]

문서위조죄와 그 행사죄는 사문서와 공문서를 구분하지 않고 형법 제231조와 제234조와 같이 구성요건을 완전히 달리하고 있을 뿐만 아니라 위조라는 행위와 행사라는 행위는 엄연히 구분되고 그에 따라 위조가 비록 행사할 목적에 의한 것이라고 하지만 그 범의나 법익도 다르다고 볼 수밖에 없는 것이다.

따라서 다수 학설[36]과 판례의 입장과 같이 위조죄와 행사죄를 1죄나 상상적 경합이 아니라 실체적 경합으로 보는 것이 가장 무난하다고 판단된다.[37]

---

34) 오영근, 형법각론(제3판), 박영사, 2014, 580면; 이기헌, "경합범과 상상적 경합", 「형사판례연구」(7), 박영사, 2000, 178면; 임웅, 형법각론(제4정판), 법문사, 2012, 663면.

35) 배종대, 형법각론(제9전정판), 홍문사, 2015, 720면; 이재상/장영민/강동범, 형법각론(제10판), 박영사, 2016, 589면.

36) 박상기, 형법학(제3판), 집현재, 2016, 783면; 정성근/박광민, 형법각론(전정2판), 성균관대 출판부, 2015, 636면; 정웅석/백승민, 앞의 책(주 9), 1233면.

37) 임웅, 앞의 책(주 34), 663면에 의하면 문서위조죄와 위조문서행사죄가 법조경합

(2) 문서위조 및 행사죄와 사기죄 등과의 관계

다음으로 문서위조죄와 그 행사죄를 저지르는 과정에서 금품을 편취하는 사기죄 등이 성립하는 경우에 판례는 위와 같이 실체적 경합관계를 인정하고 있는데, 이에 대하여 살펴본다.

학설은 ① 위조문서의 행사가 상대방에 대한 기망행위와 중복되기 때문에 그 행위의 동일성이 인정되어 위조문서행사죄와 사기죄의 상상적 경합으로 보아야 한다는 주장과[38] ② 문서위조죄와 위조문서행사죄 및 사기죄는 상상적 경합관계에 있다고 보아야 한다는 주장이 있다.[39]

이미 살펴본 바와 같이 문서위조죄와 위조문서행사죄는 실체적 경합관계로 보는 것이 타당하며, 위조 및 행사의 실행과정에서 위조 및 행사의 실질적인 목적이기도 한 사기죄 등이 성립하는 경우에 위조 및 행사죄와의 관계가 문제되는 것이다. 여기서 상상적 경합과 실체적 경합의 구별은 1개의 행위인지, 아니면 수개의 행위인지의 결정에 의하게 되며 행위가 1개인지, 아니면 수개인지는 결국 행위의 중요한 부분이 일치하느냐에 따라 결정하는 것이 합

의 관계에 서는 것은 범인이 처음부터 문서를 행사할 '특정한' 목적을 가지고 위조한 후 이어서 행사한 경우이고, 이에 반하여 범인이 장차 기회가 닿으면 행사하겠다는 '막연한' 목적을 가지고 일단 위조한 후 나중에 기회가 생겨서 행사하게 된 경우에는 실체적 경합관계가 성립한다고 주장하고, 정영일, 형법각론(제3판), 박영사, 2011, 649면에 의하면 행사할 목적으로 위조를 하고 동일한 기회에 행사도 한 경우에는 행사죄만이 성립하고 행사할 목적으로 위조하였으나 후에 다른 기회에 가서 비로소 행사의 고의가 생겨 행사한 경우에는 양죄의 경합범이 된다는 주장을 하여 ① 행사죄만 성립하는 경우와 ② 양죄가 실체적 경합이 되는 경우로 구분하고 있다.

38) 박상기, 앞의 책(주 36), 783면; 오영근, 앞의 책(주 34), 317면; 이기헌, 앞의 글(주 34), 180면.
　한편, 정성근/박광민, 앞의 책(주 36), 636면과 정영일, 앞의 책(주 37), 650면은 대법원 1991. 9. 10. 선고 91도1722 판결을 단순히 인용만 하고 있어서 정확한 입장을 알 수는 없으나 위 판례와 같이 실체적 경합관계를 수긍하고 있는 것으로 보여진다.

39) 이재상/장영민/강동범, 앞의 책(주 2), 543면.

리적이라고 하겠다.[40] 예를 들어 은행에서 예금청구서를 위조하여 은행원에게 제출하는 경우에 자신이 예금명의자로 행세하는 것이지만 실제 예금청구서의 위조와 위조한 예금청구서의 제출행위가 사기죄에 있어서의 기망행위의 중요한 부분이 되고 기타의 내용은 제출과정에 있어서의 부수적인 부분에 불과하다.

따라서 문서위조죄와 위조문서행사죄는 실체적 경합관계이고 그 각각이 사기죄와 상상적 경합관계로 평가될 수 있을 것으로 보이므로 문서위조죄와 위조문서행사죄가 각각 사기죄와의 사이에 상상적 경합관계가 인정된다고 판단된다.

5. 공무원인 의사가 허위진단서를 발행한 경우

피고인이 공무원인 의사로서 공무소의 명의로 허위진단서를 발행한 사안에서 판례는 "형법이 제225조 내지 제230조에서 공문서에 관한 범죄를 규정하고, 이어 제231조 내지 제236조에서 사문서에 관한 범죄를 규정하고 있는 점 등에 비추어 볼 때 형법 제233조 소정의 허위진단서작성죄의 대상은 공무원이 아닌 의사가 사문서로서 진단서를 작성한 경우에 한정되고, 공무원인 의사가 공무소의 명의로 허위진단서를 작성한 경우에는 허위공문서작성죄만이

---

40) 이와 관련하여 도시계획도 관련 업무를 담당하는 공무원이 업자로부터 뇌물을 받고 도시계획도를 변조하고 비치한 사안에서 판례(대법원 2001. 2. 9. 선고 2000도1216 판결)는 "형법 제131조 제1항의 수뢰후부정처사죄에 있어서 공무원이 수뢰후 행한 부정행위가 공도화변조 및 동행사죄와 같이 보호법익을 달리하는 별개 범죄의 구성요건을 충족하는 경우에는 수뢰후부정처사죄 외에 별도로 공도화변조 및 동행사죄가 성립하고 이들 죄와 수뢰후부정처사죄는 각각 상상적 경합관계에 있다고 할 것인바, 이와 같이 공도화변조죄와 동행사죄가 수뢰후부정처사죄와 각각 상상적 경합범 관계에 있을 때에는 공도화변조죄와 동행사죄 상호간은 실체적 경합범 관계에 있다고 할지라도 상상적 경합범 관계에 있는 수뢰후부정처사죄와 대비하여 가장 중한 죄에 정한 형으로 처단하면 족한 것이고 따로이 경합범 가중을 할 필요가 없다고 할 것이다"라고 하였다. 이에 대한 평석은 이승호, "상상적 경합의 비교단위", 「형사판례연구」(10), 박영사, 2009, 201면 이하 참조.

성립하고 허위진단서작성죄는 별도로 성립하지 않는다"고 하여 형법 제233조에서의 허위진단서작성죄의 주체는 공무원이 아닌 의사, 한의사, 치과의사 또는 조산사로 한정하고 있다.[41]

이에 대해 학설은 ① 공무원이면서 의사인 자가 직무와 관련하여 허위진단서를 발행한 때에는 허위공문서작성죄와 허위진단서작성죄의 상상적 경합이 된다는 주장과[42] ② 허위진단서작성죄보다 허위공문서작성죄의 형벌이 더 높으므로 판례의 입장이 타당하다는 주장이 있다.[43]

허위공문서작성죄와 허위진단서작성죄의 상상적 경합이 된다는 주장에 의하여도 법정형이 더 높은 허위공문서작성죄를 적용하게 되므로 허위공문서작성죄만 성립한다는 견해와 결과에 있어서 차이가 발생하지는 않는다. 형법은 문서에 관한 죄에서 공문서의 경우에는 위조죄와 허위작성죄를 제한없이 인정하지만 사문서위조죄의 경우에는 권리의무 또는 사실증명에 관한 문서의 경우로 한정하고, 사문서허위작성죄의 경우에는 허위진단서작성만을 예외적으로 처벌하는 규정을 두고 있다. 따라서 허위공문서작성죄와 허위진단서작성죄는 법조경합의 관계로서 허위진단서 작성자가 의사라도 공무원인 경우에는 우선적으로 허위공문서작성죄가 성립하고,[44] 공무원이 아닌 자 중에서 의사, 한의사, 치과의사, 조산사에 한정하

41) 대법원 2004. 4. 9. 선고 2003도7762 판결: 〈국립병원의 내과과장 겸 진료부장으로 근무하는 의사로서 보건복지부 소속 의무서기관인 피고인이 허위의 진단서를 작성한 사안에서 원심이 공무원이자 의사인 피고인이 허위의 진단서를 작성한 행위에 대하여 형법 제227조 소정의 허위공문서작성죄와 형법 제233조 소정의 허위진단서작성죄가 각 성립하되 2죄는 상상적 경합의 관계에 있다고 판단한 것은 법률적용을 그르친 잘못이 있다고 한 사례〉

42) 박상기, 앞의 책(주 36), 773면; 이재상/장영민/강동범, 앞의 책(주 35), 601면; 임웅, 앞의 책(주 34), 674면; 정성근/박광민, 앞의 책(주 36), 647면.

43) 오영근, 앞의 책(주 34), 592면; 정영일, 앞의 책(주 37), 625면.

44) 이는 1개의 (복합)문서에 공문서위조와 사문서위조가 동시에 행해진 때에는 공문서위조 1죄만 성립하는 것(임웅, 앞의 책(주 34), 664면과 정성근/박광민, 앞의 책(주 36), 636면 등)과 같은 이치이다.

여 허위진단서작성죄가 성립하게 된다고 보아야 할 것이다. 그리고 의사가 아닌 일반인이 의사를 사칭하여 허위의 진단서를 작성한 때에는 공문서위조죄 또는 사문서위조죄만 성립하고 허위진단서작성죄 등이 별도로 성립하지 않음은 물론이다.[45)]

6. 문서위조죄와 행사죄가 특별법에 의하여 흡수되는 경우

신용카드 등의 사용이 널리 보편화되면서 현금결제보다도 신용카드 등의 결제가 더욱 빈번해지고 신용카드 등의 도난 및 분실 사건이 빈발하고 있기에 이에 따른 범죄대책으로 여신전문금융업법 등의 제정 및 개정이 이루어졌다.[46)] 그리하여 형법의 규율을 벗어나 특별법이 적용됨에 따라 문서위조 및 행사죄의 적용도 달라지게 되었다.

도난, 분실 또는 위조되거나 변조된 신용카드 등을 사용하여 물품을 구입하면서 매출전표에 서명하여 제출한 사안에서 판례는 여신전문금융업법상의 '신용카드의 사용'이란 신용카드의 소지인이 신용카드의 본래 용도인 대금결제를 위하여 가맹점에 신용카드를 제시하고 매출전표에 서명하여 이를 교부하는 일련의 행위를 가리키므로, 위와 같이 매출전표에 서명하고 이를 교부하는 행위는 사문서위조죄와 위조사문서행사죄에 해당하는 동시에 여신전문금융업법상의 신용카드부정사용죄에 해당하며, 사문서위조 및 행사죄는 흡수되어 별도로 성립하지 않는다고 한다.[47)]

---

45) 박상기, 앞의 책(주 36), 773면; 정성근/박광민, 앞의 책(주 36), 648면.

46) 여신전문금융업법 제70조(벌칙): ① 다음 각 호의 어느 하나에 해당하는 자는 7년 이하의 징역 또는 5천만원 이하의 벌금에 처한다. 1. 신용카드등을 위조하거나 변조한 자, 2. 위조되거나 변조된 신용카드등을 판매하거나 사용한 자, 3. 분실하거나 도난당한 신용카드나 직불카드를 판매하거나 사용한 자 등.

47) 대법원 2008. 2. 14. 선고 2007도8767 판결: "여신전문금융업법 제70조 제1항은 분실 또는 도난된 신용카드 또는 직불카드를 판매하거나 사용한 자는 7년 이하의 징역 또는 5천만원 이하의 벌금에 처한다고 규정하고 있는바, 위 부정사용죄

위와 같이 빈발하는 신용카드와 직불카드의 분실 또는 도난에 따른 문서위조와 행사범죄는 특별법의 규정에 의하여 법조경합으로 해결이 되었고 이에 대해서는 이견이 없는 상황이다.[48)]

Ⅳ. 결 론

죄수문제는 실체법적으로뿐만 아니라 소송법적으로도 중요한 쟁점이 되고 있으며 특히 문서범죄에서는 그 성격상 항상 죄수론의 검토가 필요하게 된다. 그렇지만 죄수결정에 있어서 아직 그 기준이 정확히 설정되지 않고 있으며 상당히 다양하고 경우에 따라서는 혼란스러울 정도로 학설이 나뉘고 있는 상황이다.

여기서는 기본적으로 죄수의 결정기준을 구성요건에 따르면서도 행위, 범의와 법익을 고려하는 것이 타당하다는 입장에 서고, 계속해서 수죄에서 상상적 경합과 실체적 경합에서는 행위의 중요부분의 일치 여부에 따라 판단하기로 하였다. 그리하여 문서의 죄에서 중요하게 문제되고 있는 사안을 중심으로 개별적으로 살펴보고 판례와 학설을 검토하면서 나름의 결론에 이르게 되었다.

범죄에 대하여 먼저 범죄의 성립인정 여부를 결정하고, 이어서 인정된 범죄의 죄수를 결정하게 된다. 이 과정에서 범죄를 일죄로 판단할 것인지 아니면 수죄로 판단할 것인지는 부차적인 문제로 취급될 수도 있겠지만 실제에 있어서 경합범 가중이나 일부상소,

---

의 구성요건적 행위인 신용카드의 사용이라 함은 신용카드의 소지인이 신용카드의 본래 용도인 대금결제를 위하여 가맹점에 신용카드를 제시하고 매출전표에 서명하여 이를 교부하는 일련의 행위를 가리키므로, 단순히 신용카드를 제시하는 행위만으로는 신용카드부정사용죄의 실행에 착수한 것이라고 할 수는 있을지언정 그 사용행위를 완성한 것으로 볼 수 없고, 신용카드를 제시한 거래에 대하여 카드회사의 승인을 받았다고 하더라도 마찬가지라 할 것이다.; 대법원 1993. 11. 23. 선고 93도604 판결; 대법원 1992. 6. 9. 선고 92도77 판결.

48) 이재상/장영민/강동범, 앞의 책(주 35), 590면과 임웅, 앞의 책(주 34), 664면; 정웅석/백승민, 앞의 책(주 9), 1023면 등이 판례를 그대로 소개하고 있을 뿐이다.

기판력 등을 고려하면 피고인에게 미치는 영향은 매우 크다고 하겠다.

따라서 죄수의 결정은 사건에 따라 개별적으로 평가되기보다는 피고인에게 괜한 불이익이 생기지 않도록 형법규정의 합리적인 해석과 함께 일반적인 원칙에 의해 정립되어야 할 것이다.

[참고문헌]

김성돈, 형법총론(제3판), 성균관대 출판부, 2014.

김일수 · 서보학, 형법총론(제12판), 박영사, 2014.

박상기, 형법총론(제9판), 박영사, 2012.

______, 형법학(제3판), 집현재, 2016.

배종대, 형법총론(제10판), 홍문사, 2011.

______, 형법각론(제9전정판), 홍문사, 2015.

신동운, 형법총론(제9판), 법문사, 2015.

오영근, 형법총론(제3판), 박영사, 2014.

______, 형법각론(제3판), 박영사, 2014.

이기헌, "경합범과 상상적 경합", 「형사판례연구」(7), 박영사, 2000.

______, "죄수의 결정", 「형사판례연구」(8), 박영사, 2001.

이승호, "상상적 경합의 비교단위", 「형사판례연구」(10), 박영사, 2009.

이재상 · 장영민 · 강동범, 형법총론(제8판), 박영사, 2015.

______, 형법각론(제10판), 박영사, 2016.

임 웅, 형법총론(제8정판), 법문사, 2016.

______, 형법각론(제4정판), 법문사, 2012.

정성근 · 박광민, 형법총론(전정2판), 성균관대 출판부, 2015.

______, 형법각론(전정2판), 성균관대 출판부, 2015.

정영일, 형법각론(제3판), 박영사, 2011.

정웅석 · 백승민, 형법강의(개정제4판), 대명출판사, 2014.

4. 문서와 최량증거 규칙

Ⅰ. 문제의 제기

영미 증거법학에서 보편적으로 사용되고 있는 '최량증거 규칙(the best evidence rule)', 혹은 '원본문서주의(the original document requirement)'는 한국의 증거법 관련 문헌에서 자주 사용되는 용어가 아니다. 그러나 2014년까지 선고된 한국의 대법원 판결 중에서 3개의 대법원 판결(①, ②, ③)은 이 용어를 구사하여야 적절한 분석·논평이 가능하고, 2명의 학자들(신동운, 이상원)이 이 문제를 비교적 본격적으로 거론하였으며, 최량증거 규칙과 전문법칙을 혼동한 것이 아닌가 하는 의문이 드는 대법원 판결들(아래의 ④ 2011년 판결과 그 선례들)이 있었는데, 2015년에는 종래의 대법원 판결들보다 한층 이론적으로 진일보한 대법원 판결(⑤)이 선고되었다. 이들 판결과 그 재판요지를 선고된 순서로 아래에 열거하면 다음과 같다.

① **1961년 결정**(대법원 1961. 3. 31.자 4292형상1072 결정): "문서의 원물을 법정에 제출함이 지난(至難)한 경우에는 당해문서의 원물의 존재와 이를 촬영한 사진인 것임이 확인되는 이상 당헤 사진을 그 존재와 내용이 증거 되는 증거물로 하여 조사를 하고 증거로 할 수 있다."

② **2002년 판결**(대법원 2002. 10. 22. 선고 2000도5461 판결): "피고인에 대한 검사 작성의 피의자신문조서가 그 내용 중 일부를 가린 채 복사를 한 다음 원본과 상위 없다는 인증을 하여 초

본의 형식으로 제출된 경우에, 위와 같은 피의자신문조서초본은 피의자신문조서원본 중 가려진 부분의 내용이 가려지지 않은 부분과 분리 가능하고 당해 공소사실과 관련성이 없는 경우에만, 그 피의자신문조서의 원본이 존재하거나 존재하였을 것, 피의자신문조서의 원본 제출이 불능 또는 곤란한 사정이 있을 것, 원본을 정확하게 전사하였을 것 등 3가지 요건을 전제로 피고인에 대한 검사 작성의 피의자신문조서원본과 동일하게 취급할 수 있다."

③ **2008년 판결**(대법원 2008. 11. 13. 선고 2006도2556 판결): "검사는 휴대전화기 이용자가 그 문자정보를 읽을 수 있도록 한 휴대전화기의 화면을 촬영한 사진을 증거로 제출할 수도 있을 것인바, 이를 증거로 사용하기 위해서는 문자정보가 저장된 휴대전화기를 법정에 제출할 수 없거나 그 제출이 곤란한 사정이 있고, 그 사진의 영상이 휴대전화기의 화면에 표시된 문자정보와 정확하게 같다는 사실이 증명되어야 할 것이다(대법원 2002. 10. 22. 선고 2000도5461 판결 참조)."

④ **2011년 판결**(대법원 2011. 1. 27. 선고 2010도11030 판결): "문서의 사본이라도 피고인이 증거로 함에 동의하였고 진정으로 작성되었음이 인정되는 경우이거나 동의하지 아니하였더라도 특히 신용할 만한 정황에 의하여 작성된 문서인 경우에는 그 증거능력이 있다(대법원 1991. 5. 10. 선고 90도2601 판결, 대법원 2007. 7. 13. 선고 2007도2853 판결 등 참조). 이 사건 수첩사본은 그 작성자인 공소외인의 진술에 의하여 그 진정성립이 인정될 뿐 아니라 그 작성경위와 내용 및 형식에 비추어 볼 때 특히 신용할 만한 정황에 의하여 작성된 것으로 보이므로 그 증거능력이 있다."

⑤ **2015년 판결**(대법원 2015. 4. 23. 선고 2015도2275 판결): "Ⓐ 공소사실을 증명하기 위하여 제출되는 수표(手票)는 그 서류의 존재 또는 상태 자체가 증거가 되는 것이어서 증거물인 서면에 해당하고 어떠한 사실을 직접 경험한 사람의 진술에 갈

음하는 대체물이 아니므로, 그 증거능력은 증거물의 예에 의하여 판단하여야 하고, 이에 대하여는 형사소송법 제310조의2에서 정한 전문법칙이 적용될 여지가 없다. 이때 수표 원본이 아니라 Ⓑ 전자복사기를 사용하여 복사한 사본이 증거로 제출되었고 갑이 이를 증거로 하는 데 부동의한 경우 위 수표 사본을 증거로 사용하기 위해서는 ㉮ 수표 원본을 법정에 제출할 수 없거나 그 제출이 곤란한 사정이 있고, ㉯ 수표 원본이 존재하거나 존재하였으며, ㉰ 증거로 제출된 수표 사본이 이(원본)를 정확하게 전사한 것이라는 사실이 증명되어야 한다(대법원 2008. 11. 13. 선고 2006도2556 판결 참조)."

위의 대법원 판결들이, 관련되는 '추상적인 증거법적 이론'을 '최량증거 규칙' 등으로 언급한 적은 없다. 위의 대법원 판결들에 대한 추상적인 증거법적 이론화는 1개의 연구서(신동운)[1]와 1개의 연구논문(이상원)[2]에서 시도된 바 있다. 신동운 교수는 '최량증거의 법칙(best evidence rule)'[3]이란 용어를 사용하고, 그 의미를 "제출가능한 증거 가운데 가장 우량한 것을 제출하여야 한다는 법원리"로 정의[4]하고 있다. 이상원 교수는 '최량증거의 법칙'보다 '원본증거의 법칙'이라는 용어를 신호하고 그 의미를 "원본증거를 제출함을 원칙으로 한다"고 정의[5]한다. 그런데 "우리 형사소송법은 최량증거법칙을 채택하지 않아 원본성을 검토할 의미가 없다"는 견해[6]도

1) 신동운, 신형사소송법(제5판), 법문사, 2014, 1145-1146면
2) 이상원, "전자증거와 원본증거의 법칙", 「형사법의 신동향」 36, 2012. 9. 50-104면
3) 최량증거 규칙의 영어식 표현은 'best evidence rule'이므로 이를 최량증거 '법칙'으로 명명하는 것은 지나친 번역으로 보인다. 필자는 본문에서 'best evidence rule'을 '최량증거 규칙'으로 명명한다.
4) 신동운, 앞의 책(주 1), 1145면.
5) 이상원, 앞의 글(주 2), 50면.
6) 이상원, 위의 글, 79면에서 재인용함. 이상원 교수에 의하면 위와 같은 견해를 밝힌 문헌은 김영기, "디지털증거의 진정성립부인과 증거능력 부여방안", 「형사

있다. 그러나 이 견해는 위의 5가지 대법원 판결들의 존재와 모순된다.

한국법상 원본성을 검토할 의미가 없다는 견해와 달리 신동운 교수는 다음과 같이 형사소송법 제310조의2를 한국형 최량증거의 법칙의 실정법적 근거로 삼을 수 있다고 주장한다.

> "직접심리주의는 사실을 직접 경험한 사람의 진술에 주목함에 대하여 최량증거의 법칙은 진술증거를 넘어서서 그 밖의 서면, 녹음, 사진까지 대상으로 하고 있다는 점에서 차이가 있다. 그러나 법관이 직접 원본증거에 접하여 심증을 형성해야 한다고 요구하는 점에서는 양자 사이에 별다른 차이가 없다. 이 점에서 우리 형사소송법 제310조의2에서 최량증거의 법칙을 도출해 낼 수 있다고 본다. 이러한 추론가능성은 특히 서류뿐만 아니라 물건에 대해서도 증거동의를 인정하고 있는 우리 입법자의 태도(법 318조 2항)에 의하여도 간접적으로 확인할 수 있다."[7]

이상원 교수는 최근의 몇몇 판례들을 인용하면서 "우리 헌법이 보장하는 적법절차의 원칙과 법관에 의한 재판을 받을 권리를 실현하기 위하여 우리 형사소송법은 공판중심주의와 직접주의를 기본원칙으로 하고 있고(대법원 2011. 4. 28. 선고 2009도10412 판결), 이로부터 원본증거의 법칙이 도출된다(대법원 2006. 12. 8. 선고 2005도9730 판결[8]; 대법원 2006. 11. 24. 선고 2006도4994 판결[9])"고 주장한다.

판례연구」(19), 2011, 518면; 장상귀, "디지털증거의 증거능력에 관한 연구", 「법학교수·검찰실무연구회 발표자료집(Ⅰ)」 대검찰청, 2009, 237면; 전명길, "디지털증거의 수집과 증거능력", 「법학연구」 41집, 2011, 330면 등이다.

7) 신동운, 앞의 책(주 1), 1145면.

8) "수사기관이 원진술자의 진술을 기재한 조서는 원본 증거인 원진술자의 진술에 비하여 본질적으로 낮은 정도의 증명력을 가질 수밖에 없다는 한계를 지니는 것이고(후략)"

9) "우리 형사소송법은 형사사건의 실체에 대한 유죄·무죄의 심증 형성은 법정에서의 심리에 의하여야 한다는 공판중심주의의 한 요소로서, 법관의 면전에서 직

그러나 ①, ②, ③, ④, ⑤의 판결들이 과연 독일식 직접주의와 어떤 연관성이 있는지 여부는 아직까지 납득할 만하게 논증된 것 같지 않고 그 논증이 가능할지 여부도 의심스럽다. 또 이상원 교수가 인용하는 대법원판결이 사용하는 '원본증거'라는 용어는, 본래 전문증거의 개념과 전문법칙의 내용을 설명하는 용어에서 유래한 것이지, 영미 증거법에서 사용하는 '최량증거의 법칙'이나 '원본증거의 법칙'에서 전제되는 '원본문서(the original document)'라는 용어와는 구별되는 용어이다. 필자가 보기에 적어도 위의 ①, ②, ③, ④, ⑤의 판결들의 구체적 내용은 '독일식 직접주의' 발상으로부터 영감을 얻었다고 보기보다는 영미식 '최량증거의 법칙'이나 '원본증거의 법칙'이라는 아이디어에서 영감을 얻은 판결들이다. 따라서 이 논문에서는 ①, ②, ③, ④, ⑤의 판결들의 의미를 '영미식 최량증거의 규칙의 생성과 진화'라는 각도에서 분석해 보고, 그런 의미에서 ⑤의 판결은 과거의 판결들보다 이론적으로 성숙된 판결임을 논증(Ⅱ,Ⅲ, Ⅳ, Ⅴ)하고, 향후 '한국형 최량증거 규칙의 법리를 어떻게 구성하는 것이 좋을까'하는 점을 모색(Ⅵ, Ⅶ) 해 보려고 한다.

Ⅱ. 최량증거 규칙의 정의

"제출가능한 증거 가운데 가장 우량한 것을 제출하여야 한다는 법원리" 혹은 "원본증거를 제출함을 원칙으로 한다"는 정의를 좀

접 조사한 증거만을 재판의 기초로 삼을 수 있고 증명 대상이 되는 사실과 가장 가까운 원본 증거를 재판의 기초로 삼아야 하며 원본 증거의 대체물 사용은 원칙적으로 허용되어서는 안 된다는 실질적 직접심리주의를 채택하고 있는바, 이는 법관이 법정에서 직접 원본 증거를 조사하는 방법을 통하여 사건에 대한 신선하고 정확한 심증을 형성할 수 있고 피고인에게 원본 증거에 관한 직접적인 의견진술의 기회를 부여함으로써 실체적 진실을 발견하고 공정한 재판을 실현할 수 있기 때문이다."

더 구체화해 보자.

최량증거 규칙의 기원은 18세기 초로 알려져 있다.[10] 그 시절에 원본 문서가 작성되어 있고 모종의 이유로 재판에서 원본이 아닌 사본(a copy)이 증거로 제출되어 그 사본에 증거능력이 있는가가 문제되었다. 당시의 사본은 사람이 육안으로 원본을 보고 필기로 전사하는 것이었는데 전사과정에서 오류가 개입하거나 누군가가 일부러 내용(contents)을 변경하는 사례를 방지하기 위하여 원본제출을 강제한 것이다. 원본제출을 강제하면 무의식적 오류(error)나 의도적인 변경(fraud, 사기)을 예방하기 쉽다고 생각한 것이다.

이제 원본, 사본, 내용 등의 키워드를 활용하여 2015년 현재의 미국연방 증거규칙(FRE)이 담고 있는 핵심적 내용[11]을 모델로 삼아 '최량증거 규칙'을 좀 더 세밀하게 정의해 보자.

첫째, "어떤 문서 등의 내용이 사안해결에 중요할 때 그 내용을 증명하려면 원본이 제출되어야 한다. 단 예외가 있다. 제출자의 '고의나 중대한 과실' 이외의 다른 이유로 원본제출이 불가능함이 증명되거나 법령의 정함이 있으면 사본 등의 2차증거(secondary evidence)의 제출이 허용된다"는 식의 정의가 있다. 이것은 'McCormick on Evidence'의 정의[12]이다. 또 하나의 예로 "문서 등의 내용을 증명하려는 당사자는 원칙적으로 원본(혹은 복제본 duplicate)을 제출하여야 한다. 사본 등을 제출하려면 원본 불제출(non production)의 이유를 구비하여야 한다"[13]는 정의도 있다. 필

---

10) Kenneth S. Broun et al., *McCormick on Evidence*, 7th ed., student ed.(St. Paul, MN: Thomson/West, 2014), p. 521.; Kenneth S. Broun et al., *McCormick on Evidence*. v. 2. p. 125.

11) Federal Rule of Evidence(Rules 1001-1008).

12) Kenneth S. Broun et al., *McCormick on Evidence*, 7th ed., student ed.(St. Paul, MN: Thomson/West, 2014), pp. 521-522; Kenneth S. Broun et al., *McCormick on Evidence*. v. 2. p. 127.

13) Colin Miller, *Evidence: Best Evidence Rule* (CALI eLangdell Press 2012), preface.

자가 보기에 이 두 개의 정의 속에 미국연방규칙(FRE)의 핵심적 내용이 담겨 있다.

①, ②, ③, ④, ⑤의 판결들에서 문제된 원본과 사본을 순서대로 나열하면 다음과 같다. 먼저 원본은 ㊀ 문서, ㊁ 피의자신문조서, ㊂ 문자정보가 있는 휴대전화기 화면, ㊃ 수첩, ㊄ 수표이고, 사본은 ㊀ 문서를 촬영한 사진, ㊁ 피의자신문조서초본[14], ㊂ 문자정보가 있는 휴대전화기 화면을 촬영한 영상, ㊃ 수첩 사본[15], ㊄ 전자복사기를 사용하여 복사한 수표 사본이다. 원본 중 넓은 의미의 문서로 포섭되는 것들이 4개(㊀, ㊁, ㊃, ㊄), 영상으로 포섭되는 것이 1개(㊂의 화면)이다.

사본은 영상·사진이 2개(㊀, ㊂), 전자복사기를 사용하여 복사한 사본이 3개(㊁, ㊃, ㊄)이다.

이처럼 실제의 사안에서는 원본이 문서 외에 영상(㊂)일 수도 있다. 오늘날 고도로 발달한 디지털 시대에는 원본이 녹음·녹화를 포함한 영상녹화물일 수도 있다. 당초 이 규칙은 원본문서주의(the original document requirement)로 시작되었지만 시간이 흐름에 따라 사진·영상의 사본이 원본 대신 증거로 등장하기 시작했고 디지털 혁명시대에는 디지털 사본이 증거로 법정에 제출되기에 이르러 최량증거 규칙의 포섭대상이 확장되어 가는 추세에 있다.

Ⅲ. 최량증거 규칙과 전문법칙

이렇듯 최량증거 규칙이 문제되는 문맥은 첫째, 원본(a original document)과 원본을 전사(傳寫)한 사본 기타의 2차증거(secondary evidencc)가 있는데 낭사자가 모종의 이유로 사본 기타의 2차증거

14) 아마도 전자복사기로 복사한 초본일 것이다.
15) 이 역시 전자복사기로 복사한 것일 것이다.

를 증거로 제출하는 경우이다. 둘째, 원본이든 사본이든 문서를 증거로 제출하는 당사자가 노리는 것은 1차적으로 '그 문서에 문자 등의 부호로 표상되는 내용(content)이 적혀 있음'을 입증하려는 것이지, '문자 등의 부호로 표상되는 내용대로의 사실의 존재'를 입증하려는 것이 아니므로 특단의 사정이 없는 한 전문법칙의 적용이 없다. 이제 이 점을 염두에 두면서 2015년 판결을 분석해 보자.

1. 2015년 판결의 사안

갑은 "을과 공모하여 범죄일람표 순번 2, 11, 19 기재 각 당좌수표(이하 '이 사건 각 당좌수표'라 한다)를 발행하였으나 예금부족 또는 거래정지처분으로 지급되지 않게 하였다"는 부정수표단속법위반 혐의로 기소되었다. 검사는 갑이 발행한 수표원본이 아니라 원본을 전자복사기를 사용하여 복사한 사본을 유죄증거로 제출하였다. 갑의 공소사실은 "수표를 발행하거나 작성한 갑이 수표를 발행한 후에 예금부족, 거래성시처분이나 수표계약의 해제 또는 해지로 인하여 제시기일에 지급되지 않게 한 행위"인데, 그 요건에 해당하는 당좌수표는 갑의 공소사실의 존재를 직접 증명하는 가장 핵심적인 증거물이다. 당좌수표에 문자 등 부호로 표시된 내용(contents)이 있겠지만 그 내용의 핵심은 '장래 일정한 시기에 그 수표 소지인에게 일정 금액을 지급해 달라'는 요청(request, directive)에 있는 것이지, '어떤 사실을 직접 경험한 사람의 의도된 주장(intended assertion)'이 없다.

공판에서 갑은 그 수표를 증거로 함에 동의하지 않았다. 제1심과 항소심은 "검사가 증거로 제출한 이 사건 각 당좌수표 사본은 증거물이 아닌 문서의 사본으로 제시한 것이고, 따라서 피고인 갑이 증거로 함에 동의하지 않은 이상 이를 증거로 사용하기 위해서는 특히 신용할 만한 정황에 의하여 이 사건 각 당좌수표가 작성되었는지 여부를 살펴야 할 것인데, 이 사건 각 당좌수표 사본의 액면금 부분 필적이 다른 당좌수표 사본들의 해당 부분 필적과 다르고 한자가 아닌 한글로 기재되어 있는 등의 사정을 고려하면 위 각 당좌수표 사본이 특히 신용할 만한 정황에 의하여 작성되었다고 단정하기 어려우므로 이를 증거로 사용할 수 없고, 각 해당 고발장 등 기재만으로는 이 부분 공소사실을 인정하기에 부족하다"며 무죄를 선고하였다. 검사가 상고하였다.

제1심과 항소심은 이 사안에서 당좌수표를 증거서류의 일종, 그 중에서도 피고인이 작성한 진술서로 보고 이 진술서의 적용법조를 313조 1항 단서, 318조, 315조 3호라고 판단한 것이다.

2. 대법원 판결

대법원은 다음과 같이 항소심판결을 파기환송하였다. 즉, "공소사실을 증명하기 위하여 제출되는 수표(手票)는 그 서류의 존재 또는 상태 자체가 증거가 되는 것이어서 증거물인 서면에 해당하고 어떠한 사실을 직접 경험한 사람의 진술에 갈음하는 대체물이 아니므로, 그 증거능력은 증거물의 예에 의하여 판단하여야 하고, 이에 대하여는 형사소송법 제310조의2에서 정한 전문법칙이 적용될 여지가 없다"면서 이 사안에 전문법칙이 적용될 여지가 없음을 먼저 분명히 한 다음, "이 때 수표 원본이 아니라 전자복사기를 사용하여 복사한 사본이 증거로 제출되었고, 갑이 이를 증거로 하는 데 부동의한 경우, 위 수표 사본을 증거로 사용하기 위해서는 수표 원본을 법정에 제출할 수 없거나 그 제출이 곤란한 사정이 있고 수표 원본이 존재하거나 존재하였으며 증거로 제출된 수표 사본이 이를 정확하게 전사한 것이라는 사실이 증명되어야 한다(대법원 2008. 11. 13. 선고 2006도2556 판결 참조)"고 판시하였다.

종래 ④ 2011년 판결 계열의 판결들은 당좌수표가 문제되기만 하면 당좌수표가 문제되는 문맥(context)을 세밀히 살펴보지 않고 당연히 전문법칙이 적용될 것이라고 생각한 것 같다. 그러나가 대법원은 2015년 판결에 이르러 비로소 당좌수표가 문제되는 문맥(context)을 세밀히 살펴보기 시작한 것이다. 2015년 판결의 논증

> 은 다음과 같이 이어진다.
> "이 사건 각 당좌수표 사본은 증거물인 서면이어서 이에 대하여는 전문법칙이 적용되지 않으므로, 원심으로서는 이 사건 각 당좌수표 원본을 법정에 제출할 수 없거나 그 제출이 곤란한 사정이 있고 그 원본이 존재하거나 존재하였으며 증거로 제출된 이 사건 각 당좌수표 사본이 이를 정확하게 전사한 것인지 여부를 심리하여 이 점이 증명되는 경우 그 증거능력을 인정하여야 하고, 한편 이 사건 각 당좌수표 사본의 액면금 부분 필적이 다른 당좌수표들과 다르다는 등의 사정은 증명력의 문제일 뿐 증거능력의 문제는 아니다."

Ⅳ. 복제물(duplicates)

① 1961년 결정에서 문제된 사본은 '원본문서를 촬영한 사진'이고, ⑤ 2015년 판결에서 문세된 사본은 '전자복사기를 사용하여 복사한 사본'이다. 두 개의 대법원 판결을 평범하게 문리해석하면 '전자복사기를 사용하여 복사한 사본'을 증거로 사용하려면 증거제출자가 "㉮ 원본을 법정에 제출할 수 없거나 그 제출이 곤란한 사정이 있고, ㉯ 원본이 존재하거나 존재하였으며, ㉰ 증거로 제출된 사본이 원본을 정확하게 전사한 것"이라는 3가지 요건(이하 '3요건'으로 약칭함)을 증명하여야(2015년 판결) 하는 데 반하여 '원본문서를 촬영한 사진'은 3요건이 불필요한 것(1961년 판결)인가 하는 의문을 불러일으킨다. '전자복사기를 사용하여 복사한 사본'을 증거로 하려면 3요건이 필요하지만 '원본문서를 촬영한 사진'은 3요건이 불필요하다고 하려면 '전자복사기를 사용하여 복사한 사본'과 '원본문서를 촬영한 사진' 사이에 현격한 질적인 차이가 있음을 논증하여야 한다. 혹시 FRE에 이 의문에 힌트를 주는 내용이 있을까?

결론적으로 말하여 FRE에는 이 의문에 힌트를 주는 내용이 있다. FRE Rule 1003은 '사진 복사(photo coping)한 복제물'과 같이 '원본과 거의 완벽히 동일하게 복사한 복사물'을 복제물(duplicate, 혹은 counterpart)로 명명하면서 이런 복제물은 원본과 동시(同視)할 수 있다고 한다.

Ⅴ. 최량증거 규칙의 적용대상

당초 최량증거 규칙은 문서(document)나 그 사본이 증거로 제출되던 시대에 출현한 규칙이었다. 그런데 현대사회에서는 문자 등의 부호는 디지털 기기와 그 작동 메카니즘 속에서도 훌륭하게 구현되고 있고 문자 등의 부호 외에 사람의 음성과 동작 등도 특수저장매체에 기록되는 시대가 도래하였다. 이런 사정변경을 반영하여 FRE는 이 규칙의 포섭대상인 원본(the original) 개념을 문서(writing)에 한정하지 않고, '녹음 · 녹화(recording), 사진(photograph)'에도 원본이 있을 수 있다는 식으로 확장하였다. 이하에서는 이런 각도에서 최량증거 규칙의 적용대상을 살펴보기로 한다.

1. 문서(writing)와 녹음(recording)

문서 혹은 녹음이란 알파벳, 단어, 숫자 혹은 그것(알파벳, 단어, 숫자)에 필적할 만한 부호 · 음성으로 그 내용(content)이 구성되는 것이면 모두 이에 포섭된다.

2. 사진(photograph)

사신이란 사진적 이미지 혹은 어떤 형태로든 그것에 필적할 만한 것을 말한다. 예를 들어 사진에는 X-ray films, 필름, 영상녹화물도 포함된다.

3. 원 본

문서(writing)와 녹음(recording)의 원본이란 최초로 생성된 문서·녹음 자체를 말한다. 두 가지 점이 주목된다. 첫째, 계약의 당사자들이 도달된 합의를 문서화한 계약서 2통을 만들어 각자 소지하면 2통 모두 원본이다. 둘째, 전자적으로 저장된 정보(electronic information)가 있을 때 디지털 정보가 원본이지만 그 출력물(printout)이나 기타 읽기가 가능한 것 중에서 정보를 정확하게 반영하는 것이면 그것도 원본이다. 셋째, 사진(photo)의 경우 네거티브(negative)는 물론이고 그 출력물(print)도 원본이다.[16)]

Ⅵ. 사본 기타의 2차적 증거를 증거로 삼을 수 있는 3요건

② 2002년 판결, ③ 2008년 판결, ⑤ 2015년 판결은 사본을 증거로 삼을 수 있는 요건을 거의 기계적으로 3가지로 언급한다. 그런데 ㉮ 원본을 법정에 제출할 수 없거나 그 제출이 곤란한 사정, ㉯ 원본이 존재하거나 존재하였을 것, ㉰ 사본이 원본을 정확하게 전사한 것이라는 3요건 중 ㉯는 ㉰에 이미 포섭된 것이므로 ㉰ 외에 ㉯를 별도로 요구할 필요가 있을지 의문이다. 또 ㉰의 요건도 너무나 당연한 요건이다. 사본이 원본을 정확하게 전사한 것이 아닌데 사본을 원본대용으로 쓰는 것은 너무나 위험한 행위이기 때문이다. 따라서 3요건 중 현실적 중요성이 있는 것은 ㉮의 요건이다.

FRE Rule 1004가 이 요건의 핵심을 다음과 같이 요약하고 있다.

첫째, 다음 요건 중 어느 하나가 충족되면 족하다.

i) 원본이 증거제출자 이외의 다른 사람에 의하여 망실되거나 파괴된 때

16) FRE Rule 1001. (a), (b), (C), (d), Arthur Best, *Evidence: Examples & Explanations*, Eighth Edition, Wolters Kluwer, 10 edition(December 12, 2016), p. 220 .

ii) 원본을 법정에 현출시키고 싶어도 타인의 통제하에 있고 사법절차에 따라 원본을 법정에 현출시킬 수 없을 때

iii) 원본을 제출하고자 하는 당사자가, 원본을 반대당사자가 통제하고 있음을 고지하였는데도 그 자가 법정에 제출하지 않을 때

iv) 원본이 당해 이슈와 밀접히 관련되지 않고 부수적으로만 관련되어 있을 때

둘째, i)의 요건(혹은 3요건)이 구비되면 굳이 사본이 아니라도 사본에 필적하는 기타의 2차적 증거일 경우에도 예외가 적용된다.

Ⅶ. 고물상주인 CCTV 녹화테이프 망실 사건

최량증거 규칙을 위와 같이 FRE 모델을 중심으로 파악하면 종래 하드 케이스로 치부되었던 고물상주인 CCTV 녹화테이프 망실 사건(대법원 2011. 12. 8. 선고 2010도2080 판결)을 새로운 각도에서 분석할 수 있게 된다. 이하 이 사건의 사안과 재판요지, 평석을 소개하고 이 사안에 최량증거 규칙을 적용해 보기로 한다.

1. 사 안

D는 “2008. 5. 23. 11:33경 충북 청주시 흥덕구 ○○동 127의1에 있는 H 빌라 옆 주차장에서 평소 자신(D)이 승용차를 주차해 놓던 장소에 V(피해자)가 세피아 승용차를 주차해 놓은 것에 화가 나 위 세피아 승용차의 조수석 백미러를 발로 차 수리비 53,000원 상당이 들도록 V 소유의 재물을 손괴”한 혐의로 기소되었다. 검사가 제출한 유죄증거들은 다음과 같다.

(1) 재판 당시 CCTV 녹화테이프는 망실되고 실시간으로 CCTV를 본 사람은 없었다.

(2) 실시간은 아니지만 사건발생 후 1시간 이내인 시점에서 CCTV 녹화테이프를 돌려보았을 때 'CCTV 영상에 나타난 범인이 D'라는 고물상주인(평소 D를 잘 알고 있었지만 D와 사이가 좋지 않은 사람으로서 세피아 승용차가 주차된 곳에 인접한 고물상 주인)의 수사보고서상의 진술: "2008. 5. 23. 11:33경 후 1시간 경과 이전에 녹화된 CCTV 화면상에 나타난 범인은 D였다. 내가 관리하는 CCTV에 범인이 V의 차의 백미러를 발로 차 손괴하는 장면이 촬영되었고, 그 화질은 평소 알고 지내는 사람이라면 누구인지 식별할 수 있을 정도의 화질이다."

(3) 역시 실시간은 아니지만 사건발생 후 1시간 이내인 시점에서 CCTV 녹화테이프를 돌려보았을 때 'CCTV 영상에 나타난 범인이 D'라는 V의 법정증언: "2008. 5. 23. 11:33경 후 1시간 경과 이전에 고물상주인과 내가 함께 CCTV를 돌려보았는데 CCTV상에 나타난 범인은 D였다."

(4) 신고를 받고 출동 중에 피해자 V와 함께 CCTV 영상을 보았다는 사건담당 경찰관 P의 법정증언: "신고를 받고 출동하여 2008. 5. 23. 13:00경 고물상주인과 함께 CCTV를 돌려보았는데 CCTV상에 나타난 범인은 D였으며 범인이 타고 있던 차량과 D의 차량이 일치함을 확인하였다."

(5) D는 경찰에서 "범행을 하였는지 잘 기억이 나지 않는다. 목격자가 있다면 내가 범행한 것이 맞을 것이다. V와 합의할 생각이 있다"고 진술하였다.

제1심과 항소심은 D에게 유죄를 선고하였다.[17] D가 상고하

17) "D를 벌금 1,000,000원에 처한다. D가 위 벌금을 납입하지 않는 경우 금 50,000원을 1일로 환산한 기간 D를 노역장에 유치한다. 위 벌금에 상당한 금액의 가납을 명한다."

였다.[18)]

2. 쟁점화된 이슈

대법원판결을 앞두고 재판연구관들 사이에서는 "CCTV 녹화테이프를 보고 '녹화테이프상의 범인과 피고인(D)이 동일인'이라는 피해자(V), 경찰관(P)의 법정진술이 전문증거인가?"라는 방식으로 이슈화되었다고 한다. D의 상고에 대하여 대법원은 "원심의 사실인정에 논리와 경험칙에 위배하여 자유심증주의의 한계를 벗어난 잘못이 있다고 할 수 없다"며 상고를 기각하였다.

3. 김희균 교수의 논평

김희균[19)] 교수는 "대부분의 CCTV(녹화테이프: 필자 추가)나 현장사진은 진술을 담고 있지 않을 것이다. (중략) 거기에는 진술이 없고 (중략) 범죄사실 자체만 나와 있지 범죄사실에 대한 피고인의 진술이나 범행재연이 나와 있지 아니하므로 전문법칙의 적용이 없다. (중략) 만약 사건 발생 당시를 실시간으로 촬영 중인 CCTV를 본 증인이 있다면 그 증인은 목격자와 다름없다. 이때 CCTV는 먼 거리를 볼 수 있게 해 주는 망원경과 같이, 육안으로 볼 수 없는 골목 저쪽을 보여주는 것이므로, 증인은 망원경을 통해서 범행현장을 본 것과 다름없다. 따라서 실시간 촬영 중인 CCTV를 보고 자기가 본 바를 법정증언하는 경우 그 증언은 증거능력이 있다"(362면)

---

18) 사안구성작업에는 박용철, "CCTV를 시청한 자의 진술의 증거능력 내지 증명력 인정", 「형사법연구」 제24권 제1호, 한국형사법학회(2012), 249면; 김희균, "CCTV를 본 증인의 진술의 증거능력", 「서울법학」 제20권 제1호, 서울시립대학교 법학연구소(2012. 5.), 346-347면 참조함. 김희균은 '고물상주인이 법정증언하였다'고 기록하고 있지만 박용철은 고물상주인의 진술은 '수사보고서상의 진술'로 기록하고 있다. 여기서는 박용철의 논문을 인용하였다. 피고인 D가 그 수사보고서를 증거로 함에 동의하면 이 진술은 증거로 쓸 수 있다.

19) 김희균, 위의 논문, 361-364면.

고 하면서도 "실시간이 아니라 지나간 CCTV 화면을 본 것을 바탕으로 증언"하는 경우에는 문제가 다르다고 인식한다. 이 문제에 대하여 그는 "판례는 그 안에 증거를 조작할 가능성이 없다는 점을 들어, '과거의 현장'을 본 것에도 목격과 동일한 효과를 부여하고 있는 것 같다. 하지만 이에 대해서는 반대한다"(363면). 그 이유로 그는 "과거의 CCTV를 본 것도 현장을 목격한 것으로 봐 주면 안 되는 것인가? 안 된다고 본다. 이 사건에서는 경찰이나 피해자의 잘못 혹은 과실이 너무 크기 때문이다. CCTV와 같은 결정적인 유죄의 증거는 가장 좋은 상태에서 제출되어야 한다. 원본이 제출되는 것이 원칙임은 물론이고, 제대로 원본 내용을 보여주는 사본이라도 제출해야 한다. 그렇지 않고 그걸 봤다는 증인만으로 없어진 CCTV를 되살리려 해서는 안 된다"고 한다.

4. 최량증거 규칙의 적용

최량증거 규칙의 입장에서 이 사안의 해결을 도모해 보자.

첫째, 위 사안에서 최량 증거(best evidence)는 CCTV 녹화테이프이다. 그런데 재판 시점에서 CCTV 녹화테이프는 망실되었는데 이 테이프가 망실되는 데 피해자(V)와 검사에게 고의나 중대한 과실이 있다고 하기는 어렵다. 따라서 FRE Rule 1004의 i) 요건이 충족된다.

둘째, CCTV 녹화테이프가 망실되기 전에 그 테이프를 돌려 녹화된 영상을 본 고물상주인과 사건담당 경찰관 P의 경험은 최량증거는 아니지만 차선의 증거(secondary evidence)이다. 고물상주인 CCTV 녹화테이프 망실 사건은 최량증거 규칙의 적용으로 잘 설명될 수 있는 사안으로 보인다. FRE의 최량증거 규칙은 향후 한국형 최량증거 규칙의 구축에 매우 유용한 이론적 자원이 될 것으로 판단된다.

5. 참고인진술조서의 증거능력과 문서범죄

Ⅰ. 의 의

검사 또는 사법경찰관은 수사에 필요한 때에는 피의자가 아닌 자의 출석을 요구하여 진술을 들을 수 있다(형소법 제221조 제1항 참조). 참고인진술조서란 검사 또는 사법경찰관이 참고인의 진술을 기재한 조서를 말한다. 참고인은 증인, 피해자, 목격자 등을 모두 포함할 수 있으므로 실체적 진실을 규명하는 데에 매우 중요한 인물들이고, 수사에서도 피의자신문에 못지않은 의미를 가진다. 특히 피의자, 피고인이 범행을 부인할 경우에는 물증과 참고인, 증인의 진술을 통하여 진실을 밝혀낼 수밖에 없게 된다. 참고인진술조서도 전문증거이다. 따라서, 형사소송법 제310조의2에 의하여 원칙적으로 전문증거는 증거능력이 부정되고, 다만 제312조 제4항에 따라서 참고인진술조서의 증거능력이 인정된다.

그런데, 참고인진술조서도 일종의 조서이고 전문증거이다보니, 공판중심주의와의 관계가 문제된다. 실체적 진실을 공판절차를 중심으로 규명하려고 한다면, 참고인진술조서와 같은 전문증거는 그 증거능력을 제한하지 않으면 안 되게 된다. 2007년 개정되어 2008년 1월 시행된 신형사소송법은 구형사소송법의 관련규정을 재정비하면서, 참고인진술조서의 증거능력을 인정하기 위한 요건으로 피고인의 반대신문 기회의 부여와 특신상태를 추가하였다. 이는 종래 참고인진술조서가 강압적인 방법으로 취득되어 증거능력이나 증명력에 문제가 많다는 문제제기를 수용한 것이라고 이해된다. 또한 참고인이 수사과정에서 작성한 진술서, 자술서, 확인서 등은 그 명목을 불문하고 참고인진술조서에 준하여 증거능력이 인정된다(형소법 제312조 제5항 참조). 해당하는 조문의 내용은 다음과 같다.

> **형사소송법 제312조(검사 또는 사법경찰관의 조서 등)** ④ 검사 또는 사법경찰관이 피고인이 아닌 자의 진술을 기재한 조서는 적법한 절차와 방식에 따라 작성된 것으로서 그 조서가 검사 또는 사법경찰관 앞에서 진술한 내용과 동일하게 기재되어 있음이 원진술자의 공판준비 또는 공판기일에서의 진술이나 영상녹화물 또는 그 밖의 객관적인 방법에 의하여 증명되고, 피고인 또는 변호인이 공판준비 또는 공판기일에 그 기재 내용에 관하여 원진술자를 신문할 수 있었던 때에는 증거로 할 수 있다. 다만, 그 조서에 기재된 진술이 특히 신빙할 수 있는 상태하에서 행하여졌음이 증명된 때에 한한다.
> ⑤ 제1항부터 제4항까지의 규정은 피고인 또는 피고인이 아닌 자가 수사과정에서 작성한 진술서에 관하여 준용한다.

이하에서는 2007년 개정된 형사소송법의 규정에 따라 참고인진술조서의 증거능력을 살펴보고, 새로 추가된 반대신문의 기회와 관련하여, 참고인, 증인이 피고인측의 반대신문에 대하여 진술을 거부할 경우, 참고인진술조서의 증거능력을 어떻게 판단해야 할지 검토해보기로 한다.

Ⅱ. 참고인진술조서의 증거능력

형소법 제312조 제4항에 규정된 바와 같이, 피고인이 아닌 자의 진술을 기재한 참고인진술조서의 증거능력이 인정되기 위해서는 형소법 제317조가 요구하는 임의성 이외에도 다음의 요건이 갖추어져야 한다. ① 검사 또는 사법경찰관이 작성할 것, ② 적법한 절차와 방식에 따라 작성될 것, ③ 그 조서가 검사 또는 사법경찰관 앞에서 진술한 내용과 동일하게 기재되어 있음이 원진술자의 공판준비 또는 공판기일에서의 진술이나 영상녹화물 또는 그 밖의 객관적인 방법에 의하여 증명될 것, ④ 피고인 또는 변호인이 공판준비 또는 공판기일에 그 기재 내용에 관하여 원진술자를 신문할 수 있었을 것, ⑤ 그 조서에 기재된 진술이 특히 신빙할 수 있는 상태하에서 행하여졌음이 증명될 것 등이다. 이하에서 이를 상세히 살펴본다.

1. 검사 또는 사법경찰관 작성

검사 작성, 사법경찰관 작성 피의자신문조서에 적용되던 원리가 여기에도 그대로 적용될 수 있을 것이다. 그렇게 볼 때, 검사가 임석하여 중요한 사항은 질문하고, 검찰주사보가 보조적·세부적 사항을 신문한 경우에는 검사가 작성한 조서로 볼 수 있다(대법원 1984. 7. 10. 선고 84도846 판결). 이에 반하여, 검사가 참석하지 않은 상태에서 검사의 지시에 따라 검찰주사가 피의자였던 피고인을 신문한 조서는 검사가 작성한 것이 아니다(대법원 2003. 10. 9. 선고 2002도4372 판결). 사법경찰관 작성의 의미도 같은 취지로 파악하면 될 것이다. 그런데, 피의자신문조서와 달리, 참고인진술조서는 그 작성자가 검사인지 사법경찰관인지에 따라 요건의 차이가 없으므로 구별할 실익은 없다.

2. 피고인 아닌 자의 진술

형소법 제312조 제4항은 피고인 아닌 자의 진술을 기재한 조서에 대한 규정이다. 여기에서 피고인 아닌 자라 함은, 참고인, 증인, 피해자, 목격자 등 당해 피고인이 아닌 사람을 말한다. 당해 피고인은 당연히 해당되지 않고, 형소법 제312조 제1항에서부터 제3항이 적용된다. 다만, 공동피고인도 참고인에 해당하는지에 관하여 쟁점이 있다. 판례는 피의자의 진술을 녹취 내지 기재한 서류 또는 문서가 수사기관에서의 조사과정에서 작성된 것이라면, 그것이 '진술조서, 진술서, 자술서'라는 형식을 취하였다고 하더라도 피의자신문조서와 달리 볼 수 없고 피의자신문조서로 취급해야 한다고 본다(대법원 2004. 9. 3. 선고 2004도3588 판결). 수사기관이 사실상 피의자로 수사하면서도 진술거부권 등을 고지하지 않아도 되는 참고인조사라는 편법으로 증거를 수집하려는 것을 방지하려는 취지로 이해되고 적절하다. 그러므로, 참고인진술조서라고 하여도 그 진술자가 누구인가에 따라서 다른 원칙이 적용된다.

우선, 공범이 아닌 공동피고인은 참고인에 포함된다. 절도범과 장물범도 공범이 아닌 공동피고인에 해당된다(대법원 2006. 1. 12. 선고 2005도7601 판결). 공동피고인에 대하여 피의자신문조서가 작성되어 있어도, 이 피의자신문조서가 당해 피고인에 대하여는 사실상 참고인진술조서가 될 것이다. 구형소법상 판례는 현행 제312조 제1항에 의하여 증거능력을 인정한 것으로 보인다(대법원 2001. 4. 27. 선고 99도484 판결). 신형소법에서도 논란이 있을 수 있으나, 제312조 제4항에 의하여야 한다고 해석하는 것이 타당하다. 제312조 제4항에 따른다고 하면, 당해 피고인에 대하여 증거능력이 인정되기 위해서는 피고인에게 반대신문의 기회와 특신상태가 요구되기 때문에 당해 피고인의 방어권을 충실히 보장할 수 있다. 공범이 아닌 공동피고인은 사실상 피고인에 대하여 제3자, 참고인이므로 반대신문을 하려고 할 때에는 변론절차를 분리하여 증인으로 신문하여야 할 것이다.

원진술자가 진술 또는 영상녹화물 등으로 실질적 진정의 성립이 인정되어도 당해 피고인에게 반대신문의 기회가 보장되어야 한다. 따라서, 공범이나 제3자에 관한 검사 작성의 피의자신문조서등본이 증거로 제출된 경우 피고인이 위 공범 등에 대한 피의자신문조서를 증거로 함에 동의하지 않는 이상, 원진술자인 공범이나 제3자가 각기 자신에 대한 공판절차나 다른 공범에 대한 형사공판의 증인신문절차에서 위 수사서류의 진정성립을 인정해 놓은 것만으로는 증거능력을 부여할 수 없고, 반드시 공범이나 제3자가 현재의 사건에 증인으로 출석하여 그 서류의 성립의 진정을 인정하여야 증거능력이 인정된다고 할 것이다(대법원 1999. 10. 8. 선고 99도3063 판결).

다음으로, 공범인 공동피고인의 경우에는 대부분 피의자신문조서의 형식으로 작성될 것이기 때문에, 작성자가 검사인지 아니면 사법경찰관인지에 따라 달라진다. 검사가 작성한 공범인 공동피고인에 대한 피의자신문조서가 있다면, 이 조서도 피고인의 방어권을 보장하기 위하여 참고인진술조서로 보아 증거능력을 인정할 것이다. 따라서 당해 피고인에게 반대신문의 기회가 보장되고, 특신상태가 인정되어야 한다. 다만, 이 경우에는 공범이 아닌 공동피고인과 달리, 반대신문을 위하여 변론을 분리할 필요는 없고 반대신문의 기회를 부여하면 족하다.

마지막으로, 사법경찰관 작성의 공범인 공동피고인에 대한 피의자신문조서나 진술조서, 또는 경찰수사단계에서 공범인 공동피고인이 작성한 진술서는 제312조 제4항이 아니라, 제312조 제3항이 우선 적용된다(대법원 2004. 7. 15. 선고 2003도7185 전원합의체 판결; 2010. 1. 28. 선고 2009도10139 판결). 당해 피고인의 방어권을 인정해 주기 위한 것이다. 따라서 사법경찰관이 작성한 공범인 공동피고인의 피의자신문조서의 증거능력은 당해 피고인이 그 피의자신문조서의 내용을 인정해야 증거능력이 긍정된다(형소법 제312조 제3항 참조).

3. 적법한 절차와 방법

형사소송법 제312조 제4항은 검사 또는 사법경찰관이 피고인이 아닌 자의 진술을 기재한 조서의 증거능력이 인정되려면 '적법한 절차와 방식에 따라 작성된 것'이어야 한다고 규정하고 있다. 여기서 적법한 절차와 방식에 따라 작성한다는 것은 피고인이 아닌 자의 진술에 대한 조서 작성 과정에서 지켜야 할 형사소송법이 정한 여러 절차를 준수하고 조서의 작성 방식에도 어긋남이 없어야 한다는 것을 의미한다(대법원 2012. 5. 24. 선고 2011도7757 판결; 2013. 3. 28. 선고 2010도3359 판결; 2015. 4. 23. 선고 2013도3790 판결 등 참조).

(1) 진술의 임의성 보장

수사기관이 참고인의 진술을 들을 때에는 형수법 제317조에 따라 증거로 사용될 수 있도록 그 진술의 임의성을 보장하여야 하며, 조금이라도 진술을 강요하는 일이 있어서는 아니된다(「검사의 사법경찰관리에 대한 수사지휘 및 사법경찰관리의 수사준칙에 관한 규정」 제24조 제1항 참조, 이하 '수사준칙 규정'이라고 함). 참고인의 진술은 진술조서에 적어야 하며, 조서 끝 부분에 참고인으로부터 기명날인 또는 서명을 받아야 한다(수사준칙 규정 제24조 제2항).

(2) 조사경과의 기록

피의자신문의 기록에 관한 형소법 제244조의4 제1항, 제2항은 피의자가 아닌 자에 대한 조사에 준용된다(동조 제3항 참조). 따라서 이에 의하면, 검사 또는 사법경찰관은 참고인이 조사장소에 도착한 시각, 조사를 시작하고 마친 시각, 그 밖에 조사과정의 진행경과를 확인하기 위하여 필요한 사항을 참고인진술조서에 기록하거나 별도의 서면에 기록한 후 수사기록에 편철하여야 한다. 또한 참고인에게 열람하게 하거나 읽어 들려주어야 하며, 진술한 대로 기재되지 아니하였거나 사실과 다른 부분의 유무를 물어 참고인이 증감 또는 변경의 청구 등 이의를 제기하거나 의견을 진술한 때에는 이를 조서에 추가로 기재하여야 한다. 이 경우 참고인이 이의를 제기하였던 부분은 읽을 수 있도록 남겨두어야 한다. 참고인이 조서에 대하여 이의나 의견이 없음을 진술한 때에는 참고인으로 하여금 그 취지를 자필로 기재하게 하고 간인한 후 기명날인 또는 서명하게 한다.

또한 수사기관은 피의자나 참고인을 조사하면서 수사과정을 기록할 때에는 조사장소에 도착한 시각, 조사의 시작 및 종료 시각 등을 적고, 조사장소에 도착한 시각과 조사를 시작한 시각에 상당한 시간적 차이가 있으면 그 구체적인 이유 등을 적으며, 조사가 중단되었다가 재개되면 그 이유와 중단 시각 및 재개 시각 등을 구체적으로 적는 등 조사과정의 진행 경과를 확인하기 위하여 필요한 사항을 적어야 한다(수사준칙 규정 제28조).

이와 같이 수사기관으로 하여금 피의자가 아닌 자를 조사할 수 있도록 하면서도 그 조사과정을 기록하도록 한 취지는 수사기관이 조사과정에서 피조사자로부터 진술증거를 취득하는 과정을 투명하게 함으로써 그 과정에서의 절차적 적법성을 제도적으로 보장하려는 데 있다. 따라서 수사기관이 수사에 필요하여 피의자가 아닌 자를 조사하는 과정에서 그 진술을 청취하여 증거로 남기는 방법으로 진술조서가 아닌 진술서를 작성·제출받는 경우에도 그 절차는 준수되어야 할 것이다(대법원 2015. 4. 23. 선고 2013도3790 판결).

형사소송법 제221조 제1항, 제244조의4 제1항·제3항, 제312조 제4항·제5항 및 그 입법 목적 등을 종합하여 보면, 피고인이 아닌 자가 수사과정에서 진술서를 작성하였지만 수사기관이 그에 대한 조사과정을 기록하지 아니하여 형사소송법 제244조의4 제3항,

제1항에서 정한 절차를 위반한 경우에는, 특별한 사정이 없는 한 '적법한 절차와 방식'에 따라 수사과정에서 진술서가 작성되었다 할 수 없으므로 증거능력을 인정할 수 없다(대법원 2015. 4. 23. 선고 2013도3790 판결).

(3) 서명 또는 날인

1997년 판례는 사법경찰리 작성의 피해자에 대한 진술조서가 피해자의 화상으로 인한 서명불능을 이유로 입회하고 있던 피해자의 동생에게 대신 읽어 주고 그 동생으로 하여금 서명날인하게 하는 방법으로 작성된 경우, 이는 형사소송법 제313조 제1항 소정의 형식적 요건을 결여한 서류로서 증거로 사용할 수 없다고 판시하였다(대법원 1997. 4. 11. 선고 96도2865 판결). 구형소법에 기초한 판례이지만, 현재에도 적용될 수 있을 것이다.

(4) 영상녹화와 신뢰관계 있는 자의 동석

형소법 제221조 제1항은 수사기관이 참고인을 조사하는 경우, 그의 동의를 받아 영상녹화할 수 있다고 규정하고 있다. 피의자신문의 영상녹화는 피의자의 동의가 필요 없지만, 참고인조사의 경우에는 참고인의 동의를 요한다는 점에 차이가 있다.

또한 수사기관이 피해자를 조사하는 때에는 제163조의2 제1항부터 제3항까지가 준용된다(형소법 제221조 제3항). 따라서, 범죄로 인한 피해자를 증인으로 신문하는 경우 증인의 연령, 심신의 상태, 그 밖의 사정을 고려하여 증인이 현저하게 불안 또는 긴장을 느낄 우려가 있다고 인정하는 때에는 직권 또는 피해자·법정대리인·검사의 신청에 따라 피해자와 신뢰관계에 있는 자를 동석하게 할 수 있다. 범죄로 인한 피해자가 13세 미만이거나 신체적 또는 정신적 장애로 사물을 변별하거나 의사를 결정할 능력이 미약한 경우에 재판에 지장을 초래할 우려가 있는 등 부득이한 경우가 아닌

한 피해자와 신뢰관계에 있는 자를 동석하게 하여야 한다. 동석한 자는 법원·소송관계인의 신문 또는 증인의 진술을 방해하거나 그 진술의 내용에 부당한 영향을 미칠 수 있는 행위를 하여서는 아니 된다(형소법 제163조의2 참조).

4. 실질적 진정성립의 증명

참고인진술조서의 실질적 진정성립은 원진술자의 공판준비 또는 공판기일에서의 진술이나 영상녹화물 또는 그 밖의 객관적인 방법에 의하여 증명되어야 한다. 2007년 형사소송법 개정 이전의 규정(구형소법 제313조 제1항)에는 원진술자의 진술만으로 증명되었어야 하지만, 개정 형소법은 영상녹화물 등의 객관적 방법을 대체적 증명방법으로 추가하였다. 따라서 2008년 개정 형소법의 시행 이전의 판례를 읽을 때에는 이러한 개정에 주의하여야 한다.

(1) 원진술자의 진술에 의한 진정성립 인정

검사나 사법경찰관이 피의자 아닌 자의 진술을 기재한 조서(참고인진술조서)는 공판준비 또는 공판기일에서의 원진술자의 진술에 의하여 그 성립의 진정함이 인정된 때에만 증거로 할 수 있고, 여기서 성립의 진정이라 함은 간인·서명·날인 등 조서의 형식적인 진정과 그 조서의 내용이 원진술자가 진술한 대로 기재된 것이라는 실질적인 진정을 모두 의미한다. 사법경찰리 작성의 피의자 아닌 자에 대한 진술조서를 피고인이 증거로 할 수 있음을 동의하지 아니하였고, 원진술자가 공판기일에서 위 진술조서에 서명·무인한 것은 맞으나 그 진술조서의 기재 내용과 같이 진술하지는 아니하였다고 진술함으로써 그 진술조서의 실질적인 성립의 진정을 부인한 경우, 그 진술조서에는 증거능력을 부여할 수 없고, 그 진술조서를 작성한 경찰관이 공판기일에서 원진술자가 진술하는 내용대로 조서를 작성하고 진술인이 서명·무인하였다고 진술하고 있다 하여 증거능력이 있게 되는 것은 아니다(대법원 2002. 8. 23. 선고 2002도2112 판결). 즉, 대법원은 참고인진술조서의 증거능력을 인정하기 위하여 원진술자가 형식적 진정성립과 실질적 진정성립을 모두 인정하여야 한다고 본 것이다. 2004년에는 검사가 작성한 피의자신문조서에 대하여도, 진술자가 형식적 진정성립을 인정하였다고 하여 실질적 진정성립이 추정되지는 않는다고 판시하였다(대법원 2004. 12. 16. 선고 2002도537 전원합의체 판결).

따라서, 사법경찰리 작성의 갑에 대한 진술조서에 관하여 원진술자인 갑이 제1심공판기일에서 수사관이 자신의 진술을 받아 기재한 것이 아니라, 을이 범죄사실에 관하여 진술한 내용을 미리 기재하여 놓은 다음 자신의 서명 무인만을 받은 것이라는 취지로 진술함으로써 위 진술조서의 실질적인 성립의 진정을 부인하고 있나변 위 진술조서는 증거로 할 수 없는 것이다(대법원 1992. 6. 9. 선고 92도737 판결). 또한 검사 또는 사법경찰관리 작성의 참고인에 대한 각 진술조서에 관하여 피고인이 증거로 함에 동의하지 아니하고 진술자가 법정에서 위 진술조서들의 진술기재내용이 자기가 진술한 것과 다른데도 검사 또는 사법경찰관리가 마음대로 공소사실에 부합되도록 기재한 다음 괜찮으니 서명날인하라고 요구하여서 할 수 없이 각 진술조서의 끝부분에 서명날인한 것이라고 진술하였다면 위 진술조서들은 그 증거능력이 없다(대법원 1990. 10. 16. 선고 90도1474 판결).

나아가, 대법원 판례는 원진술자인 위 공소외인이 제1심 및 항소심에서 증인으로 나와 그 진술기재의 내용을 열람하거나 고지받지 못한 채 단지 검사나 재판장의 신문에 대하여 수사기관에서 사실대로 진술하였다는 취지의 증언만을 하고 있을 뿐이라면, 그 피의자신문조서와 진술조서는 증거능력이 없다고 하였고(대법원

1994. 11. 11. 선고 94도343 판결), 원진술자인 피해자가 공판기일에 증인으로 출석하여 검사의 신문에 대하여 수사기관에서 사실대로 진술하고 그 내용을 확인한 후 서명날인하였다는 취지로 증언하고 있을 뿐이어서, 과연 그 진술이 조서의 진정성립을 인정하는 취지인지 분명하지 아니하므로 그 진술만으로는 조서의 진정성립을 인정하기에 부족하다고 본 사례도 있다(대법원 1996. 10. 15. 선고 96도1301 판결).

한편, 검사 또는 사법경찰관이 피의자 아닌 자의 진술을 기재한 조서에 대하여 그 원진술자가 공판기일에서 간인, 서명, 날인한 사실과 그 조서의 내용이 자기가 진술한대로 작성된 것이라는 점을 인정하면 그 조서는 원진술자의 공판기일에서의 진술에 의하여 성립의 진정함이 인정된 서류로서 증거능력이 있다 할 것이고, 원진술자가 공판기일에서 그 조서의 내용과 다른 진술을 하였다 하여 증거능력을 부정할 사유가 되지 못한다(대법원 1985. 10. 8. 선고 85도1843 판결). 이러한 경우, 참고인진술조서와 증인의 공판정에서 상반되는 진술(증언)은 모두 증거능력이 있고, 법관이나 배심원이 어느 쪽을 더 신뢰할 것인가는 증명력의 문제이다.

다만, 성폭력범죄에 대하여는 진정성립의 인정에 관하여 특례가 규정되어 있다. 16세 미만 또는 신체적, 정신적 장애 피해자의 진술이 담긴 영상녹화물은 피해자나 조사과정에 동석한 신뢰관계 있는 자의 진술에 의하여 진성성립을 인정하면 된다(성폭력범죄의 처벌등에 관한 특례법 제26조 제4항 참소).

(2) 영상녹화물 등 객관적 방법

참고인이 공판정에서 진술로서 참고인진술조서의 진성성립을 인정하지 않은 경우, 영상녹화물 등 객관적 방법으로 실질적 진정성립을 증명할 수 있다(형소법 제312조 제4항 참조). 이때의 영상녹화물은 제221조 제1항에 따라 수사기관이 피의자 아닌 자(이하 '참고인'이라 한다)의 동의를 얻어 제작된 것이어야 한다. 객관적 방법으로 실질적 진정성립을 인정하는 것은 영상녹화물에 한정되지는 않지만, 영상녹화물에 준할 정도로 참고인의 진술을 과학적·기계적·객관적으로 재현해 낼 수 있는 방법만을 의미한다고 할 것이다.

참고인을 직접 조사하였거나 조사에 참여하였던 자들의 증언을 통해서도 진정성립을 인정할 수 있는지 문제될 수 있다. 이에 관한 직접적 판례는 아직 존재하지 않지만, 피의자신문조서의 실질적 진정성립을 인정하기 위한 대체수단으로 조사자의 진술은 인정하지 않은 판례가 있다(대법원 2016. 2. 18. 선고 2015도16586 판결). 영상녹화물의 경우, 피의자의 진술을 비롯하여 검사의 신문 방식 및 피의자의 답변 태도 등 조사의 전 과정이 모두 담겨 있어 피고인이 된 피의자의 진술 내용 및 취지를 과학적·기계적으로 재현해 낼 수 있으므로 조서의 내용과 검사 앞에서의 진술 내용을 대조할 수 있는 수단으로서의 객관성이 보장되어 있다고 볼 수 있으나, 피고인을 피의자로 조사하였거나 조사에 참여하였던 자들의 증언은 오로지 증언자의 주관적 기억 능력에 의존할 수밖에 없어 객관성이 보장되어 있다고 보기 어렵다는 것이다. 타당한 견해라고 본다. 조서에 대한 실질적 진정성립을 증명할 수 있는 수단으로서 '영상녹화물이나 그 밖의 객관적인 방법'이란 형사소송법 및 형사소송규칙에 규정된 방식과 절차에 따라 제작된 영상녹화물 또는 그러한 영상녹화물에 준할 정도로 피고인의 진술을 과학적·기계적·객관적으로 재현해 낼 수 있는 방법만을 의미하고, 그 외에 조사관 또는 조사 과정에 참여한 통역인 등의 증언은 이에 해당한다고 볼 수 없다고 할 것이다(대법원 2016. 2. 18. 선고 2015도16586 판결).

한편, 현행 형사소송법의 규정 내용을 영상물에 수록된 성범죄 피해자의 진술에 대하여 독립적인 증거능력을 인정하고 있는 성폭법 제30조 제6항 또는 아청법 제26조 제6항의 규정과 대비하여 보면, 수사기관이 참고인을 조사하는 과정에서 형사소송법 제221조 제1항에 따라 작성한 영상녹화물은, 다른 법률에서 달리 규정하고 있는 등의 특별한 사정이 없는 한, 공소사실을 직접 증명할 수 있는 독립적인 증거로 사용될 수는 없다고 해석해야 한다. 이에 관하여 최근 대법원 2014. 7. 10. 선고 2012도5041 판결이 상세히 판시하였으므로 조금 길지만 인용해본다.

"2007. 6. 1. 법률 제8496호로 개정된 형사소송법은 제221조 제1항에서 수사기관은 피의자 아닌 자(이하 '참고인'이라 한다)의 동의를 얻어 그의 진술을 영상녹화할 수 있는 절차를 신설하면서도, 제312조 제4항에서 위 영상녹화물과 별도로 검사 또는 사법경찰관이 참고인의 진술을 기재한 조서가 작성됨을 전제로 하여 영상녹화물로 그 진술조서의 실질적 진정성립을 증명할 수 있도록 규정하는 한편, 증거로 할 수 없는 서류나 진술이라도 공판준비 또는 공판기일에서 피고인 또는 참고인 진술의 증명력을 다투기 위한 증거로 사용될 수 있도록 정한 제318조의2 제1항과 별도로 제318조의2 제2항을 두어 참고인의 진술을 내용으로 하는 영상녹화물은 공판준비 또는 공판기일에 참고인이 진술함에 있어서 기억이 명백하지 아니한 사항에 관하여 기억을 환기시켜야 할 필요가 있다고 인정되는 때에 한하여 참고인에게 재생하여 시청하게 할 수 있다고 규정함으로써, 참고인의 진술에 대한 영상녹화물이 증거로 사용될 수 있는 경우를 제한하고 있다.

그리고 이러한 형사소송법의 규정은, 성폭력범죄의 처벌 등에 관한 특례법(이하 '성폭법'이라 한다) 제30조 제1항 및 아동·청소년의 성보호에 관한 법률(이하 '아청법'이라 한다) 제26조 제1항이 성폭력범죄의 피해자가 19세 미만이거나 신체적인 또는 정신적인 장애로 사물을 변별하거나 의사를 결정할 능력이 미약한 경우 및 아동·청소년대상 성범죄 피해자의 경우에 피해자의 진술 내용과 조사 과정을 비디오녹화기 등 영상물 녹화장치로 촬영·보존하여야 한다고 규정하고, 나아가 성폭법 제30조 제6항 및 아청법 제26조 제6항에서 위 절차에 따라 촬영한 영상물에 수록된 피해자의 진술은 공판준비기일 또는 공판기일에 피해자나 조사 과정에 동석하였던 신뢰관계에 있는 사람 또는 진술조력인의 진술에 의하여 그 성립의 진정함이 인정된 경우에 증거로 할 수 있도록 규정함으로써, 일정한 성범죄의 피해자를 조사할 경우에 피해자 또는 법정대리인이 영상물 녹화를 원하지 아니하는 의사를 표시하는 등의 사정이 없는 한 피해자의 진술을 영상물로 녹화할 의무를 수사기관에 부여하고 일정한 요건 아래에서 그 영상물에 수록된 피해자 진술에 대하여 독립적인 증거능력을 명시적으로 인정한 것과 다르다.

이와 같이 2007. 6. 1. 법률 제8496호로 개정되기 전의 형사소송법에는 없던 수사기관에 의한 참고인 진술의 영상녹화를 새로 정하면서 그 용도를 참고인에 대한 진술조서의 실질적 진정성립을 증명하거나 참고인의 기억을 환기시키기 위한 것으로 한정하고 있는 현행 형사소송법의 규정 내용을 영상물에 수록된 성범죄 피해자의 진술에 대하여 독립적인 증거능력을 인정하고 있는 성폭법 제30조 제6항 또는 아청법 제26조 제6항의 규정과 대비하여 보면, 수사기관이 참고인을 조사하는 과정에서 형사소송법 제221조 제1항에 따라 작성한 영상녹화물은, 다른 법률에서 달리 규정하고 있는 등의 특별한 사정이 없는 한, 공소사실을 직접 증명할 수 있는 독립적인 증거로 사용될 수는 없다고 해석함이 타당하다."

5. 피고인이 반대신문할 수 있었던 때

2007년 개정 형사소송법에서 추가된 요건이다. 피고인이 아닌 자(참고인, 증인)의 진술조서를 증거로 사용하기 위해서는 원칙적으로 그 참고인, 증인에 대하여 피고인이 반대신문할 수 있어야 한다. 이는 피고인에게 반대신문의 기회가 주어져야 한다는 것을 의미한다. 반대신문의 기회가 주어지면 되지 실제로 피고인이 반대신문을 할 것을 요하지는 않는다. 형사소송에서 헌법이 요구하는 적법절차의 원칙을 구현하기 위하여 사건의 실체에 대한 심증 형성은 법관의 면전에서 본래 증거에 대한 반대신문이 보장된 증거조사를 통하여 이루어져야 한다는 실질적 직접심리주의와 전문법칙을 기본원리로서 채택한 취지라고 해석된다(대법원 2014. 8. 26. 선고 2011도6035 판결 참조).

그러므로 참고인, 증인이 출석을 거부하거나, 출석은 하였으나 증언을 거부하여 진정성립이 인정되지 않고 반대신문이 이루어지지 못한 경우에도 제312조 제4항에 의하여는 증거능력이 인정되지 못한다. 대법원 2012. 5. 17. 선고 2009도6788 전원합의체 판결도 이러한 전제에서 형소법 제312조 제4항의 증거능력은 부정하고, 예외적으로 제314조에 의하여 증거능력이 인정되는지를 판단하고 있다.

같은 맥락에서 피고인이 아닌 증인이 공판기일에 출석하여 참고인진술조서의 진정성립은 인정하였으나, 피고인 또는 변호인의 반대신문에 대하여 일체 진술을 거부하는 경우, 본조가 규정하는 반대신문의 기회가 주어졌다고 볼 수 있는지 문제될 수 있다. 형식적으로만 보면, 단지 증인이 증언을 거부할 뿐이고 피고인이나 변호인에게는 반대신문의 기회가 주어졌기 때문에 증거능력이 있다는 결론이 불가능한 것은 아닐 것이다.

하지만, 2007년 형사소송법의 개정과 사법개혁의 취지가 법정에서의 변론과 반대신문과 같은 실질적 직접심리주의와 공판중심주의의 요소를 강화하여 실체적 진실을 규명하려는 노력의 산물임을 고려해야 한다(대법원 2012. 5. 17. 선고 2009도6788 전원합의체 판결 등 참조). 증인이 피고인측의 반대신문 일체를 거부함으로써 진실규명을 어렵게 한 경우에는 피고인에게 반대신문의 기회가 부여되지 않은 것과 실질적으로 같다고 할 것이므로, 헌법 제27조가 보장하는 기본권, 즉 법관의 면전에서 모든 증거자료가 조사·진술되고 이에 대하여 피고인이 공격·방어할 수 있는 기회가 실질적으로 부여되는 재판을 받을 권리를 침해하는 것이므로(대법원 2012. 6. 14. 선고 2012도534 판결 참조), 증거능력을 인정할 수 없다고 생각된다.

다만, 참고인, 증인의 진술거부로 피고인에게 반대신문의 기회가 실질적으로 부여되지 않아 제312조 제4항에 의하여 증거능력이 인정되지 않았다고 하면, 제314조에 의하여 증거능력이 인정될 수 있는지 이어서 검토할 수 있다고 할 것이다.

6. 특히 신빙할 수 있는 상태

특히 신빙할 수 있는 상태, 즉 특신상태가 형소법 제312조 제4항의 참고인진술조서의 증거능력판단의 요건으로 추가된 것은 2007년 형사소송법 개정이다. 형소법 제312조 제4항의 '특히 신빙할 수 있는 상태'라 함은 진술 내용이나 조서의 작성에 허위개입의 여지가 거의 없고, 진술 내용의 신빙성이나 임의성을 담보할 구체적이고 외부적인 정황이 있는 것을 말한다(대법원 2012. 7. 26. 선고 2012도2937 판결; 2006. 9. 28. 선고 2006도3922 판결 참조). 그리고 이러한 '특히 신빙할 수 있는 상태'는 증거능력의 요건에 해당하므로 검사가 그 존재에 대하여 구체적으로 주장·입증하여야 하는 것이지만, 이는 소송상의 사실에 관한 것이므로 엄격한 증명을 요하지 아니하고 자유로운 증명으로 족하다(대법원 2012. 7. 26. 선고 2012도2937 판결; 2001. 9. 4. 선고 2000도1743 판결 참조). 따라서, 증인이 제1심 법정에서 그 진술조서의 진정성립을 인정함과 아울러 수사기관에서의 진술 내용과 대체로 동일한 취지로 진술하였으며, 제1심은 증인의 수사기관 진술 내용이나 조서의 작성에 허위개입의 여지가 거의 없고 진술 내용의 신빙성이나 임의성도 인정된다는 전제에서 이를 증거로 채택하였다면 참고인진술조서의 증거능력에 관한 법리오해 등의 위법이 없다(대법원 2012. 7. 26. 선고 2012도2937 판결).

한편, 특신상태는 2007년 형사소송법 개정 이전에는 제314조 이외에는 구형소법 제312조, 제313조에서 피고인의 진술이 기재된 경우에만 요구되었고, 피고인이 아닌 참고인의 진술조서에는 특신상태가 별도로 요구되지는 않았다. 그러던 것이 신형소법에서는 제312조 제4항에서 참고인진술조서의 증거능력을 인정하기 위한 요건으로도 추가되었다. 그렇다면, 이러한 신형소법 제312조 제4항이 규정하는 참고인진술조서의 증거능력의 요건인 특신상태와 기존의 피의자신문조서 및 형소법 제314조의 요건인 특신상태를 동일한 기준으로 판단할 것인지는 검토의 여지가 있다. 조문이나 제도의 취지를 고려할 때, 그 기준을 달리 판단하는 것이 오히려 적절할 것으로 사료된다.

Ⅲ. 관련문제

1. 참고인진술조서와 형사소송법 제314조의 적용범위

(1) 개정의 취지

전술한 바와 같이, 참고인진술조서가 증거능력을 인정받기 위해서는 비교적 까다로운 요건을 만족시켜야 한다. 특히나 참고인, 증인이 공판정에 출석하여 실질적 진정성립을 인정하거나 피고인이 반대신문할 수 있어야 하는 요건 등이 있었다. 그런데, 만약 참고인, 증인이 진술한 이후에 사망하거나 질병 등으로 출석할 수 없을 때에는 그 참고인진술조서의 증거능력은 전혀 인정받을 수 없는가 하는 문제가 생긴다. 이에 대하여 다시금 예외를 인정하는 것이 형소법 제314조이다. 동 규정의 내용은 다음과 같다.

> 제314조(증거능력에 대한 예외) 제312조 또는 제313조의 경우에 공판준비 또는 공판기일에 진술을 요하는 자가 사망·질병·외국거주·소재불명 그 밖에 이에 준하는 사유로 인하여 진술할 수 없는 때에는 그 조서 및 그 밖의 서류(피고인 또는 피고인 아닌 자가 작성하였거나 진술한 내용이 포함된 문자·사진·영상 등의 정보로서 컴퓨터용디스크, 그 밖에 이와 비슷한 정보저장매체에 저장된 것을 포함한다)를 증거로 할 수 있다. 다만, 그 진술 또는 작성이 특히 신빙할 수 있는 상태하에서 행하여졌음이 증명된 때에 한한다.

형소법 제314조는 2007년 개정되어 그 요건이 강화되었다. 전문증거의 증거능력을 부정하고 예외적으로 증거능력을 인정하는 제312조에 대하여 다시 예외를 인정하는 규정이 제314조이므로, 피고인의 방어권과 공판중심주의가 훼손될 우려가 있으므로 그 요건을 보다 엄격하게 규정하여 직접심리주의와 공판중심주의를 강화하려는 것이다(대법원 2012. 5. 17. 선고 2009도6788 전원합의체 판결 참조). 또한, 2016. 5. 29. 개정에서는 문자, 사진, 영상 등 컴퓨터용 디스크, 그 밖에 이와 비슷한 정보저장매체가 포함되었다.

이러한 맥락에서 대법원은 "형사소송법(이하 '법'이라 한다) 제312조 제4항, 제314조는 형사소송에서 헌법이 요구하는 적법절차의 원칙을 구현하기 위하여 사건의 실체에 대한 심증 형성은 법관의 면전에서 본래 증거에 대한 반대신문이 보장된 증거조사를 통하여 이루어져야 한다는 실질적 직접심리주의와 전문법칙을 기본원리로서 채택하면서도, 원진술자의 사망 등으로 위 원칙을 관철할 수 없는 특별한 사정이 있는 경우에는 '그 진술 또는 작성이 특히 신빙할 수 있는 상태하에서 행하여졌음이 증명된 때', 즉 그 진술의 내용이나 조서 또는 서류의 작성에 허위 개입의 여지가 거의 없고 그 진술 내용의 신빙성이나 임의성을 담보할 구체적이고 외부적인 정황이 증명된 때에 한하여 예외적으로 증거능력을 인정하고자 하는 취지이다. 그러므로 법원이 법 제314조에 따라 증거능력을 인정하기 위하여는 단순히 그 진술이나 조서의 작성과정에 뚜렷한 절차적 위법이 보이지 않는다거나 진술의 임의성을 의심할 만한 구체적 사정이 없다는 것만으로는 부족하고, 이를 넘어 법정에서의 반대신문 등을 통한 검증을 굳이 거치지 않더라도 진술의 신빙성과 임의성을 충분히 담보할 수 있는 구체적이고 외부적인 정황이 있어 그에 기초하여 법원이 유죄의 심증을 형성하더라도 증거재판주의의 원칙에 어긋나지 않는다고 평가할 수 있는 정도에 이르러야 한다"고 판시한 바 있다(대법원 2014. 8. 26. 선고 2011도6035 판결).

다른 사건에서도 판례는 형소법 제314조가 "직접심리주의 등 기본원칙에 대한 예외를 인정한 데 대하여 다시 중대한 예외를 인정하여 원진술자 등에 대한 반대신문의 기회조차 없이 증거능력을 부여할 수 있도록 한 것이므로, 그 경우 참고인의 진술 또는 작성이 '특히 신빙할 수 있는 상태하에서 행하여졌음에 대한 증명'은 단지 그러할 개연성이 있다는 정도로는 부족하고 합리적인 의심의 여지를 배제할 정도에 이르러야 한다"고 하여(대법원 2014. 2. 21. 선고 2013도12652 판결; 2014. 4. 30. 선고 2012도725 판결), 특신상태에 대하여 합리적 의심의 여지가 없을 정도로 높은 정도의 입증을 요구하였다.

(2) 외국 거주의 경우

이러한 맥락에서 판례는 2007년 개정 이전에 비하여 더욱 엄격한 요건을 요구하고 있다. 예를 들어, 외국거주의 경우에도, 판례는 '외국거주'란 진술을 요하는 자가 외국에 있다는 것만으로는 부족하고, 수사 과정에서 수사기관이 진술을 청취하면서 진술자의 외국거주 여부와 장래 출국 가능성을 확인하고, 만일 진술자의 거주지가 외국이거나 그가 가까운 장래에 출국하여 장기간 외국에 체류하는 등의 사정으로 향후 공판정에 출석하여 진술을 할 수 없는 경우가 발생할 개연성이 있다면 진술자의 외국 연락처를, 일시 귀국할 예정이 있다면 귀국 시기와 귀국 시 체류 장소와 연락 방법 등을 사전에 미리 확인하고, 진술자에게 공판정 진술을 하기 전에는 출국을 미루거나, 출국한 후라도 공판 진행 상황에 따라 일시 귀국하여 공판정에 출석하여 진술하게끔 하는 방안을 확보하여 진술자가 공판정에 출석하여 진술할 기회를 충분히 제공하며, 그 밖에 그를 공판정에 출석시켜 진술하게 할 모든 수단을 강구하는 등 가능하고 상당한 수단을 다하더라도 진술을 요할 자를 법정에 출석하게 할 수 없는 사정이 있어야 예외적으로 적용이 있다고 하면서, 나아가 진술을 요하는 자가 외국에 거주하고 있어 공판정 출석을 거부하면서 공판정에 출석할 수 없는 사정을 밝히고 있더라도 증언 자체를 거부하는 의사가 분명한 경우가 아닌 한 거주하는 외국의 주소나 연락처 등이 파악되고, 해당 국가와 대한민국 간에 국제형사사법공조조약이 체결된 상태라면 우선 사법공조의 절차에 의하여 증인을 소환할 수 있는지를 검토해 보아야 하고, 소환을 할 수 없는 경우라도 외국의 법원에 사법공조로 증인신문을 실시하도록 요청하는 등의 절차를 거쳐야 하고, 이러한 절차를 전혀 시도해 보지도 아니한 것은 가능하고 상당한 수단을 다하더라도 진술을 요하는 자를 법정에 출석하게 할 수 없는 사정이 있는 때에 해당한다고 보기 어렵다고 판시하였다(대법원 2016. 2. 18. 선고 2015도17115 판결).

(3) 소재불명의 경우

참고인, 증인의 소재불명으로 소환이 불가능한 경우에도 단순히 소재탐지촉탁과 소재탐지 불능 보고서를 제출받는 것으로 충분하지 않고, 검사가 보다 적극적이고 충분한 노력을 기울여야 한다. 따라서, 제1심법원이 증인 갑의 주소지에 송달한 증인소환장이 송달되지 아니하자 갑에 대한 소재탐지를 촉탁하여 소재탐지 불능 보고서를 제출받은 다음 갑이 '소재불명'인 경우에 해당한다고 보아 갑에 대한 경찰 및 검찰 진술조서를 형소법 제314조에 의하여 증거로 채택하였지만, 검사가 제출한 증인신청서에 휴대전화번호가 기재되어 있고, 수사기록 중 갑에 대한 경찰 진술조서에는 집 전화번호도 기재되어 있으며, 그 이후 작성된 검찰 진술조서에는 위 휴대전화번호와 다른 휴대전화번호가 기재되어 있는데도, 검사가 직접 또는 경찰을 통하여 위 각 전화번호로 갑에게 연락하여 법정 출석의사가 있는지 확인하는 등의 방법으로 갑의 법정 출석을 위하여 상당한 노력을 기울였다는 자료가 보이지 않다면, 갑의 법정 출석을 위한 가능하고도 충분한 노력을 다하였음에도 부득이 갑의 법정 출석이 불가능하게 되었다는 사정이 증명된 경우라고 볼 수 없어 형사소송법 제314조의 '소재불명 그 밖에 이에 준하는 사유로 인하여 진술할 수 없는 때'에 해당한다고 인정할 수 없다(대법원 2013. 4. 11. 선고 2013도1435 판결). 다시 말해서, 검사가 증인의 법정 출석을 위한 가능하고도 충분한 노력을 다하였음에도 부득이 증인의 법정 출석이 불가능하게 되었다는 사정을 검사가 입증한 경우이어야 한다.

다른 사례를 본다. 증인에 대한 증인소환장이 송달되지 아니함에 따라 검사의 주소보정, 소재탐지촉탁 등을 거쳐 제6회 공판기일에서 제1심법원은 형사소송법 제314조를 근거로 고소장과 조서들을 증거로 채택하였다. 그러나 증인은 그에 대한 제1심법원의 증인소환장이 송달되지 아니하던 때인 제1심 제4회 공판기일의 며칠 전에 제1심법원에 전화를 걸어 공판기일을 통지받으면서 증인으로 출석할 의사가 있음을 밝혔고 그와 같은 내용의 전화통화결과보고가 제1심 소송기록에 편철되었으며 증인의 휴대전화번호들이 수사기록에 기재되어 있었음에도, 이후 검사는 직접 또는 경찰을 통하여 수사기록에 나타난 증인의 휴대전화번호들로 연락하여 법정 출석의사가 있는지를 확인하는 등의 방법으로 증인의 법정 출석을 위하여 상당한 노력을 기울였다는 자료가 보이지 아니하면, 형소법 제314조에 의하여 증거능력을 인정할 수 없다(대법원 2013. 10. 17. 선고 2013도5001 판결).

(4) 참고인, 증인의 진술거부의 경우

형소법 제314조는 불출석의 사유로 "그 밖에 이에 준하는 사유로 인하여 진술할 수 있는 때"라고 하여 열거된 사유 이외에도 추가적인 사유를 예정하고 있다. 이러한 추가사유 중에 최근 문제되는 것이 증인의 진술거부이므로, 이에 대하여 검토해 본다.

먼저, 2012년 대법원 전원합의체 판결은 변호사의 증언거부에 관련된 것이다. 변호사가 법률자문 과정에 작성하여 갑 회사 측에 전송한 전자문서를 출력한 '법률의견서'에 대하여 피고인들이 증거로 함에 동의하지 아니하고, 변호사가 원심 공판기일에 증인으로 출석하였으나 증언할 내용이 갑 회사로부터 업무상 위탁을 받은 관계로 알게 된 타인의 비밀에 관한 것임을 소명한 후 증언을 거부하였다. 이에 대하여 대법원 다수의견은 "형사소송법은 누구든지 자기 또는 친족 등이 형사소추 또는 공소제기를 당하거나 유죄판결을 받을 사실이 발로될 염려가 있는 증언을 거부할 수 있도록 하고(제148조), 또한 변호사, 변리사, 공증인, 공인회계사, 세무사, 대서업자, 의사, 한의사, 치과의사, 약사, 약종상, 조산사, 간호사,

종교의 직에 있는 자 또는 이러한 직에 있던 사람은 그 업무상 위탁을 받은 관계로 알게 된 사실로서 타인의 비밀에 관한 것은 증언을 거부할 수 있도록 규정하여(제149조 본문), 증인에게 일정한 사유가 있는 경우 증언을 거부할 수 있는 권리를 보장하고 있다. 위와 같은 현행 형사소송법 제314조의 문언과 개정 취지, 증언거부권 관련 규정의 내용 등에 비추어 보면, 법정에 출석한 증인이 형사소송법 제148조, 제149조 등에서 정한 바에 따라 정당하게 증언거부권을 행사하여 증언을 거부한 경우는 형사소송법 제314조의 '그 밖에 이에 준하는 사유로 인하여 진술할 수 없는 때'에 해당하지 아니한다"고 판시하였다(대법원 2012. 5. 17. 선고 2009도6788 전원합의체 판결. 동지: 대법원 2013. 6. 13. 선고 2012도16001 판결).

형사소송법상 권리로 인정되고 있는 증언거부권을 그 사유를 소명하고 행사하였음에도 불구하고 소재불명 등에 준하는 사유로 예외적으로 증거능력을 인정하는 것은 피고인의 방어권에 반할 뿐 아니라, 증언거부권을 형해화시키는 것이 되므로, 판례의 입장에 찬동한다.

그렇다면, 다음 문제는 증언거부권이 없는 증인이 증언을 거부하는 경우에도 이러한 법리가 그대로 적용될 수 있는가 하는 점이다. 이러한 문제에 대하여는 아직 명시적인 판례가 보이지 아니한다. 앞에서 설명한 대법원 2009도6788 전원합의체 판결은 적법하게 증언거부권을 행사한 경우였기 때문에, 증언거부권이 없이 증언을 거부하는 경우와는 구별될 것이다.

생각건대, 참고인, 증인은 원칙적으로 실체적 진실의 발견과 공정한 국가형벌권의 행사를 위하여 법원이 소환하면 공판절차에 출석하여 자신이 알고 있는 진실을 밝힐 의무가 있다. 형소법 제147조에서 제149조에 해당하여 증언거부권이 있는 경우를 제외하고, 증인은 법공동체의 공공선의 증진과 범죄의 처벌 및 방지를 위하여 형사재판에의 출석의무와 진술의무가 있으며, 이는 시민으로서의 기본적 책무라고 보아야 할 것이다. 이런 관점에서 형소법도 법원의 소환장을 송달받은 증인이 정당한 사유 없이 출석하지 아니한 때에는 불출석으로 인한 소송비용과 500만원 이하의 과태료를 부담할 수 있으며, 과태료 재판을 받고도 정당한 사유 없이 다시 출석하지 아니한 때에는 결정으로 증인을 7일 이내의 감치에 처할 수 있다(형소법 제151조 참조). 또한 법원은 증인이 정당한 사유 없이 소환에 응하지 아니할 때에는 구인할 수 있다(형소법 제152조). 출석한 증인이 정당한 이유없이 선서나 증언을 거부한 때에는 법원의 결정으로 50만원 이하의 과태료에 처해질 수도 있다(형소법 제161조 참조). 이러한 규정은 증인이 일체의 진술을 거부한 경우뿐 아니라 중요한 부분의 진술을 거부한 경우에도 동일하게 적용되어야 할 것이다.

공판준비기일 또는 공판기일에 출석한 증인이 자신의 진술이 기재된 참고인진술조서의 진정성립은 인정하였지만, 피고인측의 반대신문에 진술을 거부하여 피고인의 반대신문의 기회가 실질적으로 박탈된 경우,[1] 증인을 신청한 검사 등과 법원이 증인의 진술을 받기 위해서 과태료부과, 감치 등의 제재와 설득 등을 통하여 가능하고도 충분한 노력을 다하였음에도 불구하고 증인이 정당한 이유 없이 진술을 계속, 반복적으로 거부하여, 피고인의 반대신문에 대한 증인의 진술을 얻는 것이 불가능할 때에는, 증인을 신청한 검사 등은 가능하고도 충분한 노력을 다하였음에도 부득이 증인의 법정 진술이 불가능하게 된 것이므로, 형소법 제314조의 "사망·질병·외국거주·소재불명 그 밖에 이에 준하는 사유로 인하여 진술할 수 없는 때"에 해당한다고 보아야 할 것이다. 다만, 제314조에

1) 이 경우 형소법 제312조 제4항에 의하여는 증거능력을 인정할 수 없음은 전술하였다.

의하여 증거능력이 인정되기 위해서는 당해 참고인진술조서의 진술 또는 작성이 특히 신빙할 수 있는 상태하에서 행하여졌음이 증명된 때에 한한다.

결론적으로 증인이 진술을 거부하는 경우를 형소법 제314조의 출석, 진술거부의 사유에 해당하는가 하는 문제에 관하여, 증인에게 증언거부권이 있을 때에는 대법원의 판례와 같이 제314조에 해당되지 않지만, 증인에게 증언거부권이 없으면서도 증인의 신청자 또는 법원의 설득, 제재 등 가능하고도 충분한 노력에도 불구하고 계속적으로 증언을 거부하는 경우에는 제314조가 적용될 수 있다고 본다.

2. 공소제기 이후에 작성된 참고인진술조서

공소제기 이후의 수사기관의 수사의 허용성에 대하여 판례와 학설이 일치되어 있지는 않지만, 대체로 임의수사인 경우에는 허용된다고 보고 있다. 그렇다면 참고인조사도 임의수사로서 허용된다고 하여야 할 것이다. 따라서, 공소제기 이후의 참고인진술조서도 수사단계의 참고인진술조서와 동일하게 증거능력을 판단하여, 형소법 제312조 제4항의 요건이 충족되면 원칙적으로 증거능력을 인정할 수 있다.

다만, 법정진술한 증인을 추궁하여 번복하는 내용의 참고인진술조서는 피고인이 동의하지 않는 한 증거능력이 없다. 대법원은 공판준비 또는 공판기일에서 이미 증언을 마친 증인을 검사가 소환한 후 피고인에게 유리한 그 증언 내용을 추궁하여 이를 일방적으로 번복시키는 방식으로 작성한 진술조서를 유죄의 증거로 삼는 것은 당사자주의 · 공판중심주의 · 직접주의를 지향하는 현행 형사소송법의 소송구조에 어긋나는 것일 뿐만 아니라, 헌법 제27조가 보장하는 기본권, 즉 법관의 면전에서 모든 증거자료가 조사 ·

진술되고 이에 대하여 피고인이 공격·방어할 수 있는 기회가 실질적으로 부여되는 재판을 받을 권리를 침해하는 것이므로, 이러한 진술조서는 피고인이 증거로 할 수 있음에 동의하지 아니하는 한 그 증거능력이 없다고 보았다. 그 후 원진술자인 종전 증인이 다시 법정에 출석하여 증언을 하면서 그 진술조서의 성립의 진정함을 인정하고 피고인측에 반대신문의 기회가 부여되었다고 하더라도 그 증언 자체를 유죄의 증거로 할 수 있음은 별론으로 하고 위와 같은 진술조서의 증거능력이 없다는 결론은 달리할 것이 아니다(대법원 2000. 6. 15. 선고 99도1108 전원합의체 판결). 이러한 법리는 검사가 공판준비기일 또는 공판기일에서 이미 증언을 마친 증인을 소환하여 피고인에게 유리한 증언 내용을 추궁한 다음 진술조서를 작성하는 대신 그로 하여금 본인의 증언 내용을 번복하는 내용의 진술서를 작성하도록 하여 법원에 제출한 경우에도 마찬가지로 적용된다(대법원 2012. 6. 14. 선고 2012도534 판결).

3. 참고인진술조서와 문서범죄

참고인진술조서는 공문서이므로, 작성권한이 있는 검사, 사법경찰관리 등이 행사할 목적으로 참고인진술조서를 허위로 작성하면, 허위공문서작성죄가 성립할 수 있다(형법 제227조 참조). 판례는 피의자신문조서를 허위로 작성한 경우에 허위공문서작성죄를 인정한 사례가 있다. 이때, 허위공문서작성죄에 있어서의 객체가 되는 문서는 문서상 작성명의인의 서명 날인 등이 명시된 경우뿐 아니라 작성명의인이 명시되어 있지 아니하더라도 문서의 형식, 내용 등 그 문서 자체에 의하여 누구가 작성하였는지를 추지할 수 있을 정도의 것이라면 위 죄의 객체가 될 수 있는 문서라 한다(대법원 1995. 11. 10. 선고 95도2088 판결). 따라서, 피의자신문조서 첫머리에 작성 사법경찰리와 참여 사법경찰리의 직위와 성명을 적어 넣은 것이 있어 그 문서 자체에 의하여 작성자를 추지할 수 있다는 이유로 위 각 피의자신문조서를 허위공문서작성죄의 객체가 되는 공문서로 볼 수 있고, 상위 조직의 마약사범들을 검거하기 위하여 허위로 작성하였다고 하여도 임의로 허위의 공문서를 작성하는 행위는 정당행위에 해당하거나 기대가능성이 없다는 주장을 배척하였다. 이러한 법리는 수사기관이 참고인진술조서를 허위로 작성할 때에도 그대로 적용될 것으로 생각된다.

또한, 허위공문서작성죄는 허위공문서를 작성함에 있어 그 내용이 허위라는 사실을 인식하면 성립한다 할 것이고(대법원 1974. 1. 29. 선고 73도1854 판결; 1983. 12. 27. 선고 82도3063 판결 등 참조), 허위공문서 작성 그 자체로서 문서에 대한 공공적 신용을 위태롭게 하여 처벌하는 것이므로 특정인에 대한 구체적인 손해가 생기거나 생길 위험이 있을 것을 요하지 아니한다(대법원 1995. 11. 10. 선고 95도1395 판결). 경찰서 교통계장과 교통계 소속 경찰관인 피고인들이 화물트럭 운전자가 자전거운전자와 동승자를 충격하여 각 전치 7주, 전치 14주의 상해를 입힌 교통사고처리특례법 사건을 수사하면서, 피해자들이 손쉽게 보험혜택을 받을 수 있도록 할 목적으로 자전거 운전자가 자전거가 사고지점에서 약 8.8m 전방에 있는 공산중학교 입구에서부터 중앙선을 넘어 온 것이 허위라는 사실임을 인식하고도 위 실황조사서의 현장도면을 작성한 때에는 이러한 행위는 허위공문서작성죄의 구성요건에 해당한다고 할 것이고, 위와 같이 허위로 작성한 실황조사서를 그 정을 모르는 경찰서 경비과장 및 서장에게 위 서류의 결재를 받기 위하여 이를 제출하였다면 위 허위공문서를 행사한 죄에도 해당한다고 보았다(대법원 1995. 11. 10. 선고 95도1395 판결).

이에 반하여, 교통사고 가해자가 사고발생 후 즉시 피해자를 구호조치하지 않고 사고현장으로부터 약 600m 정도 도주한 후 다시 사고현장으로 되돌아 와 경찰관에게 자신이 사고야기자라고 말한 사안에서, 교통사고 가해자의 사고 후의 행동이 기재된 가해자 및 피해자의 관련자 진술서만 첨부하고 교통사고 실황조사서의 사고원인기재란 중 사고도주 표시란에는 아무런 표시를 하지 않은 것이 허위공문서작성에 해당하지 않는다고 본 사례가 있다(대법원 1997. 3. 11. 선고 96도2329 판결).

6. 문서위조 · 변조죄

Ⅰ. 문서위조 · 변조죄

제231조(사문서 등의 위조 · 변조) 행사할 목적으로 권리 · 의무 또는 사실증명에 관한 타인의 문서 또는 도화를 위조 또는 변조한 자는 5년 이하의 징역 또는 1천만원 이하의 벌금에 처한다.

제225조(공문서 등의 위조 · 변조) 행사할 목적으로 공무원 또는 공무소의 문서 또는 도화를 위조 또는 변조한 자는 10년 이하의 징역에 처한다.

제237조(자격정지의 병과) 제225조 내지 제227조의2 및 그 행사죄를 범하여 징역에 처할 경우에는 10년 이하의 자격정지를 병과할 수 있다.

1. 사문서 위조 · 변조죄

(1) 의 의

본죄는 행사할 목적으로 권리 · 의무 또는 사실증명에 관한 타인의 문서 또는 도화를 위조하거나 변조함으로써 성립하는 범죄이다. 문서에 관한 범죄에 있어서 가장 기본적인 범죄에 해당한다.

(2) 객관적 구성요건

1) 행위의 객체

본죄의 객체는 권리 · 의무 또는 사실증명에 관한 타인의 문서 또는 도화이다. 사문서 중 권리나 의무 또는 사실증명에 관한 문서로 한정되는 것이다.

타인은 범인 및 공범이 아닌 자연인과 법인, 법인격 없는 단체 등을 모두 아우르며 외국인이나 외국의 단체도 포함한다. 다만 공무원이나 공무소는 원칙적으로 제외된다. 공문서는 본죄의 객체가 아니기 때문이다. 반면 외국의 공무원이나 공무소는 본죄에 있어서 타인에 해당한다. 외국의 공문서는 우리 형법상 사문서로 분류되기 때문이다. 권리·의무에 관한 문서에는 매매계약서나 임대차계약서와 같은 사법상의 권리·의무에 관한 문서는 물론, 인감증명 발급신청서나 주민등록증 발급신청서와 같은 공법상의 권리·의무에 관한 문서도 포함된다. 사실증명에 관한 문서란 권리·의무에 관한 문서는 아니지만 사회생활에 있어서 중요한 사항을 증명해주는 문서를 의미한다. 반드시 법률관계를 그 내용으로 하는 것도 아니므로 각종 회의록, 영수증, 신분증, 증명서 등이 모두 포함된다.[1]

2) 행 위

본죄의 행위는 "위조 또는 변조"하는 것이다. 문서에 관한 범죄에 있어서 가장 기본이 되는 행위방법이라 할 수 있다. 참고로 위조라는 용어는 일반적으로 변조와 구별되는 의미로 쓰인다(최협의의 위조). 그러나 간혹 변조를 포함하는 의미로 쓰이기도 하고(협의의 위조), 문서행사죄를 제외한 문서범죄의 여러 행위태양을 포괄하는 의미로 쓰이기도 하며(광의의 위조), 문서에 관한 죄의 모든 행위태양으로 지칭되기도 한다(최광의의 위조).[2]

가) 위 조

위조란 작성권한 없는 자가 타인명의를 모용하여 문서를 작성하는 것을 말한다. 부진정한 문서를 만들어 내는 것이다. 참고로

1) 박상기, 형법학(제3판), 집현재, 2016, 766면.
2) 이형국, 형법각론, 법문사, 2007, 607면. 이러한 분류방식에 대한 비판적 견해로 이재상/장영민/강동범, 형법각론(제10판), 박영사, 2016, 583면 참조.

학계나 실무에서는 일반적으로 모용(冒用)이라는 용어를 명의나 자격을 함부로 쓴다는 뜻으로 이해하고 있다.[3] 이에 반해 명의를 무단 사용하는 경우에는 도용(盜用)이라는 용어를 쓰고, 자격을 무단 사용하는 경우에만 모용이라는 용어를 써야 한다는 견해도 있다.[4] 이러한 주장은 일상적으로 모용보다는 도용이 더 익숙한 용어라는 점에서 자격모용에 의한 문서작성죄에서만 등장하는 모용이라는 용어를 한정적으로 사용하자는 취지로 이해된다. 그러나 두 용어의 의미가 거의 구별되지 않는다는 점, 우리나라를 비롯하여 일본이나 중국의 형법이나 형법학에서 명의모용이라는 용어를 일반적으로 사용하고 있다는 점[5]에서 두 용어를 엄격하게 구별하여 사용할 필요는 없다고 생각한다.

a) 작성권한 없는 자

위조의 주체는 타인명의의 문서를 작성할 권한이 없는 자이다. 명의자로부터 미완성의 문서를 교부받았다 하더라도 그 내용을 기재할 권한이 없다면 여전히 작성권한이 없는 자에 해당한다. 보관하는 문서에 명의자의 서명이 기재되어 있더라도 백지 부분을 함부로 작성하는 경우에는 위조죄를 구성한다(이른바 백지위조).

백지위조 사례

원심이 적법하게 확정한 사실에 의하면 공소외 C는 1989. 4. 20. 공소외 D 등에게 같은 해 6. 5.까지 원심판시 금액을 변제하지 않을 경우 그 다음날 이후에는 이 사건 나이트클럽의 명의를 위 D

3) 예를 들어, 김일수/서보학, 새로 쓴 형법각론(제8판), 박영사, 2015, 574면; 이재상/장영민/강동범, 위의 책, 583면; 대법원 1998. 2. 24. 선고 97도183 판결 등.

4) 김성천/김형준, 형법각론, 소천, 2015, 677면.

5) 예를 들어 중국형법 제224조의 (1)에는 타인명의의 모용이라는 표현을 쓰고 있다(법무부, 중국형사법, 2008, 295면 참조).

등 앞으로 변경하기로 약정하고 소정사항이 기재되어 있지 아니한 백지의 양도양수서 용지에 그의 도장을 날인하여 교부하였는데, 피고인은 위 D로부터 같은 해 5. 3. 위 서류를 같은 해 6. 5.까지 보관만 하기로 약정하고 교부받았을 뿐임에도 불구하고 같은 해 5. 6. 위 서류에 위 C가 같은 달 1.자로 위 나이트클럽을 피고인에게 양도한다는 내용을 기재하였다는 것인바, 이에 의하면 피고인은 위 양도양수서 중 백지로 되어 있는 부분에 위와 같은 내용을 기재할 수 있는 권한을 위임받은 바 없으면서 작성명의인인 위 C의 의사에 반하여 동인명의의 사문서를 작성하였다고 할 것이므로 피고인의 위 행위는 사문서위조죄에 해당한다(대법원 1992. 12. 22. 선고 92도2047 판결).

문서를 작성하거나 수정하는 것을 명의자가 명시적 혹은 묵시적으로 승낙한 경우에는 본죄의 구성요건에 해당하지 않는다.[6] 나아가 명의자의 현실적인 승낙이 없었더라도 문서 작성 당시의 객관적 사정을 종합해 볼 때 명의자가 알았더라면 당연히 승낙했을 것으로 추정되는 경우에도 본죄는 성립하지 않는다.[7]

재산신탁자가 수탁자 명의의 문서를 작성한 사례

신탁자에게 아무런 부담이 지워지지 않은 채 재산이 수탁자에게 명의신탁된 경우에는 특단의 사정이 없는 한 그 재산의 처분 기타 권한행사에 있어서는 수탁자가 자신의 명의사용을 포괄적으로 신탁자에게 허용하였다고 봄이 상당하므로, 신탁자가 수탁자 명의로 신탁재산의 처분에 필요한 서류를 작성함에 있어 수탁자로부터 개별적인 승낙을 받지 아니하였다 하더라도 사문서위조·동행사

6) 김일수/서보학, 앞의 책(주 3), 575면; 박상기, 앞의 책(주 1), 767면; 이재상/장영민/강동범, 앞의 책(주 2), 584면; 대법원 2005. 10. 28. 선고 2005도6088 판결.
7) 대법원 2008. 4. 10. 선고 2007도9987 판결.

죄가 성립하지 아니하지만, … 수탁자가 신탁받은 채권을 자신이 신탁자로부터 증여받았을 뿐 명의신탁받은 것이 아니라고 주장하는 상황에서, 신탁자의 상속인이 수탁자의 동의를 받지 아니하고 그 명의의 채권이전등록청구서를 작성 · 행사한 행위는 사문서위조 및 위조사문서행사죄에 해당한다(대법원 2007. 3. 29. 선고 2006도9425 판결).

명의자로부터 포괄적인 위임을 받은 이가 그 위임의 본지에 따르거나 위임받은 권한 내에서 문서를 작성한 행위는 위조라 할 수 없다. 포괄적 위임을 받아 작성한 문서의 내용이 허위라 하더라도 사문서위조죄는 성립하지 않는다.[8] 무형위조에 불과하기 때문이다. 그러나 명의자가 위임한 범위를 초과하거나 위임의 본지에 반하여 문서를 작성한 경우는 위조에 해당한다. 창출된 문서가 명의인에게 유리하여 결과적으로 그 의사에 합치한다 하더라도 본죄의 성립에는 영향이 없다.[9]

위임받은 권한을 초과한 사례

위탁된 권한을 초월하여 위탁자 명의의 문서를 작성하거나 위탁자의 서명날인이 정당하게 성립한 때라 하더라도 그 서명날인자의 의사에 반하는 문서를 작성한 경우에는 사문서위조죄가 성립한다 할 것이므로 피고인이 공소외 甲으로부터 금 75,000,000원의 차용위탁을 받고 백지의 대출신청서 및 영수증에 동인의 날인을 받은 연후에 차용금액을 금 150,000,000원으로 기입하여 甲명의의 대출신청서 및 영수증을 작성하였다면 문서위조죄가 성립한다(대법원 1982. 10. 12. 선고 82도2023 판결).

8) 대법원 1986. 8. 19. 선고 86도544 판결.
9) 대법원 1985. 1. 22. 선고 84도2422 판결.

위임의 본지를 위반한 사례

다른 곳의 토지에 분묘를 소유하고 있는 피해자에게 피고인이 신청한 골재채취장과는 멀리 떨어져 있어 토석채취를 한다고 하여도 피해가 없으니 동의해 달라고 말하여 백지의 동의서 양식에 인감도장을 날인하게 한 다음, 행사할 목적으로 그 동의서에 피해자의 의사에 반하여 분묘 소재지를 위 골재채취장 주변의 토지로 기재하였다면 피고인이 작성한 피해자 작성명의의 동의서는 피해자가 동의서의 양식에 인감도장을 날인하면서 그 공란을 기재하도록 승낙한 내용과 다른 것이고, 위 동의서의 공란을 기재하여 완성하도록 승낙한 취지에도 어긋나는 것이어서 피고인은 피해자가 승낙한 문서 아닌 문서를 작성한 셈이 되고, 피해자의 의사에 반한 내용의 동의서를 작성한 것이 되어 사문서를 위조한 경우에 해당한다고 보아야 할 것이고, 그 동의서에 미리 날인 받은 피해자의 인영이 진정한 것이었다고 하여 이것만 가지고 사문서를 위조한 것이 아니라고 할 수 없다(대법원 1992. 3. 31. 선고 91도2815 판결).

① 대리인이나 대표가 그러한 자격을 표시하지 않고 본인 명의로 문서를 작성한 경우도 사문서위조죄에 해당한다. ② 대리권이나 대표권이 없는 사람이 그러한 자격을 표시하여 본인 명의의 문서를 작성하거나, ③ 대리권이나 대표권이 있는 사람이 권한을 명백히 초월하여 본인 명의의 문서를 작성한 경우에 대해서는 자격모용에 의한 사문서작성죄(제232조)가 성립한다는 견해[10]와 사문서위조에 해당한다는 견해[11] 및 ②의 경우에는 자격모용에 의한 사

10) 배종대, 형법각론(제8전정판), 홍문사, 2013, 701면; 이영란, 형법학 각론강의, 형설, 2013, 644면; 이재상/장영민/강동범, 앞의 책(주 2), 585면; 이형국, 앞의 책(주 2), 607-608면; 임웅, 형법각론(제5정판), 법문사, 2013, 685-686면.

11) 김성돈, 형법각론(제4판), SKKUP, 2016, 620-621면; 김일수/서보학, 앞의 책(주 3), 575-576면; 손동권/김재윤, 형법각론, 율곡출판사, 2013, 677-678면; 이정원, 형법각론, 신론사, 2012, 583면; 정성근/정준섭, 형법강의 각론, 박영사, 2017, 401면.

문서작성죄가 성립하고 ③의 경우에는 사문서위조죄가 성립한다는 견해[12]가 대립한다. 판례[13]는 사문서위조죄로 의율하고 있다. ②, ③의 경우를 사문서위조로 파악하는 견해는 자격사칭에 그친 것이 아니라 본인 명의의 문서를 작성했다는 점을 강조한다. 자격모용문서작성죄는 보충적 구성요건에 불과하므로 명의를 모용했다면 자격사칭 여부를 불문하고 문서위조가 된다는 것이다. 그러나 현실적으로 대리인 혹은 대표자의 자격을 표시한 문서에서 본인 명의가 포함되지 않는 경우가 있을지 의문이고, 두 죄를 보충적 관계로 파악해야 할 이유도 없다는 점에서 첫 번째 견해가 타당해 보인다. 다만 두 죄가 모두 유형위조에 해당하고 법정형도 동일하다는 점에서 이러한 논쟁의 실익은 크지 않다.[14] 두 죄를 별도로 규정할 필요가 있는지 입법적 검토가 필요한 부분이라 생각한다.

④ 대리권 · 대표권이 있는 자가 권한의 범위 내에서 단순히 그것을 남용하여 문서를 작성한 경우에는 사문서위조죄가 성립하지 않는다는 것이 통설[15]의 입장이다. 대법원도 대리인이 그 권한 범위 내에서 사익을 취득할 목적으로 본인 명의의 문서를 작성한 행위에 대해 사문서위조죄의 성립을 부정했다.[16] 다만, 대법원은 이 사건에서 "문서 작성의 목적이 무엇인지는 본인과 대리인 간에 있어서의 내부관계에 불과하므로 외부관계에 있어서는 아무런 차이가 없고, 형식상 진정한 문서이므로 그 내용은 사법상 유효하다"는 점을 무죄의 이유로 들고 있는데 사족이라 생각한다. 권한 범위

---

12) 정성근/박광민, 형법각론, SKKUP, 2013, 629-630면.
13) 대법원 2005. 10. 28. 선고 2005도6088 판결.
14) 박상기, 앞의 책(주 1), 769면; 이정원, 앞의 책(주 11), 583면.
15) 김성돈, 앞의 책(주 11), 620면; 김일수/서보학, 앞의 책(주 3), 576면; 배종대, 앞의 책(주 10), 701면; 손동권/김재윤, 앞의 책(주 11), 673면; 이재상/장영민/강동범, 앞의 책(주 2), 585면; 이정원, 앞의 책(주 11), 584면; 이형국, 앞의 책(주 2), 608면; 임웅, 앞의 책(주 10), 686면; 정성근/박광민, 앞의 책(주 12), 630면; 정영일, 형법강의 각론, 학림, 2017, 349면.
16) 대법원 1983. 4. 12. 선고 83도332 판결 참조.

내의 작성행위라면 무형위조에 불과하기 때문에 무죄가 되는 것이며, 문서의 법적 효력이 유형위조와 무형위조를 구별하는 기준은 아니다.

대리권 남용 사례

원심이 적법하게 채택한 증거에 의하면 피고인 2는 매수인 공소외 1 등으로부터 이 사건 토지를 3억 5,000만 원에 매수할 대리권을 수여받은 사실, 이에 따라 피고인 2는 피고인 3의 중개 하에 매수인을 대리하여 이 사건 토지 소유자인 A 문중 등과 사이에 이 사건 토지를 3억 5,000만 원에 매수하기로 하는 내용의 매매계약을 체결한 사실(다만, 실제로는 3억 원만 매도인에게 지급하고 나머지 5,000만 원은 피고인 2가 중간에서 착복하기로 하였다), 그 과정에서 위 문중의 대표자인 피고인 1도 매매대금 중 일부를 착복할 목적으로 매매대금을 2억 5,000만 원으로 기재한 별도의 매매계약서 작성을 요청하자 피고인 2는 매수인을 대리하여 이 사건 토지의 매매대금을 2억 5,000만 원으로 기재한 이 사건 매매계약서를 작성한 사실을 인정할 수 있는바, 부동산을 매수할 권한을 위임받은 대리인에게는 대리명의 또는 직접 본인명의로 부동산 매매계약서를 작성할 권한이 있고, 한편 매수인이 그 대리인에게 특정 금액에 부동산을 매수할 권한을 위임한 경우 특별한 사정이 없는 한 그 특정 금액은 물론, 그보다 낮은 금액에 부동산을 매수할 권한까지 대리인에게 위임한 것이라고 봄이 매수인의 추정적 의사에 부합한다고 할 것이므로, 피고인 2가 자기 또는 제3자의 이익을 도모할 목적으로 위임받은 매매금액 범위 내에서 매매대금을 허위로 기재한 이 사건 매매계약서를 작성한 행위는 그 작성 권한을 남용한 경우로 볼 수 있을 뿐 자격모용 사문서작성죄를 구성한다고 볼 수는 없다(대법원 2007. 10. 11. 선고 2007도5838 판결).

대표권 남용 사례

주식회사의 지배인이 자신을 그 회사의 대표이사로 표시하여 연대보증채무를 부담하는 취지의 회사 명의의 차용증을 작성·교부한 경우, 그 문서에 일부 허위 내용이 포함되거나 위 연대보증행위가 회사의 이익에 반하는 것이더라도 사문서위조 및 위조사문서행사에 해당하지 않는다(대법원 2010. 5. 13. 선고 2010도1040 판결).

b) 타인명의의 모용

명의를 모용한다는 것은 타인을 사칭하여 마치 그가 의사표시를 한 것처럼 꾸미는 것을 의미한다. 예컨대 주취운전자 적발보고서 및 주취운전자 정황진술보고서의 운전자란에 타인인 것처럼 서명을 하는 것[17]이 이에 해당한다. 문서의 내용이 진실일 필요는 없으며, 단지 그것이 명의인의 권한 내에서 작성된 문서로 비춰질 정도의 형식과 외관을 갖추고 있으면 충분하다. 따라서 명의인이 실재하지 않거나 이미 사망한 경우라 하더라도 문서위조죄는 성립한다.

망인의 인감증명서 발급 사례

피고인이 자신의 부친인 갑에게서 갑 소유 부동산의 매매에 관한 권한 일체를 위임받아 이를 매도하였는데, 그 후 갑이 갑자기 사망하자 부동산 소유권 이전에 사용할 목적으로 갑이 자신에게 인감증명서 발급을 위임한다는 취지의 인감증명 위임장을 작성한 후 주민센터 담당직원에게 이를 제출한 사안.

갑의 사망으로 포괄적인 명의사용의 근거가 되는 위임관계 내지 포괄적인 대리관계는 종료된 것으로 보아야 하므로 특별한 사정이 없는 한 피고인은 더 이상 위임받은 사무처리와 관련하여 갑의 명의를 사용하는 것이 허용된다고 볼 수 없고, 피고인이 사망

17) 대법원 2004. 12. 23. 선고 2004도6483 판결 참조.

한 갑의 명의를 모용한 인감증명 위임장을 작성하여 인감증명서를 발급받아야 할 급박한 사정이 있었다고 볼 만한 사정도 없으며, 인감증명 위임장은 본래 생존한 사람이 타인에게 인감증명서 발급을 위임한다는 취지의 문서라는 점을 고려하면, 이미 사망한 갑이 '병안 중'이라는 사유로 피고인에게 인감증명서 발급을 위임한다는 취지의 인감증명 위임장이 작성됨으로써 문서에 관한 공공의 신용을 해할 위험성이 발생하였다 할 것이고, 피고인이 명의자 갑이 승낙하였을 것이라고 기대하거나 예측한 것만으로는 사망한 갑의 승낙이 추정된다고 단정할 수 없(다)(대법원 2011. 9. 29. 선고 2011도6223 판결).

c) 문서의 작성

문서의 작성방법에는 제한이 없다. 완전히 새로운 문서를 만들어 내는 것은 물론, 기존의 문서를 이용해서 새로운 문서로 가공하는 것도 위조에 해당한다. 위조된 문서원본을 단순히 전자복사기로 복사하여 그 사본을 만드는 행위도 위조에 해당한다.[18] 한편 위조는 간접정범의 형태로도 가능하다. 예컨대 명의인이 문서의 내용을 오신하고 있는 것을 이용하여 문서를 작성케 한 것이 이에 해당한다.

간접정범 형태의 위조

피고인이 정기문중총회 회의록을 임의로 작성하여 종중원들을 찾아다니면서 서명, 날인을 받았는데, 이 때 종중원들에게 이 사건 임야의 등기, 매도권한을 피고인에게 일임하고 매도금액 3분의 1을 문중에 반납하고 나머지를 피고인에게 소송대행비용으로 준다는 위 회의록의 내용 등에 관하여 제대로 알려 주지 아니한 채,

18) 대법원 1996. 5. 14. 선고 96도785 판결.

단지 이 사건 임야에 관하여 문중 명의로 소유권이전등기를 하는데 필요하다는 정도로만 얘기하면서 서명, 날인을 받은 사건.

명의인을 기망하여 문서를 작성케 하는 경우는 서명, 날인이 정당히 성립된 경우에도 기망자는 명의인을 이용하여 서명 날인자의 의사에 반하는 문서를 작성케 하는 것이므로 사문서위조죄가 성립한다(대법원 2000. 6. 13. 선고 2000도778 판결).

반면 명의자가 문서의 내용이 진실에 반함을 알지 못한 경우라도 문서의 내용을 이해한 후 스스로 서명 · 날인한 것이라면, 그 문서의 성립은 진정하며 위조라 할 수 없다.

허위의 공사실적 증명서 제출 사례

피고인들이 각 관할관청에 사업마다 약 10부씩의 공사실적증명원을 제출하면서 그 가운데 1부씩의 증명원에는 사실과 다른 허위의 내용을 기재하였고, 각 관할관청의 담당공무원들은 제출된 약 10부의 증명원 전부가 사실에 맞게 기재된 것으로 생각하고(즉 그 중 1부가 사실과 다르게 허위로 기재된 사실을 모른 채) 증명원 기재와 같은 사실을 증명한다는 취지로 각 관할관청의 직인을 찍어 공사실적증명서를 작성한 사실은 인정되나, 이 사건 허위 공사실적증명서는 공무원 아닌 자가 공무원에게 허위사실을 기재한 증명원을 제출하여 그것을 알지 못한 공무원으로부터 증명서를 받아낸 경우로서, 그 내용이 허위이기는 하지만 그 작성행위는 작성권한이 있는 공무원에 의하여 이루어진 것이므로 공문서위조죄가 성립하지 아니(한다)(대법원 2001. 3. 9. 선고 2000도938 판결).

문서의 작성정도는 일반인들이 진정문서로 오인할 정도면 충분하다.

날인이 빠진 예금청구서

예금청구서에 작성명의자의 기명만 있고 날인이 빠져있다 하여도 일반인이 그 작성명의자에 의하여 작성된 예금청구서라고 오신할 만한 형식과 외관을 갖추고 있는 이상 권한 없이 위 예금청구서를 작성한 행위는 사문서위조죄에 해당하고 날인이 없다 하여 이를 미완성문서로 볼 수는 없다(대법원 1984. 10. 23. 선고 84도1729 판결).

그러나 객관적으로 미완성의 문서임이 분명한 경우, 예컨대 작성인의 서명이 없고 문서 머리에 사본임을 명기한 경우,[19] 작성명의자의 서명은 생략한 채 자기의 이름으로 보증인란에 서명한 경우[20] 등은 위조라 평가할 수 없다.

나) 변 조

변조란 작성권한 없는 사람이 이미 진정하게 성립된 문서의 내용을 동일성이 상실되지 않을 정도로 변경하는 행위를 의미한다. 완전히 새로운 문서를 창출하는 정도는 아니고 기존 문서에 새로운 증명력을 부여하는 정도를 뜻한다. 새로운 증명력을 창출했는지를 기준으로 변조 여부를 판단하므로 변경된 내용이 객관적 진실에 부합하는지 혹은 명의인에게 유리한지 여부는 문제가 되지 않는다.[21] 따라서 명의인에게 유리하게 변경한 경우[22]는 물론 법규에 부합하도록 고쳐 쓴 경우[23]도 변조에 해당할 수 있다.

19) 대법원 1965. 7. 20. 선고 65도280 판결.
20) 대법원 1997. 12. 26. 선고 95도2221 판결.
21) 김일수/서보학, 앞의 책(주 3), 581면; 이재상/장영민/강동범, 앞의 책(주 2), 587면.
22) 대법원 1985. 1. 22. 선고 84도2422 판결.
23) 대법원 1970. 9. 22. 선고 70도1509 판결.

변조한 내용이 객관적 진실인 경우: 사문서변조죄가 인정된 사례

공소외 망인이 피고인으로부터 어음 1장을 발행 교부받으면서 그 증빙으로 작성하여 준 영수증에 그 망인이 "위 어음은 한국주택은행 이리지점의 융자에 따른 할부금 및 연체이자를 불입하기 위해 받은 것이다"는 사실내용을 기재하여 두었을 뿐이어서, 그 문면 자체만으로는 당초 그 어음 수수에 의한 변제목적이 된 해당 은행융자금 상환채무가 구체적으로 어떠한 채무를 가리키는지의 점이 분명치 않은 경우, 피고인이 나중에 관련 민사소송에서 그 어음을 그 계쟁 부동산을 담보물로 한 은행융자금채무의 상환을 위하여 교부받은 것이라는 주장사실을 입증하는 데 사용할 목적으로 당시 보관 중이던 그 영수증 위의 "할부금"이라는 기재부분 옆에다 그 작성명의인인 망인의 승낙 없이 임의로 그 계쟁 부동산을 지칭하는 표시로서 "733-19번지"라고 써 넣은 것이라면, 그 변경 내용이 비록 객관적인 진실에 합치하는 것이라 하더라도, 이는 그 영수증에 새로운 증명력을 가져오게 한 것임이 분명하므로, 사문서변조죄의 구성요건을 충족한다(대법원 1995. 2. 24. 선고 94도2092 판결).

변조한 내용이 객관적 진실인 경우: 사문서변조죄가 부정된 사례

피고인의 본명은 B나 일상 거래상 A로 통용되어 왔다. … 공소외 C 작성의 A 앞으로 된 영수증에 피고인이 'A'라는 기재 옆에 'B'라고 기입한 본건 공소사실은 위 영수증의 내용에 영향을 미쳤다고 보여지지 아니하고 따라서 새로운 증명력을 가한 것이 아니므로 사문서변조죄를 구성하지 아니한다(대법원 1981. 10. 27. 선고 81도2055 판결).

진정하게 성립된 문서에 대해 그 내용을 변경할 권한이 없는 경우, 주어진 권한의 범위를 초월하여 내용을 변경한 경우 모두 변조에 해당한다. 따라서 문서에 2인 이상의 작성명의인이 있거나 다수인의 연명 문서인 경우에는 명의자 중 1인이 타 명의자와 합의 없이 문서의 내용을 바꾼 행위도 변조에 해당한다.[24)]

변조의 대상은 이미 진정하게 성립된 타인의 문서이므로 자기명의의 문서를 고치는 행위는 문서변조죄에 해당하지 않는다는 것이 통설[25)]의 입장이다. 판례[26)]도 같은 입장에 있으며, 다만 자기명의의 문서라 할지라도 타인이나 타기관에 접수되어 있는 문서를 함부로 고침으로써 본래의 용도로 사용하지 못하게 하는 행위는 문서손괴죄를 구성한다고 해석하고 있다. 이에 대해 소수설은 자기명의의 문서라도 변경권이 소멸할 수 있고 그러한 경우의 무단변경행위는 변조로 평가할 수 있으며, 오히려 이것이 변조의 본래적 의미라고 주장한다.[27)] 이러한 주장에 대해서는 형법에 "타인의 문서 또는 도화"로 행위객체가 명시되어 있으므로 해석적 한계를 넘어선다는 비판이 가해진다.[28)] 그러나 자기명의의 문서를 변경할 수 없는 상태, 즉 작성권한이 사라진 상태를 "타인의 문서"로 해석하는 것은 가능하다고 생각한다. 형법에 "타인명의의 문서"라고 명시되어 있지는 않기 때문이다.

동일성이 상실되지 않을 정도로만 내용을 변경해야 하므로, 문서의 본질을 이룰 정도로 중요한 부분을 변경한 경우에는 변조에 그치는 것이 아니라 사문서위조에 해당한다.

---

24) 대법원 1977. 7. 12. 선고 77도1736 판결.

25) 김성돈, 앞의 책(주 11), 624면; 김성천/김형준, 앞의 책(주 4), 705면; 김일수/서보학, 앞의 책(주 3), 580면; 배종대, 앞의 책(주 10), 703면; 손동권/김재윤, 앞의 책(주 11), 675면; 이영란, 앞의 책(주 10), 647면; 이재상/장영민/강동범, 앞의 책(주 2), 588면; 이형국, 앞의 책(주 2), 609면; 임웅, 앞의 책(주 10), 688면; 정성근/정준섭, 앞의 책(주 11), 403면; 정영일, 앞의 책(주 15), 345면.

26) 대법원 1987. 4. 14. 선고 87도177 판결.

27) 박상기, 형법각론(제8판), 박영사, 2011, 527면.

28) 이정원, 앞의 책(주 11), 586면.

동일성 인정 사례

부동산매매계약을 체결함에 있어서 "갑"을 매수인으로 내세우고 "을"은 그 계약의 단순한 입회인의 자격으로서 그 계약을 체결한 이상 그 전에 "갑" "을"이 서로 돈을 대어 "병"으로부터 이 사건 부동산을 공동매수하기로 합의하였다 하더라도 이는 "갑" "을"만의 대내적인 합의에 불과하였다 할 것이므로 "갑" "을" 등만이 마음대로 "을"을 매수인이라고 기재하여 그 매매계약서를 고쳤다면 그 행위는 사문서변조죄에 해당한다(대법원 1976. 8. 24. 선고 76도1774 판결).

동일성 부정 사례

피고인이 행사할 목적으로 타인의 주민등록증에 붙어있는 사진을 떼어내고 그 자리에 피고인의 사진을 붙였다면 이는 기존 공문서의 본질적 또는 중요 부분에 변경을 가하여 새로운 증명력을 가지는 별개의 공문서를 작성한 경우에 해당하므로 공문서위조죄를 구성한다(대법원 1991. 9. 10. 선고 91도1610 판결).

(3) 주관적 구성요건

사문서위조 · 변조죄가 성립하기 위해서는 고의 이외에 '행사할 목적'이 요구된다. 행사할 목적이란 위조 · 변조한 문서를 진정한 문서인 것처럼 사용할 목적을 말한다. 행사할 목적은 행위 당시에 존재해야 한다. 그 정도에 대해서는 직접적 내지 확정적 인식이 필요하다는 것이 통설[29]과 판례[30]의 입장이다. 다만 실제로 목적이 실현되었는지 여부는 본죄의 성립과 무관하다.

29) 김일수/서보학, 앞의 책(주 3), 582면; 배종대, 앞의 책(주 10), 705면; 이재상/장영민/강동범, 앞의 책(주 2), 589면; 이영란, 앞의 책(주 10), 648면; 정성근/정준섭, 앞의 책(주 11), 404면.

30) 대법원 2006. 1. 26. 선고 2004도788 판결.

문서 작성자가 작성 당시 권한 없음을 상대방에게 밝힌 경우 '행사할 목적'의 인정 여부

자격모용에 의한 사문서작성죄는 행사할 목적으로 타인의 자격을 모용하여 권리·의무 또는 사실증명에 관한 문서를 작성함으로써 성립하는 것인바, 여기에서 '행사할 목적'이라 함은 그 문서가 정당한 권한에 기하여 작성된 것처럼 다른 사람으로 하여금 오신하도록 하게 할 목적을 말한다고 할 것이므로 사문서를 작성하는 자가 다른 사람의 대리인 또는 대표자로서의 자격을 모용하여 문서를 작성한다는 것을 인식, 용인하면서 그 문서를 진정한 문서로서 어떤 효용에 쓸 목적으로 사문서를 작성하였다면, 자격모용에 의한 사문서작성죄의 행사의 목적과 고의가 있는 것으로 보아야 할 것이다. … 피고인들은 거래상대방인 공소외 1 또는 공소외 2 등과 사이에서 이 사건 가락시영아파트 재건축사업의 시행계약에 관하여 충분히 논의하고 의견교환을 한 다음 이 사건 각 시행계약서를 함께 작성한 사실, 피고인들이 공소외 1과 사이에서 작성한 계약서 말미의 '갑'란에는 '가락시영아파트 재건축조합 조합장'이라는 기재 다음에 피고인 1의 이름이 서명되어 있고, 공소외 2와 사이에서 작성한 계약서 말미의 '갑'란에는 '가락시영아파트 재건축조합 조합장'이라는 기재 밑에 피고인 1의 이름이 기재되어 있는 사실, 그 후 위 각 계약서에 공증을 받은 사실 등을 인정할 수 있는바, 피고인 1이 위와 같이 최종적으로 정리된 각 계약서에 서명날인 또는 기명날인하면서 그 이름 앞의 '조합장'이라는 기재를 수정하거나 삭제하지 않고 그대로 놓아두었고 공증까지 받았던 이상, 피고인들로서는 위 각 계약서의 작성 당시에 피고인 1이 위 재건축조합 조합장의 자격을 모용한다는 인식과 범의를 가지고 있었고 행사의 목적 또한 있었다고 할 것이고, 피고인들이 그 당시 공소외 1, 2 등에게 피고인 1은 위 재건축조합 조합장이 아니라는 사실을 밝혔다거나 공소외 1 등이 위와 같은 사정을 잘 알고 있는 상태에서 피고인 1이 위 재건축조합 조합장인 것처럼 기재된 계약서 초안 등을 마련하였고 이를 토대로 하여 위와 같이 정리된 각

계약서가 작성되었다거나 또는 피고인 1이 그 이름 옆에 위 재건축조합 조합장의 직인이 아니라 재건축추진위원회 위원장의 직인 또는 자신의 사인을 날인하였다는 등의 사정이 있다고 하여 달리 볼 것은 아니다(대법원 2007. 7. 27. 선고 2006도2330 판결).

2. 공문서 위조 · 변조죄

(1) 의 의

본죄는 행사할 목적으로 공무원 또는 공무소의 문서 또는 도화를 위조하거나 변조함으로써 성립하는 범죄이다. 일반적으로 공문서는 사문서보다 신용성이나 증명력이 높고 그 적용범위도 넓기 때문에 위조로 인한 피해규모가 더 크다고 할 수 있다.[31] 그러한 측면에서 불법을 가중 평가하여 법정형을 사문서의 경우보다 강화했다고 볼 수 있다.

(2) 공문서

공문서란 우리나라의 공무원 또는 공무소가 그 직무에 관하여 작성하는 문서를 의미한다. 따라서 외국의 공무소 또는 공무원이 작성한 문서나, 직무와 무관한 공무소 또는 공무원 작성의 문서는 공문서가 아니다.

작성주체가 공무원과 공무소가 아니라 하더라도 특별법에 의하여 공무원 등으로 의제되는 경우에 해당 주체가 직무와 관련하여 작성한 문서는 공문서가 된다.[32] 그러나 계약 등에 의하여 공무와 관련되는 업무를 일부 대행하는 관계일 뿐이라면 대행주체가 공무

31) 김일수/서보학, 앞의 책(주 3), 588면.

32) 예를 들어, 「간이절차에 의한 민사분쟁사건처리특례법」에 의하여 합동법률사무소 명의로 작성된 공증문서와 공증인가합동법률사무소 작성의 사서증서에 관한 인증서는 공문서로 분류된다(대법원 1977. 8. 23. 선고 74도2715 전원합의체 판결 등).

원 또는 공무소가 되는 것은 아니다.[33]

공문서에 해당하는 경우

십지지문 지문대조표는 수사기관이 피의자의 신원을 특정하고 지문대조조회를 하기 위하여 직무상 작성하는 서류로서 비록 자서란에 피의자로 하여금 스스로 성명 등의 인적사항을 기재하도록 하고 있다 하더라도 이를 사문서로 볼 수는 없다(대법원 2000. 8. 22. 선고 2000도2393 판결).

공문서에 해당하지 않는 경우

지방세의 수납업무를 일부 관장하는 시중은행의 직원이나 은행이 형법 제225조 소정의 공무원 또는 공무소가 되는 것은 아니고 세금수납영수증도 공문서에 해당하지 않는다(대법원 1996. 3. 26. 선고 95도3073 판결).

같은 용지에 공문서와 사문서가 함께 작성되어 있는 복합문서의 경우(이를 공·사 병존문서라 부르기도 한다)에는 위조한 부분을 기준으로 공문서위조죄 혹은 사문서위조죄가 각각 성립한다.

복합문서: 사서증서의 인증서

공증인이 공증인법 제57조 제1항의 규정에 의하여 사서증서에 대하여 하는 인증은 당해 사서증서에 나타난 서명 또는 날인이 작성명의인에 의하여 정당하게 성립하였음을 인증하는 것일 뿐 그 사서증서의 기재 내용을 인증하는 것은 아닌바, 사서증서 인증서 중 인증기재 부분은 공문서에 해당한다고 하겠으나, 위와 같은 내용의 인증이 있었다고 하여 사서증서의 기재 내용이 공문서인 인증기재 부분의 내용을 구성하는 것은 아니라고 할 것이므로, 사서

33) 대법원 1996. 3. 26. 선고 95도3073 판결.

증서의 기재 내용을 일부 변조한 행위는 공문서변조죄가 아니라 사문서변조죄에 해당한다(대법원 2005. 3. 24. 선고 2003도2144 판결).

복합문서: 공립학교 교원 실태조사 카드

공립학교 교사가 작성하는 교원의 인적사항과 전출희망사항 등을 기재하는 부분과 학교장이 작성하는 학교장의견란 등으로 구성되어 있는 '교원 실태조사 카드'는 학교장의 작성명의 부분은 공문서라고 할 수 있으나, 작성자가 교사 명의로 된 부분은 개인적으로 전출을 희망하는 의사표시를 한 것에 지나지 아니하여 이것을 가리켜 공무원이 직무상 작성한 공문서라고 할 수는 없을 것이므로 위 카드의 교사 명의 부분을 명의자의 의사에 반하여 작성하였다고 하여도 공문서를 위조한 것이라고 할 수 없다(대법원 1991. 9. 24. 선고 91도1733 판결).

복합문서: 인감증명서

인감의 증명을 신청함에 있어서 그 용도가 부동산매도용일 경우에는 부동산매수자란에 매수자의 성명, 주소 및 주민등록번호를 기재하여 신청하여야 하지만 그 이외의 경우에는 신청 당시 사용용도란을 기재하여야 하는 것은 아니고, 필요한 경우에 신청인이 직접 기재하여 사용하도록 되어 있으며, 사용용도에 따른 인감증명서의 유효기간에 관한 종전의 규정도 삭제되어 유효기간의 차이도 없으므로 인감증명서의 사용용도란의 기재는 증명청인 동장이 작성한 증명문구에 의하여 증명되는 부분과는 아무런 관계가 없다고 할 것이나. 따라서 권한 없는 자가 임의로 인감증명서의 사용용도란의 기재를 고쳐 썼다고 하더라도 공무원 또는 공무소의 문서 내용에 대하여 번경을 기하여 새로운 증명력을 작출한 경우라고 볼 수 없으므로 공문서변조죄나 이를 전제로 하는 변조공문서행사죄가 성립되지는 않는다고 볼 것이다(대법원 2004. 8. 20. 선고 2004도2767 판결).

(3) 공문서 위조 · 변조 주요 사례

1) 공문서 위조 · 변조죄 인정 사례

보조 공무원이 작성권자의 결재 없이 허위공문서를 작성한 행위

허위공문서작성죄의 주체는 그 문서를 작성할 권한이 있는 명의인인 공무원에 한하고, 그 공무원의 문서작성을 보조하는 직무에 종사하는 공무원은 위 죄의 주체가 되지 못하므로 보조 공무원이 허위공문서를 기안하여 그 정을 모르는 작성권자의 결재를 받아 공문서를 완성한 때에는 허위공문서작성죄의 간접정범이 되고, 이러한 결재를 거치지 않고 임의로 허위내용의 공문서를 완성한 때에는 공문서위조죄가 성립한다(대법원 1981. 7. 28. 선고 81도898 판결).

포괄적 위임을 받은 보조 공무원이 허위공문서를 작성한 행위

공문서 작성권자로부터 일정한 요건이 구비되었는지의 여부를 심사하여 그 요건이 구비되었음이 확인될 경우에 한하여 작성권자의 직인을 사용하여 작성권자 명의의 공문서를 작성하라는 포괄적인 권한을 수여받은 업무보조자인 공무원이, 그 위임의 취지에 반하여 공문서 용지에 허위내용을 기재하고 그 위에 보관하고 있던 작성권자의 직인을 날인하였다면, 그 업무보조자인 공무원에게 공문서위조죄가 성립할 것이고, … 이륜자동차 사용신고필증의 작성권자인 동장들은 이륜자동차 사용신고와 관련된 그들의 업무처리를 사무장인 피고인들에게 위임하였기 때문에 피고인들에 의하여 허위내용의 이륜자동차 사용신고필증이 작성되고 있다는 사실을 전혀 모르고 있었으므로, 동장 명의의 문서인 위 사용신고필증에 동장의 직인을 날인한 피고인들에게 공문서위조죄만이 성립되고, 동장에게 허위공문서작성죄가 성립되지 않는다(대법원 1996. 4. 23. 선고 96도424 판결).

2) 공문서 위조 · 변조죄 부정 사례

보고서의 일부분을 가린 채 복사한 행위

복사된 내사결과보고서가 외견상 다른 문서의 일부분을 복사한 것일 가능성이 충분히 예상되고, 원본인 내사결과보고서의 표지와 '7. 건의' 부분의 내용이 복사된 내사결과보고서의 내용과 상충하여 원본 전체의 내용을 오인하게 할 가능성이 있는 경우에 해당한다고 보기 어려우므로 피고인이 이 사건 내사결과보고서를 복사하면서 표지를 제외하고 '건의'부분을 가린 채 복사하였다고 하여도 이를 기존 공문서에 새로운 증명력을 작출하는 행위로 볼 수 없다고 판단하여 피고인에 대한 공문서변조, 동행사의 점에 대하여 무죄를 선고하였다(대법원 2003. 12. 26. 선고 2002도7339 판결).

이혼의사확인서등본에 첨부된 이혼신고서를 임의로 변경한 행위

가정법원의 서기관 등이 이혼의사확인서등본을 작성한 뒤 이를 이혼의사확인신청 당사자 쌍방에게 교부하면서 이혼신고서를 확인서등본 뒤에 첨부하여 그 직인을 간인하였다고 하더라도, 그러한 사정만으로 이혼신고서가 공문서인 이혼의사확인서등본의 일부가 되었다고 볼 수 없다. 따라서 당사자가 이혼의사확인서등본과 간인으로 연결된 이혼신고서를 떼어내고 원래 이혼신고서의 내용과는 다른 이혼신고서를 작성하여 이혼의사확인서등본과 함께 호적관서에 제출하였다고 하더라도, 공문서인 이혼의사확인서등본을 변조하였다거나 변조된 이혼의사확인서등본을 행사하였다고 할 수 없다(대법원 2009. 1. 30. 선고 2006도7777 판결).

공무원을 속여 공사실적 증명서를 발급받은 행위

어느 문서의 작성권한을 갖는 공무원이 그 문서의 기재 사항을 인식하고 그 문서를 작성할 의사로써 이에 서명·날인하였다면, 설령 그 서명날인이 타인의 기망으로 착오에 빠진 결과 그 문서의 기재사항이 진실에 반함을 알지 못한 데 기인한다고 하여도, 그 문서의 성립은 진정하며 여기에 하등 작성명의를 모용한 사실이 있다고 할 수는 없으므로, 공무원 아닌 자가 관공서에 허위 내용의 증명원을 제출하여 그 내용이 허위인 정을 모르는 담당공무원으로부터 그 증명원 내용과 같은 증명서를 발급받은 경우 공문서위조죄의 간접정범으로 의율할 수는 없다(대법원 2001. 3. 9. 선고 2000도938 판결).

허위의 공문서를 변조한 행위

공문서변조라 함은 권한 없이 이미 진정하게 성립된 공무원 또는 공무소명의의 문서내용에 대하여 그 동일성을 해하지 아니할 정도로 변경을 가하는 것을 말한다 할 것이므로 이미 허위로 작성된 공문서는 형법 제225조 소정의 공문서변조죄의 객체가 되지 아니한다(대법원 1986. 11. 11. 선고 86도1984 판결).

전보발령 이후에 과거 보직의 결재란에 서명한 행위

공무원에 대한 전보명령은 상대방 있는 행정처분이므로 그 의사표시가 상대방에게 도달하여야 효력이 발생하는바, 기록에 의하면 피고인이 1991. 7. 16. 17:00경 같은 날짜로 부산직할시 제1구청장에서 제2구청장으로 전보되었다는 내용의 인사발령을 전화로 통보받았음을 알 수 있으므로 그로써 피고인에 대한 전보명령은 효력을 발생하여 그 이후에는 제2구청장으로서의 권한만 있을 뿐 제1구청장으로서의 권한은 없다 할 것이다. … 피고인이 제2구청장으로 전보된 후에 제1구청장의 권한에 속하는 이 사건 건축허가에 관한 기안용지의 결재란에 서명을 하였다면 이는 자격모용에 의한 공문서작성죄를 구성한다(대법원 1993. 4. 27. 선고 92도2688 판결).

다른 공무원의 결재란에 서명한 행위

식당의 주·부식 구입 업무를 담당하는 공무원이 주·부식구입요구서의 과장결재란에 권한 없이 자신의 서명을 한 경우, 자격모용공문서작성죄가 성립하고 공문서위조죄는 문제되지 않는다(대법원 2008. 1. 17. 선고 2007도6987 판결).

Ⅱ. 자격모용에 의한 문서작성죄

> **제232조(자격모용에 의한 사문서의 작성)** 행사할 목적으로 타인의 자격을 모용하여 권리 · 의무 또는 사실증명에 관한 문서 또는 도화를 작성한 자는 5년 이하의 징역 또는 1천만원 이하의 벌금에 처한다.
>
> **제226조(자격모용에 의한 공문서 등의 작성)** 행사할 목적으로 공무원 또는 공무소의 자격을 모용하여 문서 또는 도화를 작성한 자는 10년 이하의 징역에 처한다.
>
> **제237조(자격정지의 병과)** 제225조 내지 제227조의2 및 그 행사죄를 범하여 징역에 처할 경우에는 10년 이하의 자격정지를 병과할 수 있다.

1. 자격모용에 의한 사문서작성죄

(1) 의 의

본죄는 행사할 목적으로 타인의 자격을 모용하여 권리 · 의무 또는 사실증명에 관한 문서 또는 도화를 작성하는 행위를 처벌하는 범죄이다.

(2) 타인의 자격모용

자격모용이란 대리권이나 대표권이 없는 사람이 타인의 대리인 혹은 대표권자임을 사칭하는 것을 의미한다. 타인은 자연인뿐만 아니라 법인, 법인격 없는 단체는 물론 거래관계에서 독립된 사회적 지위를 갖고 활동하고 있는 존재를 모두 포함한다.[34)]

34) 대법원 2008. 2. 14. 선고 2007도9606 판결.

부동산중개사무소 대표로 사칭한 사례

부동산중개사무소를 대표하거나 대리할 권한이 없는 사람이 부동산매매계약서의 공인중개사란에 '○○부동산 대표 △△△(피고인의 이름)'라고 기재한 사안에서, '○○부동산'이라는 표기는 단순히 상호를 가리키는 것이 아니라 독립한 사회적 지위를 가지고 활동하는 존재로 취급될 수 있으므로 자격모용사문서작성죄의 '명의인'에 해당한다(대법원 2008. 2. 14. 선고 2007도9606 판결).

대리권이나 대표권이 있는 경우라도 그 권한을 초월하여 대리인·대표권자 명의의 문서를 작성한 경우에도 본죄는 성립한다. 그러나 대리권·대표권이 있는 자가 단순히 그 권한을 남용하여 대리인·대표권자 명의의 문서를 작성한 경우에는 사문서의 무형위죄에 불과하므로 본죄는 성립하지 않는다.

(3) 주요사례

1) 자격모용에 의한 사문서작성죄 인정 사례

종중 대표가 직무집행정지 중 문서를 작성한 경우

종중의 신임 대표자 등이 선임되고 전임 대표자에 대한 직무집행정지가처분결정이 있은 후 위 가처분결정이 취소된 경우, 신임 대표자 선임결의가 무효라 하더라도 전임 대표자가 위 가처분결정을 알면서 가처분결정시부터 취소시 사이에 대표자 자격으로 작성한 이사회 의사록 등은 자격을 모용하여 작성한 문서에 해당(하나), 종중의 신임 대표자 등이 선임되고 전임 대표자에 대한 직무집행정지가처분결정이 있은 후 위 가처분결정이 취소된 경우, 위 선임결의가 무효라면 종전 임원이 위 가처분결정 이전에 작성한 이사회 의사록은 '자격을 모용하여 작성한 문서'가 아니고, 이를 위 가처분결정 이후에 행사하였다고 하더라도 자격모용작성사문서행사죄가 성립하지 않는다(대법원 2007. 7. 26. 선고 2005도4072 판결).

재건축조합장의 직함을 사용하여 계약서를 작성한 사례

재건축조합의 조합장이 아닌 사람이 재건축조합 조합장의 직함을 사용하여 재건축사업에 관한 계약서를 작성하였다면, 계약의 상대방이 자격모용사실을 알고 있었다거나 그 계약서에 조합장의 직인이 아닌 다른 인장을 날인하였더라도 자격모용에 의한 사문서작성죄의 범의와 행사의 목적이 인정된다(대법원 2007. 7. 27. 선고 2006도2330 판결).

2) 자격모용에 의한 사문서작성죄 부정 사례

자격모용의 고의가 부정된 사례

자격모용사문서작성죄가 성립하기 위하여는 행사할 목적 이외에 정당한 대표권이나 대리권이 없음을 알고도 마치 대표권이나 대리권이 있는 것처럼 가장하여 타인의 자격을 모용한다는 인식 즉 범의가 있어야 할 것인데, 교단이 한국천부교전도관부흥협회와 한국예수교전도관부흥협회로 분열됨으로써 위 각 분열된 교단 모두 원래의 교단과의 동일성을 상실하게 되었다고 하더라도 피고인 등은 자신들이 소속한 한국예수교전도관부흥협회가 원래의 교단의 교리를 따르고 있었으므로 동 교단이 동일성을 그대로 유지한다고 믿었을 것이라고 보이고, 그렇다면 위 한국예수교전도관부흥협회의 회장으로 선출된 피고인이 이 사건 진정서 등을 작성, 제출할 당시 타인의 자격을 모용한다는 범의가 있었다고 보기 어렵다(대법원 1996. 7. 12. 선고 93도2628 판결).

대표자지위 확인소송 중 대표명의 문서 작성 사례

민법상 법인의 이사나 감사 전원 또는 그 일부의 임기가 만료되었음에도 불구하고 그 후임 이사나 감사의 선임이 없거나 또는 그 후임 이사나 감사의 선임이 있었다고 하더라도 그 선임결의가 무효이고, 임기가 만료되지 아니한 다른 이사나 감사만으로는 정상적인 법인의 활동을 할 수 없는 경우, 임기가 만료된 구 이사나 감사로 하여금 법인의 업무를 수행케 함이 부적당하다고 인정할 만한 특별한 사정이 없는 한, 구 이사나 감사는 후임 이사나 감사가 선임될 때까지 종전의 직무를 수행할 수 있다 할 것이나(대법원 1998. 12. 23. 선고 97다26142 판결, 2005. 3. 25. 선고 2004다65336 판결), 후임 이사가 유효히 선임되었는데도 그 선임의 효력을 둘러싼 다툼이 있다고 하여 그 다툼이 해결되기 전까지는 후임 이사에게는 직무수행권한이 없고 임기가 만료된 구 이사만이 직무수행권한을 가진다고 할 수는 없다. 원심이 적법하게 확정한 사실관계에 의하면, 피고인은 위 조합 제11대 이사장 선거에서 최다득표를 하여 당선된 후 전임 이사장인 공소외인의 임기만료에 따라 이사장으로 취임하였고, 다만 위 선거의 결과를 둘러싼 다툼으로 인하여 피고인과 공소외인 사이에 민사소송이 있었으나 법원으로부터 피고인이 적법한 당선자라는 취지의 판결이 선고되고 확정됨으로써 위와 같은 다툼도 결국 해결되었다는 것인바, 그렇다면 피고인은 이 사건 각 범행 당시 이미 위 조합 이사장으로서의 권한을 가지고 있었다고 할 것이다(대법원 2006. 4. 27. 선고 2005도8875 판결).

2. 자격모용에 의한 공문서작성죄

(1) 의 의

자격모용에 의한 공문서작성죄는 행사할 목적으로 공무원 또는 공무소의 자격을 모용하여 문서 또는 도화를 작성하는 범죄이다. 사문서를 객체로 하는 경우보다 불법이 가중되는 구성요건이다.

(2) 주요사례

국방부장관의 위임을 받은 것처럼 계약서와 영수증을 작성한 사례

정당한 대표권이나 대리권이 없는 자가 마치 대표권이나 대리권이 있는 것처럼 가장하여 타인의 자격을 모용하여 문서를 작성하는 경우 자격모용에 의한 문서작성죄가 성립한다고 할 것이므로, 피고인이 … 부동산매매계약서와 영수증을 작성함에 있어 매도인란 또는 영수인란에 '국방부 합참자료실장 이사관 피고인'이라는 이름을 기재하고 그 옆에 위 피고인의 도장을 압날한 다음 그 상단에 '국방부장관'이라는 고무인을 압날함으로써 마치 위 피고인이 국방부장관으로부터 적법한 문서작성권한을 부여받아 그 문서를 작성할 자격이 있는 것처럼 이를 모용하여 위 부동산매매계약서와 영수증을 작성하고 이를 행사하였다(면) … 자격모용에 의한 공문서작성 및 동행사죄로 의율처단한 것은 정당하다(대법원 1993. 7. 27. 선고 93도1435 판결).

[참고문헌]

김성돈, 형법각론(제4판), SKKUP, 2016

김성천/김형준, 형법각론, 소천, 2015

김일수/서보학, 새로쓴 형법각론(제8판), 박영사, 2015

박상기, 형법학(제3판), 집현재, 2016

______, 형법각론(제8판), 박영사, 2011

배종대, 형법각론(제8전정판), 홍문사, 2013

법무부, 중국형사법, 2008

손동권/김재윤, 형법각론, 율곡출판사, 2013

이영란, 형법학 각론강의, 형설, 2013

이재상/장영민/강동범, 형법각론(제10판), 박영사, 2016

이정원, 형법각론, 신론사, 2012

이형국, 형법각론, 법문사, 2007
임 웅, 형법각론(제5정판), 법문사, 2013
정성근/박광민, 형법각론, SKKUP, 2013
정성근/정준섭, 형법강의 각론, 박영사, 2017
정영일, 형법강의 각론, 학림, 2017

7. 문서부정행사죄

Ⅰ. 서 론

1. 문서부정행사죄의 의의

문서부정행사죄는 위조나 변조행위를 처벌하는 문서에 관한 일반적인 구성요건과 달리 진정하게 성립된 공문서 또는 사문서 등을 부정행사하는 경우에 성립한다.

문서에 관한 구성요건은 크게 진정한 문서로서의 외관을 권한 없이 새롭게 만들어 내는 형태와 이미 존재하는 진정한 문서를 권한 없는 자가 이용하는 형태가 있을 수 있는데, 문서부정행사죄는 후자에 해당한다. 문서에 관한 죄를 다시 세분하면 문서위·변조죄, 위조등 문서행사죄, 허위문서작성죄, 문서부정행사죄, 전자기록위·변작죄로 구성되는데, 각 구성요건은 문서부정행사죄와는 매우 다른 특징을 지니고 있다. 문서부정행사죄는 '서면의 형식을 취하고 있는 증인(Zeugnis)'의 역할에 충실하여 '문서의 형식의 진정'을 보호하는 위·변조와 다른 측면에서 문서에 대한 사회적 신뢰를 보호한다. 따라서 공무원 또는 공무소 명의의 공문서 또는 공도화를 부정행사한 경우에는 공문서등의 부정행사죄가 성립하고, 권리·의무 또는 사실증명에 관하여 진정하게 성립된 사문시 및 사도회를 부정하게 사용한 경우에는 사문서부정행사죄가 성립한다. 이때 사문서부정행사죄를 기본적 구성요건으로, 공문서부정행사죄를 불법가중적 구성요건으로 이해할 수 있다.

2. 문서부정행사죄의 입법경과와 외국의 문서부정행사죄

공문서부정행사죄와 사문서부정행사죄는 1953년 형법 제정 당시부터 존재하였으며, 1995년 12월 29일 일부개정(법률 제5057호)에서 벌금형만 조정되었을 뿐 조문에 큰 변화가 없었다. 형법 제정 과정에서도 공문서부정행사죄와 사문서부정행사죄에 대하여 국회에서 특별히 논의된 것은 발견되지 않는다. 문서부정행사죄의 입법과정을 유추해볼 만한 역사적 사료도 충분하지 않다. 다만 문서에 관한 죄 일반을 살펴보면 입법경위를 어느 정도 가늠해볼 수 있다. 현행 형법의 문서에 관한 죄는 1912년 조선형사령을 통해 의용되었던 일본형법의 틀을 유지한 것으로 볼 수 있으며, 1940년 일본개정형법가안의 영향을 크게 받았다고 할 수 있다.[1] 1907년 제정 · 공포된 일본형법은 1871년 독일제국형법의 영향을 강하게 받았으며, 1925년, 1927년, 1930년 등의 독일형법개정초안은 1940년 일본개정형법가안과 함께 우리 형법의 문서죄에 간접적인 영향을 주었다. 제정 형법은 프랑스형법에서 독일형법으로의 대전환기를 맞이하던 당시 일본형법의 영향을 받은 것으로 보인다. 이로 인해 형법상 문서에 관한 죄는 조선시대 전통적 형률보다 처벌이 매우 가벼워졌으며, 공문서와 사문서의 구별도 생겨나게 되었다.[2]

각국의 경우 문서의 죄의 장에서 우리와 유사하게 부정행사를 처벌하는 규정을 두고 있다. 문서(증명서)부정행사죄를 두고 있는 국가들은 대체로 위조의 예로 보고 있다. 먼저 우리의 문서죄에 간접적인 영향을 준 독일의 경우, 문서위조의 죄를 제23장에 규정하고 있는데 여기에는 문서위조, 기술매체기록의 위조, 증거로 중요한 데이터의 위작, 간접문서위조(공정증서원본등 부실기재죄), 공정

1) 송문호/표충근, "문서에 관한 죄의 우리 역사와 현대적 의미", 「법학연구」 26권, 전북대 법학연구소, 2008, 238면.

2) 송문호/표충근, 위의 논문, 238면.

증서의 변경, 문서은닉죄, 공정증서위조의 예비, 위조공정증서 취득, 진단서 위조, 허위진단서 작성, 허위진단서 행사, 증명서부정행사 등을 규정하고 있다. 제281조에 규정된 증명서부정행사죄는 제1항에서 법적 거래시 기망을 목적으로 타인을 위해 작성된 증명서를 행사하거나 자신에게 발급되지 않은 증명서를 타인에게 양도하는 경우 1년 이하의 자유형 또는 벌금형에 처하도록 규정되어 있으며 미수범도 처벌된다. 아울러 제2항에서는 일반 거래상의 증명을 위해 사용되는 증서 및 문서도 제1항의 증명서에 해당된다고 규정하고 있다. 신분증, 여권, 출생증명서, 학생증, 운전면허증, 재직증명서 등이 제281조의 대표적 증명서에 해당된다.

오스트리아의 경우, 제12장에서 문서 및 입증수단의 신뢰성에 관한 죄로 문서위조, 특별히 보호되는 문서 등의 위조, 공증표시의 위조, 데이터 위작, 공문서와 공증표시 위조의 예비, 공정증서원본 부실기재, 문서은닉, 타인증명서의 행사를 규정하고 있다. 제231조에 규정된 타인증명서의 행사죄는 제1항에서 법적 거래관계에서 타인을 위해 발급된 관공서의 증명서를 자신을 위해 발급된 것처럼 행사하는 경우 6월 이하의 자유형과 360일수 이하의 벌금형에 처하도록 규정하고 있으며, 제2항에서는 권한 없는 자가 자신에게 증명서가 발급된 것처럼 법적 거래관계에서 행사하게 할 고의로 자신에게 발급된 관공서의 증명서를 타인에게 양도한 자도 동일하다고 규정하고 있으며, 권한 없는 자가 거래에 사용하기 전에 자의로 증명서를 회수하거나 다른 방식으로 관공서의 증명서에 제2항에 기재된 방식으로 행사될 위험을 제거한 경우에는 벌하지 않는다고 규정하고 있다.

위의 국가와 달리 일본의 경우, 제17장에서 문서위조의 죄를 규정하고 있는데, 조서(詔書) 위조 등, 공문서 위조 등, 허위공문서작성 등, 공정증서원본 부실기재 등, 위조공문서 행사 등, 사문서 위조 등, 허위진단서 등 작성, 위조사문서 등 행사, 전자적 기록 부정작출 및 공용을 규정하고 있다. 이처럼 일본 형법은 직접적으로 문서부정행사죄를 규정하고 있지 않으나, 제19장 인장위조의 죄 장에서 옥새 부정사용, 공인, 공기호, 사기호 등의 부정사용을 처벌하고 있다.

미국의 경우, 모범형법전 제224장에서 위조의 죄 및 사기 등을 규정하고 있다. 여기서는 위조를 타인에게 해를 주거나 사취할 목적으로 또는 타인이 범한 기망·해악을 촉진한다는 정을 알면서 권한 없이 타인의 문서를 변경시키는 행위, 수권(授權)받지 못한 타인의 행위를 사칭하거나, 사실과 다른 시기, 장소 또는 순서로 작성되었음을 사칭하거나, 원본이 존재하지 않는 경우에 그 원본의 부본(副本)임을 사칭하기 위하여 어떠한 문서를 제작·완성·작성·인증·발행·양도하는 행위, 위와 같이 특정된 방식으로 위조된 정을 알면서 그 문서를 행사하는 행위로 정의하고, 제224. 1. 조에서 위조의 죄를 처벌하고 있을 뿐이다. 이 외에는 골동품 등의 모조, 기록할 만한 증서의 기망적 손괴·제거·은닉, 기록의 부당한 변경을 규정하고 있어 우리의 문서부정행사죄와 같은 구성요건은 보이지 않는다. 다만 연방형법전은 제499조에서 미국 당국의 권한으로 발행된 군 또는 군함의 출입증, 허가증을 위조, 변조, 또는 변경한 자 또는 기망의 목적으로 그러한 출입증이나 허가증을 사용하거나 점유한 자, 적법하게 발행된 출입증, 허가증을 본인이 아님에도 사칭하여 행사하거나 본인이 아닌 것처럼 사칭한 자 또는 독점적으로 사용하도록 발행된 출입증이나 허가증을 알면서도 다른 사람이 사용하거나 소유하도록 한 자는 5년 이하의 징역이나 벌금형에 처해질 수 있다고 규정하고 있다.[3)]

3) 일부 주의 경우 조금 다른 관점이지만 공문서 등의 부정사용이 부수적으로 규제되는 규정을 두고 있다. 예컨대 캘리포니아주 형법의 경우 530. 5. 조에서 다른

독일의 증명서부정행사죄

제281조(증명서부정행사) ① 법적 거래시 기망을 목적으로 타인을 위해 발급된 증명서를 행사한 자 또는 법적 거래시 기망을 목적으로 자신에게 발급되지 않은 증명서를 타인에게 양도한 자는 1년 이하의 자유형 또는 벌금형에 처한다. 미수범은 처벌한다.

② 일반거래상의 증명을 위하여 사용되는 증서 및 기타 문서도 증명서로 본다.

Ⅱ. 공문서부정행사죄

1. 의 의

형법 제230조는 공무원 또는 공무소의 문서 또는 도화를 부정행사한 자는 2년 이하의 징역이나 금고 또는 500만원 이하의 벌금에 처한다고 하여, 진정하게 성립한 공무원 또는 공무소의 문서 또는 도화를 부정하게 행사하면 이 죄가 성립한다.

2. 구성요건

본죄의 행위주체는 제한이 없다. 본죄는 신분범이 아니다. 따라서 공무원에 제한되지 않고 일반인도 행위주체가 될 수 있다.

행위객체는 진정하게 성립된 공문서 또는 공도화로서 공무원이나 공무소의 명의로 작성된 것을 말하며, 진정한 공문서·공도화인

사람의 개인식별정보[530.55.(b)에 정의되어 있음]를 고의적으로 취득하여, 신용, 재화, 용역, 부동산을 얻거나 본인의 동의 없이 의료정보를 취득하거나 시도하는 것을 포함하여 불법적인 목적으로 이러한 정보를 사용하는 자는 1년 이하의 징역 또는 벌금에 처해질 수 있음을 규정하고 있으며, 529. 7. 조에서 운전 면허증, 신분증, 자동차 등록증 또는 차량등록관청이 발급한 다른 공식 문서를 취득한 사람 또는 문서를 취득한 사람에게 문서를 수령할 자격이 없다는 사실을 알고도 도운 자는 경범죄로 1년 이하의 징역형 또는 1천 달러 이하의 벌금형에 처한다고 규정하고 있다.

점에서 위조·변조공문서행사죄와 다르다. 여기서 공문서란 공무소 또는 공무원이 직무에 관하여 작성한 문서를 말하며,[4] 직무에 관한 것이어야 하므로 공법관계인가 사법관계인가를 불문하고 공무원의 직무권한 내에서 작성되어야 한다. 직무권한의 근거는 법률에 한하지 않고 명령·내규 또는 관례에 의한 경우도 포함된다.[5] 공도화란 공무소 또는 공무원이 직무에 관하여 문자 이외의 상형적 부호를 통해 관념 또는 사상을 표시한 것이다. 법적으로 중요한 사실에 관하여 사람의 관념이나 사상이 문서처럼 표시되어야 하므로 순수한 예술작품은 공도화라고 보기 어렵다. 한편 공무원 또는 공무소만이 작성명의인으로 규정되어 있으나, 공증인가법무법인 내지 합동법률사무소처럼 특별법상 인정된 공문서 작성 주체도 포함된다.[6] 다만 공문서 또는 공도화는 사용권한자가 특정되고 용도가 어느 정도 한정되어야 한다. 이러한 의미에서 사용권한자가 특정되어 있다고 할 수 없고 또 용도도 다양하여 반드시 피증명인만이 사용할 수 있는 것이 아닌 경우에는 본죄의 공문서 또는 공도화에 해당한다고 볼 수 없다.[7] 여기서 자신의 사진과 지문이 찍힌 타인 명의의 주민등록증을 발급받아 소지하다가 이를 검문경찰관에 제시한 경우 본죄가 성립할 수 있는가에 대해 판례[8]와 일부 견해[9]는

4) 이재상/장영민/강동범, 형법각론(제10판), 박영사, 2016, 581면.

5) 대법원 1995. 4. 14. 선고 94도3401 판결.

6) 김일수/서보학, 형법각론(제8판), 박영사, 2015, 590면; 대법원 1992. 10. 13. 선고 92도1064.

7) 대법원은 공문서부정행사죄의 객체에 대해 '사용권한자와 용도가 특정되어 작성된 공문서 또는 공도화'라고 전제한 뒤, ① 사용권한 없는 자가 사용권한이 있는 것처럼 가장하여 부정한 목적으로 행사하거나 또는 ② 권한 있는 자라도 정당한 용법에 반하여 부정하게 행사하는 경우에 성립하는 것으로 해석하고 있다(대법원 1993. 5. 11. 선고 93도127 판결). 필자의 논리와 다르지만, 이러한 판례에 의할 때에도 사용권한자가 특정되어 있다고 할 수 없고 또 용도도 다양한 경우, 예컨대 신원증명서나 주민등록표등본, 등기필증 등은 공문서부정행사죄의 객체가 될 수 없다.

8) 대법원 1982. 9. 28. 선고 82도1297 판결.

성립을 긍정하고 있으나, 주민등록증 자체는 진정한 공문서가 아니라 위조된 공문서라는 점에서 위조 등 공문서행사죄(제229조)에 해당한다는 견해[10]도 제시되고 있다. 생각건대 공문서부정행사죄는 문서에 관한 다른 구성요건과 달리 진정하게 성립된 문서를 전제로 한다는 점에서 위조 등 공문서행사죄를 인정하는 후자의 견해가 타당하다고 하겠다.

본죄에서 부정행사란 진정한 공문서 또는 공도화를 사용할 권한이 없는 자가 사용권한이 있는 것처럼 가장하여 정당한 용법에 반하여 사용하는 것을 말한다. 즉 공문서부정행사죄는 진정한 공문서를 부정하게 사용하는 경우이므로, 위조공문서는 공문서부정행사죄를 구성하지 않는다. 공문서 또는 공도화 등의 정당한 용법은 관련 법령, 신청권자, 발급권자의 의사와 발급과정 등을 토대로 객관적으로 판단되어야 할 것이다. 따라서 주민등록법에서 신분확인용으로 규정된 주민등록증의 경우에도 습득한 타인의 주민등록증을 신분확인용이 아니라 그 타인 명의의 이동전화 가입을 위해 제시한 경우 용도에 따른 사용이라고 보기 어렵다.[11]

공문서부정행사죄는 사용권한 유무와 본래의 목적에 맞는 용도 내 사용 여부에 따라 다음과 같이 성립 여부가 구분되어 왔다. 그리고 이러한 구분은 공문서부정행사죄의 가벌성의 범위를 결정하므로 매우 중요한 문제이다.

(1) 사용권한이 없는 자가 행사할 때

사용권한이 없는 자의 행사란 사용명의자 아닌 자가 사용권한이 있는 것처럼 가장하여 그 공문서 등을 행사하는 경우를 의미한

9) 오영근, 형법각론, 박영사, 2010, 774면; 임 웅, 형법각론(제6정판), 법문사, 2015, 737면.

10) 박상기, 형법각론(제8판), 박영사, 2011, 548면.

11) 대법원 2003. 2. 26. 선고 2002도4935 판결.

다.[12] 이 경우 사용권한 없는 자의 용도에 따른 사용만으로 제한하여야 하는지, 아니면 용도와 무관하게 사용권한 유무만으로 판단하여야 하는지에 대하여 견해가 대립되고 있다.

먼저 사용권한 없는 자의 ① 용도 내 사용의 경우에는 학설[13]과 판례[14] 모두 본죄의 성립을 인정한다. 본죄의 입법취지상 이 경우는 사용권한 없는 자가 부정행사하는 가장 기본적인 양태이므로 본죄의 성립을 긍정하는 것이 타당하다. 이 경우의 부정행사란 용도에 따른 사용일 것을 요하기 때문이다.[15] 이러한 관점에서 자동차를 임차하려다가 자동차 대여업체의 담당직원들로부터 임차할 자동차의 운전에 필요한 운전면허증의 제시요구를 받자 타인의 운전면허증을 소지하고 있음을 기화로 대여업체의 직원들에게 이를 제시한 것이라면, 이는 운전면허증을 사용할 권한이 없는 자가 운전면허증의 본래의 용도에 따른 사용행위를 하였으므로 공문서부정행사죄에 해당한다고 하겠다.[16] 반면 어떤 선박이 사고를 낸 것처럼 허위로 사고신고를 하면서 선박의 국적과 항행할 수 있는 자격을 증명하는 선박국적증서와 선박검사증서를 함께 제출한 것은 사고신고와 무관한 문서들로 해당 공문서의 용도와 무관한 사용이라고 볼 수 있다.[17]

다음으로 ② 용도 외 사용의 경우에는 견해가 대립되고 있는데, 판례는 본죄의 성립을 부인하고 있으며,[18] 일부 견해도 이에 동조하고 있다. 반면 긍정설은 사용권한이 없는 자의 행사라고 하

12) 대법원 1974. 7. 9. 선고 74도1695 판결.
13) 김일수/서보학(주 6), 앞의 책, 615면; 박상기, 앞의 책(주 10), 552면; 이재상/장영민/강동범, 앞의 책(주 4), 610면.
14) 대법원 1982. 9. 28. 선고 82도1297 판결.
15) 이재상/장영민/강동범, 앞의 책(주 4), 610면.
16) 대법원 1998. 8. 21. 선고 98도1701 판결.
17) 대법원 2009. 2. 26. 선고 2008도10851 판결.
18) 대법원 2003. 2. 26. 선고 2002도4935 판결.

더라도 본래의 용도에 따라 사용한 경우만으로 성립범위를 제한하는 것은 사용권한이 있는 자의 용도 외 행사의 경우에 본죄를 인정하는 것과 균형이 맞지 않는다고 한다.[19] 본죄에서 부정행사란 사용권한 없는 자가 공문서·공도화를 행사하는 것 자체를 의미하는 것이므로 이를 용도대로 사용하는 경우만으로 제한할 근거가 없다고 보는 것이다.

생각건대 사용권한이 없는 자가 용도 외로 사용한 경우는 부정행사의 기준을 오로지 사용권한의 유무로 볼 것인지 이에 더하여 용도 내 사용이라는 추가 기준을 받아들일 것인지에 따라 결론이 달라진다. 사용권한 없는 자가 타인의 공문서 등을 행사하는 경우 무권한이라는 사실 그 자체로 그러한 문서를 부정행사한다는 점은 어느 정도 내재되어 있다. 따라서 용도 내인가를 따지지 않을 경우, 사용권한 없는 자가 공문서 등을 행사할 경우에는 자칫 곧바로 공문서부정행사죄가 성립한다는 우려가 제기될 수 있다. 그러나 사용권한 없는 자가 부정행사한 경우 공문서부정행사죄의 성립 여부를 판단함에 있어 중요한 것은 용도 내 사용인가의 여부를 따져서 처벌의 범위를 축소하는 것보다는 공무소 등의 진정한 문서를 무권한자임에도 불구하여 사용권한을 가진 것처럼 행세하여 사회적 신뢰를 깨뜨렸는가라고 할 수 있다. 형법 제230조는 법문에서 공문서나 공도화의 부정사용을 명시하고 있을 뿐 이러한 문서의 용도 내 사용에 국한시키고 있지 않다. 형법 규정의 해석은 법문의 어의에 기초하여야 하며 그 한계도 법문의 가능한 의미여야 한다. 그런데 법문에도 없는 용도를 기준으로 본죄의 성부를 판단할 경우 매번 문서의 구체적 용도에 따라 본죄의 성립 여부가 좌우되고 자의적인 판단이라는 비판을 피하기 어렵다. 그리고 사용권

19) 박상기, 앞의 책(주 10), 552면; 백형구, 형법각론, 청림출판, 2002, 528면; 임웅, 앞의 책(주 9), 739면.

한을 가지고 있다는 것은 부정행사가 아니라는 것의 이면에 불과하다. 따라서 이 경우에는 본죄의 성립을 인정하여야 한다.

(2) 사용권한이 있는 자가 행사할 경우

사용권한이 있는 자가 ① 본래 용도로 공문서 또는 공도화를 사용하는 경우 당연히 구성요건에 해당되지 않는다.

그러나 사용권한이 있는 자가 공문서의 ② 본래 용도 외로 사용한 경우에 대해서는 견해가 팽팽하게 대립되고 있다. 긍정설은 사용권한이 있는 자도 용도 내로 사용하는 것에 대해서만 권한이 부여되어 있으므로 본래 용도 외로 사용한 경우에는 부정행사에 해당된다고 본다.[20] 이에 대해 부정설은 본죄는 사용권한 없는 자의 용도내 사용의 경우만으로 성립이 제한된다고 하면서 본죄의 성립을 부정한다.[21] 판례는 공문서 부정행사죄는 '사용권한이 없는 자가 사용권한이 있는 것처럼 부정한 목적으로 행사하거나 또는 사용권한 있는 자라도 정당한 용법에 관하여 부정하게 행사하는 경우'에 성립한다고 하여,[22] 원칙적으로는 긍정설의 입장에 있으면서 구체적 사안에 따라 부정행사를 부정하고 있는 판례[23]도 나타나고 있다.

생각건대 사용권한 있는 자의 용도 외 사용의 경우에 본죄의 성립을 인정할지 여부는 본죄의 부정행사를 오직 사용권한의 유무에 따라 판단할 것인가 아니면 여기에 부가하여 본래의 용도 내 사용이라는 추가 기준을 인정할 것인가에 있다. 생각건대 형법해

20) 백형구, 앞의 책, 528면; 임 웅, 앞의 책(주 9), 738면.

21) 김성돈, 형법각론, SKKUP, 2009, 625면; 박상기, 앞의 책(주 10), 549면.

22) 대법원 2009. 2. 26. 선고 2008도10851 판결.

23) 인감증명서, 등기필증에 대해 공문서 부정행사를 부정한 사안으로는 대법원 1981. 12. 8. 선고 81도1130 및 대법원 1983. 6. 28. 선고 82도1985 판결이 있으며, 화해조서 경정결정신청 기각결정문(대법원 1984. 2. 28. 선고 82도2851 판결), 신원증명서(대법원 1993. 5. 11. 선고 93도127 판결), 주민등록표등본(대법원 1999. 5. 14. 선고 99도206 판결) 등에 대해서도 부정행사를 인정하지 않았다.

석의 출발점이자 종착점은 문리해석이라는 점에서 형법 제230조에 존재하지 않는 용도 내 사용이라는 추가 표지를 통해 처벌을 확장하는 것은 죄형법정주의에 비추어 타당하다고 할 수 없다. 정당한 행사를 공문서·공도화 사용권한자의 본래의 용도에 따른 행사로 축소해석할 근거가 없다. 진정하게 성립된 공문서·공도화를 사용할 권한이 있는데도 불구하고 이를 개별적·구체적 용도 여하에 따라 본죄의 성립 여부를 판단하는 것은 자의적일 수 있으며, 명확한 기준의 제시도 불가능하다. 따라서 본죄의 성립을 부정하는 것이 타당하다. 공문서의 사용은 그 공문서가 본래 제작된 목적 - 이 목적도 고정적인 것은 아니다 - 과 일치하여 사용되는 경우뿐만 아니라 당해 공문서가 담고 있는 내용을 이용하는 차원에서 사용될 수도 있다는 주장[24]이 설득력 있게 다가오는 이유이다. 판례의 경우에도 공문서의 종류에 따라 본죄의 성립을 인정하는 경우도 있으나, 부정하는 경우도 있다는 점은 본래의 용도라는 기준의 불명확성을 방증한다고 하겠다. 사용용도가 비교적 일반인에게 주지되어 있다는 이유로 문서이용행위의 당벌성을 쉽게 인정해서는 안 된다.

결론적으로 사용권한이 있는 자의 공문서 등의 사용은 용도 여하를 불문하고 본죄의 성립을 부인하는 것이 타당하다고 하겠다.

한편 대법원은 문서의 '용도'와 관련하여 변화를 보이고 있다.[25] 즉 과거와 달리 "운전면허증은 운전면허를 받은 사람이 운전면허시험에 합격하여 자동차의 운전이 허락된 사람임을 증명하는 공문서로서, 운전면허증에 표시된 사람이 운전면허시험에 합격한 사람이라는 '자격증명'과 이를 지니고 있으면서 내보이는 사람이 바로 그 사람이라는 '동일인증명'의 기능을 동시에 가지고 있다

24) 박상기, 앞의 책(주 10), 551면.
25) 대법원 2001. 4. 19. 선고 2000도1985 전원합의체 판결.

는 점을 들어 운전면허증은 운전면허를 받은 사람의 동일성 및 신분을 증명할 뿐만 아니라 그 기재 내용의 진실성도 담보되어 있다"고 보았다. 즉 운전면허증을 제시한 행위에 대하여 동일인증명의 측면은 도외시하고, 그 사용목적이 자격증명으로만 한정되어 있다고 해석하여 공문서부정행사죄 성립을 부인하는 것은 타당하지 않다는 방향으로 입장을 변경한 것이다. 따라서 대법원은 신분확인을 위해 신분증명서의 제시를 요구받고 다른 사람의 운전면허증을 제시한 위의 사안에서 공문서부정행사죄를 인정하였다.[26] 주민등록법 상 다른 문서인 운전면허증의 신분증명 기능 존재, 운전면허증의 신분증명적 사용 현실을 고려한 것으로 보인다. 이 판례에 대해 대법원의 다수의견은 자동차운전면허증에 대해서 신분증명기능을 추가로 인정한 것일 뿐 종래의 견해를 그대로 유지하고 있는 점에서 공문서부정행사죄에 대한 핀례의 기본입장은 변하지 않았으며, 반대 견해 역시 운전면허증에 신분증명기능을 종전처럼 인정해서는 안 된다는 입장을 고수하는 것이므로 마찬가지로 종래 대법원의 견해를 바꾼 것은 아니라는 주장[27]이 있다. 이 견해는 나아가 대법원의 다수의견과 반대의견은 모두 공문서부정행사죄에 대한 해석기준이 타당하지 않는다는 점에서 문제가 있다고 한다.[28] 즉 공문서부정행사죄에서 ① 공문서의 용도가 무엇을 의미하는지, 공문서부정행사죄의 성립 여부를 좌우할 만한 기준이 무엇인지 의문이며, ② 사용할 권한 있는 자가 용도 외로 사용할 경우에 본죄의 성립을 인정하는 것이나, ③ 사용권한이 없는 자의 용도 외 사

26) 대법원 2001. 4. 19. 선고 2000도1985 전원합의체 판결.

27) 박상기, 앞의 책(주 10), 551면.

28) 박상기, 앞의 책(주 10), 551면. 이 견해는 예를 들어 위 판결에서 대법원의 소수견해에 따를 경우 정당한 자동차운전면허증 소지자가 이를 신분증명서로 사용할 경우에 사용권한 있는 자의 용도 외 사용이 되어 공문서부정행사죄를 인정하여야 할 것인지 의문이며, 다수견해 역시 자동차운전면허증을 제외하고는 소수견해와 다를 바 없다고 한다.

용에 대해서 본죄의 성립을 부인하는 것은 타당하지 않다는 것이다. 이러한 주장에 따르면 판례는 권한 있는 자라도 정당한 용도나 본래의 사용목적에 맞지 않고 부정하게 행사하는 경우가 무엇인지를 구체적으로 밝히지 못하고 있고, 이러한 경우에 왜 부정행사죄로 처벌하여야 하는지도 제시하지 못하게 된다. 마찬가지로 본 판례는 공문서부정행사죄의 구성요건인 '부정행사' 자체를 확대 변경한 것은 아니지만, 운전면허증의 부수적 용도인 신분증명을 운전면허증의 본래 용도에 포함시킴으로써 유추해석금지와 명확성의 원칙에 상충된다는 주장[29]도 제시되고 있다.

생각건대 공문서부정행사죄의 성립 여부는 원칙적으로 본래의 용도 내 사용인지 여부를 부가적으로 고려하지 않고 공문서에 대한 사용권한 유무에 따라서만 판단하여야 한다. 문서가 성립하려면 의사표시의 주체인 명의인이 확정되어 보증기능을 지녀야 하며, 명의인이 있는 문서는 결과적으로 명의인이 의사표시 내용의 담보자 내지 보증인으로 인식되며 이는 법적 거래에 있어 증거가치의 차이를 가져오게 된다. 따라서 보증기능을 구비한 진정한 문서를 행사함에 있어 중요한 것은 사용권한이 있는 자가 사용하였느냐이며, 용도 내로 사용하였는가는 부차적인 문제에 불과하다.

다만 위의 판례에서 문제된 운전면허증의 용도의 경우, 운전면허증의 경우 운전면허시험에 합격한 사람이라는 '자격증명'과 더불어 이를 제시하는 사람이 바로 그 사람이라는 '동일인증명'이 본래의 용도인가가 문제되는데, 주민등록법상 주민등록증이 아닌 다른 문서도 신분증명 기능이 인정된다는 점, 운전면허증이 널리 신분증명적 공문서로 사용되고 있는 현실을 고려할 때 긍정함이 타당하다고 하겠다.

29) 윤영철, "형법 제230조(공문서부정행사죄)에 있어서 '부정행사'의 개념", 「비교형사법연구」 제5권 제1호, 664면.

운전면허증의 용도에 대한 대법원 판결(대법원 2001. 4. 19. 선고 2000도1985 전원합의체 판결)

[판결요지]

[다수의견] 운전면허증은 운전면허를 받은 사람이 운전면허시험에 합격하여 자동차의 운전이 허락된 사람임을 증명하는 공문서로서, 운전면허증에 표시된 사람이 운전면허시험에 합격한 사람이라는 '자격증명'과 이를 지니고 있으면서 내보이는 사람이 바로 그 사람이라는 '동일인증명'의 기능을 동시에 가지고 있다. 운전면허증의 앞면에는 운전면허를 받은 사람의 성명·주민등록번호·주소가 기재되고 사진이 첨부되며 뒷면에는 기재사항의 변경내용이 기재될 뿐만 아니라, 정기적으로 반드시 갱신교부되도록 하고 있어, 운전면허증은 운전면허를 받은 사람의 동일성 및 신분을 증명하기에 충분하고 그 기재 내용의 진실성도 담보되어 있다. 그럼에도 불구하고 운전면허증을 제시한 행위에 있어 동일인증명의 측면은 도외시하고, 그 사용목적이 자격증명으로만 한정되어 있다고 해석하는 것은 합리성이 없다. 인감증명법상 인감신고인 본인 확인, 공직선거및선거부정방지법상 선거인 본인 확인, 부동산등기법상 등기의무자 본인 확인 등 여러 법령에 의한 신분 확인절차에서도 운전면허증은 신분증명서의 하나로 인정되고 있다. 또한 주민등록법 자체도 주민등록증이 원칙적인 신분증명서이지만, 주민등록증을 제시하지 아니한 사람에 대하여 신원을 증명하는 증표나 기타 방법에 의하여 신분을 확인하도록 규정하는 등으로 다른 문서의 신분증명서로서의 기능을 예상하고 있다. 한편 우리 사회에서 운전면허증을 발급받을 수 있는 연령의 사람들 중 절반 이상이 운전면허증을 가지고 있고, 특히 경제활동에 종사하는 사람들의 경우에는 그 비율이 훨씬 더 이를 앞지르고 있으며, 금융기관과의 거래에 있어서도 운전면허증에 의한 실명확인이 인정되고 있는 등 현실적으로 운전면허증은 주민등록증과 대등한 신분증명서로 널리 사용되고 있다. 따라서, 제3자로부터 신분확인을 위하여 신분증명서의 제시를 요구받고 다른 사람의 운전면허증을 제시한 행위는

그 사용목적에 따른 행사로서 공문서부정행사죄에 해당한다고 보는 것이 옳다.

[반대의견] 공문서부정행사죄는 사용목적이 특정된 공문서의 경우에 그 사용명의자 아닌 자가 사용명의자인 것으로 가장하여 그 사용목적에 따른 행사를 하여야 성립하는 것인바, 운전면허증의 본래의 사용목적은 자동차를 운전할 때에 이를 지니고 있어야 하고 운전 중에 경찰공무원으로부터 제시를 요구받은 때에 이를 제시하는 데 있는 것일 뿐, 그 소지자의 신분의 동일성을 증명하는 데 있는 것은 아니므로, 제3자로부터 신분확인을 위하여 신분증명서의 제시를 요구받고 다른 사람의 운전면허증을 제시한 행위는 운전면허증의 사용목적에 따른 행사라고 할 수는 없고, 따라서 공문서부정사용죄가 성립하지 아니한다. 형법 제230조는 공문서부정행사죄의 구성요건으로 '공무원 또는 공무소의 문서 또는 도화를 부정행사한 자'라고만 규정하여, 문언상으로는 모든 공문서가 행위의 객체에 포함되고 그 사용권한자와 용도가 특정되었는지 여부는 묻지 않는 것으로 되어 있으나, 그 사용권한자와 용도를 특정할 수 없는 공문서의 경우에는 그 부정행사의 개념조차 특정하기 어려워 과연 그러한 경우에도 부정행사죄가 성립될 수 있는지조차 의문시되고, 만일 이를 긍정할 경우 처벌범위가 지나치게 확대될 위험이 있다. 범죄의 구성요건이 추상적이거나, 모호한 개념으로 이루어지거나 또는 그 적용 범위가 너무 광범위하고 포괄적이어서 불명확하게 되어 통상의 판단능력을 가진 국민이 그에 의하여 금지된 행위가 무엇인가를 알 수 없는 경우에는 죄형법정주의의 원칙에 위배된다. 무릇 어떠한 공문서가 일정한 자격을 받은 사람임을 증명하려면 그 사람이 자격을 취득하였다는 사실과 더불어 그 동일성을 확인하는 데 필요한 인적사항이 기재되고 사진도 첨부되어야 할 것이므로, 자격증명에는 언제나 동일인증명이 내재되기 마련이다. 이와 같이 자격증명을 위한 공문서에 동일인증명의 기능이 내재되어 있다고 하여 그 본래의 사용목적이 소지자 신

분의 동일성을 증명하는 데 있다고 볼 수는 없는 것이다. 주민등록법 제17조의9의 규정 등에 의하면, 주민등록증을 17세 이상의 자에 대한 일반적인 신분증명서로서 규정하고 있음에 비하여, 도로교통법 제68조 등의 규정에 의하면, 운전면허증은 운전면허시험에 합격하여 자동차의 운전이 허락된 자임을 증명하는 공문서로서 그 본래의 사용용도가 운전 중에 경찰공무원으로부터 그 제시를 요구받으면 이를 제시하여 자동차의 운전이 허가된 자임을 증명하도록 그 사용목적이 특정되어 있다. 그 소지자의 인적사항 확인은 자격증명에 따르는 부수적인 기능에 지나지 아니하는 것이다. 현실 거래와 일부 법령이 정한 분야에서 운전면허증이 그 소지자의 인적사항을 확인하는 데 사용되고는 있지만, 이는 어디까지나 운전면허증의 사실적 내지 부수적 용도에 불과하고 본래의 용도라고 할 수 없으며, 그러한 용도로서 널리 사용된다는 사정만으로 사실적 용도 내지 부수적 용도가 본래의 용도로 승화된다고 할 수는 없다. 이러한 사정은 운전면허증 외에도 일정한 자격의 증명에 관한 공문서들로서 여권, 공무원증, 사원증, 학생증 등의 경우에도 마찬가지이다. 그럼에도 불구하고 어떠한 공문서가 그 본래의 사용목적 이외의 용도로 널리 사용된다는 등의 이유를 들어 그러한 사실상 내지 부수적 용도도 본래의 사용목적에 포함된다고 본다면 그 부정행사로 인한 처벌범위가 크게 확대될 것이고, 이는 죄형법정주의의 원칙에 따라 공문서부정행사죄의 행위 객체와 태양을 제한적으로 해석함으로써 그 처벌범위를 합리적인 범위 내로 제한하여 온 종전 판례들과 실질적으로 저촉된다. 문서에 관한 죄는 본래 그 내용이든 형식이든 문서의 진정성립에 대한 사회 일반의 신용을 보호하려는 것인데, 일단 진정하게 성립된 문서의 행사는 그 자체만으로 이와 같은 법익을 침해한다고 보기 어려울 뿐만 아니라, 그 행사로 인하여 다른 법익이 침해되었다면 그 법익 침해에 관한 죄로 처벌할 수 있으므로, 진정한 문서의 행사를 제한 없이 처벌할 필요성이 크다고 하기도 어렵다.

3. 미수범

형법 제235조는 이 죄의 미수범 처벌규정을 두고 있다. 여기서 부정행사를 한 경우 언제 미수가 될 수 있는지 문제되는데, 이는 본죄의 성격과 연결되어 있다. 즉 문서에 관한 죄의 보호법익은 거래의 안전과 공공의 신뢰라고 할 때, 문서에 대한 공공의 신용을 해할 위험이 있으면 본죄가 성립할 수 있으므로 이때 위험은 추상적인 위험으로 이해할 수 있다. 그렇다면 통상적인 추상적 위험범과 마찬가지로 실제 공문서를 부정행사한 경우 일반적인 미수의 성립은 크게 문제되지 않으며, 불능미수나 중지미수의 성립가능성이 크다고 하겠다.

Ⅲ. 사문서부정행사죄

1. 의 의

형법은 문서죄에 있어 유형위조와 무형위조를 구분하고 있으며, 다시 공문서와 사문서를 달리 취급하고 있다. 원칙적으로는 독일형법과 마찬가지로 형식주의를 취하면서 예외적으로 실질주의를 취하고 있으나, 공문서의 경우에는 유형위조와 무형위조를 모두 벌하고 있다.

사문서부정행사죄를 규정하고 있는 형법 제236조는 권리·의무 또는 사실증명에 관한 타인의 문서 또는 도화를 부정행사한 자는 1년 이하의 징역이나 금고 또는 300만원 이하의 벌금에 처한다고 규정하고 있다. 여기서 사문서의 유형위조만을 처벌하는 다른 구성요건과 달리 사문서부정행사죄는 진정하게 성립한 타인의 사문서 또는 사도화를 부정하게 행사하더라도 성립한다.

2. 구성요건

사문서부정행사죄의 행위객체는 권리·의무 또는 사실증명에 관한 타인의 문서 또는 도화이다. 사문서는 사문서위조죄와 동일하지만 진정한 사문서라는 점에서 위조·변조사문서행사죄와 다르다. 본죄의 사문서는 모든 사문서를 의미하는 것이 아니라 권리·의무 또는 사실증명에 관한 타인의 문서 또는 도화로 문서에 대한 사회적 신뢰의 보호가 필요한 경우에 국한된다. 권리·의무의 발생·변경·소멸에 관한 사항을 기재한 문서이거나, 권리·의무에 관한 문서 이외의 문서로서 거래상 중요한 사실을 증명하는 문서여야 하는 것이다. 예컨대 사립대학에 다니는 친구의 학생증을 이용하여 도서관에 출입하는 경우 본죄의 사문서에 해당된다. 이러한 맥락에서 그 사용권한자가 특정되어 있다고 할 수 없고 그 용도도 지나치게 다양한 경우 본죄의 사문서에 해당한다고 보기 어렵다.[30] 사도화는 문자 이외의 상형적 부호에 의해 사람의 관념이나 사상이 표시된 것으로 사인인 타인에 의해 작성된 것을 의미한다.

여기서 타인의 전화카드를 절취하여 이를 공중전화기에 넣어 사용한 경우 편의시설부정이용죄(제348조의2)가 아니라 본죄의 사문서에 해당될 수 있는지 문제된다. 판례는 이 경우 권리·의무에 관한 타인의 사문서에 해당한다는 입장이다. 즉 사용자에 관한 각종 정보가 전자기록되어 있는 자기띠가 카드번호와 카드발행자 등이 문자로 인쇄된 플라스틱 카드에 부착되어 있는 전화카드의 경

30) 대법원도 실질적인 채권채무관계 없이 당사자 간의 합의로 작성한 '차용증 및 이행각서'는 그 작성명의인들이 자유의사로 작성한 문서로 그 사용권한자가 특정되어 있다고 할 수 없고 또 그 용도도 다양하므로, 설령 피고인이 그 작성명의인들의 의사에 의하지 아니하고 위 '차용증 및 이행각서'상의 채권이 실제로 존재하는 것처럼 그 지급을 구하는 민사소송을 제기하면서 소지하고 있던 위 '차용증 및 이행각서'를 법원에 제출하였다고 하더라도 그것이 사문서부정행사죄에 해당하지 않는다고 보았다(대법원 2007. 3. 30. 선고 2007도629 판결).

우 그 자기띠 부분은 카드의 나머지 부분과 불가분적으로 결합되어 전체가 하나의 문서를 구성하므로, 전화카드를 공중전화기에 넣어 사용하는 경우 비록 전화기가 전화카드로부터 판독할 수 있는 부분은 자기띠 부분에 수록된 전자기록에 한정된다고 할지라도, 전화카드 전체가 하나의 문서로서 사용된 것으로 보아야 하고 그 자기띠 부분만 사용된 것으로 볼 수는 없으며, 따라서 피고인이 절취한 전화카드를 공중전화기에 넣어 사용한 것은 권리의무에 관한 타인의 사문서를 부정행사한 경우에 해당한다고 보았다.[31] 이러한 판례의 입장은 편의시설 자체의 이용방법에 따라 전화카드를 사용하였다는 점에 기인한 것으로 보인다.[32] 생각건대 대상 판례에서 문제된 전화카드는 후불식 통신카드로서 이 카드를 이용하여 전화를 사용하면 그 요금이 미리 지정된 전화번호 요금이나 신용카드 대금에 합산되어 청구되고, 전화카드를 신용카드 겸용 공중전화기에 넣으면 전화기가 기계적 방식으로 전화카드의 자기띠 부분에 기록된 사용자 정보와 비밀번호 등을 판독하여 작동이 되므로, 전화카드 자체가 그 카드번호를 부여받은 사람이 한국전기통신공사의 전화카드 회원이라는 사실을 증명하는 사문서에 해당한다고 볼 수 있으며, 그 결과 사문서부정행사를 인정함이 타당하다고 하겠다.

다음으로 사문서를 부정행사한다는 것은 진정하게 성립된 사문서를 사용할 권한이 없는 자가 사문서에 대한 작성권한이 있는 문서명의인인 것처럼 가장하여 행사하는 것을 뜻한다. 공문서부정행사와 마찬가지로 사용권한이 있더라도 본래의 사용목적 이외의 용도로 사문서를 사용하는 것이 본죄에 해당하는가에 대해서는 긍정설[33]과 부정설[34]이 대립되고 있다. 판례는 부정행사란 "사문서를

31) 대법원 2002. 6. 25. 선고 2002도461 판결.
32) 박상기, 앞의 책(주 10), 548면.
33) 대법원 1978. 2. 14. 선고 77도2645 판결.
34) 김일수/서보학, 앞의 책(주 6), 614면.

사용할 권원없는 자가 그 문서명의자로 가장행세하여 이를 사용하거나 또는 사용할 권원이 있다 하더라도 문서를 본래의 작성 목적 이외의 다른 사실을 직접 증명하는 용도에 이를 사용하는 것"이라고 하여 긍정설의 입장에 서 있다.[35)]

생각건대 문서는 이를 사용할 권한있는 자가 사용하면 정당한 사용이라고 볼 것이며 문서가 표상하는 객관적 목적이나 용도에 따른 사용인가의 여부에 따라 본죄의 성립 여부를 판단할 것은 아니라고 보아야 한다.[36)] 형법 제236조도 명문으로 자신의 문서가 아닌 타인의 사문서 또는 사도화의 부정행사만을 규정하고 있다. 추가적 기준으로 사용권한자의 용도 외 사용을 받아들이지 않는 해석이 공문서부정행사죄의 부정행사 개념과도 논리 일관성을 유지하는 방법이다. 즉 사문서 본래의 용도에 따른 사용이 아니더라도 사용권한 있는 자가 사용하면 정당힌 사용이라고 보아야 하므로 부정설이 타당하다. 또한 부정행사는 사용할 권한 없는 자가 문서명의자로 가장하여 사용하여야 하므로 실효된 문서를 제출하거나,[37)] 현금보관증이 자기 수중에 있다는 사실 자체를 증명하기 위하여 증거로서 법원에 제출하는 행위는 부정행사에 해당하지 않는다.[38)]

한편 '문서가 원본인지 여부'가 중요한 거래에서 문서 사본을 진정한 원본인 것처럼 행사할 목적으로 다른 조작을 가함이 없이 문서 원본을 그대로 컬러복사기로 복사한 후 복사한 문서 사본을 원본인 것처럼 행사한 행위는 사문서의 부정행사를 넘어 위조행위라고 하겠다.[39)]

35) 대법원 1978. 2. 14. 선고 77도2645 판결.
36) 박상기, 앞의 책(주 10), 547면.
37) 대법원 2002. 6. 25. 선고 2002도461 판결.
38) 대법원 1985. 5. 28. 선고 84도2999 판결.
39) 대법원 2016. 7. 14. 선고 2016도2081 판결.

3. 미수범

사문서부정행사죄에서 미수에 그친 행위는 처벌되지 않는다. 문서에 관한 다른 모든 구성요건은 미수가 처벌되지만 사문서부정행사의 경우에는 미수범을 인정하지 않고 있다. 미수범을 규정하지 않은 취지는 미수 성립의 가능성이 낮으며, 성립한다고 하더라도 침해되는 법익보다 거래 당사자 간의 법률행위의 자유 및 민사책임을 통한 우선 해결을 존중한 것으로 판단된다.

Ⅳ. 문서부정행사죄에 대한 입법론

현행 형법상 문서부정행사죄가 존재하므로 이에 대한 올바른 해석을 펼치는 것이 기존의 주된 논의였다. 그러나 이러한 해석론에 대하여 형법은 형법학이 발달하지 못한 시대에 충분한 논의와 검토 없이 제정되었기 때문에 수많은 문제점을 내포하고 있으므로 문제가 있는 형법규정을 입법론적인 검토 없이 있는 그대로 해석하는 것은 납득할 수 없다는 관점에서 문서부정행사죄의 삭제를 주장하는 견해가 있다.[40] 아울러 공문서와 사문서의 구분을 폐기하고 단일한 문서부정행사죄를 입법화하자는 견해[41]도 있다.

문서부정행사죄의 폐지를 주장하는 견해는 크게 네 가지 논거를 들고 있다. 첫째, 사용할 권한이 없는 자가 공문서 또는 타인의 사문시를 부정사용하거나 사용할 권한이 있는 자가 본래의 사용목적과 다른 용도로 사용한다고 하여 문서의 진정성에 대한 법적 거래의 신용과 안전이 위대롭게 되거나 침해되는 것은 아니며, 따라

40) 김선복, "'문서죄에 대한 개정입법론'에 대한 토론", 「형사법연구」 제22호, 2004. 12, 847면. 주민등록법이나 여권법 등을 통해 해결하고 공문서부정행사죄는 삭제되어야 한다는 주장으로는 천진호, "공문서부정행사죄에 있어서 부정행사", 「형사법연구」 제17호, 2002, 177면.

41) 류전철, "문서죄에 대한 개정 입법론", 「형사법연구」 제22호, 2004. 12, 839면.

서 문서부정행사행위를 처벌하는 것은 보충성의 원칙과 비례의 원칙에 반한다고 한다. 둘째, 타인의 문서를 부정사용하는 행위에 비하여 내용이 진실과 일치하지 않는 문서를 작성하는 것이 보호법익을 더 위태롭게 함에도 불구하고 오히려 후자의 행위는 처벌하지 않고 전자만을 처벌하는 것은 수긍할 수 없다고 한다. 셋째, 타인의 문서를 사용하여 타인에게 손해를 야기하였다면 민법상의 손해배상으로 충분하므로 비범죄화되어야 한다고 주장한다. 넷째, 주민등록증, 여권 및 운전면허증 등과 같이 사진이 부착된 증명서를 부정사용하는 경우에 증명서의 사진과 사용자의 얼굴을 꼼꼼히 대조하면 부정사용을 쉽게 확인하여 방지할 수 있으므로 그럼에도 불구하고 부정사용행위를 처벌하는 것은 단속주체가 단순히 번거로운 확인작업을 회피하기 위한 것이 아닌지 의심이 든다고 한다.

위와 같은 문서부정행사죄 삭제론에 의하면 자동차를 임차하기 위해 타인의 운전면허증을 제시한 경우, 습득한 타인의 주민등록증을 제시하여 그 주민등록증상 명의로 이동전화 가입신청을 한 경우, 신분확인을 위하여 신분증명서의 제시를 요구받고 타인의 운전면허증을 제시한 경우, 앞의 두 경우는 사기죄의 미수로 처벌할 수 있지만 세 번째의 경우는 형벌타당성과 형벌필요성이 없기 때문에 불가벌적인 행위라고 한다.[42]

입법론상으로 문서범죄에 대해 다양한 의견이 제시될 수 있다. 복사문서의 문서성에 대한 논란 끝에 입법으로 해결한 것처럼 문명의 이기가 발달하고 그 기능 및 법적 지위가 문서와 동일하게 간주될 수 있는 매체의 등장이 빈번해짐에 따라 문서범죄의 타당성에 대한 입법론적 논의의 장은 활발해질 수밖에 없다. 그런 의미에서 문서부정행사죄를 삭제하자는 주장도 귀 기울일 만하다. 그

42) 김선복, 앞의 글(주 40), 849면.

러나 이 주장 중 의미있는 논거는 타인의 문서를 부정사용하는 행위에 비하여 내용이 진실과 일치하지 않는 문서를 작성하는 것이 보호법익을 더 위태롭게 함에도 불구하고 오히려 후자의 행위는 처벌하지 않고 전자만을 처벌하는 것은 수긍할 수 없다는 정도로 판단된다.

생각건대 문서부정행사죄의 삭제 문제는 해석론으로 해결할 수 있는 부분으로 문서부정행사죄 자체를 삭제할 필요는 없다고 하겠다. 사용권한자가 아닌 사람이 사용권한자인 것처럼 가장하여 중요한 법적 거래에서 진정한 문서를 사용하는 것은 법적 거래의 신용과 안전이 위태롭게 됨을 부정할 수 없다. 형법이 보호하는 것은 문서 자체가 아니라 문서에 기반한 법적 거래의 안전과 신용이기 때문이다. 각국의 입법례도 문서부정행사를 처벌하는 유형과 처벌하지 않는 유형이 존재하므로 진정한 문서의 부정행사행위를 처벌하는 것은 입법적 결단의 문제이지 법적 거래의 신용과 안전이라는 보호법익 자체가 부정되는 것은 아니다. 그리고 타인의 문서를 사용하여 손해가 발생하였으면 민사 손해배상으로 해결하면 족하며 형법이 개입할 필요가 없다고 하나, 이 또한 사회적 신뢰의 보호 필요성 문제라고 하겠다. 공문서든 사문서든 문서화되었을 경우 문서는 공적 증명기능을 지닌다고 할 수 있는데, 사용권한자가 한정된 범위의 용도 내에서 사용하도록 작출된 문서를 그 외의 자가 사용하는 경우 사회적 신뢰가 위태롭게 됨은 부정할 수 없다. 또한 주민등록증, 여권 및 운전면허증 등과 같이 사신이 부착된 증명서를 부정사용하는 경우에 증명서의 사진과 사용자의 얼굴을 꼼꼼히 대조하면 부정사용을 쉽게 확인하여 방지할 수 있음에도 불구하고 부정사용행위를 처벌하는 것은 단순히 번거로운 확인작업을 회피하기 위한 행정편의주의적 발상이라는 논거도 선뜻 이해하기 어렵다. 사진이 부착된 증명서라고 하더라도 부정행사의 고의를 가진 자라면 어느 정도 유사성을 가진 사용권한자의 증명서를 사용하지 전혀 다른 사람으로 인지될 수 있는 경우에는 사용하지 않을 것이다. 이런 식으로 이해한다면 사회적 법익이나 국가적 법익에 관한 많은 구성요건들이 폐지대상으로 거론될 수 있을 것이다. 다만 사문서의 경우 유형위조만을 처벌하여 허위작성을 처벌대상에서 제외하고 있음에 반하여 사문서의 부정행사를 처벌하는 것이 타당한가의 문제는 면밀한 논의가 필요해 보인다. 그런데 형법은 제233조에서 허위진단서등 작성죄만을 규정하고 사문서의 무형위조는 처벌하고 있지 않다. 이러한 입법형식의 취지는 헌법이 보장하는 개인의 자유의사에 따라 자유롭게 문서를 작성하는 것은 인정하되, 특정 전문직에 종사하여 신빙도가 높은 사문서에 대해서는 공문서와 동등한 정도의 사회적 신뢰를 인정하겠다는 취지라고 할 수 있다. 따라서 사문서의 무형위조를 처벌하지 않는 것은 오히려 그만큼 법적 거래에서 사문서의 신빙성에 대해서 유의하라는 의미로 해석할 수 있다.

그리고 공문서와 사문서의 단일화 문제는 오늘날 사문서의 기능과 사회적 중요성을 어떻게 판단할 것인가에 달려있다고 하겠다. 영미법계나 일부 대륙법계 국가와 달리 사문서를 구분하여 이질적이며, 과거와 달리 경제부문에서 기업을 비롯한 사적 영역의 거래규모나 파급효과는 괄목할 만큼 중요해져 사문서도 공문서에 대한 안전과 신용보호와 차이가 거의 없어졌다는 점을 부정할 수는 없다. 그러나 공·사문서의 구별을 우리 법제의 고유한 특징으로 이해할 수 있으며, 사적 영역과 공적 영역에 있어 문서의 신용도와 사회적 신뢰는 여전히 차이가 있다. 문서의 보증기능에 있어 차이가 있음을 부정할 수 없다. 그리고 아포스티유(apostille) 등 외국과의 관계에서도 공문서와 사문서의 현실적 차이는 존재한다. 따라서 사문서에 대하여 가중요건으로 구성되어 있는 현재의 형식을 지금

시점에서 수정할 필요는 없어 보인다. 개별 구성요건 존치의 타당성에 대한 면밀한 검토 없이 사문서의 공문서에 대한 차이를 준별하지 않는 것은 사문서의 활용에 따른 법적 문제를 형법의 개입 없이 해결할 수 있는 여지를 차단할 가능성이 크기 때문이다. 문서부정행사죄의 경우에도 이미 우리 형법은 공문서부정행사의 경우에는 다른 문서죄와 마찬가지로 미수범을 긍정하고 있으나, 사문서부정행사의 경우에는 미수범조차 인정하고 있지 않다.

[참고문헌]

김성돈, 형법각론, SKKUP, 2009

김일수/서보학, 형법각론(제8판), 박영사, 2015

백형구, 형법각론, 청림출판, 2002

박상기, 형법각론(제8판), 박영사, 2011

오영근, 형법각론, 박영사, 2010

이재상/장영민/강동범, 형법각론(제10판), 박영사, 2016

임 웅, 형법각론(제6정판), 법문사, 2015

김선복, "'문서죄에 대한 개정입법론'에 대한 토론", 「형사법연구」 제22호, 2004. 12

류전철, "문서죄에 대한 개정 입법론", 「형사법연구」 제22호, 2004. 12

송문호/표충근, "문서에 관한 죄의 우리 역사와 현대적 의미", 「법학연구」 26권, 전북대 법학연구소, 2008

윤영철, "형법 제230조(공문서부정행사죄)에 있어서 '부정행사'의 개념", 「비교형사법연구」 제5권 제1호, 2003

천진호, "공문서부정행사죄에 있어시 부정행사", 「형사법연구」 제17호, 2002

8. 전자기록 위작 · 변작죄

Ⅰ. 서 언

사회에서 인적·물적 자원에 더하여 정보가 유력한 자원이 되어 가는 사회를 정보화사회라고 부르며, 우리 사회가 이러한 정보화사회로 변화되어감에 따라 정보를 저장하고 이를 유통하는 것이 그 사회의 발전척도가 되었다. 여기서 대량의 정보를 보다 집약적으로 저장하는 저장기술의 발전과 무수한 정보를 효율적으로 전달하고 유통시킬 수 있는 통신기술의 발전은 우리 사회를 새로운 산업혁명시대로 이끌어 왔다. 특히 컴퓨터와 같은 정보처리장치에 전자적으로 저장·기록된 데이터들 가운데 많은 디지털 데이터가 법적 거래에서 중요한 증명기능을 수행하게 되었다. 그러나 형법상 문서는 문자 또는 이를 대신할 부호에 의하여 사상 또는 관념을 표시한 물체로서, 문서개념에는 지속적(계속적) 기능과 증명적 기능 그리고 보증적(보장적) 기능을 가지고 있어야 하는 것으로 이해한다. 이에 따라 문서는 사람의 관념이나 의사가 물체에 고정되어 지속적으로 표시되어야 하며, 이러한 의사표시는 외부에서 시각적 방법에 의하여 이해할 수 있는, 즉 가시성과 가독성 있는 것임을 요한다.[1] 전자적 방식으로 기록된 전자기록이나 전자문서들은 이러한 가시성의 결여로 문서죄에 의하여 보호되는 문서개념에 포섭되지 않았다.[2] 따라서 사회의 거래 현실에서는 증명기능을 수행하는

1) 박상기, 형법각론(제8판), 2011, 517-522면.

2) 이렇게 보는 것이 일반적 견해였다(상세히는 전지연, “컴퓨터범죄에 대한 형법적 대응방안”, 「한림법학 FORUM」, 제5권, 1996, 139-140면 참조).

전자기록을 형법적으로 보호할 필요성이 대두하여 이를 위한 입법적·제도적 대책이 요구되는 상황이었다.

입법자는 이러한 요구에 부응하여 1995년 형법개정을 통하여 전자기록에 대한 위작·변작·행사를 처벌하는 규정을 마련하였다. 개정형법의 입법방식은 기존의 형법에서 문서죄를 처벌하는 방식과 동일하다. 즉 기존 형법이 문서를 공문서와 사문서로 구분하고 각각 공문서와 사문서의 위조·변조 및 행사를 처벌하도록 규정한 것과 상응하게, 개정형법에서는 전자기록을 공전자기록과 사전자기록으로 구분하고 이의 위작·변작·행사를 처벌하도록 규정하였다.[3] 그리고 문서죄에서 고의 이외에 초과 주관적 구성요건으로 '행사할 목적'을 요구한 것과 상응하게, 공전자기록과 사전자기록의 위작·변작죄에서 '사무처리를 그르치게 할 목적으로'라는 초과 주관적 구성요건을 요구하고 있다(형법 제227조의2, 제232조의2).[4]

전자기록의 위작·변작죄가 문서죄에 상응하게 제정되었으므로 그 해석에서도 기존의 문서죄에 상응하게 해석하면 큰 문제가 없을 수 있다. 그럼에도 불구하고 문서와 달리 전자기록이 가지고 있는 특수성으로 인하여 몇 가지 문제가 발생한다. 여기에는 전자기록의 위작·변작죄의 보호법익이 무엇인가라는 문제는 여전히 존재한다. 또한 문서개념이 문제되는 것과 같이 전자기록의 개념 역시 문제되며, 본죄에서는 단순히 전자기록이 아니라 기타 특수매체기록도 구성요건요소로 표현되어 있으므로 이에 대한 해석이 필요하다. 문서죄에서는 행위와 관련하여 위조 또는 변조라는 용어를 사용하였으나 전자기록 위작·변작죄에서는 위작·변작이라는 용어를 사용하여 위조·변조와 어떠한 차이가 있는 것인가? 더 나아가

---

3) 박상기, 앞의 책(주 1), 530면.

4) 여기에서 더 나아가 공정증서원본부실기재죄에 대응하여 공정증서원본의 기능을 하는 전자기록 등 특수매체기록에 부실의 사실을 기재 또는 기록하게 한 행위도 처벌하고 있다(형법 제228조).

위작 · 변작이라는 개념이 공전자기록과 사전자기록에 따라 달리 해석될 수 있는가 하는 점에 대하여 살펴보도록 한다.

Ⅱ. 보호법익

대부분의 문헌은 문서죄에 대한 보호법익을 '문서를 수반하는 공공의 거래상의 안전 및 신용'[5) 또는 '문서에 대한 거래의 안전과 신용'으로 이해하며,[6) 판례 역시 문서죄의 보호법익을 '문서에 대한 공공의 신용'[7) 또는 '문서의 진정에 대한 공공의 신용'[8)으로 파악하고 있다. 이러한 점에서 학설과 판례의 문서죄에 대한 보호법익의 이해는 크게 다르지 않다. 문서죄에 상응하게 전자기록에 대한 위작 · 변작죄의 경우에도 '전자기록에 대한 거래의 안전과 신용'으로 파악하는 것이 학설에서의 입장이다.[9) 이에 대하여 판례는 명확히 보호법익에 대한 표현은 없으나 "형법 제228조 제1항이 규정하는 공정증서원본부실기재죄나 공전자기록등부실기재죄는 특별한 신빙성이 인정되는 권리의무에 관한 공문서에 대한 공공의 신용을 보장함을 보호법익으로 하는 범죄"[10)로 이해하고 있다는 점에서 전자기록에 대한 공공의 신용을 보호법익으로 파악하고 있다

5) 박상기, 앞의 책(주 1), 516면.
6) 이재상/장영민/강동범, 형법각론(제10판), 2017, 572면. 이상돈, 형법각론, 2015, 1302면은 보호법익을 '문서에 대한 공공의 신용과 법적 교류의 안전'으로, 배종대, 형법각론(제9전정판), 2015, 704면은 '문서의 증명력과 문서에 들어있는 의사표시의 안전 · 신용'으로, 정성근/박광민, 형법각론(전정2판), 2015, 613면은 '문서를 통한 법적 거래 내지 문서의 증명력에 대한 확실성과 신용성'으로 표현하고 있다.
7) 대법원 2016. 7. 14. 선고 2016도2081 판결; 대법원 1970. 11. 24. 선고 70도1791 판결.
8) 대법원 2011. 9. 29. 선고 2011도6223 판결; 대법원 2005. 2. 24. 선고 2002도18 전원합의체 판결.
9) 박상기, 앞의 책(주 1), 516-517면; 이재상/장영민/강동범, 앞의 책(주 6), 612면.
10) 대법원 2013. 1. 24. 선고 2012도12363 판결.

고 볼 수 있다.

여기서 공공의 신용이라는 보호법익의 문제를 좀 더 구체적으로 살펴보면 논란이 있다. 문서죄의 경우 보호법익이 구체적으로 무엇인가에 대하여 문서의 성립의 진정성과 문서의 내용의 진실성이라는 두 가지 측면이 고려될 수 있다. 여기서 공문서의 경우에는 위조와 변조뿐 아니라 허위내용의 문서를 작성하는 것도 처벌대상이 되므로 문서의 성립의 진정과 내용의 진실성 모두 보호법익이 된다. 이에 반해 사문서의 경우에는 원칙적으로 위조와 변조만 처벌되고 허위사문서의 작성은 허위진단서의 경우에만 처벌되므로 사문서에서는 문서의 성립의 진정만이 보호법익이 되며 내용의 진실성은 원칙적으로 보호법익에 해당하지 않는다.[11)]

결국 문서죄와 마찬가지로 전자기록 위작·변작죄의 경우에도 전자기록의 성립의 진정성이 보호되는 것인가 아니면 전자기록 내용의 진실성이 보호되는 것인가가 문제된다. 여기서 이러한 전자기록의 보호법익의 문제는 문서죄에서는 허위공문서작성죄를 처벌하는 규정을 두고 있는 반면에, 전자기록의 경우에는 공전자기록과 사전자기록 모두에 대하여 허위전자기록작성죄의 처벌규정을 두고 있지 않다는 점에서 기원하고 있다. 그리고 이러한 처벌규정의 부재는 전자기록의 위작과 변작의 개념에 대한 해석에서도 영향을 끼치고 있다.

개인적으로는 전자기록 위작·변작죄 역시 기본적으로 문서죄의 문서와 상응하게 사회내에서 중요한 증명기능을 담당하는 전자기록의 침해행위를 처벌하려는 것이다. 여기서 구체적인 보호법익의 내용은 후술하는 바와 같이 전자기록을 '위작'하거나 '변작'하는

11) 이러한 의미에서 대법원은 사문서변조에 있어서 그 변조당시 명의인의 명시적, 묵시적 승낙 없이 한 것이면 변조된 문서가 명의인에게 유리하여 결과적으로 그 의사에 합치한다 하더라도 사문서변조죄의 구성요건을 충족한다고 이해한다(대법원 1985. 1. 22. 선고 84도2422 판결).

용어의 개념을 어떻게 특정할 것인가에 따라 달라진다. 개인적으로는 전자기록이 가지는 성명주체의 불명확성과 위조 · 변조가 아닌 위작 · 변작이라는 용어를 사용한 점에 비추어 공전자기록과 사전자기록 모두 전자기록의 성립의 진정과 내용의 진실성이 보호된다고 보아야 할 것이다.[12)]

Ⅲ. 행위객체로서 전자기록 등 특수매체기록

1. 전자기록 등 특수매체기록의 개념

전자기록 위작 · 변작죄의 행위객체는 전자기록 등 특수매체기록이다. 전자기록은 특수매체기록의 하나의 예시이다. 전자기록은 자료나 정보가 기본적으로 일정한 매체에 전자적(電磁的) 방식으로 기록되어 있는 것, 즉 전자적(電子的) 방식이나 자기적(磁氣的) 방식으로 저장되어 있는 기록을 말한다.[13)] 여기서 행위객체를 전자적 · 자기적 기록인 전자기록으로만 제한하는 것은 장래 전자적 정보처리기술과 저장 · 기억매체기술의 발달을 고려하면 적절하지 않다. 이러한 의미에서 형법상 전자기록을 보호하는 규정들은 모두 '전자기록 등 특수매체기록'이라고 표현하여,[14)] 정보통신기술의 발전과정을 고려하였다.

'전자적(電子的) 기록'에는 반도체 기억집적회로(IC memory)에 수록된 것이 있고, '자기적(磁氣的) 기록'에는 외부메모리로서 이용

12) 박상기 교수는 공전자기록은 전자기록의 성립의 진정과 내용의 진실성이 보호된다고 보나, 사전자기록은 특수매체기록에 대한 안전과 성립의 진정성에 대한 공공의 신뢰성이 보호된다고 보며, 내용의 진실성은 보호대상이 아니라고 본다(박상기, 형법학(제3판), 집현재, 2016, 769면 참조).

13) 박상기, 앞의 책(주 1), 530-531면.

14) 예컨대 형법 제140조 제3항(공무상비밀표시무효), 제141조 제1항(공용서류 등의 무효), 제314조 제2항(컴퓨터등 업무방해), 제316조 제2항(비밀침해), 제366조(재물손괴등)가 여기에 해당한다.

되고 있는 자기디스크(MD: magnetic disk), 자기테이프(MT: magnetic tape)에 수록된 것이 여기에 해당된다. '특수매체기록'은 전자적 방식 이외의 광기술이나 레이저기술을 이용한 광학기록 등을 의미하며, 예컨대 콤팩트디스크(CD: compact disc) 등이 여기에 해당될 것이다.[15)]

문제는 구성요건상 특수매체기록이라는 용어의 사용이 그 개념이 불명확하여 명확성의 원칙을 위반한 것이 아닌가 하는 점이다. 앞에서 언급한 바와 같이 특수매체기록이라는 용어의 사용은 장래 ICT 과학기술의 발달로 인하여 현재까지 생각하지 못한 새로운 저장기록매체가 등장할 가능성도 있기 때문에, 이러한 매체를 포섭하기 위하여 해당 용어를 사용한 것이다. 특수매체기록의 개념에는 모든 종류의 특수한 매체에 자료가 저장 또는 기록된 것을 의미하는 것이 아니고, 전자적 정보에 상응하는 정보처리장치에 의한 정보처리에 사용되는 자료만으로 국한된다고 보아야 한다. 이와 같이 제한적으로 해석함으로써 '특수매체기록'이 가지고 있는 구성요건상의 불명확성을 한계지을 수 있기 때문에 죄형법정주의에 어긋난다는 비판을 면할 수 있을 것이다. 이러한 의미에서 마이크로필름의 기록은 정보처리장치에 의해서 처리되는 정보가 아니라 단순한 문자의 축소 내지 기계적 확대에 의한 재생에 불과하므로 여기서 말하는 특수매체기록에 해당하는 것이 아니라 문서의 일종으로 보아야 하며,[16)] 입법과정에서도 동일한 취지로 이해하였다.[17)]

2. 전자기록 위작·변작죄의 행위객체로서의 전자기록 등

본죄의 행위객체로서 전자기록 등 특수매체기록은 형법의 다른

15) 배종대, 앞의 책(주 6), 724면; 임웅, 형법각론(제5정판), 법문사, 2013, 697면.
16) 동일한 취지로 배종대, 위의 책, 724면; 이재상/장영민/강동범, 앞의 책(주 6), 613면. 이에 대해서 본죄의 객체로 보는 입장은 박상기, 앞의 책(주 1), 531면.
17) 법무부, 형법개정법률안 제안이유서, 1992, 229-230면.

범죄에서도 규정되어 있는 '전자기록 등 특수매체기록'의 표현과 동일하므로 그 포섭범위가 동일한가이다. 본죄는 문서죄의 문서개념과 관련하여 가시성 · 가독성이 흠결된 전자기록 등을 문서와 상응하게 보호하려는 취지에서 마련된 처벌규정이다.[18] 따라서 본죄에서의 행위객체로서의 전자기록 등 특수매체기록은 다른 전자기록 관련 범죄에서의 행위객체와 차별화하여 해석하여야 한다.

첫째, 본죄에서의 전자기록 등 특수매체기록은 컴퓨터 등 정보처리장치에 사용되는 기록만을 의미한다고 보아야 한다.[19] 본죄를 문서죄에 상응하게 규정한 것으로 보아 전자적인 정보처리장치를 통하여 처리되는 전자기록만을 의미한다. 예컨대 녹음테이프나 녹화필름은 그 자체로는 가시성이나 가독성이 없으며 여기에 기록된 내용은 정보처리장치를 통하여 그 내용을 알 수 있다. 그러나 해당 정보처리장치는 컴퓨터 등과 같이 전자적으로 처리될 수 있는 기록이 아니므로 본죄의 전자기록에 해당하지 않는다.[20]

판례 역시 본죄의 "전자기록은 그 자체로는 물적 실체를 가진 것이 아니어서 별도의 표시 · 출력장치를 통하지 아니하고는 보거나 읽을 수 없고, 그 생성 과정에 여러 사람의 의사나 행위가 개재됨은 물론 추가 입력한 정보가 프로그램에 의하여 자동으로 기존의 정보와 결합하여 새로운 전자기록을 작출하는 경우도 적지 않으며, 그 이용 과정을 보아도 그 자체로서 객관적 · 고정적 의미를 가지면서 독립적으로 쓰이는 것이 아니라 개인 또는 법인이 전자적 방식에 의한 정보의 생성 · 처리 · 저장 · 출력을 목적으로 구축하여 설치 · 운영하는 시스템에서 쓰임으로써 예정된 증명적 기능을 수행하

18) 문서와 전자기록과의 차이에 대하여는 황태정, "전자기록 부정행사의 형사책임", 「형사법연구」 제19권 제4호(2007년 겨울), 264-270면 참조.
19) 황태정, 위의 글, 267면.
20) 반대의 견해는 박상기, 앞의 책(주 1), 531면.

는 것"[21]으로 이해한다. 이러한 의미에서 본죄의 전자기록은 재물손괴죄에서의 행위객체인 전자기록 등 특수매체기록보다는 그 범위가 좁다.

둘째, 전자기록 등 특수매체기록에는 문서와 마찬가지로 사람의 의사나 관념이 표시되어 있어야 한다. 예컨대 컴퓨터에 대한 작업명령을 내용으로 하는 컴퓨터프로그램의 경우 전자적인 기록에는 해당하나 의사나 관념의 표시가 아닌 기록에 불과하므로 본죄의 대상이 될 수 없다.[22]

셋째, 전자기록은 영속성을 지녀야 한다. 보통 전자기록의 영속성은 기록을 담고 있는 물체인 저장매체나 기억매체에 기록이 저장되어 있어야 한다는 것을 의미한다. 따라서 정보통신망을 통하여 유통 중인 자료는 전자기록에 해당하나 이는 저장되어 있는 것이 아니므로 본죄의 전자기록에 해당하지 않는다.[23] 문제는 컴퓨터화면에 나타나는 이미지파일을 전자기록으로 볼 수 있을 것인가이다. 비록 모니터상의 이미지파일은 문서에 관한 죄의 문서에는 해당하지 않으나,[24] 이미지파일은 전자기록으로서 전자기록 장치에 전자

21) 대법원 2010. 7. 8. 선고 2010도3545 판결; 대법원 2008. 4. 24. 선고 2008도294 판결.

22) 동일한 취지로 이재상/장영민/강동범, 앞의 책(주 6), 613면.

23) 동일한 취지로 박상기, 앞의 책(주 1), 531면. 이와 같이 정보통신망을 통하여 유통·처리되는 정보를 훼손하는 경우에는 정보통신망 이용촉진 및 정보보호 등에 관한 법률 제49조를 위반한 것으로 처벌될 수 있다(동법 제71조 제1항 제11호). 통신망을 통하여 유통되는 전자기록의 입법적 결함에 대한 적절한 지적은 류석준, "전자기록위작·변작행위의 규제법규에 관한 연구", 「형사법연구」 제23호(2005년 여름), 146면 이하 참조.

24) 이미지파일은 문서죄의 문서에 해당하지 않는다. 형법상 문서에 관한 죄에서 문서라 함은, 문자 또는 이에 대신할 수 있는 가독적 부호로 계속적으로 물체상에 기재된 의사 또는 관념의 표시인 원본 또는 이와 사회적 기능, 신용성 등을 동일시할 수 있는 기계적 방법에 의한 복사본으로서 그 내용이 법률상·사회생활상 주요 사항에 관한 증거로 될 수 있는 것을 말한다(대법원 2008. 4. 10. 선고 2008도1013 판결; 대법원 2006. 1. 26. 선고 2004도788 판결). 컴퓨터 모니터 화면에 나타나는 이미지는 이미지파일을 보기 위한 프로그램을 실행할 경우에 그때마다 전자적 반응을 일으켜 화면에 나타나는 것에 지나지 않아서 계속적으로

적 형태로서 고정되어 계속성이 있다고 볼 수 있으므로 전자기록에 해당한다.[25)]

또한 램에 올려진 전자기록 역시 본죄에서 말하는 전자기록 등 특수매체기록에 해당한다.[26)] 컴퓨터의 기억장치 중 하나인 램(RAM: random access memory)이 임시기억장치 또는 임시저장매체이기는 하지만, 형법이 전자기록위작 · 변작죄를 문서위조 · 변조죄와 따로 처벌하고자 한 입법취지, 저장매체에 따라 생기는 그 매체와 저장된 전자기록 사이의 결합강도와 각 매체별 전자기록의 지속성의 상대적 차이, 전자기록의 계속성과 증명적 기능과의 관계, 본죄의 보호법익과 그 침해행위의 태양 및 가벌성 등에 비추어 볼 때 램 상의 전자기록을 본죄의 전자기록으로 보는 것이 타당하다. 전자기록이 컴퓨터에 연결된 모니터에 표시된 경우 그 내용이 외부에 표출되는 것이기는 하지만, 단순히 모니터에 표시되는 화상형태로만 존재하는 것이 아니라 모니터에 표시되기 전에 작업자의 명령처리를 위하여 임시기억장치인 램에 올라가 있었던 것이고, 그 프로그램 처리 구조상 원본파일로부터 이와 같이 램에 올려지는 임시적 복제파일의 생성이 당연히 예정되어 있었던 점에 비추어 볼 때, 램에 올려진 전자기록은 원본파일과 불가분적인 것으로 원본파일의 개념적 연장선상에 있는 것이므로 본죄에서의 전자기록에 해당한다.[27)]

화면에 고정된 것으로는 볼 수 없으므로, 형법상 문서에 관한 죄에 있어서의 '문서'에는 해당되지 않는다(대법원 2007. 11. 29. 선고 2007도7480 판결).

25) 대법원 2008. 4. 10. 선고 2008도1013 판결. 반대의 견해는 황태정, 앞의 글(주 18), 270면.

26) 동일한 취지로 박상기, 앞의 책(주 12), 770면; 이상돈, 앞의 책(주 6), 1335면; 이재상/장영민/강동범, 앞의 책(주 6), 613면.

27) 대법원 2003. 10. 9. 선고 2000도4993 판결.

3. 공전자기록 · 사전자기록

(1) 공전자기록

공무원 또는 공무소의 전자기록 등 특수매체기록으로서, 공무원 또는 공무소의 직무수행상 만들어지도록 되어 있거나 이미 만들어진 전자기록 등 특수매체기록을 말한다.[28] 예컨대 주민등록표 파일이나 등기부등본 파일, 토지대장 파일, 경찰범죄정보시스템,[29] 자동차등록원부[30] 파일 등의 전자기록이 공전자기록에 해당된다.

(2) 사전자기록

권리 · 의무 또는 사실증명에 관한 타인의 전자기록 등 특수매체기록을 말한다.

1) 권리 · 의무에 관한 전자기록

여기서 '권리 · 의무에 관한 전자기록'이란 권리 · 의무 또는 법률관계의 발생 · 존속 · 변경 · 소멸 등과 관련한 의사표시를 내용으로 하는 전자기록을 말한다. 사실증명에 관한 전자기록은 권리 · 의무에 관한 전자기록 이외의 전자기록으로서 '법률상 또는 사회생활상 중요한 사실이 표시되어 있는 전자기록'[31]을 말한다.

2) 타인의 전자기록 등

사전자기록위작 · 변작죄에서 행위객체는 단순히 전자기록 등이 아니라 '타인'의 전자기록이다. 여기서 일반적으로 '타인'과 관련하여 행위자 이외의 사인(私人)이 지배 · 관리하는 전자기록을 말하나,

28) 법무부, 형법개정법률안 제안이유서, 1992, 229면.

29) 대법원 2005. 6. 9. 선고 2004도6132 판결.

30) 대법원 2011. 5. 13. 선고 2011도1415 판결.

31) 이러한 표현은 문서죄에서 문서는 '표시된 내용이 적어도 법률상 또는 사회생활상 중요한 사항에 관한 의사표시'(대판 1989. 10. 24, 88도1296)라는 개념에 상응한다.

구체적으로 타인의 의미와 관련하여 다툼이 있다. 일부에서는 타인을 사문서위조 · 변조죄의 경우와 동일하게 작성명의상의 타인, 즉 전자기록 등 매체기록의 작성권자 이외의 자를 의미한다고 이해한다.[32] 이에 반하여 다수의 견해는 작성명의인에 한정하지 않고 널리 전자기록 등 매체기록의 소유 · 점유상의 타인까지를 포함한다고 해석한다.[33]

두 견해의 차이는 전자기록 등의 작성권자가 전자기록을 작성한 이후에 해당 기록매체를 제3자에게 넘겨주어, 제3자가 이를 정당하게 소유하거나 점유한 상황에서 이전의 작성권자가 전자기록의 내용을 무단으로 임의변경한 경우 본죄의 성립을 인정할 수 있는가의 문제이다.[34] 소수설에 의하면 작성권자의 손을 떠나 권리 · 의무 또는 사실증명과 이해관계가 없는 제3자의 점유에 들어 온 특수매체기록에 대해서는 본죄인 위작 · 변작죄의 문제가 아니라 전자기록 등 손괴죄(제366조)의 문제로 본다.[35] 이에 반해 다수설에서는 타인의 범위에 작성권자도 포함되므로 본죄가 성립하는 것으로 파악한다. 후술하는 바와 같이 사전자기록 위작 · 변작죄에서 위작 · 변작의 개념에 유형위조뿐만 아니라 무형위조도 포함한다고 해석하면 다수설의 입장이 타당하다.

Ⅳ. 행위로서의 위작 · 변작

1. 위작 · 변작 용어의 사용

본죄의 행위태양은 타인의 전자기록 등 특수매체기록을 위작 ·

32) 박상기, 앞의 책(주 1), 531면; 이형국, 형법각론, 법문사, 2007, 633면.
33) 김성돈, 형법각론, 2008, 599면; 김일수/서보학, 형법각론(제8판), 2015, 746면; 임웅, 앞의 책(주 15), 697-698면; 정성근/박광민, 앞의 책(주 6), 639면.
34) 임웅, 앞의 책(주 15), 698면.
35) 박상기, 앞의 책(주 1), 531면.

변작하는 것이다. 입법자는 행위태양을 기술하는 용어로 문서죄에서 사용한 '위조·변조'라는 용어를 사용하지 않고 '위작·변작'이라는 용어를 사용하였다. 그 이유는 문서와 달리 전자기록은 가시성·가독성이 없을 뿐만 아니라, 기록과정에 다수인의 의사나 행위가 관여할 수 있으므로 처음부터 작성명의를 확정하기 어렵고, 전자기록의 작출과정도 문서와 다르기 때문이라고 이해한다.[36)]

2. 위작·변작에 대한 견해의 대립과 검토

이와 같은 용어상의 차이에도 불구하고 위작과 변작의 개념을 어떻게 이해할 것인가에 대하여는 다양한 견해가 대립하고 있다.

(1) 유형위조설

본죄의 위작을 문서에 대한 죄에서의 유형위조에 상응하게 파악하는 견해이다.[37)] 이 견해에 따르면 본죄에서 위작은 권한 없이 전자기록을 만들어 내는 것을 의미하며, 변작은 이미 만들어진 전자기록의 내용을 권한 없이 변경하는 것을 의미한다.

이 견해에 의하면 문서에 관한 죄의 체계와 동일하게 전자기록에 대한 죄에서의 위작·변작을 해명하고자 한다는 점에서는 명쾌한 점이 있다. 즉 문서에 대한 죄에서의 위조인 유형위조만을 처벌대상으로 하여 본죄에서 위작으로, 이미 작성된 문서의 내용변경을 변조로 파악하여 본죄에서 이를 변작으로 설명하고 있다. 그러나 이러한 문서죄와의 엄격한 상응해석에도 불구하고 이 견해는 다음과 같은 몇 가지 점에서 의문이 제기된다.

첫째, 문서죄의 규정과 완전히 동일하게 전자기록죄를 규정하

36) 이재상/장영민/강동범, 앞의 책(주 6), 612면.

37) 강동범, "공전자기록 위작·변작죄에서 위작과 변작의 개념", 「형사판례연구」 (24), 2016, 519-520면; 류석준, "전자기록위작·변작행위의 규제법규에 관한 연구", 「형사법연구」 제23호(2005년 여름), 141면 이하.

면서 문서죄의 유형위조만을 전자기록에서도 처벌하고자 하였다면 전자기록의 경우에도 위조라는 표현을 사용하여도 충분한 데 왜 위조와 별도로 위작이라는 용어를 사용한 것인지에 대한 해명이 필요하다. 오히려 문서죄의 위조와 다르다는 점을 분명히 하기 위하여 위작이라는 용어를 사용하였다는 점이 더 설득력이 있을 것으로 생각된다. 즉 문서죄의 위조가 유형위조만을 의미하고 허위내용 작성의 무형위조를 허위문서 작성으로 표현하고 있으므로, 전자기록에서 위작은 유형위조를 넘어서 그 이상의 것을 포함한다고 해석하는 것이 적절하다. 이것은 형법개정 과정에서 본 규정의 토대가 된 법무부의 입법제안이유서에서도 마찬가지로 위작을 권한 없이 전자기록 등을 만드는 경우뿐만 아니라 허위내용의 전자기록을 만드는 경우를 포함하고 있는 것으로 명시하고 있다.[38]

둘째, 전자기록의 유형위조만을 처벌하는 경우에는 허위인 내용의 전자기록과 관련하여 처벌상의 흠결이 발생한다. 공문서의 경우 무형위조를 처벌하면서 전자기록의 무형위조를 처벌하지 않는다는 것은 이해할 수 없다. 더구나 공전자기록의 경우에는 명의인에 해당하는 명의주체가 직접 해당 전자기록을 만들어 내는 경우는 거의 존재하지 않는다. 공문서와 달리 전자기록은 대부분 명의주체의 업무를 담당하는 하위의 공무원이 시스템 등에 전자기록을 입력하는 방식으로 전자기록을 만들어 낸다. 그럼에도 불구하고 공무원이 시스템에 허위의 데이터를 입력하는 것을 불처벌한다는 것은 사실상 전자기록 관련 범죄의 형법적 보호를 포기하는 것과 마찬가지이다. 따라서 위작을 단순히 문서의 유형위조만으로 이해할 수 없다.

(2) 유형 · 무형위조설

본죄의 위작을 문서에 대한 죄에서 유형위조와 무형위조를 포

38) 법무부, 형법개정법률안 제안이유서, 1992, 230면.

함하는 개념으로 이해하는 견해이다.[39] 이 견해에 따르면 본죄에서 위작은 권한 없이 전자기록을 작성하는 경우와 허위의 내용을 가지는 전자기록을 만드는 것이며, 변작은 권한 없이 또는 허위내용으로 전자기록에 변경을 가하는 것으로 파악한다.

대법원의 판례도 이러한 입장을 취하고 있다. 먼저 공전자기록의 위작에 대해서는 "형법 제227조의2에서 정하는 전자기록의 '위작'이란 전자기록에 관한 시스템을 설치·운영하는 주체와의 관계에서 전자기록의 생성에 관여할 권한이 없는 사람이 전자기록을 작출하거나 전자기록의 생성에 필요한 단위 정보의 입력을 하는 경우는 물론이고, 시스템의 설치·운영 주체로부터 각자의 직무범위에서 개개의 단위 정보의 입력 권한을 부여받은 사람이 그 권한을 남용하여 허위의 정보를 입력함으로써 시스템 설치·운영 주체의 의사에 반하는 전자기록을 생성하는 경우도 포함한다"[40]라고 하여 무형위조도 포함하는 것으로 이해한다. 예컨대 경찰관이 고소사건을 처리하지 아니하였음에도 경찰범죄정보시스템에 그 사건을 검찰에 송치한 것으로 허위사실을 입력한 행위를 공전자기록위작죄에서 말하는 위작에 해당하는 것으로 판단하였다.[41] 사전자기록과 관련하여서는 예컨대 피고인이 인터넷카페의 설치·운영 주체로부터 위 카페에 글을 게시할 수 있는 권한을 부여받아 피고인의 아이디로 접속하여 허위의 내용으로 전자기록을 작성하여 게시한 것에 대하여 사전자기록의 위작으로 판단하였다.[42] 따라서 다수설

---

39) 김성돈, 앞의 책(주 33), 599면; 김일수/서보학, 앞의 책(주 33), 746면; 배종대, 앞의 책(주 6), 725면; 이상돈, 앞의 책(주 6), 1335면; 임웅, 앞의 책(주 15), 698면; 정성근/박광민, 앞의 책(주 6), 640면.

40) 대법원 2011. 5. 13. 선고 2011도1415 판결; 대법원 2007. 7. 27. 선고 2007도3798 판결.

41) 대법원 2005. 6. 9. 선고 2004도6132 판결.

42) 다만 해당 사건에서는 "사무처리를 그르치게 할 목적"이 있어야 하나 이를 인정하기 어렵다는 이유로 사전자기록위작·위작사전자기록행사죄의 성립을 부정하였

과 판례는 공전자기록과 사전자기록의 구분 없이 위작에는 무형위조를 포함하는 것으로 해석한다.

이러한 해석은 처벌에 있어 결함을 나타내지는 않으며, 전자기록의 위작을 문서죄의 위조와 차별하여 파악하고 있다는 점에서는 의미가 있다고 생각된다. 그럼에도 불구하고 이 견해 역시 다음과 같은 몇 가지 점에서 의문이 제기된다.

첫째, 공문서에 대한 처벌과 공전자기록에 대한 처벌의 법정형에 형평성이 없다. 문서죄의 경우 유형위조에 해당하는 공문서위조죄는 10년 이하의 징역으로 처벌하나(제225조), 무형위조에 해당하는 허위공문서작성죄는 7년 이하의 징역 또는 2천만원 이하의 벌금으로 처벌(제227조)한다. 이와 같이 문서의 경우에는 유형위조와 무형위조를 차별화하여 처벌하고 있다. 그러나 이 견해에 따르면 공전자기록의 위작의 경우에는 유형위조와 무형위조의 구별 없이 두 경우를 모두 공전자기록위작죄로 10년 이하의 징역으로 처벌(제227조의2)하게 된다. 이는 한편으로는 공전자기록의 경우에는 왜 유형위조와 무형위조를 동일하게 처벌되는가에 대한 문제가 해명되어야 한다. 다른 한편으로는 컴퓨터나 전자기록 등 특수매체기록이 관련되는 범죄에서 전자기록 등이라는 이유로 법정형이 기본범죄 보다 형이 가중되는 유형의 범죄는 존재하지 않는다. 예컨대, 사기죄와 컴퓨터사용사기죄, 재물손괴에서 전자기록이나 특수매체기록의 손괴, 비밀침해죄에서 전자비밀기록의 침해, 업무방해죄에서 컴퓨터 등 업무방해죄 모두 기본범죄와 동일한 법정형으로 처벌한다. 여기서 허위공문서작성죄보다 허위내용의 전자기록을 작성하는 것이 왜 더 무겁게 처벌되는지 해명하여야 한다.

둘째, 사문서의 경우 유형위조는 처벌하나 무형위조는 원칙적으로 처벌되지 아니한다. 그러나 이 견해에 의하면 한편으로는 사전

다(대법원 2008. 4. 24. 선고 2008도294 판결).

자기록의 경우 무형위조도 처벌되어 처벌범위가 확대되는 문제점이 발생한다.[43] 여기서 허위 내용을 작성하는 경우 왜 사문서와 사전자기록이 처벌상의 차이가 존재하는가에 대한 해명이 필요하다. 다른 한편 사전자기록의 경우 무형위조도 처벌할 것을 의도하였더라면 앞의 내용과 마찬가지로 허위내용의 사전자기록 작성의 법정형을 별도로 규정하였어야 한다.[44]

셋째, 허위내용의 사문서를 작성하는 경우에는 이를 처벌하지 않으나, 해당 문서를 이미지한 디지털 파일로 만드는 경우에는 이를 처벌한다는 것은 이해하기 어렵다. 현실에서 많은 경우 문서로 보관하기보다는 이를 이미지화하여 전자기록으로 보관하는 경우가 많은 상황에서 문서가 아닌 전자기록이라는 이유로 처벌되어야 한다는 것은 이해하기 어렵다.

(3) 차별화설

본죄의 위작과 변작을 문서에 대한 죄와 상응하게 공전자기록과 사전자기록을 구별하여 위작과 변작의 개념을 파악하는 견해이다. 즉 공전자기록 등의 위작·변작행위에는 유형위조와 무형위조를 포함하는 것으로 보고, 사전자기록의 위작·변작행위에는 유형위조만을 의미한다고 이해하는 견해이다.[45] 따라서 이 견해에 의하면 공전자기록에서의 위작은 권한 없이 공전자기록을 작성하는 경우와 허위의 내용을 가지는 공전자기록을 만드는 것을 의미하나, 사전자기록에서의 위작은 권한 없이 사전자기록을 작성하는 경우

43) 심준보, "공전자기록위·변작죄에서 위작과 변작의 개념", 「대법원판례해설」 제56호(2005년 상반기), 244면.

44) 원칙적으로 허위사문서작성죄는 처벌되지 않으나, 예외적으로 허위진단서작성죄는 처벌한다. 그러나 허위진단서작성죄는 사문서위조죄(5년 이하의 징역 또는 1천만원 이하의 벌금)의 법정형보다 가볍게 처벌(3년 이하의 징역이나 금고, 7년 이하의 자격정지 또는 3천만원 이하의 벌금)한다.

45) 박상기, 앞의 책(주 1), 530면; 박상기, 앞의 책(주 12), 769면, 777면.

만을 의미한다. 이와 같이 이해하는 근거는 공문서의 경우 유형위조와 무형위조를 처벌하는 별도의 규정을 가지고 있으나 공전자기록의 경우에는 유형위조와 무형위조를 구별하여 처벌규정을 두고 있지 않기 때문이라고 본다. 이에 반해 사문서의 경우 유형위조만을 처벌하고 사문서의 내용의 진실성을 보호하는 것은 우리 형법상 예외적이므로, 사전자기록의 경우에도 동일하게 이해하여야 하는 것으로 본다.[46] 결국 이 견해가 가지고 있는 장점은 문서에 관한 죄의 처벌에 상응하게 전자기록죄를 처벌하도록 해석한다는 점이다. 그럼에도 여전히 이 견해 역시 다음과 같은 몇 가지 점에서 의문이 제기된다.

첫째, 위작이라는 용어를 해석함에 있어 공전자기록과 사전자기록에 달리 해석하는 것이 적절한가에 대한 의문이다.[47] 문서죄에서는 명확히 유형위조를 위조로 무형위조를 허위문서의 작성으로 표현하였으나, 공전자기록에서는 이러한 규정의 구분 없이 위작은 둘을 모두 포함하나, 사전자기록에서는 유형위조만을 포함하여 해석하는 것이 부적절하다는 취지이다.

둘째, 유·무형위조 상응설에서 지적하였던 바와 같이 여기에서도 법정형의 불균형문제가 발생한다. 즉 문서죄에서는 유형위조와 무형위조를 구분하여 이를 별개의 법정형으로 처벌함에 반하여 공전자기록의 경우에는 유형·무형위조에 상응하는 경우를 동일하게 처벌한다는 것은 적절하지 못하다.

(4) 권한일탈설

1) 내 용

본죄의 위작과 변작을 기본적으로는 문서에 대한 죄의 위조와

---

46) 박상기, 앞의 책(주 1), 530면; 박상기, 앞의 책(주 12), 777면.

47) 심준보, 앞의 글(주 43), 244면.

변조에 상응하는 개념으로 파악하나, 문서와 달리 명의인이 누구인지 특정하기 어려운 전자기록의 특성에 주목하여 전자기록을 입력·처리·저장하는 시스템의 설치·운영주체의 의사에 반하여 권한 없이 또는 권한의 범위를 일탈하여 전자기록을 작성하는 것을 위작이라고 이해한다. 이 견해는 결국 문서에 대한 죄 중 무형위조에 상응하는 형태 중에서 권한의 일탈이나 남용에 의한 경우만을 위작에 포함시키고 있다. 따라서 이 견해에 의하면 입력의 권한이 있는 공무원이 허위의 전자기록을 만드는 경우 실질적으로 전산시스템의 설치·운영주체인 국가나 공공단체가 부여한 권한의 범위를 일탈한 것이므로 전자기록의 위작에 해당한다고 이해한다. 이에 반하여 전산시스템의 설치·운영주체인 자영업자가 탈세를 위하여 거래에 관한 허위의 데이터를 전자파일로 입력한 경우에는 시스템운영자의 의사에 반하는 것이 아니므로 위작에 해당하지 않는다고 이해한다.[48)]

2) 다양한 해석

권한일탈설에 대하여는 그 해석에 있어 차이를 나타내고 있다. 일부에서는 이 견해가 공전자기록과 사전자기록의 구분 없이 유형위조와 권한일탈적(또는 권한남용적) 무형위조의 경우를 위작이라고 이해하는 것으로 파악한다.[49)] 이에 반해 이 견해를 공전자기록에서는 권한남용적 무형위조를 포함하고, 사전자기록에서는 유형위조에 한정하는 것으로 해석하는 견해도 있다.[50)] 이러한 차이는 부분적으로 권한일탈설을 주장하는 문언상 표현의 불명확성에서 유래하는 것으로 판단된다. 권한일탈설을 주장하는 견해는 공전자기록의 위작·변작과 관련하여 “여기서 말하는 위작과 변작에는 시스템 운영

---

48) 심준보, 위의 글, 245면; 이재상/장영민/강동범, 앞의 책(주 6), 613-615면 참조.
49) 심준보, 위의 글, 243면.
50) 강동범, 앞의 글(주 37), 509면.

주체의 의사에 반하여 권한 없이 또는 권한을 남용하여 전자기록을 작성하거나 변경한 경우뿐만 아니라 공무원이 허위내용의 전자기록을 만드는 것도 포함된다. 권한 있는 공무원이 허위의 기록을 만든 경우는 실질적으로 권한의 범위를 일탈했다고 할 수 있기 때문이다"[51]라고 한다. 이에 반하여 사전자기록에 대해서는 "위작 또는 변작은 권한 없이 또는 권한의 범위를 일탈하여 전자기록을 작성·변경하는 것을 말한다. … 전자기록의 작성권은 어떤 기록을 만드는가에 대한 결정권을 포함하므로 작성권자가 허위내용의 기록을 만드는 때에는 본죄에 해당하지 않는다"[52]라고 한다.

3) 해석에 대한 검토

여기서 일견하여 보면 후자의 견해처럼 이 견해는 공전자기록에서는 권한남용적 무형위조를 포함하고, 사전자기록에서는 유형위조에 한정하는 것으로 해석하는 것처럼 보인다. 왜냐하면 공전자기록에서 위작은 ① 권한 없이 또는 ② 권한을 남용하여 작성하거나 변경하는 경우뿐만 아니라 ③ 공무원이 허위의 기록을 만드는 경우도 위작이라고 본다. 여기서 ①과 ②는 유형위조를, ③은 무형위조를 의미하는 것으로 이해할 수 있다. 이에 반하여 사전자기록에서 위작 또는 변작은 ① 권한 없이 또는 ② 권한의 범위를 일탈하여 전자기록을 작성·변경하는 것을 말한다고 표현하여, 공전자기록의 ③에 해당하는 내용이 없다. 오히려 그 역으로 사전자기록에서는 "작성권자가 허위내용의 기록을 만드는 때에는 본죄에 해당하지 않는다"고 하여 무형위조의 경우 불처벌한다고 표현하고 있다. 이렇게 해석하면 후자의 견해처럼 이해할 가능성이 있다.

그러나 정확히 살펴보면 권한일탈설은 전자의 해석처럼 공전자기록과 사전자기록의 구분 없이 유형위조와 권한일탈적(또는 권한남

51) 이재상/장영민/강동범, 앞의 책(주 6), 615면.
52) 이재상/장영민/강동범, 위의 책, 613-614면.

용적) 무형위조의 경우를 위작으로 파악하고 있는 것으로 보인다. 공전자기록위작의 경우 앞에서 논의한 ①의 '권한 없이'는 유형위조에 해당하나, ②의 '권한을 남용하여 작성하거나 변경하는 것' 유형위조가 아니라 무형위조에 해당한다. 작성할 권한이 있는 사람이 권한을 남용하여 기록을 작성하는 것에서 작성권한 있는 자가 권한을 남용한다는 것은 그 내용에서 허위가 존재한다는 것을 의미하기 때문이다. 또한 ③의 표현은 그것이 어떤 특별한 독자적인 내용을 가지는 것이 아니라 ②의 내용을 예시적으로 설명하는 것으로 이해할 수 있다. 그리고 사전자기록의 경우에도 ①과 ②를 위작의 내용으로 이해하기 때문에 공전자기록에서의 위작과 해석상 차이가 없다. 다만 사전자기록에서는 공전자기록의 ③에 해당하는 내용의 설명이 없고, 그 대신 "작성권자가 허위내용의 기록을 만드는 때에는 사전자기록위작죄가 성립하지 않는다"는 표현은 권한일탈적인 무형위조를 처벌하나 허위의 판단을 누구의 입장에서 할 것인가에 대하여 작성권자의 입장에서 허위를 판단한다는 취지의 예에 불과하다고 보인다. 따라서 권한일탈설의 입장에서는 공전자기록과 사전자기록 모두 유형위조와 권한일탈적인 무형위조를 위작으로 이해하고 있다고 파악된다.

4) 문제점

권한일탈설의 입장은 전자기록의 경우 문서죄와 같은 위조·변조가 아닌 위작·변작이라는 용어를 사용한다는 점과 전자기록의 경우 명의인이 누구인지 명확하지 않다는 점에서는 수긍할 수 있다. 그러나 구체적으로 그 내용에 있어도 타당한가는 의문이다.

첫째, 이 견해는 권한의 범위를 일탈하거나 남용하여 전자기록을 작성하는 경우, 즉 권한일탈적 무형위조의 경우를 전자기록의 위작으로 인정한다. 이러한 주장의 전제는 무형위조 가운데 권한

일탈적 무형위조가 존재하며, 이러한 권한남용적 무형위조만이 위작에 해당하는 것으로 본다. 그러나 '권한남용적' 무형위조와 일반 무형위조가 구별되는 것인가가 문제된다.[53] 이 견해를 따르는 사람은 공전자기록의 경우 권한남용적 무형위조의 예로 작성권한이 있는 공무원이 허위의 기록을 작성하는 것을 예시하고 있다.[54] 여기서 굳이 이 사례를 권한남용적 무형위조라고 말할 필요는 없다고 생각한다. 작성권한 없는 공무원이나 일반인이 허위의 공전자기록을 작성하는 경우는 이미 무형위조가 아닌 유형위조에 해당한다. 또한 작성권한 있는 공무원이 허위의 전자기록을 작성하면 이는 당연히 무형위조에 해당한다. 여기서 '권한남용적 또는 권한일탈적' 무형위조라고 말할 필요가 없으며 그대로 무형위조인 것이다. 사전자기록의 경우에도 사정은 마찬가지이다. 권한일탈설에 의하여 사전자기록의 위작 · 변작은 ① 권한 없이 또는 ② 권한의 범위를 일탈하여 전자기록을 작성 · 변경하는 것을 말한다고 표현하여 사실상 공전자기록과 동일하다. 다만 사전자기록에서는 "작성권자가 허위내용의 기록을 만드는 때에는 본죄에 해당하지 않는다"[55]고 하여 무형위조의 경우를 불처벌하는 것처럼 표현하고 있다. 그러나 권한 없이 허위의 사전자기록을 작성하면 유형위조에 해당하고, 그리고 작성권자가 허위의 사전자기록을 작성하면 이는 원래 무형위조에 해당하나, 이 견해는 허위의 판단기준을 작성권자의 입장에서 판단한다는 점에서 허위가 아니라고 보는 것이다. 따라서 허위의 기록을 작성하는 것이 아닌 것으로 이해하는 것이다. 이것은 결국 무형위조가 되는 것인가 아닌가의 문제라기보다는 허위작성에서 허위의 판단을 어떻게 할 것인지의 문제인 것이다. 그리고

53) 유사한 지적으로 강동범, 앞의 글(주 37), 519면.
54) 심준보, 앞의 글(주 43), 246면; 이재상/장영민/강동범, 앞의 책(주 6), 615면.
55) 이재상/장영민/강동범, 앞의 책(주 6), 614면.

권한일탈설과 같이 이해하면 결국에는 앞의 차별화설과 다를 바가 없다. 왜냐하면 공전자기록의 경우 무형위조가 포함되고, 사전자기록의 경우 허위의 판단주체를 작성권자로 이해하므로 객관적으로 허위일지라도 작성권자가 이를 의도한 경우에는 허위가 아니므로 사전자기록의 경우에는 유형위조만 처벌하는 논리가 된다. 다만 작성권자와 시스템의 설치·운영주체가 다를 경우에는 사전자기록을 작성할 권한이 있는 자도 시스템 운영자의 의사에 반하는 내용의 기록을 하는 경우에는 사전자기록의 위작이 될 수 있다.

둘째, 권한일탈설은 허위내용의 전자기록과 관련하여 허위 여부에 대한 판단을 시스템관리 ·운영주체의 입장에서 파악한다. 문서죄의 허위공문서작성에서 허위는 객관적 진실에 반하는 것이라는 점에 학설상 거의 일치하고 있다.[56] 판례 역시 "허위공문서작성죄에서 허위라 함은 표시된 내용과 진실이 부합하지 아니하여 그 문서에 대한 공공의 신용을 위태롭게 하는 경우를 말하는 것"[57]이라고 하여 객관적 사실과 작성내용이 부합하지 않는 것을 허위라고 이해한다. 권한일탈설의 주장자 역시 문서죄의 허위는 진실에 반하는 것이라고 해석한다.[58]

문서죄에서 허위는 이와 같이 객관적 사실에 반하는 것으로 이해하면서 전자기록에서는 허위 여부를 시스템의 설치·운영주체의 의사에 따라 판단함으로써 공전자기록의 위작에서는 무형위조를 포함하고, 사전자기록에서는 무형위조를 포함하지 않는 효과를 나타내고 있다. 왜냐하면 공전자기록의 경우 전자기록을 작성·보관하는 시스템관리주체가 국가나 자치단체에 해당하므로 시스템관리

56) 배종대, 앞의 책(주 6), 729면; 이상돈, 앞의 책(주 6), 1340면; 임웅, 앞의 책(주 15), 705면; 정성근/박광민, 앞의 책(주 6), 652면.

57) 대법원 2015. 10. 29. 선고 2015도9010 판결; 대법원 2013. 10. 24. 선고 2013도5752 판결.

58) 이재상/장영민/강동범, 앞의 책(주 6), 596면.

주체인 국가 등이 사실상 객관적 사실에 위반하는 것을 내용으로 하는 기록을 작성할 것을 의도하기는 불가능하다고 보기 때문에 사실상 객관적 사실 여부가 기준이 되어 무형위조가 포함될 것이다. 이에 반해 사전자기록에서 시스템의 관리주체인 사인의 경우에는 해당 사인의 의사에 따라 허위 여부가 결정된다. 따라서 객관적 사실에 반하는 내용일지라도 시스템관리자가 그것을 의도하였던 경우 또는 역으로 객관적 사실에 부합하는 내용이라도 시스템관리자가 그것을 의도하지 않았던 경우 모두 허위가 부정된다. 그 결과 사전자기록에서는 무형위조가 포함되더라도 허위 여부가 시스템관리자의 의사에 따라 결정되므로 사문서 허위작성이 불처벌되듯이, 시스템관리자의 의사에 따르는 사전자기록의 작성은 객관적 사실에 부합하거나 부합하지 않는가에 상관없이 불처벌되는 것이다.

그러나 허위의 판단을 객관적 사실이 아닌 시스템관리자의 의사에 의하여 판단한다는 것에는 동의할 수 없다. 문서죄와 전자기록 관련 범죄뿐만 아니라 형법상 많은 규정에서 '허위'라는 용어가 사용되고 있으나,[59] '허위'를 해석함에 있어 객관적 사실에 부합하지 않는 것을 의미한다는 것에 일치한다. 오직 유일한 예외로 인정되는 경우가 위증죄(형법 제152조)의 경우이다. 위증죄는 선서한 증인이 허위의 진술을 함으로써 성립한다. 여기서 허위의 진술에 해당하는가의 여부에 대하여 객관적 진실에 반하는 것이라는 입장(객관설)과 증언자 자신의 기억에 반하는 것이라는 입장(주관설)이 대립하며,[60] 다수설과 판례[61]는 주관설의 입장이다. 그러나 엄밀히

59) 예를 들면 형법 제156조(무고), 제307조 제2항(허위사실적시 명예훼손), 제313조(신용훼손), 제314조(업무방해), 제347조의2(컴퓨터등사용사기) 등이 여기에 해당된다.

60) 이에 대한 상세한 논의는 전지연, "위증죄에서 진술의 허위성", 「한림법학 FORUM」 제7권(1998), 111-123면.

61) 대법원 2007. 10. 26. 선고 2007도5076 판결; 대법원 1996. 3. 12. 선고 95도2864 판결.

살펴보면 위증죄에서 주관설의 입장도 증인의 기억이라는 사실에 기초하여 허위가 판단된다는 점에서 권한일탈설의 주관적 의미의 허위와는 다르다. 대법원의 판례 또한 전자기록과 관련하여 "'허위의 정보'라 함은 진실에 반하는 내용을 의미하는 것으로서, 관계 법령에 의하여 요구되는 자격을 갖추지 못하였음에도 불구하고 고의로 이를 갖춘 것처럼 단위 정보를 입력하였다고 하더라도 그 전제 또는 관련된 사실관계에 대한 내용에 거짓이 없다면 허위의 정보를 입력하였다고 볼 수 없다"[62]라고 하여 객관적 사실에 반하는 내용을 허위로 파악한다.

그리고 권한일설탈과 같이 해석하는 경우 공전자기록의 시스템 관리주체를 누구로 볼 것인가의 문제도 발생한다. 그 주체를 국가기관으로 보는 경우에는 자연인이 아닌 국가기관의 의사를 인정할 수 있는가의 문제가 있다. 다른 한편 해당 국가기관의 장을 관리주체로 보는 경우에는 기관장이 시스템에 객관적 진실에 반하는 내용의 기록을 입력하여 저장하도록 하위 공무원에게 요구한 경우, 그 요구에 따라 사실에 반하는 내용의 시스템에 입력한 하위 공무원은 허위공전자기록의 입력에 해당하지 않고, 반대로 그 요구에 따르지 않고 사실에 부합하는 내용으로 시스템에 입력한 하위 공무원은 허위공전자기록의 입력에 해당한다. 사전자기록의 경우에도 이와 상응하는 동일한 문제점을 야기한다. 기업의 입장에서 조세를 회피할 목적으로 시스템에 매출액을 의도적으로 축소하여 입력하도록 담당 직원에게 요구하는 경우 이를 수용하여 매출액을 축소 입력하는 직원은 사전자기록 위작에 해당하지 않고, 사실 그대로 입력하는 직원은 사전자기록 위작에 해당한다. 이를 타당한 결론이라고 보기는 어렵다.

62) 대법원 2011. 5. 13. 선고 2011도1415 판결.

3. 소결: 유형 · 무형위조설로

전자기록 위작 · 변작죄에서의 위작과 변작의 개념에 대한 다양한 견해들에 대한 검토에서 보는 바와 같이 어떤 견해도 완전히 만족할 만한 논증을 보여주지는 못하는 것 같다. 그럼에도 불구하고 현재의 규정들에 대한 문언적 · 체계적 해석과 처벌필요성 등에 대한 관점에서 필자는 유형 · 무형위조설이 제일 적합한 해석이라고 판단한다. 그 이유는 다음과 같다.

첫째, 전자기록 관련범죄들을 조문화하는 과정에서 입법자는 문서죄와 상응하는 방식으로 전자기록범죄들을 규정하였다. 그럼에도 불구하고 용어를 선택함에 있어 위조와 변조라는 용어 대신에 위작 · 변작이라는 용어의 사용은 위조 · 변조와 차이가 있음을 나타내는 것이라 이해된다. 따라서 문언상의 의미에서 위작(僞作)을 위조(유형위조)를 포함하여 특정한 다른 내용을 포섭하며, 그것을 (허위) 작성이라는 요소(무형위조)를 포함한다고 해석할 수 있다고 생각한다.

둘째, 본 규정을 입법하는 과정에서 정부가 제안한 1992년의 전면적인 형법개정안이 시일이 촉박한 관계로 법사위 수정안으로 제안되어 전면개정이 아닌 컴퓨터범죄를 포함한 일부 형법개정이 이루어지게 되었다.[63] 여기서 정부가 제안하였던 전자기록과 관련한 개정안의 내용이 사실상 그대로 수정안에 반영되어 본 규정의 도입이 이루어지게 되었다. 당시 개정안의 입법제안이유서에 의하면 '第309條(公電磁記錄僞作 · 變作)'라는 명칭하에 명시적으로 "僞作이란 權限없이 電磁記錄등을 만드는 경우뿐 아니라 虛僞內容의 電磁記錄을 만드는 경우를 포함하ᄀ 變作이란 權限없이 또는 虛

63) 이에 대하여는 전지연, "형법개정의 역사와 전망", 「비교형사법연구」 제14권 제2호(2012. 12), 113-144면 참조. 본 규정과 관련한 입법과정은 심준보, 앞의 글(주 43), 238면 참조.

僞內容으로 記錄을 變更하는 경우를 말한다"고 하였다.[64] 또한 개정안의 제315조 사전자기록위작·변작에서는 본 규정을 컴퓨터범죄에 따라 신설된 규정이며, 신설취지 및 내용은 제309조와 동일하다고 설명하고 있다.[65] 따라서 입법제안자나 입법자의 의사는 분명하게 위작의 개념에 무형위조를 포함하고 있으며, 여기서 공전자기록과 사전자기록의 구분에 차이를 두고 있지 아니하다. 이러한 의미에서 전자기록과 관련하여 무형위조를 포함하지 않도록 규정하고 있는 것이 입법의 흠결이나 미비 또는 입법의 실수라고 지적하는 것[66]에 동의할 수 없다. 더 나아가 개정안의 제안이유서의 설명을 입법자의 자의적인 판단이라고 주장하는 것은 적절하지 않다.[67]

셋째, 유형·무형위조설에 의하는 경우 가장 문제가 될 수 있는 것은 사전자기록의 무형위조에 해당하는 경우 이를 처벌한다는 점이다. 문서죄와 관련하여 사문서의 경우 허위작성은 원칙적으로 처벌하지 않으며, 예외적으로 특별한 경우인 허위진단서 등의 작성 경우에만 처벌된다. 허위진단서의 경우 사문서임에도 불구하고 허위작성을 처벌하는 취지는 의사 등과 같은 전문적 식견을 가지는 자가 작성하는 진단서나 검안서, 생사에 관한 증명서 등은 해당

64) 법무부, 형법개정법률안 제안이유서, 1992, 230면.

65) 법무부, 형법개정법률안 제안이유서, 1992, 231면.

66) 강동범, 앞의 글(주 37), 519면.

67) 여기서 일부 견해는 위작은 위조와 같은 의미로 쓰이는 것이지, 권한 있는 사람이 작성한 허위내용의 문서를 포함하고 있다고 보기는 어렵고, 법무부의 형법개정안 제안이유서가 '위작'을 권한 있는 자에 의한 허위의 작성기록까지 포함한다고 본 것은 아무런 근거가 없는 독단적 개념정의에 지나지 않는다고 지적한다(심준보, 앞의 글(주 43), 240면). 그러나 위작이나 위조는 어떻든 사전적 의미로 가짜를 만들어내는 것이며, 여기에는 명의도용이든 허위내용이든 모두 가짜라는 점에는 동일하다. 따라서 문언적 의미에서 위작이 무형위조를 포함하지 못한다고 해석하는 것은 타당하지 못하다. 또한 입법과정에서 입법제안자가 마련하였던 규정이 그대로 입법화되었다면 해당 입법제안자의 의사가 입법자의 의사에 투영된 것으로 이해하여야 하며, 이러한 의미에서 법무부나 입법자의 의사가 독단적이라고 하는 것은 적절하지 못하다고 생각한다.

문서에 대한 사회적 신뢰가 인정되고 있는 문서이므로 이를 허위로 작성하는 것을 처벌한다고 판단된다. 이를 넘어서 사전자기록의 작성권자가 허위의 내용을 작성하는 경우를 모두 처벌한다면 그에 적합한 처벌필요성이 인정되어야 할 것이다. 사전자기록의 무형위조를 처벌할 필요성에 대하여는 다음을 고려할 수 있을 것이다. ① 사전자기록을 포함하여 전자기록은 그것을 작성하거나 입력함에 있어 일반적으로 작성 · 입력의 정당한 권한이 있는 의사표시의 주체가 표시되어 있어야 한다.[68] 그러나 전자기록의 경우에는 문서와 달리 그 특성상 작성명의인이 없거나 불분명한 경우가 대부분이므로, 여기서 유형위조와 무형위조를 구별하여 처벌한다는 것은 큰 의미가 없다.[69] ② 전자기록을 작성하는 행위는 종류에 따라서는 기술적으로 단순 작업이 아닌 정보나 자료 입력에 전문성과 신뢰성을 요하는 작업이며,[70] 작성되어 저장된 전자기록 역시 단순한 문서보다 업무적으로 작성된 것과 같은 이유로 일반인의 신뢰가 상당히 높다고 볼 수 있으므로 이를 처벌할 필요가 있다. ③ 오늘날 대부분의 데이터는 서류나 문서의 형태에 의하지 않고 정보처리장치에 의하여 처리된다. 여기서 작성권한 있는 자가 증명에 중요한 기능을 하는 전자기록을 허위의 내용으로 작성하여도 처벌하지 못한다면 전자기록의 위작 · 변작 관련 범죄를 입법화한 의미는 사실상 없다고 볼 수밖에 없다. ④ 예컨대 현실적으로 현재의 의료상황에서 의사가 진단서를 작성함에 있어 의료시스템을 통하여 환자에 대한 진단서나 검안서 등을 작성하며, 이 과정에서 허위 내용을 작성하여 입력 · 저장한 경우, 이는 문서가 아니므로 허

68) 이와 같이 문서에 작성명의인이 명시되어 있거나 그렇지 않은 경우 작성명의인을 특정할 수 있어야 하며, 이를 문서가 갖는 보증적 기능이라고 한다. 여기서 작성명의인은 현실적으로 문서를 작성한 자만을 의미하는 것이 아니라 문서의 실질적인 작성권자를 의미한다(박상기, 앞의 책(주 1), 521면).

69) 이에 비판적 것으로는 류석준, 앞의 글(주 23), 142면.

70) 비슷한 취지로 임웅, 앞의 책(주 15), 698면.

위진단서작성죄에 해당하지 않고, 사전자기록위작으로도 처벌하지 못하다면 이는 불합리하다. 따라서 사전자기록에 허위내용을 작성하거나 입력하는 것을 처벌할 필요가 있다고 판단된다. 다만 이를 일반적으로 인정하는 경우에는 사적 자치의 영역에 대한 과도한 처벌가능성이 있기 때문에 이를 제한하기 위하여 권리·의무 또는 사실증명에 관한 전자기록의 해석을 엄격히 하고, 또한 단순한 고의를 넘어 사무처리를 그르치게 할 목적을 요구하고 있다.[71]

넷째, 전자기록 위작·변작죄를 신설하는 과정에서 공문서 위조·변조죄와 법정형의 상한이 동일하였던 허위공문서작성죄의 법정형을 하향하였으며 벌금형까지도 선택형으로 규정한 점을 고려하면 유형위조와 무형위조의 불법과 책임이 상이하다는 것을 반영한 것으로 무형위조를 위작개념에 포함시키는 것이 부적절하다는 지적이 있다.[72] 그러나 엄밀히 말하면 이전의 형법에서는 공문서위조·변조죄는 1년 이상 10년 이하의 징역에 해당하고, 허위공문서작성죄는 10년 이하의 징역에 해당하여 둘 사이의 법정형에 차이를 인정하고 있었으므로, 이전부터 유형위조와 무형위조의 불법과 책임의 상이함은 인정하였던 것으로, 본 규정의 신설에 의하여 비로소 인정된 것은 아니다.[73] 이것은 사문서위조·변조죄와 허위사문서작성죄의 법정형의 부분도 동일하다.[74] 여기서 인정할 수 있는 것은 문서의 경우 유형위조와 무형위조가 불법성이나 책임에 있어

71) 허위공문서작성죄의 경우 행사할 목적을 요구하나, 허위진단서등 작성죄의 경우 행사할 목적을 요구하지 않는다.

72) 강동범, 앞의 글(주 37), 518면; 심준보, 앞의 글(주 43), 244면.

73) 현행 형법은 공문서위조·변조는 10년 이하의 징역으로, 허위공문서작성은 7년 이하의 징역 또는 2천만원 이하의 벌금으로 처벌한다.

74) 구 형법은 사문서위조·변조를 5년 이하의 징역으로, 허위진단서작성을 3년 이하의 징역이나 금고, 7년 이하의 자격정지 또는 2만 5천원 이하의 벌금으로 처벌하였다. 현행 형법은 이를 개정하여 사문서 위조·변조를 5년 이하의 징역 또는 1천만원 이하의 벌금으로, 허위진단서작성을 3년 이하의 징역이나 금고, 7년 이하의 자격정지 또는 3천만원 이하의 벌금으로 처벌한다.

상이하다는 점은 수긍할 수 있다. 그러나 전자기록의 경우에도 유형위조에 해당하는 경우와 무형위조에 해당하는 경우 그 불법성이나 책임에서 상이한가에 대하여는 의문이다. 유형위조와 무형위조의 차이는 허위명의와 허위내용의 차이이나, 앞에서 지적한 바와 같이 전자기록의 작성·입력에 있어서는 일반적으로 작성·입력의 정당한 권한이 있는 표시주체가 결여되어 있는 경우가 보통이므로 둘 사이의 불법성이나 책임의 차이를 구분하기 어렵다. 따라서 전자기록에서 유형위조와 무형위조의 법정형을 동일하게 규정한 것이 부당하다고 보이지는 않는다.

Ⅴ. 초과 주관적 구성요건: 사무처리를 그르치게 할 목적

1. '사무처리를 그르치게 할 목적'의 필요성

본죄는 목적범으로서, 본죄가 성립하기 위해서는 고의 이외에 초과 주관적 구성요건요소로 '사무처리를 그르치게 할 목적'이 존재하여야 한다. 여기서 "사무처리를 그르치게 한다"는 것은 위작 또는 변작된 전자기록을 사무처리에 사용함으로써 사무처리를 잘못되게 하는 것을 의미한다.[75] 여기서 누구의 사무처리를 잘못되게 하는 것인가에 대하여는 전자기록의 명의자나 내용적 주체의 사무처리가 아니라 전자기록 시스템의 설치·운영자의 사무처리라고 보며, 이러한 의미에서 판례는 "'사무처리를 그르치게 할 목적'이란 위작 또는 변작된 전자기록이 사용됨으로써 시스템을 설치·운용하는 주체의 사무처리를 잘못되게 하는 것을 말한다"[76]고 한다.[77]

75) 박상기, 앞의 책(주 1), 770면.

76) 대법원 2013. 11. 28. 선고 2013도9003 판결; 대법원 2011. 5. 13. 선고 2011도1415 판결; 대법원 2010. 7. 8. 선고 2010도3545 판결.

77) 이에 대하여 일부에서는 시스템의 설치·운영자의 사무뿐만 아니라 전자기록의 명의자의 사무처리를 그르치게 할 목적의 경우도 포함하여야 한다고 해석하는

이와 같은 주관적 요건은 문서위조죄의 '행사할 목적'에 대응하는 요건이다. 다만 형법은 문서위조죄의 '행사할 목적'처럼 단순히 '사람의 사무처리에 사용할 목적'이라고 하지 않고 '사무처리를 그르치게 할 목적'이라고 하였다. 이것은 다음과 같은 두 가지 이유에서 그렇게 표현한 것이다.

첫째, 전자기록은 그 기록 자체가 독자적으로 사회적 기능을 발휘하는 것이 아니라 일정한 시스템에 들어가서 사용되어야 비로소 예정된 증명작용을 하는 것이므로 사무처리에 사용된다는 것은 전자기록 고유의 성격이다.

둘째, 부정하게 작출된 전자기록이라 하더라도 그것이 본래의 전자기록과 동일한 내용인 경우에는 전자기록의 증명작용에 대한 실제적 침해가 발생하지 않는다. 따라서 '그르치게'란 용어를 사용하여 본죄의 처벌대상을 '증명작용에 실제적 침해를 발생시킬 것'을 목적으로 하는 경우로 한정하자는 취지이다.[78] 이와 같은 목적이 없는 경우에는 비록 전자기록의 위작·변작이 있다 하더라도 본죄는 성립하지 않는다. 예컨대 전자기록을 기존의 방식과 다른 방식으로 저장한 경우에는 본죄는 성립하지 않는다.

2. 공전자기록 위작·변작에서 '사무처리를 그르치게 할 목적'

공전자기록 위작·변작에서 '사무처리를 그르치게 할 목적'이라 함은 위작·변작된 전자기록 등이 사용됨으로써 공무처리가 그르치게 되도록 할 목적을 말한다. 그리고 '그르치게' 한다는 것은 정당하거나 정상적인 공무처리 이외의 하자있는 처리를 하게 하는 모든 경우를 의미한다.[79]

입장도 있다(이상돈, 앞의 책(주 6), 1334-1335면 참조).

78) 정성근/박광민, 앞의 책(주 6), 641면.

79) 법무부, 형법개정법률안 제안이유서, 1992, 229면.

3. 사전자기록 위작 · 변작에서 '사무처리를 그르치게 할 목적'

사전자기록 위작 · 변작에서 '사무처리를 그르치게 할 목적'이란 위작 또는 변작된 전자기록을 사무처리전산시스템에 사용함으로써 정당하거나 정상적인 사무처리 이외의 하자있는 처리를 하게 할 목적을 말한다.[80] 구체적으로는 전자기록이 사용됨으로써 개인 또는 법인이 전자적 방식에 의한 정보의 생성 · 처리 · 저장 · 출력을 목적으로 구축하여 설치 · 운영하는 시스템이 증명적 기능을 수행하지 못하도록 하는 것을 의미한다.[81] 따라서 예컨대 새마을금고의 예금 및 입 · 출금 업무를 총괄하는 직원이 전 이사장 명의 예금계좌로 상조금이 입금되자 전 이사장에 대한 금고의 채권확보를 위해 내부 결재를 받아 금고의 예금 관련 컴퓨터 프로그램에 접속하여 전 이사장 명의 예금계좌의 비밀번호를 동의 없이 입력한 후 위 금원을 위 금고의 가수금계정으로 이체한 경우, 위 금고의 내부규정이나 여신거래기본약관의 규정에 비추어 이는 위 금고의 업무에 부합하는 행위로서 피해자의 비밀번호를 임의로 사용한 잘못이 있다고 하더라도 직원에게 사전자기록위작 · 변작죄의 '사무처리를 그르치게 할 목적'을 인정할 수 없다고 보았다.[82]

---

80) 임웅, 앞의 책(주 15), 699면; 법무부, 형법개정법률안 제안이유서, 1992, 229면.
81) 대법원 2008. 6. 12. 선고 2008도938 판결; 대법원 2008. 4. 24. 선고 2008도294 판결.
82) 대법원 2008. 6. 12. 선고 2008도938 판결.

9. 통화 · 인장 위 · 변조: 문서범죄와의 몇 가지 구별점

Ⅰ. 논의의 필요성

문서와 함께 통화, 인장 역시 현대 자본주의사회에 있어서 자연인과 자연인은 물론이고 자연인과 법인, 그리고 법인과 법인 간 거래에 있어서 필수적 요소이자 수단이 된 지 오래라고 할 수 있다. 또한 이들 요소는 거래의 현실에 있어서 상호 독립적이기도 하지만, 상호 연관적인 경우도 많다. 따라서 문서범죄를 논함에 있어서는 통화범죄와 인장범죄에 대한 비교가 필요하다고 여겨진다.

이 중에서도 특히 인장의 경우, 거래의 현실상 문서의 진정성 확보를 위하여 인장의 수반이 필수적인 경우가 대부분이라고 보아도 무방하다. 그리하여 인장은 전통적인 의미의 문서와 매우 밀접한 관계에 있다고 본다. 또한 통화는 - 정상적으로 거래질서가 확립되어 있는 사회라면 - 결제수단으로 필수불가결한, 가장 기본적인 요소라고 보아야 할 것이다.

결국 대상물이 통화인가 인장인가 혹은 문서인가를 제외하면, 큰 틀에서 위조 - 및 변조 -, 그리고 행사 내지는 사용이라는 행위를 중심으로 각각의 범죄가 규정되어 있다고 보아도 무방할 것이다. 즉 위조범죄라는 틀 안에서 대상물이 무엇인가에 따라 범죄의 유형이 구별된다고 볼 여지가 있는 것이다. 이들 구성요건을 통하여 보호하려는 사회적 법익 역시 전반적으로 내동소이하다고 볼 수 있다.

이하에서는 위조범죄의 틀 안에서 문서범죄와 비교될 통화범죄 및 인장범죄에 대한 검토를 행하도록 한다. 우선 통화범죄의 경우는 기본적으로 위조와 변조라는 행위를 통하여 구현된다. 그러한 만큼 문서범죄에 있어서의 위조 및 변조와의 구별점이 존재하는지에 대한 검토 역시 필수적이다.

그러므로 본 연구에서는 우선 통화범죄에 대한 검토에 있어서 다음의 사항들에 대한 집중적인 검토가 행해질 것이다.

첫째, 통화범죄에 있어서의 행위태양인 위·변조의 의미 내지 그 정도에 대한 재검토가 필요하다. 즉 문서범죄에 있어서의 행위태양인 위·변조와 다를 바 없다고 생각될 수 있는 - 그러나 구별이 필요한 - 통화범죄에 있어서의 위·변조행위에 대한 재검토가 필요하다. 이는 본죄의 보호법익이 재산죄의 그것과 구별된다는 점을 기본으로 해야 할 것임은 물론이다. 또한 전통적인 방식의 대면거래를 대신하여 비대면거래가 급증하는 현실을 도외시할 수 없다는 점을 중시해야 할 것이다. 이를 위하여 통화위·변조죄에 관한 기존의 대법원 판례에 대한 재검토가 필수적이다.

또한 둘째, 문서범죄와 마찬가지로 통화범죄 역시 종국적으로는 재산죄와 밀접한 관련성을 가질 수밖에 없으므로, 결국 재산죄 중에서도 특히 사기죄와의 관계가 문제될 수 있다. 그러므로 본 연구에서는 통화범죄와 사기죄 간 관계를 중심으로 한 죄수관계에 대한 검토를 행하도록 한다.

그리고 셋째, 국제적 거래가 나날이 증가하는 현실을 감안할 때 외국통화 관련 범죄 등 일부 구성요건의 법정형에 대한 재검토 역시 필요하다.

다음으로 우리 형법상 인장에 관한 죄는 행위태양에 있어서 문서범죄나 통화범죄와 차이점이 존재하고 있다. 그러면서도, 한편으로는 문서범죄와의 관계로 인하여 실질적 적용가능성과 법정형의 적정성에 대한 검토도 필요하다고 생각된다.

따라서 본 연구에서는 인장에 관한 죄의 검토에 있어서, 첫째, 인장에 관한 범죄와 문서범죄 간 관계를 기반으로 하여 그 법정형이 적정한지에 대한 검토를 행하도록 한다.

또한 둘째, 인장에 관한 범죄의 해석에 있어서 형식주의적 해석의 문제가 존재하지 않는가에 대한 근본적인 문제의식을 기반으로 하여 본 죄의 기존 해석론에 대한 변경의 필요성을 제시하도록 한다.

Ⅱ. 통화에 관한 죄

1. 구성요건

(1) 체 계

현행 형법은 제207조부터 제213조에서 통화에 관한 죄를 규정하고 있다. 통화에 관한 죄는 행사할 목적으로 통화를 위·변조하는 행위뿐만 아니라, 위·변조한 통화를 행사·수입·수출·취득, 그리고 통화유사물 제조를 하는 행위를 포함한다.

우선 제207조는 통화위조 및 변조죄, 그리고 행사·수입·수출죄를 규정하고 있다. 여기에서 다시 대상물에 따라 제207조 제1항이 내국통화를, 제207조 제2항이 내국유통외국통화를, 제207조 제3항이 외국통용외국통화를 구별하여 규정하는 방식으로 그 법정형을 달리하고 있다.

한편 이와는 독립된 구성요건[1]으로 제208조는 위·변조통화취득죄를, 제210조는 위·변조통화취득후 지정행사죄를, 제211조는 통화유사물 제조·수입·수출죄를 규정하고 있다.

통화에 관한 죄는 사회의 경제거래에 대한 중대한 타격을 가할

---

1) 배종대, 형법각론(제8전정판), 홍문사, 2013, 671면.

수 있는 범죄인만큼, 미수범처벌규정(제212조)은 물론, 예비·음모에 관한 처벌규정(제213조)도 두고 있다. 따라서, 제210조 위·변조통화취득후 지정행사죄를 제외한 모든 통화에 관한 죄는 그 미수범을 처벌한다. 또한 내국통화위·변조죄(제207조 제1항)는 물론 내국유통외국통화위·변조죄(제207조 제2항)와 외국통용외국통화위·변조죄(제207조 제3항)의 예비·음모도 처벌한다(제213조 본문).

이와 같은 예비·음모 처벌규정이 문서범죄와 인장범죄에는 규정되어 있지 아니하다는 점을 유의할 필요가 있다. 한편 그 목적한 죄의 실행에 이르기 전에 자수한 경우에 대하여는 형의 필요적 감면도 함께 규정하고 있다(제213조 단서).

또한 형법 제5조 제4호에 따라 외국인이 외국에서 전술한 통화에 관한 죄를 범한 때에는 우리 형법을 적용하여 처벌할 수 있다.[2] 이와 같은 경우에도 우리 형법을 적용할 필요성이 있다는 것은, 결국 당해 범죄행위로 인하여 침해되거나 위태해질 법익의 보호 필요성이 압도적으로 크다는 점으로부터 기인한다. 이러한 점으로 볼 때, 형법상 통화범죄의 경우 법익보호적 측면이 크게 강조되었다고 볼 수 있다.

한편 구 특정범죄 가중처벌 등에 관한 법률 제10조는 형법 제207조의 죄(통화위·변조죄, 위·변조통화 행사·수입·수출죄)를 범한 자에게 사형, 무기, 또는 5년 이상의 징역 등 매우 중한 형벌을 법정형으로 규정한 바 있으나, 헌법재판소의 위헌결정[3] 후 삭제[4]되었음을 유의할 필요가 있다.

이하에서는 통화범죄에 있어서 몇 가지 쟁점이 될 만한 사항들을 먼저 간략히 살펴보되, 특히 문서범죄와 구별될 만한 사항을

2) 다만 아직까지 국외에서 외국인에 의한 통화범죄 관련 사례를 찾아보기는 어렵다.
3) 헌재 2014. 11. 27. 선고 2014헌바224 결정.
4) 2016. 1. 6. 법률 제13717호.

보다 상세히 검토하도록 하겠다.

(2) 몇 가지 쟁점

1) 위 · 변조행위

가) 통화변조죄의 성립범위

a) 변조행위에 따른 분류

통화에 관한 죄에 있어서 핵심적 구성요건은 전술한 바와 같이 통화위 · 변조죄라 할 수 있을 것이다. 이 중에서도 특히 변조행위는, 그 대상물이 - 제한적 성격을 내재하고 있는 - 통화라는 점으로 인하여 성립가능성 자체도 제한적일 수밖에 없다고 여겨진다. 변조행위에는 아래와 같이 이론적으로는 두 가지 유형이 존재할 수 있다고 보인다.

첫째, 진정한 통화의 모양과 문자를 고쳐서 그 명가를 변경하는 행위를 통화범죄에 있어서의 변조행위로 볼 수는 있을 것이다.[5] 우리나라의 경우 특히 현재 통용되고 있는 5천원권과 5만원권의 색상이 유사하다는 점에서 이러한 변조행위가 성립할 여지가 없지는 않을 것으로 여겨진다.

둘째, 진화에 대한 손괴행위를 통한 실가의 감소[6] 역시 이론적으로는 통화변조행위에 해당한다. 즉 같은 종류의 통화 사이에서도 통화변조죄가 성립할 여지가 있다고 하는데, 예를 들어 - 오늘날의 현실에서는 통용되지는 않는 - 금화 또는 은화의 양을 줄이는 행위 등이 이에 해당할 것으로 보인다. 현재 금화나 은화가 통용되지 않고 있는 현실[7]을 감안하면, 두 번째 유형의 통화변조죄가 성립할 가능성은 없다.

5) 예를 들어 1천원권을 5천원권으로 고치는 행위가 이에 해당한다고 한다. 이재상/장영민/강동범, 형법각론(제10판), 박영사, 2016, 551면.
6) 이재상/장영민/강동범, 위의 책, 551면.
7) 이재상/장영민/강동범, 위의 책, 551면.

결국 현실에서는 첫 번째 유형, 즉 진정한 통화의 명가를 변경하는 행위만이 변조행위에 해당한다고 본다.

b) 변조대상물에 따른 분류

통화변조죄에 있어서 그 대상물이 무엇인지에 따라서 아래와 같은 분류가 가능하다고 본다.

첫째, 가치가 낮은 통화를 가치가 높은 통화로 변조하는 행위를 생각해볼 수 있다. 이는 전형적인 통화변조죄에 해당한다고 볼 것이다.

둘째, 가치가 높은 통화를 가치가 낮은 통화로 변조하는 행위도 생각해볼 수 있다. 예를 들어 행사할 목적을 가진 채 5만원권을 5천원권으로 변조하는 경우도 있을 수 있다.[8] 통화범죄가 - 사기죄와 같은 - 재산범죄가 아니라는 점, 고가의 통화를 상대적으로 저가의 통화로 변조하는 행위 역시 거래질서를 해친다는 점을 고려하여 이와 같은 경우 역시 통화변조죄에 해당한다고 보는 것이 타당하다.

셋째, 내국통화를 외국통화로 변조하거나, 또는 외국통화를 내국통화로 변조하는 경우도 생각해볼 수 있다. 전술한 바와 같이, 제207조는 통화위·변조죄, 그리고 위·변조통화의 행사·수입·수출죄를 규정하고, 여기에서 다시 대상물에 따라 제207조 제1항이 내국통화를, 제207조 제2항이 내국유통외국통화를, 제207조 제3항이 외국통용외국통화를 구별하여 규정하는 방식으로 그 법정형을 달리하고 있을 뿐이다. 즉 변조를 통하여 생성된 통화가 무엇인지를 기준으로 각각의 구성요건이 규정되어 있다. 그러므로 이 경우

8) 물론 경제적으로 합리적인 선택을 행하는 자가 이러한 행위를 할 것으로 예상하기는 곤란하다. 그러나 예를 들어 자신의 변조기술이 뛰어나다는 점을 불특정 다수인 또는 특정인에게 과시하기 위한 목적으로 이와 같은 행위를 하는 경우도 예상해 볼 수 있다.

역시 모두 통화변조죄에 해당한다고 보는 것이 타당하다.

나) 위 · 변조행위의 정도

한편 이러한 통화위 · 변조죄에 있어서의 위 · 변조행위에 대하여, 이를 문서위 · 변조죄의 그것과 같거나 유사한 정도의 것으로 생각할 여지가 있다. 그런데 위 · 변조행위의 대상물이 통화라는 점 등으로 인하여, 위 · 변조행위의 정도에 대하여 구별점이 존재할 여지를 생각해볼 수 있다. 즉 문서범죄에서의 행위태양인 위 · 변조행위와 통화범죄에 있어서의 위 · 변조행위가 구별될 수 있는 지점이 있을지 고려할 필요가 있다.

우리 대법원은 통화위조죄에 있어서의 위조행위의 정도를 일반인이 진화라고 오인할 우려가 있는 외관을 갖춘 경우로 일관되게 해석하고 있다.[9] 또한 통화변조죄에 있어서의 변조행위의 정도 역시 이와 마찬가지로 해석하고 있는 것으로 보인다.[10] 학계의 견해도 대법원의 입장과 일치하는 것으로 보인다. 이에 관하여 보다 면밀히 검토할 필요가 있어서, '2. 위 · 변조의 의미와 정도'에서 이를 후술하도록 한다.

2) 위조통화행사죄와 사기죄 간 죄수관계

위조통화를 행사하여 재물을 편취하는 경우 통화에 관한 죄와 사기죄 사이의 죄수관계를 어떻게 보는 것이 타당할지 문제이다. 위조통화행사죄와 사기죄의 상상적 경합을 인정하는 견해[11] 및 위조통화행사죄만 존재한다는 견해[12] 등이 존재하는 반면, 대법원[13]

---

9) 대법원 1986. 3. 25. 선고 86도255 판결; 대법원 1961. 8. 23. 선고 4294형상257 판결; 대법원 1946. 7. 5. 선고 4297형상35 판결.

10) 대법원 2002. 1. 11. 선고 2000도3950 판결.

11) 배종대, 앞의 책(주 1), 676면; 이재상/장영민/강동범, 앞의 책(주 5), 555면; 이형국, 형법각론, 법문사, 2007, 570면.

12) 오영근, 형법각론(제2판), 박영사, 2010년, 697면.

13) 대법원 1979. 7. 10. 선고 79도840 판결.

과 일부 견해는 양죄의 실체적 경합을 인정하는 것으로 보인다.[14)]

그런데 위조통화의 행사라는 것이 항상 기망을 통한 재물취득의 경우로 귀일하는 것이 아니라는 점에서 양 행위는 본질적으로 상이한 것으로 보는 것이 타당할 것이다. 따라서 양죄는 이러한 점을 강조한다는 전제에서 실체적 경합관계에 있다고 본다.

전술한 바와 같이, 형법 제5조 제4호에 따라 외국인이 외국에서 전술한 통화에 관한 죄를 범한 때에도 우리 형법을 적용하여 처벌할 수 있다. 즉 이와 같은 경우에도 우리 형법을 적용할 필요성은, 결국 당해 범죄행위로 인하여 침해되거나 위태해질 법익의 보호 필요성이 압도적으로 크다는 점으로부터 기인한다. 형법에 통화범죄를 규정하여 보호하려는 법익은 사기죄에 있어서의 보호법익과는 그 성질을 달리하는 것이다. 통화범죄 본연의 보호법익의 특성 및 그 중대성을 고려한다면, 양죄의 실체적 경합을 인정하는 것이 보다 타당하다고 본다.

3) 법정형의 균형

가) 내국통화와 외국통화의 구별 문제

먼저 통화위조죄의 법정형을 살펴보면 아래와 같다.

형 법

제207조(통화의 위조 등) ① 행사할 목적으로 통용하는 대한민국의 화폐, 지폐 또는 은행권을 위조 또는 변조한 자는 무기 또는 2년 이상의 징역에 처한다.

② 행사할 목적으로 내국에서 유통하는 외국의 화폐, 지폐 또는 은행권을 위조 또는 변조한 자는 1년 이상의 유기징역에 처한다.

③ 행사할 목적으로 외국에서 통용하는 외국의 화폐, 지폐 또는

14) 김성돈, 형법각론(제4판), 성균관대학교출판부, 2016, 584면; 김일수/서보학, 새로 쓴 형법각론(제8판), 박영사, 2015, 540면.

> 은행권을 위조 또는 변조한 자는 10년 이하의 징역에 처한다.
> ④ 위조 또는 변조한 전3항 기재의 통화를 행사하거나 행사할 목적으로 수입 또는 수출한 자는 그 위조 또는 변조의 각 죄에 정한 형에 처한다.

이와 같이 내국통화의 위·변조행위를 외국통화에 비하여 중하게 처벌하는 점에 대하여는 비판의 여지가 있다고 본다. 즉 통화범죄의 보호법익이 통화에 대한 거래상의 안전과 신용이라는 점을 고려할 때, 외국통화의 위·변조행위를 처벌하여 보호하려는 법익의 중대성이 보다 낮은 정도의 것이라고 단정할 수 있는 근거를 찾기는 어렵다고 본다. 국내에서의 국내화폐를 통한 거래만이 본연의 거래로 간주될 수 없는 것이 현실이기 때문이다.

미국 달러화로 대변되는 이른바 기축통화의 경우 그 중요성이 국내화폐의 그것보다 결코 낮다고 단정할 수 있는 상황이 아니라는 점도 고려해야 할 것이다. 따라서 내국통화의 위·변조행위를 외국통화의 위·변조행위에 비하여 중하게 처벌하는 것은 타당하지 아니하며, 동일한 법정형을 규정해야 한다.[15)]

나) 위조통화취득죄와 위조통화취득후 지정행사죄

다음으로 위조통화취득죄, 그리고 위조통화취득후 지정행사죄의 법정형을 살펴보면 아래와 같다.

> **형 법**
> 제208조(위조통화의 취득) 행사할 목적으로 위조 또는 변조한 제207조 기재의 통화를 취득한 자는 5년 이하의 징역 또는 1천

15) 이재상/장영민/강동범, 앞의 책(주 5), 549면.

500만원 이하의 벌금에 처한다.
제209조 생략
제210조(위조통화취득후의 지정행사) 제207조 기재의 통화를 취득한 후 그 정을 알고 행사한 자는 2년 이하의 징역 또는 500만원 이하의 벌금에 처한다.

제210조 위조통화취득후 지정행사죄의 경우 행위자의 기대가능성이 낮다는 점[16]에서 비교적 경한 법정형을 규정한 것으로 보아야 할 것이다. 이와 같은 낮은 기대가능성은 제208조가 규정하는 위조통화취득죄와 달리, 위·변조 사실을 알지 못한 채 이를 취득한 후에야 그 사실을 알고 행사한 자를 처벌한다는 점에서 기인한다.

그런데 이러한 낮은 기대가능성은, 제208조 위조통화취득죄와의 비교로부터 기인하는 '상대적으로' 낮은 기대가능성일 뿐만 아니라, 동기에 있어서 대단히 유혹적[17]이라는 점에서 기인하는 '절대적으로' 낮은 기대가능성을 포함한다고 생각된다. 따라서 제210조 위조통화취득후 지정행사죄의 법정형이 단순히 제208조 위조통화취득죄의 법정형에 비하여 낮다는 사실만으로 충분히 낮은 법정형이라고 보기는 어렵다고 여겨진다. 따라서 제210조의 징역형 상한을 현재보다 하향조정할 필요성이 있다.

2. 위·변조의 의미와 정도

(1) 대법원의 입장

우선 우리 대법원은 통화위조죄에 있어서의 위조행위의 정도를 일반인이 진화라고 오인할 우려가 있는 외관을 갖춘 경우로 일관

16) 이재상/장영민/강동범, 위의 책, 556면.
17) 이재상/장영민/강동범, 위의 책, 556면.

되게 해석하고 있다.[18] 또한 통화변조죄에 있어서의 변조행위의 정도 역시 이와 마찬가지로 해석하고 있는 것으로 보인다. 이하에서는 이를 보다 구체적으로 검토하기 위하여, 통화범죄 중 특히 통화변조죄에 있어서의 변조행위의 정도에 대한 대법원의 입장을 살펴보도록 한다.

대법원 2002. 1. 11. 선고 2000도3950 판결

[판시사항]

일본국의 자동판매기 등에 투입하여 일본국의 500￥짜리 주화처럼 사용하기 위하여 한국은행발행 500원짜리 주화의 표면 일부를 깎아내어 손상을 가한 경우, 통화변조에 해당하는지 여부(소극)

[판결요지]

피고인들이 한국은행발행 500원짜리 주화의 표면 일부를 깎아내어 손상을 가하였지만 그 크기와 모양 및 대부분의 문양이 그대로 남아 있어, 이로써 기존의 500원짜리 주화의 명목가치나 실질가치가 변경되었다거나, 객관적으로 보아 일반인으로 하여금 일본국의 500￥짜리 주화로 오신케 할 정도의 새로운 화폐를 만들어 낸 것이라고 볼 수 없고, 일본국의 자동판매기 등이 위와 같이 가공된 주화를 일본국의 500￥짜리 주화로 오인한다는 사정만을 들어 그 명목가치가 일본국의 500￥으로 변경되었다거나 일반인으로 하여금 일본국의 500￥짜리 주화로 오신케 할 정도에 이르렀다고 볼 수도 없다.

[이 유]

원심이 확정한 사실과 기록에 의하면, 한국은행발행 500원짜리 주화와 일본국의 500￥짜리 주화는 그 재질 및 크기가 유사하여 한국은행발행 500원짜리 주화의 표면을 깎아내어 일본국의 500￥짜

18) 대법원 1986. 3. 25. 선고 86도255 판결; 대법원 1964. 7. 5. 선고 4297형상35 판결.

> 리 주화의 무게와 같도록 하면 이를 일본국의 자동판매기 등에 투입하여 일본국의 500￥짜리 주화처럼 사용할 수 있는 사실, 이에 착안한 피고인들은 한국은행발행 500원짜리 주화를 매집한 다음, 일부는 앞면의 학 문양 부분을 선반으로 깎아내고 그 나머지는 일본에서 가공하기로 하여 그 전부를 일본국에 밀반출한 사실, 이와 같이 가공한 주화는 그 이전의 주화와 비교하여, 앞면의 학 문양 일부가 깎여나가 무게가 약간 줄어들었을 뿐이고 그 크기와 모양, 앞면의 다른 문양 및 500원이라는 액면이 표시된 뒷면의 문양은 그대로 남아있어 동일한 사실을 알 수 있다. 이러한 사실관계를 종합하여 볼 때, 피고인들이 한국은행발행 500원짜리 주화의 표면 일부를 깎아내어 손상을 가하였지만 그 크기와 모양 및 대부분의 문양이 그대로 남아 있어, 이로써 기존의 500원짜리 주화의 명목가치나 실질가치가 변경되었다거나, 객관적으로 보아 일반인으로 하여금 일본국의 500￥짜리 주화로 오신케 할 정도의 새로운 화폐를 만들어 낸 것이라고 볼 수 없고, 일본국의 자동판매기 등이 위와 같이 가공된 주화를 일본국의 500￥짜리 주화로 오인한다는 사정만을 들어 그 명목가치가 일본국의 500￥으로 변경되었다거나 일반인으로 하여금 일본국의 500￥짜리 주화로 오신케 할 정도에 이르렀다고 볼 수도 없다 할 것이다. … (이하 생략)[19]

즉 대법원은 통화위·변조죄가 성립하기 위하여는, 기본적으로 그 행위태양인 위·변조행위로 인하여 적어도 객관적으로 일반인 입장에서 당해 통화를 오인 내지 오신할 정도에 이르러야 한다

19) 밑줄 역시 대법원 판례검색에 현출된 그대로임을 밝힘. (http://glaw.scourt.go.kr/wsjo/panre/sjo100.do?contId=2057760&q=2000%EB%8F%843950&nq=&w=panre&section=panre_tot&subw=&subsection=&subId=1&csq=&groups=6,7,5,9&category=&outmax=1&msort=s:6:0,d:1:1,p:2:0&onlycount=&sp=&d1=&d2=&d3=&d4=&d5=&pg=1&p1=&p2=&p3=&p4=&p5=&p6=&p7=&p8=&p9=&p10=&p11=&p12=&sysCd=WSJO&tabGbnCd=&saNo=&joNo=&lawNm=&hanjaYn=N&userSrchHistNo=&poption=&srch=&range=&daewbyn=N&smpryn=N&tabId=&save=Y&bubNm=)

고 해석하는 것으로 보인다. 다시 말하자면, 통화의 위 · 변조행위는 통화를 발행할 권한이 없는 자가 일반인이 진정한 통화로 오인할 정도의 외관을 갖는 물건을 제작하는 것을 말한다.[20]

학설의 경우, 통화위 · 변조범죄를 포함한 형법상의 위 · 변조범죄의 핵심을 '위조' 또는 '변조'가 아닌 '대상물'에 두어서는 안 된다고 하면서 "위조범죄란 일반인으로 하여금 진정한 것으로 오인할 수 있는 정도의 문서 등을 만들거나 사용하는 범죄"로 정리하는 견해도 존재한다.[21]

그렇다면 대법원의 통화위 · 변조행위의 정도에 관한 입장은 첫째, 일반인의 입장을 중시하며, 둘째, 그러한 일반인의 입장에서 오인 내지 오신할 정도에 이르러야 한다는 점을 강조한다는 점에 있어서 사실상 통화범죄를 결과범으로 보아 해석하는 것과 같은 맥락에 있는 것으로 보인다.

(2) 비 판

1) 결과범을 전제로 한 통화위 · 변조죄의 미수범 성립가능성

통화범죄를 통하여 보호하려는 법익은 사회적 법익 중에서도 특히 통화의 안전성과 신뢰성이라고 보는 것이 타당할 것이다.[22] 즉 통화범죄의 보호법익이 재산죄의 그것이 아니라는 점은 당연한 것이라는 점을 전제로 해야 한다.

대법원이 판결문에 기재한 문언을 기본으로 이를 검토해 보자.

먼저 결과 치중의 문제를 검토해보도록 한다. 대법원은 전술한 바와 같이 "그 크기와 모양 및 대부분의 문양이 그대로 남아 있어, 이로써 기존의 500원짜리 주화의 명목가치나 실질가치가 변

20) 박상기, 형법학(제3판), 집현재, 2016, 748면.

21) 이 견해는 특히 위 · 변조범죄에 있어서의 '대상물'은 그저 사회가 오랜 기간 사용해 온 신용의 도구일 뿐이라는 점을 강조한다. 형법개정연구회, 형사법개정연구(Ⅳ): 형법각칙 개정안, 한국형사정책연구원, 2009, 401면.

22) 박상기, 앞의 책(주 20), 747면.

경되었다거나, 객관적으로 보아 일반인으로 하여금 일본국의 500￥짜리 주화로 오신케 할 정도의 새로운 화폐를 만들어 낸 것이라고 볼 수 없고, 일본국의 자동판매기 등이 위와 같이 가공된 주화를 일본국의 500￥짜리 주화로 오인한다는 사정만을 들어 그 명목가치가 일본국의 500￥으로 변경되었다거나 일반인으로 하여금 일본국의 500￥짜리 주화로 오신케 할 정도에 이르렀다고 볼 수도 없다"고 하였다. 즉 기존 통화의 특성이 그대로 잔존한다는 측면에서의 '결과'와 일반인이 오신케 할 정도라는 측면에서의 '결과'를 강조하고 있는 것으로 해석된다. 이는 전술한 두 번째 사항, 즉 본죄에 대한 이해를 결과범으로 보는 맥락에 있는 것으로 보여진다.

문제는 이렇게 본죄의 성립문제와 관련하여 결과를 강조하여 놓고서는 본죄의 기수가 아닌 미수범의 성립가능성을 논하지는 않았다는 점이다. 전술한 바와 같이, 통화에 관한 죄는 사회의 경제거래에 대한 중대한 타격을 가할 수 있는 범죄인만큼, 미수범처벌규정(제212조)은 물론, 예비·음모에 관한 처벌규정(제213조)도 두고 있다.[23]

실제로 학설은 통화위·변조죄의 미수범은 위조된 통화나 변조된 통화의 제작에는 이르지 못한 경우, 또는 위조나 변조행위의 결과 그 외관이 진화와 혼동을 일으킬 정도의 유사성을 띠지는 못할 경우에 인정된다고 한다.[24] 그럼에도 불구하고 대법원은 그저 통화변조죄가 성립하지 않는다는 점을 설시하는 데 그친다는 점에서 문제라고 본다.[25]

23) 제210조의 위조통화취득후 지정행사죄를 제외한 모든 통화에 관한 죄는 그 미수범을 처벌한다. 또한 내국통화위·변조죄(제207조 제1항)는 물론 내국유통외국통화위·변조죄(제207조 제2항)와 외국통용외국통화위·변조죄(제207조 제3항)의 예비·음모도 처벌하고 있다.

24) 박상기, 앞의 책(주 20), 749면.

25) 한편 위·변조의 정도가 전술한 정도에 이르지 못하는 경우 형법 제211조가 규정하는 통화유사물 제조·수입·수출죄의 성립가능성이 있는 것이 아닌가 하는

2) 일반인의 오인 내지 오신

또한 대법원이 판결문에 기재한 문언을 보면, 오로지 인간에 의한 오인 내지 오신을 강조하고 있다. 즉 인간이 아닌 자동판매기 등 기계장치의 오인과 일반인의 입장에서의 오인 내지 오신을 구별하고 있는 것으로 볼 수밖에 없다.

그렇다면 대법원이 말하는 일반인의 오인 내지 오신이라 함은 '일반인의 시각으로 보았을 때 발생가능한 오인 내지 오신'이라고 읽힐 수밖에 없을 것이다. 이러한 입장은 이후의 대법원 판결에서도 - 대동소이한 표현을 통하여 - 확인된 바 있다. 즉 대법원은 이후에도 "진정한 통화에 대한 가공행위로 인하여 기존 통화의 명목가치나 실질가치가 변경되었다거나 객관적으로 보아 일반인으로 하여금 기존 통화와 다른 진정한 화폐로 오신하게 할 정도의 새로운 물건을 만들어 낸 것으로 볼 수 없다면 통화가 변조되었다고 볼 수 없다"[26]고 한 바 있다.

대법원이 언급하고 있는 일반인 입장에서의 오인 내지 오신이라는 것이 바로 일반인의 시각으로 보았을 때 발생가능한 오인 내지 오신이라고 한다면, 첫째, 일반인의 시각으로 보았을 때 발생가능한 오인 내지 오신이 의미하는 바가 구체적으로 무엇인지, 둘째, 일반인의 시각에 포함되지 못할 범위에 있는 것이 무엇인지, 셋째, 그러한 해석론 자체가 타당한지 여부에 대한 검토가 필요했다고 본다. 그럼에도 불구하고 대법원은 판결문을 통하여 이에 대한 구체적인 설시를 행한 바가 없다.

의문이 제기될 수도 있을 것이다. 하지만 통화유사물 제조 · 수입 · 수출죄가 성립되기 위하여는 '판매할 목적'이 요구되는 만큼, '행사할 목적'이 요구되는 통화위 · 변조죄와는 그 성립범위가 구별되어야 마땅할 것이다. 즉 두 죄의 구별기준은 위 · 변조의 정도가 아니라 그 목적에 주안점이 있다고 보는 것이 보다 타당할 것이다.

26) 대법원 2004. 3. 26. 선고 2003도5640 판결.

(3) 구체적인 통화위 · 변조행위의 정도: 일반인 입장에 대한 재검토

1) 일반인 입장 내지 일반인 시각의 의미

일반인의 오인 내지 오신을 일반인의 입장, 즉 일반인의 시각으로 보았을 때 발생가능한 오인 내지 오신으로 보게 될 경우, 이는 바로 사회의 평균적인 일반인의 시각, 즉 일반인의 육안으로 보았을 때 오인되거나 오신될 수 있다는 의미로 해석될 수밖에 없다고 본다. 왜냐하면 대법원은 전술한 바와 같이 당해 판결문에서 "자동판매기 등이 위와 같이 가공된 주화를 일본국의 500￥짜리 주화로 오인한다는 사정"이라는 '대비'될 수 있는 사정을 밝히고 있기 때문이다.

즉 자동판매기 등 기계장치에 의하여 오인되는 경우와 구별될 일반인의 오인 내지 오신은 바로 자연인 중에서도 평균적인 일반인의 육안에 의한 오인 내지 오신을 말하는 것으로 해석될 수밖에 없다고 본다. 다시 말하자면, 대법원이 선택하여 사용한 문언 그 자체가 이와 같은 협소한 해석의 여지를 남긴 것이다.

2) 일반적 범위

그렇다면 판례가 말하는 일반인 입장에서의 오인 내지 오신, 즉 일반인 시각에 의한 오인 내지 오신의 범위는 어떻게 보는 것이 타당할지 문제이다.

첫째, 우선 일반인 시각에 의한 오인 내지 오신을 그야말로 오로지 자연인인 일반인 시각에 의한 오인 내지 오신으로 좁게 보는 것으로 해석할 수 있다. 전술한 바와 같이 대법원이 사용한 문언은 물론, 판결문을 통하여 확인할 수 있는 대비되는 사정이 이러한 해석을 남긴다는 문제가 있다.

둘째, 이와 반대로 여기에는 설치된 기계장치 등의 오독이 당연히 포함되는 것으로 해석할 여지라도 남아 있는지 살펴볼 필요가 있다. 만약 대법원의 입장에 이러한 해석의 여지가 포함된 것으로 가정하게 된다면, 예를 들어 자동판매기, 코인락커, 자동셀프현금계산기 등 기계장치의 경우, 첫째, 적어도 이러한 기계장치의 - 주화나 지폐 등 - 현금투입구를 제작 내지 설계한 자, 또는 둘째, 이러한 기계장치를 자신의 소유 내지 점유하에 둔 자에 대하여 오인 내지 오신을 발생케 하는 행위도 통화위 · 변조죄에 있어서의 위 · 변조행위에 이르게 되는 것으로 볼 수 있게 될 것이다.

그러나 전술한 바와 같이 본 판결에서 사용된 문언과 그 맥락상, 두 번째 해석론은 고려할 수 없을 것이다.

3) 구체적 포섭 가능 범위

대법원의 이와 같은 해석론을 전제로 하면 다음의 경우는 '일반인의 오인 내지 오신'과 무관한 경우가 될 수밖에 없다.

우선 당해 대법원 판결문에 직접 밝혀진 바와 같이 자동판매기 등 기계장치가 진화 아닌 물건에 의하여 오작동을 하는 경우에는 일반인의 오인 내지 오신이 발생한 경우가 아니게 된다. 여기에서 자동판매기 등 기계장치라고 한다면 각종의 재화를 판매하는 자동판매기는 물론 동전교환기, 공중전화기, 코인락커, 그리고 외국의 대형할인점 등에서도 활용되고 있는 자동셀프현금계산기 등을 포함한다고 보아야 할 것이다.

즉 대법원의 해석론을 있는 그래도 수용하게 된다면, 기계장치에 의한 오독이 발생되는 경우는, 일반인의 오인 내지 오신이 애초부터 개입하지 않은 경우로 보아 통화위 · 변조죄의 성립이 불가능하거나 혹은 - 기껏해야 - 미수범[27]에 그치는 것으로 보게 될 것

27) 그나마도 전술한 대법원 2002. 1. 11. 선고 2000도3950 판결과 같이 미수범 성립 가능성에 대한 검토가 이루어지지 않을 수도 있어서 문제이다.

이라는 문제가 발생한다.

또한 일반인의 시각을 전제로 하는 해석을 관철하려고 하면, 그야말로 일반인의 육안에 의한 오인 내지 오신만을 통화범죄에 있어서의 위·변조행위의 성립요건으로 보게 될 것이다. 그렇다면 다시 일반인의 '육안'만으로 협소한 해석을 하는 것이 타당한지 의문이 제기될 수 있다. 즉 여기에서의 '육안'이라는 제한적 해석의 전제가 될 단어에 천착하게 된다면 다시 '나안(裸眼)'에 의한 오인 내지 오신에 의한 경우만으로 극단적 수준의 제한적 해석도 가능한 것인지 재차 의문이 들 것이다.[28)]

또한 일반인의 시각을 전제로 하게 된다면, 예를 들어 일반적인 시각장애인은 물론 약시인, 근시인의 경우를 포섭하는 것이 가능할지도 문제가 될 수 있을 것이다. 예를 들어 외국에서 통용되는 진화인 지폐에는 본래 시각장애인을 위한 점자 내지 도안이 내재되어 있는 경우, 보통의 평균적인 시각능력을 가진 자를 기준으로 하는 것이 타당할지 오히려 시각장애인을 기준으로 하는 것이 타당할지에 대하여도 명확한 답변을 제시할 수 없다.

4) 타당성 검토

가) 보호법익

전술한 바와 같이 통화범죄는 문서범죄와 마찬가지로 재산죄가 아니라는 점에 보다 집중할 필요가 있다. 즉 통화범죄나 문서범죄나 공히 사회적 법익에 관한 범죄라는 점을 강조해야 한다. 또한 전술한 바와 같이, 형법 제5조 제4호에 따라 외국인이 외국에서 전술한 통화에 관한 죄를 범한 때에도 우리 형법을 적용하여 처벌할 수 있다. 이와 같은 경우에도 우리 형법을 적용할 필요성은, 결

---

28) 그렇다면 돋보기나 확대경은 물론 근시교정용 안경이나 콘택트렌즈 등도 역시 모두 '기계장치'로 보아 배제되는 것이 과연 타당할 것인가?

국 당해 범죄행위로 인하여 침해되거나 위태해질 법익의 보호 필요성이 압도적으로 크다는 점으로부터 기인한다고 여겨진다.

통화의 안전성과 신뢰성이라는 - 자본주의 시장경제사회의 유지에 있어서 매우 압도적으로 중요한 - 보호법익을 강조하게 된다면, 통화범죄가 미수범을 처벌함은 물론 일부구성요건에 대하여는 예비와 음모의 경우도 처벌하고 있다는 점(제213조)도 이해될 수 있다고 본다. 즉 통화범죄로 인하여 발생가능한 거래질서의 파괴를 억지하기 위하여는, 위 · 변조행위라는 본죄의 행위태양에 대한 해석에 있어서, 거래질서의 현실이 반영될 필요성이 있다. 특히 현대사회에 있어서 자본의 거래가 나날이 급증하고 다변화되는 현실을 감안할 필요가 있다. 과거에는 예상할 수 없었던 비대면거래가 급증하는 현실에서, '일반인에 의한 오인 내지 오신'이라는 해석기준은, 대면거래를 전제로 한 해석론에 그칠 가능성이 다분하다고 여겨진다.

물론 우리 형법에는 편의시설부정이용죄(제348조의2)[29]가 규정되어 있지만, 편의시설부정이용죄는 재산죄로, 재물 또는 재산상의 이익 취득을 그 요건으로 함은 물론이며 그 법정형 역시 통화범죄의 그것에 비하여 매우 낮은 수준이기 때문에, 부차적인 것으로 보는 것이 타당할 것이다.

나) 거래주체와 거래당사자의 다변화 현실

현대사회에 있어서는 거래당사자가 누구인가에 따라 거래의 유형을 (i) 자연인과 자연인 간 거래, (ii) 자연인과 법인 간 거래, 그리고 (iii) 법인과 법인 간 거래로 구별할 수 있을 것이다. 이 중

29) 형법 제348조의2(편의시설부정이용): 부정한 방법으로 대가를 지급하지 아니하고 자동판매기, 공중전화 기타 유료자동설비를 이용하여 재물 또는 재산상의 이익을 취득한 자는 3년 이하의 징역, 500만원 이하의 벌금, 구류 또는 과료에 처한다.

에서도 자연인과 자연인 간 거래는 가장 고전적 거래의 유형으로 치부될 수밖에 없는 것이 현실이며, 이보다는 자연인과 법인 간 거래, 더 나아가 법인과 법인 간 거래도 그 비중이 날로 확대될 수밖에 없다.

또한 거래당사자간 거래방식에 있어서도, 역시 자연인과 자연인 등이 '서로 얼굴을 마주하는' 대면형 거래뿐만 아니라 비대면형 거래가 급증하는 것이 현실이다. 본 연구가 통화범죄에 있어서 위·변조행위의 정도를 검토하기 위하여 살펴본 전술한 대법원의 판결 역시 자연인과 자연인 간 대면거래가 아닌 비대면거래를 그 전제로 한 것임을 주목할 필요가 있다. 그럼에도 불구하고 대법원이 오로지 가장 전통적 방식인 자연인과 자연인 간 대면거래를 전제로 하여 통화범죄에 있어서의 위·변조행위의 정도를 해석한 것은 한계가 있다.

즉 현재까지 우리 대법원의 통화범죄에 있어서 위·변조행위의 정도에 대한 해석론은 자연인과 자연인 간의 거래, 특히 그중에서도 대면거래를 전제로 한 해석론으로 보아도 무방할 것으로 사료된다는 점에서 문제가 있다.

(4) 결 론

이상과 같은 문제점을 도외시하기 힘든 것이 현실인 바, 가급적 통화위·변조죄에 있어서의 위·변조행위를 보다 명확하게 규정하는 것이 필요하다고 여겨진다. 예를 들어, "일반인의 오인 내지 오신 또는 기계장치 등의 오독"을 직접 규정해두는 방법을 고려할 수 있다고 본다.

대 안

형 법

제207조(통화의 위조 등) ① 행사할 목적으로 통용하는 대한민국의 화폐, 지폐 또는 은행권을 일반인의 오인 내지 오신 또는 기계장치 등의 오독을 야기할 정도로 위조 또는 변조한 자는 무기 또는 2년 이상의 징역에 처한다.

② 행사할 목적으로 내국에서 유통하는 외국의 화폐, 지폐 또는 은행권을 일반인의 오인 내지 오신 또는 기계장치 등의 오독을 야기할 정도로 위조 또는 변조한 자는 1년 이상의 유기징역에 처한다.

③ 행사할 목적으로 외국에서 통용하는 외국의 화폐, 지폐 또는 은행권을 일반인의 오인 내지 오신 또는 기계장치 등의 오독을 야기할 정도로 위조 또는 변조한 자는 10년 이하의 징역에 처한다.

④ 위조 또는 변조한 전3항 기재의 통화를 행사하거나 행사할 목적으로 수입 또는 수출한 자는 그 위조 또는 변조의 각 죄에 정한 형에 처한다.

Ⅲ. 인장에 관한 죄

1. 구성요건

(1) 체 계

현행 형법은 제238조부터 제240조에서 인장에 관한 죄를 규정하고 있다.

즉, 행사할 목적으로 인장 · 서명 · 기명 또는 기호를 위조, 부정사용 또는 위조나 부정사용한 인장 · 서명 · 기명 또는 기호 등을 행사하는 행위들이 이에 해당한다.

형법 제239조 제1항은 사인위조죄와 사인부정사용죄를 규정하고 있다. 여기에서 특히 '부정사용'은 진정한 인장이나 서명 등을 권한없이 사용하거나, 권한있는 자가 그 권한을 남용하여 부당하게 이를 사용하는 경우를 포함한다.[30] 이러한 부정사용행위는, 문서범죄에 있어서의 특히 '부정행사'가 용법에 따라 사용하는 행위라는 점과 구별된다고 한다.[31] 또한 부정사용행위에는 권한있는 자의 부당한 사용이 포섭되지만, 문서의 부정행사행위는 권한없는 자가 마치 권한있는 자처럼 부정하게 사용하는 행위라는 점에서 구별된다고 한다.[32]

또한 제239조 제2항은 위조·부정사용 사인행사죄를 규정하고 있다.

한편 제238조 제1항은 공인위조죄와 공인부정사용죄를 규정하고 있다. 그리고 제2항은 위조·부정사용 공인행사죄를 규정하고 있으며, 제239조에 비하여 가중된 법정형을 규정하고 있다.

이에 따라 제239조의 사인위조죄와 사인부정사용죄 및 위조·부정사용 사인행사죄를 인장범죄에 있어서의 기본구성요건이라고 하며, 제238조의 공인위조죄와 공인부정사용죄 및 위조·부정사용 공인행사죄를 가중적 구성요건이라고 한다.[33]

한편 제240조는 인장에 관한 죄에 있어서의 미수범 처벌규정이다.

그러나 통화범죄와 달리 예비·음모에 관한 처벌규정을 두고 있지는 않다. 통화범죄에 비하여 인장범죄의 경우 그 위험성이 상대적으로 낮은 점, 인장범죄의 예비행위 내지 음모행위를 특정하기는 곤란하다는 점에서 타당하다고 본다.

한편 형법 제5조 제7호는 인장에 관한 죄 중에서도 특히 제238조(공인 등의 위조, 부정사용)만을 직접 규정하고 있다. 따라서 외국

30) 김성돈, 앞의 책(주 14), 663면.
31) 김성돈, 위의 책, 663면.
32) 김성돈, 위의 책, 663면.
33) 배종대, 앞의 책(주 1), 732면.

에서의 외국인에 의한 공인 등 위조죄, 공인 등 부정사용죄 및 행사죄에 대하여는 우리 형법을 적용할 수 있다. 당연히 사인 등 위조죄, 사인 등 부정사용죄 및 행사죄에 대하여는 적용이 불가하다.

(2) 몇 가지 쟁점

1) 사인위조죄에서 명의인

인장에 관한 죄의 경우 명의인이 실재(實在)할 필요가 있는지 문제될 수 있다. 현재까지 대법원은 명의인의 실재를 요구하는 해석을 유지하고 있어서, 예를 들어 사망자 명의의 인장을 위조하거나 행사하는 경우 사인위조 및 동행사죄로 처벌할 수 없다고 한다.[34)]

그러나 이와 같은 대법원의 견해는 지나치게 형식적인 면에 치우친 것으로 보인다. 인장에 관한 죄를 규정하고 이를 범하는 자를 처벌하는 이유는, 문서 또는 통화에 관한 죄와 마찬가지로 거래상의 신용과 안전[35)]을 보호하기 위한 맥락에 있다. 즉, 실제로 존재하는 개인 내지는 개인에게 전속하는 법익을 보호하기 위함에 그 목적이 있다고는 볼 수 없다.[36)]

결국 명의인이 실제 존재하느냐 존재하지 않느냐와 상관없이 그러한 인장을 진실한 것으로 오인 내지 오신하여 발생할 수 있

---

34) "… 이미 사망한 사람명의의 문서를 위조하거나 이를 행사하더라도 사문서위조나 동행사죄는 성립하지 않는다는 문서위조죄의 법리에 비추어 이와 죄질을 같이 하는 인장위조죄의 경우에도 사망자 명의의 인장을 위조, 행사하는 소위는 사인위조 및 동행사죄가 성립하지 않는다고 해석함이 상당하다. …"(대법원 1984. 2. 28. 선고 82도2064 판결).

35) 이재상/장영민/강동범, 앞의 책(주 5), 616면.

36) 참고로 개인적 법익에 관한 죄 중 절도죄에 있어서는, 이른바 사자(死者)의 점유도 일정 한도 내에서 인정되고 있다. 즉 형법상의 점유를 현실적 개념으로 보아 - 살인죄에 있어서의 - 피해자가 사망한 이후에도 일정한 시간 동안은 당해 재물에 대한 점유가 지속된다고 보는 것이 판례의 입장이다(대법원 1993. 9. 28. 선고 93도2143 판결). 물론 이는 어디까지나 '개인적 법익에 관한 죄'에 속하는 절도죄와 관련된 판례임을 다시 한 번 밝혀두도록 한다.

는 문제에 주안점이 있다고 보아야 한다. 이와 같은 맥락에서, "일반인으로 하여금 진정한 인장으로 오신케 할 정도에 이른 이상 명의인이 실재할 것은 요하지 않는다"[37]거나 "일반인이 진정한 인장으로 오신할 정도이면 인장에 대한 공공의 신용은 침해될 수 있다"[38]는 등 판례에 반대하는 견해도 존재한다.

그러므로 사인위조죄에 있어서 사인의 경우, 그 명의인의 존재여부, 즉 명의인의 생존 여부를 요구할 필요가 없다고 본다. 즉 사망한 자 명의의 인장을 위조한 경우에도 사인위조죄가 성립한다고 보는 것이 타당하다.

2) 인장범죄에 있어서의 한정적 행위유형

인장범죄에 있어서는 위조와 부정사용, 그리고 위조·부정사용된 인장의 행사행위만이 처벌대상 행위로 규정되어 있다. 즉 이와 같이 인장 등의 위조와 부정사용, 그리고 행사행위만 처벌하는 데 그친다는 점에서, 성립의 진정성을 보호하고 내용의 진실을 문제삼지는 않는다는 것이 특색이라고 할 수 있다.[39] 이러한 맥락에서 무형위조와 변조는 처벌대상행위에서 제외되는 것이다.[40]

인장의 특성상, 내용의 진실이 훼손될 경우라고 하는 점을 예상하기 어렵기 때문에 이와 같이 처벌대상 행위유형을 한정한 것은 타당하다.

2. 문서범죄에 대한 종속성

(1) 인장범죄의 부수적 성격

전술한 바와 같이, 현대사회에 있어서 문서와 통화 등은 사람이

---

37) 이재상/장영민/강동범, 앞의 책(주 5), 620면.
38) 배종대, 앞의 책(주 1), 733면.
39) 김성돈, 앞의 책(주 14), 660면; 배종대, 위의 책, 732면; 이재상/장영민/강동범, 앞의 책(주 5), 617면.
40) 김성돈, 위의 책, 660, 663면.

사회생활을 영위함에 있어서 필수불가결한 수단이다.[41] 인장이나 서명은 바로 이러한 수단들 중 특히 문서의 진정성을 담보하고 증명하기 위한 매우 중요한 수단이라고 여겨진다.

즉 인장은 그 자체가 경제적 거래행위를 포함하는 각종의 사회생활을 영위하기 위한 수단이라고 하기보다는, 문서라고 하는 중요한 사회생활의 수단의 진정성을 입증하기 위한 부차적 수단으로 보는 것이 타당할 것이다. 결국 인장 또는 서명의 위조는, 일반적으로 문서 혹은 유가증권의 위조의 수단으로[42] 행해지는 데 그친다고 보아야 한다. 다시 말하자면, 인장이나 서명은 거래를 포함한 사회생활의 영위에 있어서 필수불가결한 '수단의 수단'이라고 표현될 수 있다.

이러한 특성으로 인하여 인장에 관한 죄는 - 문서에 관한 죄에 비하여 - 독자적 성격이 떨어지는 범죄이며, 부수적 형태의 범죄로 볼 여지가 크다고 본다. 이러한 전제에서 인장범죄의 의의가 존재한다.

(2) 문서범죄와의 죄수관계로 인한 법정형의 타당성 문제

전술한 인장에 관한 죄의 특성으로 인하여, 인장위조나 서명위조가 문서위조의 수단으로 이루어진 - 전형적 - 사안에서는 인장위조 등의 죄는 문서위조에 흡수된다고 보는 것이 판례이다.[43] 우리 사회에서는 문서의 진정성을 담보하기 위하여는 문서 명의인의 인장 또는 서명이 당해 문서에 기재되는 것이 필수적이기 때문이다.

따라서 예를 들어 행위자가 사문서를 위조함에 있어서 사인을 위조하여 거래상대방 등을 오인 내지 오신케 하려고 하는 것은 당연하다. 형법상 사인위조죄와 사문서위조죄는 각각 별개의 구성요

41) 박상기, 앞의 책(주 20), 747면.
42) 배종대, 앞의 책(주 1), 732면.
43) 대법원 1978. 9. 26. 선고 78도1787 판결.

건으로 규정되어 있지만, 양자는 보호법익이 매우 유사하며 전술한 바와 같이 사인의 위조는 사문서의 위조를 위한 수단에 그칠 수밖에 없으므로 사문서위조죄가 성립하는 경우 사인위조죄는 흡수될 수밖에 없다.[44]

(3) 사인위조죄의 법정형의 조정 필요성

이러한 해석을 유지하기 위한 전제로 사인위조죄의 법정형이 타당하게 규정되어 있는지에 대한 검토를 하지 아니할 수 없다.

형 법

제231조(사문서등의 위조·변조) 행사할 목적으로 권리·의무 또는 사실증명에 관한 타인의 문서 또는 도화를 위조 또는 변조한 자는 5년 이하의 징역 또는 1천만원 이하의 벌금에 처한다.

제239조(사인등의 위조, 부정사용) ① 행사할 목적으로 타인의 인장, 서명, 기명 또는 기호를 위조 또는 부정사용한 자는 3년 이하의 징역에 처한다.

② 위조 또는 부정사용한 타인의 인장, 서명, 기명 또는 기호를 행사한 때에도 전항의 형과 같다.

이와 같이 사문서위조죄의 경우 5년 이하의 징역 또는 1천만원 이하의 벌금형에 의하여 처벌될 수 있지만, 사인위조죄의 경우 3년 이하의 징역에 의하여만 처벌될 수 있도록 형법이 규정하고 있다. 징역형만 놓고 보면 당연히 사인위조죄가 사문서위조죄에 비하여 경한 범죄로 인식될 수밖에 없을 것이다. 그러나 문제는 사문서위조죄에는 선택형으로 벌금형이 규정되어 있다는 점에 있다.

즉 사문서위조죄의 경우 벌금형을 선택하여 부과할 수 있지만

44) 박상기, 앞의 책(주 20), 792면.

사인위조죄는 그러하지 아니하다.[45] 결국 법정형의 전체적 대조를 행할 경우, 사문서위조죄에 비하여 사인위조죄가 경한 범죄라고 단정할 수 없게 된다.

따라서 사문서위조죄가 성립할 경우, 일반적으로는 그저 흡수처리될 범죄인 사인위조죄의 법정형에 벌금형이 규정될 필요성이 존재하는 것이다. 다시 말하자면, 사인위조죄에도 그 법정형 중 벌금형이 선택 가능할 수 있도록 규정하여, 전체적인 법정형의 균형이 맞추어지도록 하는 것이 타당하다고 본다.[46] 즉 다음과 같은 대안을 고려할 수 있다.

대 안

형 법

제239조(사인등의 위조, 부정사용) ① 행사할 목적으로 타인의 인장, 서명, 기명 또는 기호를 위조 또는 부정사용한 자는 3년 이하의 징역 또는 000만원 이하의 벌금에 처한다.

② 위조 또는 부정사용한 타인의 인장, 서명, 기명 또는 기호를 행사한 때에도 전항의 형과 같다.

[참고문헌]

김성돈, 형법각론(제4판), 성균관대학교출판부, 2016.

김일수/서보학, 새로 쓴 형법각론(제8판), 박영사, 2015.

박상기, 형법학(제3판), 집현재, 2016.

---

45) 박상기, 위의 책, 792면.

46) 전술한 바와 같이, 형법 제5조 제7호는 인장에 관한 죄 중 특히 제238조(공인 등의 위조, 부정사용)만을 직접 규정하고 있다. 당연히 사인 등 위조죄, 사인 등 부정사용죄 및 행사죄에 대하여는 적용이 불가하다는 점 역시 고려할 필요가 있다.

배종대, 형법각론(제8전정판), 홍문사, 2013.

오영근, 형법각론(제2판), 박영사, 2010.

이재상/장영민/강동범, 형법각론(제10판), 박영사, 2016.

이형국, 형법각론, 법문사, 2007.

형법개정연구회, 형사법개정연구(Ⅳ): 형법각칙 개정안, 한국형사정책연구원, 2009.

10. 공문서로 인한 범죄피해자의 사생활 침해

Ⅰ. 서 론

범죄피해자의 신상정보 등 사생활을 공적인 기록으로 취급하여 공개할 것인가 아니면 사생활로 남겨두고 공적으로는 공개하지 않을 것인가의 문제는 크게 피고인의 방어권과 언론의 자유로운 보도를 통한 국민의 알권리와 충돌한다. 피고인의 방어권에 중점을 두면 '누가' 어떤 내용의 불리한 진술을 했는지를 피고인이 알 수 있도록 해야 할 것이고, 국민의 알권리에 중점을 두면 '누가' 범죄의 피해자인지, 피해상황은 어떤지, 범죄피해 이후에는 어떻게 살아가고 있는지를 속속들이 언론이 보도해야 할 것이다.

과거에는 범죄피해자를 범죄 당시의 상황이나 피해경험을 생생히 증언하여 주는 존재 정도로 여겼으나, 범죄피해자도 형사사법절차에서 고유의 권리를 가져야 한다는 생각이 차츰 대두되게 되었고 이러한 흐름을 반영하여 우리나라도 1987년 '범죄피해자구조법'을 제정하였다. 본 법은 범죄피해자를 돕기 위한 목적에서 만들어졌으나 범죄피해자에게 인정되는 권리 등의 내용을 담고 있는 것은 아니었고, 범죄피해자가 받은 생명·신체의 위해에 대한 금전적 구제 방법만을 규정하였었다.

이후 피해자를 단순히 절차상의 객체로 취급하지 않아야 한다는 각성이 더욱 발전하여 2006년 '범죄피해자보호법'이 시행되게 되었다.[1] 그리고 이 법에서 처음으로 피해자의 형사절차 참여 보

1) '범죄피해자보호법'의 제정으로 정책방향이 같은 '범죄피해자구조법'은 2010년 폐지되었다.

장(제8조)과 사생활의 평온과 신변의 보호(제9조)가 명문화되었다.

'범죄피해자보호법'의 제정 이유에서도 알 수 있듯이 그동안 가해자에 대한 수사·재판·행형상의 인권 개선은 늘 논의되어 왔으나 그에 비해 범죄피해자의 인권 개선은 여전히 부진하다는 인식이 있었으므로 범죄피해자의 인권에 대해서는 앞으로도 개선하여야 할 부분이 많이 남아 있다. 특히 범죄피해자의 사생활이 형사사법절차에서 노출되지 않고 평온하게 유지될 수 있도록 하는 것은 범죄의 피해를 뒤로 하고 삶을 계속 살아나가야 하는 범죄피해자에게 가장 기본적이고 근본적인 필요조건이라 할 수 있다. 또한 사생활의 노출로 인하여 보복범죄나 사회적 낙인 등 2차 피해를 당하지 않아야 하는 것도 범죄피해자의 사생활을 보호해야 할 중요한 이유이다.

우리나라에는 범죄피해자의 사생활을 보호하기 위한 여러 법규들이 존재하고 있고, 문제가 발생하는 부분에 대해서는 대응책 마련도 빠르게 이루어지고 있다고 생각된다. 이에 본고에서는 피고인의 방어권과 언론자유·국민의 알권리에 상대하는 개념으로서의 범죄피해자의 사생활 보호에 대하여 그간의 발전 상황을 정리해보고자 한다.

Ⅱ. 재판계속 중의 서류 열람·등사 확대

일반적으로 범죄는 범죄자와 범죄피해자 사이에서 발생하지만 일단 범죄가 발생하고 나면 국가형벌권이 발동되어 그 이후의 절차들은 국가와 범죄자 사이에서 진행되고 범죄피해자는 제3자로 물러나 있게 된다.

그동안 형사사법에서는 일방적으로 훨씬 더 강력한 국가형벌권의 행사를 어떻게 자제할 것인가, 어떻게 피고인이 형사절차의 한

쪽 당사자로서 대등한 지위를 가지고 자신의 방어권을 잘 행사하게 할 것인가에 초점이 맞추어져 있었다.

이러한 고민의 결과는 2007년 형사소송법 개정에 반영되어 공소제기 후 검사가 보관하고 있는 서류 등의 열람·등사제도(제266조의3)와 소송계속 중의 서류·증거물의 피고인 열람·복사제도(제35조)가 만들어졌다.

그러나 피고인의 방어권을 강화하는 이러한 제도를 악용하여 소송서류 등을 열람·복사한 뒤 서류에 기재된 범죄피해자의 성명·주소 등 신상정보를 토대로 자기를 고소하였거나 자기에게 불리한 진술을 한 범죄피해자에게 보복범죄를 저지르는 사례도 발생하였다.

이러한 부작용의 발생으로 인해 2016년 소송서류의 열람·복사 시 먼저 피해자나 증인 등의 개인정보에 대한 보호조치를 할 수 있도록 형사소송법을 개정하는 등 범죄피해자의 사생활 정보를 보호하여 2차 피해를 막으려는 노력은 지금도 계속 진행 중이다.

1. 검사 보관 서류의 열람·등사 허용

(1) 공소제기 후 검사가 보관하고 있는 서류 등의 열람·등사

피고인 또는 변호인은 검사에게 공소제기된 사건에 관한 서류 또는 물건의 목록과 공소사실의 인정 또는 양형에 영향을 미칠 수 있는 서류 등의 열람·등사 또는 서면의 교부를 신청할 수 있다. 다만, 피고인에게 변호인이 있는 경우에는 피고인은 열람만을 신청할 수 있다(형사소송법 제266조의3 제1항).

2007년 형사소송법 개정으로 도입된 위 규정에 따라 피고인 또는 변호인이 공소제기 후 검사가 보관하고 있는 서류 등을 열람·등사할 수 있게 되었다. 그중 본조 제1항 제2호에서 '증인의 성명과 진술기재서면 등'도 열람·등사할 수 있다고 되어 있는데, 열람·등사가 증인보호의 필요성·증거인멸의 염려·관련 사건의 수사에 장애를 가져올 것으로 예상되는 구체적인 사유 등이 있는 때에는 검사가 이를 거부하거나 제한할 수 있다(형사소송법 제266조의3 제2항).

검사의 거부처분이나 제한처분에 대해 피고인과 변호인은 열람·등사를 허용하도록 할 것을 신청할 수 있다. 이 신청에 대해 법원은 검사에게 열람·등사 또는 서면의 교부를 허용할 것을 명할 수 있다. 다만 이때 열람등사의 방법을 지정하거나 조건을 부과할 수 있다.

(2) 피고인의 방어권 보호와 최소한의 범죄피해자 사생활 보호

2007년 형사소송법 개정으로 피고인 또는 변호인이 검사가 가지고 있는 서류등을 열람·등사할 수 있게 된 것은 그동안 형사절차에서 일부 존재하는 자백 위주의 범죄수사와 조서 중심의 재판관행으로 인하여 피고인이 검사와 대등한 소송주체로서의 법적 지위를 보장받지 못하고 있다는 지적으로 인한 것이었다. 이로 인해 피고인이 적정한 방어권을 행사하는 데 상당한 한계가 있었다는 인식 하에 이러한 문제점을 해결하기 위하여 공판절차의 운영을 개선할 필요가 있다고 판단하고 증거개시제도를 도입하여 피고인 또는 변호인이 공소 제기된 사건에 관한 서류등의 열람·등사를 검사에게 신청할 수 있도록 한 것이다.

본 규정은 피고인의 방어권을 보호하기 위한 규정이었으므로 피고인 또는 변호인이 열람·등사할 수 있는 서류의 범위를 비교적 넓게 정하고 있다. 다만 범죄피해자의 사생활을 보호하기 위한 최소한의 조치로서 검사가 증인보호 등의 필요성을 들어 열람·등사신청을 거부하거나 범위를 제한할 수 있도록 하였다.

2. 소송계속 중의 서류등 열람·복사

2007년 형사소송법 개정 전에는 피고인의 변호인만이 소송계속 중의 서류등을 열람·등사할 수 있었다. 2007년 개정으로 피고인도 소송계속 중의 서류등을 열람·등사할 수 있게 되었다(형사소송법 제35조 제1항).

그런데 일반적으로 소송서류 등에는 피해자의 성명, 주소 등이 기재되어 있었고 피해자의 진술 내용도 기재되어 있었다. 이러한 점을 악용하여 소송서류를 열람·복사한 피고인이 소송서류에 적혀 있는 피해자들의 신상정보를 이용하여 피해자들을 찾아가 2차 범죄를 저지르는 일이 발생하기도 하였다.

이는 피고인의 방어권 보장을 위해 도입한 제도가 범죄피해자들의 사생활의 평온을 침해하고 2차 범죄 피해를 유발할 수 있다는 위험성을 인식하는 계기가 되었다. 따라서 이제까지 기계적으로 범죄피해자의 신상정보 등 사생활 관련 사항을 공문서에 기재하고 또 사생활 관련 사항이 기재된 공문서를 열람·등사를 해주었던 관행에서 벗어나 실질적으로 범죄피해자의 사생활을 보호하기 위한 조치를 취하도록 만드는 조항이 필요하다는 데 의견이 모아졌다.

3. 재판장의 개인정보 보호조치 도입

(1) 비실명 처리의 근거조항 신설

2016년 5월 19일 형사소송법 개정안이 국회 본회의를 통과하였는데 이 개정으로 '소송기록 열람·복사시 피해자 등 개인정보 보호조치'를 할 수 있는 근거조항이 신설되었나. 즉 재판상은 피해자, 증인 등 사건관계인의 생명 또는 신체의 안전을 현저히 해칠 우려가 있는 경우에는 피고인 또는 변호인에게 소송계속 중의 서류등을 열람·복사하게 해주기에 앞서 사건관계인의 성명 등 개인정보가 공개되지 아니하도록 보호조치를 할 수 있게 되었고(형사소송법 제35조 제3항), 구체적인 방법과 절차 등은 대법원규칙에서 정하였다(형사소송법 제35조 제4항).

(2) 대법원 '재판기록 열람·복사 규칙'

2016년 10월 4일 대법원 「재판기록 열람·복사 규칙」에 신설된 제7조는 재판기록 열람·복사의 절차에 대한 규정인데, 형사소송법 제35조 제3항에서 정한 우려 등이 있는 경우에 재판장이 법원사무관 등에게 개인정보 보호조치를 명한 경우 법원사무관 등은 재판기록에 대하여 사건관계인의 개인정보 보호를 위한 비실명 처리를 하여야 한다고 정하고 있다. 그리고 재판기록을 열람·복사할 때에 신청인이 비실명조치를 훼손하거나 부정한 방법으로 개인정보를 취득하지 말 것을 준수사항으로 정하고는 있지만 준수사항을 어겼을 경우의 대응책은 규정되어 있지 않다.

Ⅲ. 재판확정 후의 열람·등사 확대

1. 재판확정 소송기록의 열람·등사

(1) 확정 후 소송기록의 공개 논의

2006년 대통령 자문기구이던 사법제도개혁추진위원회(사개추위)는 '재판기록공개 개선방안'을 의결하고 '판결공개 확대 계획안'을 보고안건으로 채택하였다. 형사 확정사건의 경우 '누구든지' 권리구제와 학술연구, 공익적 목적으로 기록을 보관하는 검사에게 열람과 복사를 신청할 수 있도록 제도개선 방안을 제시한 것이다.[2)]

---

2) 대통령기록관, 사법제도개혁추진위원회 위원회 자료실 '본위원회 제9차 회의결과 및 안건', http://pcjr.pa.go.kr/ (2017. 3. 20. 최종방문)

이러한 개선안은 2005년 10월 KAL기 폭발사건의 유족이 서울고법에 재판기록 공개를 위한 소송을 제기하면서 공론화되었다. 서울고법이 원고일부승소판결을 내리며 개인 신상을 제외한 사건기록을 공개하라고 결정한 뒤, 재판기록의 공개를 확대해야 한다는 의견이 많아졌고 이를 사개추위가 반영한 것이다.

2006년 당시에는 피고인과 변호인만 형사소송 재판기록을 열람·등사할 수 있었다. 이는 피고인의 방어권 행사를 염두에 둔 것이라 할 수 있다. 그러나 피고인의 방어권뿐만 아니라 피해자의 권리 보호 등 다른 목적을 위해서도 형사소송의 재판기록 공개가 요구되게 되었고 이에 따라 공개의 대상을 확대하는 것이 필요하다는 의견이 비등하였다.[3)]

(2) 재판확정기록의 공개제도 도입

이에 따라 2007년 6월 1일부터 누구든지 권리구제·학술연구 또는 공익적 목적으로 재판이 확정된 사건의 소송기록을 보관하고 있는 검찰청에 그 소송기록의 열람 또는 등사를 신청할 수 있게 되었다(형사소송법 제59조의2 제1항).

검사는 소송기록의 공개로 인하여 사건관계인의 명예나 사생활의 비밀 또는 생명·신체의 안전이나 생활의 평온을 현저히 해할 우려가 있는 경우 열람·등사를 제한할 수 있지만, 소송관계인이나 이해관계 있는 제3자가 열람 또는 등사에 관하여 정당한 사유가 있다고 인정되는 경우에는 열람·등사를 제한할 수 없다.

그런데 소송기록을 열람 또는 등사한 자가 열람 또는 등사에 의하여 알게 된 사항을 악용할 수도 있으므로 이를 방지하기 위하

3) 다만, 전면공개가 적절하지 않은 가사소송, 소년보호사건, 가정보호사건은 사생활 보호를 위하여 이해관계인만이 재판장의 허가를 얻어 열람할 수 있도록 특칙을 두었다.

여, 열람·등사를 통해 알게 된 사항을 공공의 질서 또는 선량한 풍속을 해하거나 피고인의 개선 및 갱생을 방해하거나 사건관계인의 명예 또는 생활의 평온을 해하는 데 이용해서는 안 된다고 규정하고는 있지만(형사소송법 제59조의2 제5항), 이러한 행위에 대한 처벌규정은 없어 권고사항에 그치고 있다.

2. 확정판결서의 열람·복사

(1) 확정판결서 등의 열람·복사

검사가 가지고 있는 소송기록에 대한 공개와 함께 법원에서도 중요한 판결에 한정되어 공개되던 판결문의 공개를 전면적으로 확대하기로 하였다. 2006년 대법원은 '판결 공개 확대계획'을 사개추위에 제안하였는데, 여기에는 판결 공개로 인한 사생활 침해 등의 부작용을 줄이는 방안도 함께 마련되어 있었다.[4] 관련 입법은 5년 후인 2011년에 형사소송법에 해당 조항이 신설되는 것으로 이루어졌다.

이에 따라 법에서 정하는 몇 가지 경우를 제외하고는 누구든지 판결이 확정된 사건의 판결서 등을 보관하는 법원에서 해당 판결서 등을 열람·복사할 수 있게 되었다(형사소송법 제59조의3 제1항).

다만 판결서 등에는 개인정보가 담겨 있는 경우가 많으므로, 법원사무관 등 법원공무원에게 열람 및 복사에 앞서 판결서 등에 기재된 성명 등 개인정보가 공개되지 아니하도록 대법원규칙으로 정하는 보호조치를 하여야 할 의무도 함께 부과하였다(형사소송법 제59조의3 제2항). 그러나 법원공무원이 보호조치의무를 고의 또는 중과실로 어기지 않는 한 민·형사상 책임을 지지 않는다는 규정도 함께 도입하였다(형사소송법 제59조의2 제3항). 보호조치를 하지 않은

4) 대통령기록관, 사법제도개혁추진위원회 위원회 자료실 '본위원회 제9차 회의결과 및 안건', http://pcjr.pa.go.kr/ (2017. 3. 20. 최종방문)

것에 대한 처벌규정은 없다.

(2) 형사판결서 열람·복사에 관한 대법원규칙

대법원의 「형사판결서 등의 열람 및 복사에 관한 규칙」은 판결서 등의 비실명처리 등에 대하여 정하고 있는데, 총 7개 조문으로 이루어져 있어 비교적 간단한 편이다.

위 대법원규칙은 2012년 12월 27일 제정되었으며 2013년 1월 1일부터 시행되었다. 기확정된 형사판결문과 증거·기록 목록 전체에 대한 열람·등사가 가능해진 것이다. 그러나 개인정보 보호를 위해 열람·등사에 앞서 성명·주소 등 개인정보는 비실명처리된 채 제공되며, 2013년 1월 1일 이후 확정된 판결에 대해서만 열람·등사가 가능하다. 열람·등사의 방법은 시대의 변화를 반영하여 전자적 열람도 가능하며, 전자적 복사·스캔·촬영이 모두 가능하게 하였다. 단, 심리가 비공개로 진행된 사건이거나 사생활 또는 영업비밀의 침해가 우려될 경우에는 열람·등사를 제한할 수 있다.

(3) 사생활 침해를 최소화하기 위한 조치

형사사건판결문은 2013년 1월 1일부터 전면 공개되었고 2015년부터 모든 판결문이 인터넷에 공개되고 있다.

이러한 판결문 공개에 앞서 수사기록·재판기록 열람·등사시 피해자의 연락처·주소 등 개인정보가 노출될 수 있다는 우려가 제기되었다.[5)]

그리하여 2015년의 모든 판결문 공개를 앞두고 2014년 대법원은 판결문 공개에 따른 개인정보 노출을 막기 위한 비실명처리 방안을 발표하였다. 원래 재판서에는 당사자의 이름, 주민번호, 주소, 직업 등을 기재하게 되어 있는데 주민번호를 기재하지 않도록 한

5) 박광민, “범죄 피해자 정보보호에 관한 연구”, 대검찰청 연구보고서, 2011, 9면.

것이다. 그리고 피고인에게 송달되는 형사배상명령 결정문에는 피해자의 신상정보를 음영처리하거나 삭제하도록 하였다. 또 증인에 대한 보복을 막기 위해 익명증언제도를 도입하였다.

Ⅳ. 범죄피해자의 사생활 보호와 피고인 방어권의 충돌

1. 특정범죄신고자 등 보호법의 가명조서

(1) 보복범죄의 증가

특정범죄 가중처벌 등에 관한 법률에서 자기 또는 타인의 형사사건의 수사 또는 재판과 관련하여 고소·고발 등 수사단서의 제공, 진술, 증언 또는 자료제출에 대한 보복의 목적으로 저지른 범죄에 대하여 가중하여 처벌하고 있지만(특가법 제5조의9) 보복범죄는 증가하는 추세에 있다.[6)]

(2) 특정범죄신고자 등 보호법

특정범죄신고자 등 보호법(이하 범죄신고자법)은 특정범죄에 관한 형사절차에서 국민이 안심하고 자발적으로 협조할 수 있도록 그 범죄신고자 등을 실질적으로 보호하는 것을 목적으로 2000년 6월 1일부터 시행되었다.[7)]

이 법에는 범죄신고자에게 보좌인을 지정해주거나 신변안전조

---

6) 대검찰청, 2014. 4. 11. 보도자료 "「가명조서·신원관리카드 작성 및 관리에 관한 지침」 제정", http://www.spo.go.kr/spo/notice/press/press.jsp?mode=view&board_no=2&article_no=573435 (2017. 3. 20. 최종방문)

7) 미국은 1982년 '연방 피해자 및 증인보호법'을 제정하여 증인 정보를 누설하면 5,000달러의 벌금이나 5년 이하의 형에 처하도록 하였다. 그리고 피해자나 증인이 원하면 새로운 사회보장번호를 발급받을 수 있도록 하였다.

독일은 1987년 피해자보호법, 2001년 증인보호법을 차례로 제정하였다. 보복범죄를 막기 위해 임시 위장신분증 발급, 피해자와 증인의 주소를 관계 서류에 임의로 다르게 기재하고 신상서류는 검찰에 보관, 신상서류를 소송기록에 불포함하고 있으며 소송기록의 열람을 제한하고 있다.

치를 취해주고 구조금을 주는 등의 내용과 함께 조서 등에 인적 사항을 기재하지 않을 수 있도록 하는 일명 '가명조서'에 대한 규정이 있다.

범죄신고자가 범죄신고로 인하여 보복을 당할 우려가 있는 경우에는 성명·연령·주소·직업 등 신원을 알 수 있는 사항을 조서나 진술서에 기재하지 않도록 하고, 조서 등에 서명을 해야 할 때에는 가명(假名)으로, 간인(間印) 및 날인(捺印)은 무인(拇印)으로 하게 하는 것이다. 그리고 이때 가명으로 된 서명은 본명(本名)의 서명과 동일한 효력이 인정된다(범죄신고자법 제7조).

성명 등 인적사항을 적지 않고 서명도 가명으로 하는 대신, 조서에 기재하지 않은 인적사항은 신원관리카드를 따로 만들어 기재하게 된다.

(3) 가명조서 활용 실태

특정범죄신고자 등 보호법이 만들어지고 10년이 훨씬 넘었으나 본 법의 활용은 그다지 많지 않은 것으로 나타나고 있다. 법에 따르면 검찰은 보복범죄를 막기 위해 형사 피해자·신고자·증인의 신상정보를 소송서류에 적지 않고 따로 관리하여야 한다. 이렇게 피해자 등의 신상정보를 따로 적어 관리하는 것을 신원관리카드라고 하는데 이 신원관리카드는 제한된 사람만 열람할 수 있다. 그런데 특정범죄신고자 등 보호법에서 신고자 등을 보호하는 범죄는 상당히 다양하게 많지만, 신원관리카드로 관리되는 인원은 연간 200명 정도에 불과하여 가명조서제도가 제대로 운영되지 않는 것을 알 수 있다.

가명조서와 신원관리카드에 관해서는 대검찰청의 예규인 「가명조서·신원관리카드 작성 및 관리에 관한 지침」에서 상세한 내용을 규정하고 있다. 그리고 범죄피해자의 신상정보 보호에 관한 일반론은 「범죄피해자 보호 및 지원에 관한 지침」에서 정하고 있다.

그런데 가명조서 작성은 임의적으로 규정되어 있고, 공소장 작성시 피해자의 신상정보 기재 여부도 피해발생 우려에 따라 검사가 판단할 수 있게 되어 있어[8] 범죄피해자로서는 자신의 신상정보가 피고인 측에 알려질 수 있다는 두려움에서 완전히 해방되기는 어려운 것으로 보인다.

2. 형사공탁제도와 사생활 침해의 우려

원래 형사공탁제도는 피고인이 공탁을 할 때 피해자의 주민등록등·초본을 떼어 피해자를 특정하도록 되어 있다. 그러나 피해자의 신상에 관련된 서류를 발급한 후 검찰 조사 등 책임을 지게 될 수도 있는 상황이 되자 법원 직원들이 점차 초본을 떼어주지 않고 있다고 한다.

그러나 형사재판에서 공탁을 하는 것이 피고인에게 조금이라도

---

8) 「범죄피해자 보호 및 지원에 관한 지침」 제18조(범죄피해자의 신상정보 보호)
① 검사는 범죄피해자를 조사하는 경우에는 「가명조서·신원관리카드 작성 및 관리에 관한 지침」에 따라 가명조서를 작성하거나 가명진술서 등을 제출받는 등의 방법으로 그 신상정보 보호를 위해 최선을 다하여야 한다.
② 검사는 공소장 작성 시 범죄피해자의 신상정보가 노출되지 않도록 공소사실의 특정을 해하지 않는 범위 내에서 다음 각 호의 사항은 기재하지 아니한다. 다만, 신상정보 노출로 인한 2차 피해가 발생할 우려가 없는 것이 명백한 경우에는 예외로 한다.
1. 범죄피해자의 성(姓)을 제외한 이름
2. 범죄피해자의 신상정보를 노출할 위험이 있는 범죄장소의 구체적 지번, 건물번호, 공동주택의 동·호수 등 상세한 주소
3. 범죄피해자의 직업, 근무처 등 신상정보를 노출할 우려가 있는 사항
③ 검사는 형사소송법 제200조의6, 제209조, 제87조에 따라 피의자의 변호인 또는 피의자가 지정하는 자에게 체포·구속의 통지를 하면서 범죄사실의 요지를 작성하는 경우에도 제2항의 규정을 참작하여 작성한다.
④ 검사는 성폭력·성매매·가정폭력 범죄의 피해자를 조사하는 경우에는 제출된 증거자료 중 성적 수치심을 불러일으킬 수 있는 신체의 전부 또는 일부를 촬영한 사진이나 영상물(CD, 비디오테이프 등)은 사건기록과 분리·밀봉하여 사건기록 말미에 첨부하거나 압수물로 처리하는 등 일반인에게 공개되지 않도록 한다.

유리하기 때문에 피고인의 입장에서는 피해자의 주민등록초본이 없다고 아예 공탁을 할 수 없게 만들 것이 아니라 피해자의 개인정보를 취득하지 않고도 공탁을 할 수 있는 방안을 마련해주기를 원하고 있다.

그래서 피고인들을 변호해야 하는 변호인들은 형사공탁제도를 개선하여 피해자를 특정하지 않아도 되도록 해줄 것을 요청하고 있다고 한다. 현재까지는 피해자를 특정하여 공탁을 해야 하기 때문에 피해자의 주민등록초본 등이 필요하지만, 사건번호나 피고인의 이름 등으로 공탁을 할 수 있게 되면 굳이 피해자의 신상정보를 알지 않아도 공탁이 가능하기 때문이다.

또 피해자나 피고인 어느 한 쪽을 대리하는 것이 아니라 피해자와 피고인의 중재 등을 전담으로 맡는 공익적 중재 변호사제도 등을 도입하면 피고인의 변호인이 피해자의 신상을 알아야 하는 일도 줄어들 것이라고 제안하고 있다.

3. 사생활 공개가 제한되는 타인의 범위에 대한 문제

성폭력특례법에서 피해자의 사생활을 공개·누설하는 것을 금지하는 조항이 형사소송법 제35조에서 보장하고 있는 피고인의 소송기록 열람·등사권과 충돌하지 않느냐는 문제 제기도 있다.

성폭력특례법 제24조 제1항은 "피해자의 인적사항과 사진 등 또는 피해자의 사생활에 관한 비밀을 공개하거나 다른 사람에게 누설"하여서는 아니된다고 규정하고 있다. '공개'는 사전적으로 '어떤 사실이나 사물, 내용 따위를 여러 사람에게 널리 터놓음'을 의미하므로 여러 사람에게 알리는 것인 데 반해 '다른 사람에게 누설'은 '다른 사람'이라는 일정한 대상을 한정하여 알리는 것이라고 볼 수 있다.

여기에서 '다른 사람' 즉, 타인의 범위를 어떻게 볼 것인가에 따라 피고인이나 피고인의 변호사에게 피해자의 신상정보 등을 준 것이 비밀 누설이 될 수도 있고, 되지 않을 수도 있다.

피해자의 입장에서는 타인의 범위를 되도록 넓게 설정하는 것이 유리할 것이고, 피고인이나 피고인의 변호인은 자신들을 타인의 범위에 넣지 말아 달라고 주장할 것이다. 합의 등을 위해 피해자와 연락을 하고 만나기도 해야 하는데, 성폭력특례법 조항에 의해 피해자의 신상정보를 전혀 알 수 없게 된다면 그러한 시도를 할 기회가 원천적으로 봉쇄된다는 것을 가장 큰 이유로 들고 있다.

이러한 긴장관계로 인해 2007년 검찰이 피고인에게 성폭력 피해자의 인적사항이 담긴 소송서류를 복사해준 법원 직원에게 출석을 요구하고, 소환하여 조사하는 일이 발생하기도 하였다. 여성 7명을 흉기로 위협하여 성폭행한 후 강도까지 저지른 한 피고인이 1심재판 중에 법정에 나와 진술하였던 피해자 3명에 대해 1심법원에 재판기록이 열람·등사를 신청한 후 피해자의 주소를 알아내어 협박편지를 보냈기 때문이다. 검찰은 성폭력특례법의 비밀누설 금지조항을 위반한 것이라고 주장하고 법원은 피고인의 방어권 행사를 위한 열람·등사권을 보장하였을 뿐, 피해자의 인적사항 등을 가리고 복사해야 한다는 규정이 없다는 점을 내세워 조사에 응하지 않았다.[9)]

형사공탁제도와 더불어 좀 더 세밀하게 피고인의 방어권과 범죄피해자의 사생활 보호에 대한 기준 마련이 필요하다고 생각된다. 피고인의 방어권을 위해 범죄피해자의 사생활을 희생시킬 수는 없으므로, 범죄피해자의 신상정보 등을 알지 않아도 제대로 방어활동을 할 수 있도록 관련 규정이 바뀌어야 할 것이다.

---

9) 세계일보 2007년 12월 13일 보도 http://www.segye.com/newsView/20071211002595

Ⅴ. 범죄피해자 사생활 보호와 언론자유 · 국민의 알 권리

1975년 미국의 Cox 방송사의 기자는 법원서기가 보여준 소송기록을 토대로 강간살해사건 피해자의 이름을 보도하였다. 이는 강간피해자의 사생활(privacy)을 보호하는 조지아 주법을 위반한 것이었다. 이미 세상을 떠난 딸을 대신하여 아버지가 소송을 제기했고, 조지아 주법원은 원고 승소판결을 내렸다. Cox 방송사는 이에 대해 연방대법원에 상고했는데, 연방대법원은 공개된 재판기록에 나타난 진실을 공표하는 것은 사생활 침해가 아니라며 원고 패소판결을 내렸다. 연방대법원의 논리는 공적인 문서에 포함된 정보를 언론이 보도하였더라도, 해당 정보는 이미 공적인 문서에 기재되었기 때문에 더 이상 사생활에 해당할 수 없고, 따라서 그 정보를 보도하는 것이 사생활 침해가 될 수 없다는 것이었다.[10)]

미국에서와 달리 우리나라에는 '누구든지' 성폭력범죄피해자의 인적사항이나 사진 등을 언론 보도하거나 정보통신망에 공개해서는 안 된다는 규정을 필두로 범죄피해자의 신상정보 등에 대한 공개를 금지하고 처벌하는 여러 규정들이 존재한다. 이하에서는 이를 비교하여 살펴본다.

1. 범죄피해자 사생활의 언론 보도

(1) 범죄피해사실을 대하는 태도

우리는 누구나 범죄의 피해자가 될 수 있고 범죄피해를 당한 사실은 부끄럽거나 숨겨야 하는 사실이 아니다. 우리가 절도나 강도를 당했다는 것을 애써 기억하고 싶진 않겠지만, 범죄피해사실 자체가 앞으로의 삶을 살아가는 데 있어 사회적으로 마이너스 요인으로 작용하지는 않는다.

10) Cox Broadcasting v. Cohn, 420 U.S. 469(1975)

그런데 성폭력 범죄처럼 범죄피해사실을 밝히는 것이 낙인이나 오명 등 2차 피해로 이어질 수 있는 경우에는 피해자의 신상에 관한 사항을 밝히지 않는 것이 필요하다. 범죄 자체에 대한 언론 보도는 필요하지만, 성폭력 범죄를 당한 사람이 '특정한 누구'라는 것은 꼭 밝혀야 할 중요한 사항이 아니기 때문이다.

(2) 언론보도를 금지하는 규정들

우리나라는 성폭력, 가정폭력, 아동학대 등의 범죄피해자에 대한 사생활 공개를 금지하여 언론에 의한 2차 피해를 방지하는 규정을 두고 있다. 법문에 따라 '누구든지'라고 규정하고 있기도 하고, '언론출판 종사자'라고 규정하고 있기도 하지만 각각의 규정들이 뜻하는 바는 각 범죄의 피해사실은 보도해도 되나, 피해자의 인적사항에 관한 것은 보도하지 말라는 것이다.

성폭력범죄의 처벌 등에 관한 특례법 제24조(피해자의 신원과 사생활 비밀 누설 금지) ② 누구든지 제1항에 따른 피해자의 주소, 성명, 나이, 직업, 학교, 용모, 그 밖에 피해자를 특정하여 파악할 수 있는 인적사항이나 사진 등을 피해자의 동의를 받지 아니하고 신문 등 인쇄물에 싣거나 「방송법」 제2조 제1호에 따른 방송 또는 정보통신망을 통하여 공개하여서는 아니된다.[11)]

아동·청소년의 성보호에 관한 법률 제31조(비밀누설 금지) ③ 누구든지 피해아동·청소년 및 대상아동·청소년의 주소·성명·연령·학교 또는 직업·용모 등 그 아동·청소년을 특정하여 파악할 수 있는 인적사항이나 사진 등을 신문 등 인쇄물에 싣거나 「방송법」 제2조 제1호에 따른 방송(이하 "방송"이라 한다) 또는

11) 제50조(벌칙) ② 다음 각 호의 어느 하나에 해당하는 자는 2년 이하의 징역 또는 500만원 이하의 벌금에 처한다.
2. 제24조 제2항을 위반하여 피해자의 인적사항과 사진 등을 공개한 자

정보통신망을 통하여 공개하여서는 아니된다.[12)]

가정폭력범죄의 처벌 등에 관한 특례법 제18조(비밀엄수 등의 의무) ② 이 법에 따른 가정보호사건에 대하여는 가정폭력행위자, 피해자, 고소인, 고발인 또는 신고인의 주소, 성명, 나이, 직업, 용모, 그 밖에 이들을 특정하여 파악할 수 있는 인적 사항이나 사진 등을 신문 등 출판물에 싣거나 방송매체를 통하여 방송할 수 없다.[13)]

아동학대범죄의 처벌 등에 관한 특례법 제10조(아동학대범죄 신고 의무와 절차) ③ 누구든지 제1항 및 제2항에 따른 신고인의 인적 사항 또는 신고인임을 미루어 알 수 있는 사실을 다른 사람에게 알려주거나 공개 또는 보도하여서는 아니된다.

제35조(비밀엄수 등의 의무) ② 신문의 편집인·발행인 또는 그 종사자, 방송사의 편집책임자, 그 기관장 또는 종사자, 그 밖의 출판물의 저작자와 발행인은 아동보호사건에 관련된 아동학대행위자, 피해아동, 고소인, 고발인 또는 신고인의 주소, 성명, 나이, 직업, 용모, 그 밖에 이들을 특정하여 파악할 수 있는 인적 사항이나 사진 등을 신문 등 출판물에 싣거나 방송매체를 통하여 방송할 수 없다.[14)]

---

12) 제65조(벌칙) ④ 다음 각 호의 어느 하나에 해당하는 자는 1년 이하의 징역 또는 500만원 이하의 벌금에 처한다.
   1. 제34조 제3항을 위반하여 신고자 등의 신원을 알 수 있는 정보나 자료를 출판물에 게재하거나 방송 또는 정보통신망을 통하여 공개한 자

13) 제64조(비밀엄수 등 의무의 위반죄) ② 제18조 제2항의 보도 금지 의무를 위반한 신문의 편집인·발행인 또는 그 종사자, 방송사의 편집책임자, 그 기관장 또는 종사자, 그 밖의 출판물의 저작자와 발행인은 500만원 이하의 벌금에 처한다.

14) 제62조(비밀엄수 등 의무의 위반죄) ② 제10조 제3항을 위반하여 신고인의 인적 사항 또는 신고인임을 미루어 알 수 있는 사실을 다른 사람에게 알려주거나 공개 또는 보도한 자는 3년 이하의 징역이나 3천만원 이하의 벌금에 처한다.
   ③ 제35조 제2항의 보도 금지 의무를 위반한 신문의 편집인·발행인 또는 그 종사자, 방송사의 편집책임자, 그 기관장 또는 종사자, 그 밖의 출판물의 저작자와 발행인은 500만원 이하의 벌금에 처한다.

이렇게 피해자 특성에 따라 언론 보도를 금지시키는 법과 더불어 특정한 범죄의 피해에 대해서도 언론 등에 피해자의 정보를 공개하지 말 것을 규정하고 있다.

특정강력범죄의 처벌에 관한 특례법 제8조(출판물 게재 등으로부터의 피해자 보호) 특정강력범죄 중 제2조 제1항 제2호부터 제6호까지 및 같은 조 제2항(제1항 제1호는 제외한다)에 규정된 범죄로 수사 또는 심리(審理) 중에 있는 사건의 피해자나 특정강력범죄로 수사 또는 심리 중에 있는 사건을 신고하거나 고발한 사람에 대하여는 성명, 나이, 주소, 직업, 용모 등에 의하여 그가 피해자이거나 신고 또는 고발한 사람임을 미루어 알 수 있는 정도의 사실이나 사진을 신문 또는 그 밖의 출판물에 싣거나 방송 또는 유선방송하지 못한다. 다만, 피해자, 신고하거나 고발한 사람 또는 그 법정대리인(피해자, 신고 또는 고발한 사람이 사망한 경우에는 그 배우자, 직계친족 또는 형제자매)이 명시적으로 동의한 경우에는 그러하지 아니하다.[15)]

특정범죄신고자 등 보호법 제8조(인적 사항의 공개 금지) 이 법에 규정된 경우를 제외하고는 누구든지 이 법에 따라 보호되고 있는 범죄신고자 등이라는 정황을 알면서 그 인적 사항 또는 범죄신고자 등임을 미루어 알 수 있는 사실을 다른 사람에게 알려주거나 공개 또는 보도하여서는 아니된다.[16)]

위에서 살펴본 바와 같이 각 법률에서 형사처벌을 부과하고 있어 우리나라에서는 피해자의 신상공개에 따른 사건이나 소송 등이 거의 없는 편이다.

15) 본 조항에 대한 처벌규정은 따로 규정되어 있지 않다.
16) 제17조(벌칙) ① 제8조를 위반한 자는 3년 이하의 징역 또는 3천만원 이하의 벌금에 처한다.

2. 언론자유와 국민의 알 권리를 더 중시하는 경우

(1) 미국에서의 언론자유 우위 경향

이와 비교하여 미국에서는 언론의 자유를 여타의 다른 권리들보다 우선하여 보호하는 경향에 의하여 자주 피해자와 언론 사이에 분쟁이 일어나곤 한다. 피해자의 정보를 불법적인 방법에 의하여 취득한 후 보도하였다면 정보 취득방법부터 문제가 있는 것이므로 언론사가 승소할 가능성이 적겠지만, 대법원까지 올라갔던 사건들은 언론사가 법원의 기록이나 경찰서의 기록 등 공적인 문서에서 피해자 정보를 취득했던 경우가 대부분이었다.

성폭력 피해자의 신상을 공개하여 문제가 되었던 주(州)들에는 범죄피해자의 신상을 공개하지 말 것을 요구하는 법이 존재하였고, 피해자들은 이 법에 근거하여 언론사에게 손해배상소송을 제기하였다. 언론사들은 공적인 기록에 기재된 정보는 더 이상 사생활 영역에 있는 것이 아니라고 주장하며 공적인 영역으로 넘어 온 피해자의 신상정보에 대해 보도한 것은 사생활 침해가 아니라고 주장하였다. 피해자가 범죄사건의 피해를 입어 피해자의 신상이 공공의 관심사가 되었으므로 더 이상 자신의 신상을 사생활로서 보호받기는 어렵다는 것이다.

(2) 범죄피해자의 사생활은 공적인 뉴스 가치를 가지는가

범죄피해자는 자기가 원해서 범죄피해자가 된 것이 아니며, 우연히 범죄의 표적이 되었을 뿐이다. 범죄피해자가 범죄의 피해를 입었다는 사실만으로 사생활적인 사항에 대한 공공의 관심을 감내해야 한다는 것은 범죄피해에 이은 2차 피해까지 감수하라고 강요하는 것이 된다. 이는 자신이 원해서 공공의 인물이 되어 사생활 보도를 감수해야 하는 public figure와의 현격한 차이를 무시하는 것이라 생각된다.

미국 연방대법원은 범죄피해자의 신상을 공개한 언론을 처벌하는 해당 주법들에 대해서 위헌 판단을 내리지는 않았지만, 언론이 보도한 내용은 공적인 기록에서 취재한 것이고 또 취재사항을 보도할 만한 공공의 이익이 인정된다고 하여 피해자들의 패소를 선고하고 있다.[17)]

연방대법원의 입장은 두 가지 문제를 제기한다. 피해자의 신원은 완전히 사생활성을 박탈당한 공적인 사항인가? 그리고 피해자의 신상보도를 금지시킨 주법에는 공적 기록에서 취재한 경우에 위법성 또는 책임을 조각하는 규정이 없다. 그렇다면 이미 언론보도로 인해 구성요건에 해당한 행위는 법적으로 어떻게 해결할 것인가?

물론 각 사건에서 부주의로 인하여 기자에게 성폭력 피해자의 신상을 노출한 경찰관 등은 비밀엄수의무 위반 등을 이유로 재판을 받았거나, 유죄선고를 받기 전에 법정 밖에서 합의금을 주고 사건을 해결한 바 있다.[18)]

피해자 측에서는 위법행위를 저지른 경찰관에게 받을 수 있는 합의금액보다 언론사를 상대로 받을 수 있는 손해배상금액이 월등히 많으므로 언론사에 대한 소송을 제기하는 것이라고 생각된다. 그러나 경찰관 등 공무원을 대상으로 한 소송에서 승소하였더라도 언론의 자유를 최우선의 가치로 생각하는 미국에서는 언론을 상대로 한 소송에서 승소하기는 어려우며, 비록 대법원의 입장이 명확하진 않지만 누적되어 온 판례들로 인해 언론에서 공적 기록을 통해 입수한 피해자의 신원을 보도하는 일이 근절될 것 같지는 않다.[19)]

---

17) Florida Star v. B.J.F., 491 U.S. 524 (1989),

18) Morgan David Arant, Jr., "Press Identification of Victims of Sexual Assault: Weighing Privacy and Constitutional Concerns", *Journalism Quarterly*, 1991

19) R. Michael Hoefges, "Prosecuting the press: First amendment balancing and state statutes that punish publication of information of crimes and official

Ⅵ. 결 론

헌법 제30조는 "타인의 범죄행위로 인하여 생명·신체에 대한 피해를 받은 국민은 법률이 정하는 바에 의하여 국가로부터 구조를 받을 수 있다"고 천명하고 있다. 범죄피해자가 형사사법절차에서의 공문서 작성과 공개 등에 의해 그 사생활이 침해되어 보복범죄나 2차 피해를 당해서는 안 될 것이다. 피고인의 방어권 보장을 위해 형사소송에서의 기록 등 열람·등사권이 확대 인정되었지만, 확대된 권리를 방어권 보장을 위해 쓰지 않고 보복범죄 등에 사용하는 일이 발생한 것은 참으로 안타까운 일이었다. 그렇다고 피해자의 보호를 위해 피고인의 방어권을 마냥 희생시킬 수도 없으므로 결국은 공문서를 작성하고 공개할 때까지 공문서로 인한 피해자의 사생활 침해가 발생하지 않도록 주의하고 그러한 주의에 합당한 절차적 뒷받침이 있어야 할 것이다.

또한 우리나라는 언론 등이 범죄피해자의 사생활 정보를 공개하는 것을 금지하고 있다. 범죄피해 사실은 언론이 보도해야 할 공적인 관심사항이지만 범죄피해자가 '특정한 누구'인지 등 범죄피해자의 사생활은 공적인 관심사항에서 제외시키는 것이 옳다고 생각한다. 미국에서는 언론이 재판기록이나 경찰사건보고서 같은 공적인 기록에서 얻은 범죄피해자의 신상정보를 보도하는 것에 면죄부를 주고 있지만, 이는 미국의 언론자유 우선주의가 개인의 사생활의 자유를 침해하는 것을 용인하는 좋지 않은 예라고 생각한다. 범죄피해자가 언론보도로 인해 2차 피해를 당하지 않도록 형사사법절차와 언론보도 등에서 늘 유의하는 자세가 필요할 것이다.

---

misconduct", *Communication Law and Policy*, Colorado University, 1997 spring.

Ⅱ

각국의 문서범죄

11. 독일에서의 문서범죄

Ⅰ. 연 혁

독일의 문서에 관한 죄는 로마공화정시대의 '위조에 관한 법률(lex Cornelia de falsis)'로 연원을 거슬러 올라간다.[1] 로마공화정시대 말기에 타인의 유언장을 위조하여 상속재산을 사취하는 행위가 잦자, 독재관인 Sulla가 '위조에 관한 법률'을 제정하였다.[2] 이 법률의 제정 이전까지는 위조를 사기행위로 보아 절도죄로 처벌했으나, 이 법률의 제정 이후에는 유언증서의 위조뿐만 아니라 화폐의 위조와 변조, 도량형기의 조작, 위증, 가명의 사용과 신분사칭에까지 위조에 관한 법률이 적용되었다.[3]

로마법의 영향을 받은 독일에서는 '1794년 프로이센 일반국법(Allgemeines Landrecht für die Preußischen Staaten von 1794)'에서 사기(Betrug)의 중한 형태로서 배임(Untreue)과 위조(Verfälschungen)를 입법하였는데,[4] 제1380조부터 제1398조에 문서위조에 의한 사기(Betrug durch Fälschung der Urkunden)가 규정되었다.[5] '1851년 프로이센 형법(Preußisches Strafgesetzbuch von 1851)'에 이르러 문서위조가 사기로부터 분리되어 독자적으로 규정되는데, 1851년 프로이센 형법 제2편 제23장[6]에 문서위조(Urkundenfälschung)가 별도

1) 이형국, 형법각론연구, 법문사, 2005, 123면.
2) 조규창, 로마형법, 고려대학교출판부, 1998, 254면.
3) 조규창, 위의 책, 255면.
4) Arno Buschmann, Rechtshistorische Texte, C. H. Beck, 1998, SS. 417, 423.
5) Arno Buschmann, a. a. O., SS. 423-425.
6) 1851년 프로이센 형법 제2편 제21장은 사기(Betrug)이고 제22장은 배임(Untreue)이다.

의 장으로 규정되어 제247조부터 제258조까지 문서에 관한 범죄가 규정되었다.[7] 1851년 프로이센 형법의 문서에 관한 죄의 규정이 1871년 독일제국형법을 거쳐 현행 독일형법에까지 이어져 왔다.[8]

현행 독일형법 제2편 각칙 제23장에서 문서위조(Urkundenfälschung)라는 표제로 제267조부터 제282조까지 문서에 관한 죄가 규정되어 있다.[9] 그 외에 제30장(공무원의 직무에 관한 죄)에서 허위공문서작성죄(제348조)가 규정되어 있다.

Ⅱ. 문서의 개념과 보호법익

1. 문 서

독일의 문서에 관한 죄에 있어서 문서는 '법적거래에서 증명에 적합하고 특정되며 그 작성자가 인지될 수 있는 의사표시의 구현물'이라고 한다.[10] 지속기능(Perpetuierungsfunktion), 증명기능(Beweisfunktion), 보장기능(Garantiefunktion)이 문서의 개념표지로 설명된다.[11] 법적거래의 내용을 증명해 주는 문서는 사회생활의 불

7) Arno Buschmann, a. a. O., SS. 589-591.

8) Reinhart Maurach/Friedrich-Christian Schroeder, Strafrecht Besonderer Teil, Teilband 2, 9. Aufl., C. F. Müller, 2005, RN. 5. "현행 독일형법상 위조범죄규정은 1871년 형법의 제정 후 여러 차례의 개정안과 1936년의 정부형법개정위원회안을 반영한 1943년의 형법개정을 통해서 현재의 위조범죄의 형태로 바뀌어졌는데, 우리 형법의 위조범죄규정에 중대한 영향을 미친 1940년의 일본형법가안에는 이러한 변화가 당시의 시대적 사정으로 인해 고려되지 못하였고, 그 후 우리 형법 제정 당시에 1871년의 독일제국형법과 1925년, 1927년 그리고 1930년 등의 독일형법초안과 1940년의 일본형법가안 등만을 고려하였기 때문에 1943년의 형법개정을 통한 현행의 독일형법상 위조범죄규정과는 다른 형태로 규정되었다." (류전철, 위조범죄의 이론과 실제, 전남대학교출판부, 2011, 15면).

9) 독일형법전에서 제23장 문서위조는 재산범죄로 편제되어 있다. 독일형법 제22장은 사기와 배임(Betrug und Untreue)이고 제24장은 파산(Insolvenzstraftaten)이다.

10) Johannes Wessels/Michael Hettinger, Strafrecht Besonderer Teil 1, 39. Aufl., C. F. Müller, 2015, RN. 790.

11) Johannes Wessels/Michael Hettinger, a. a. O., RN. 792 · 795 · 801; Rudolf Rengier, Strafrecht Besonderer Teil II, 17. Aufl., C. H. Beck, 2016, §32 RN. 1.

가결한 수단이며 그 형태도 다양하게 변화하고 있는데, 문서개념의 인정 여부는 원본문서를 대신할 수 있거나 원본문서와 함께 사용할 수 있거나 원본문서의 증명기능을 충족시킬 수 있는 데 적합한지를 작성자의 의사와 거래관행에 따라 판단된다.[12)]

이에 따라 작성자가 일정한 증명을 위해 처음부터 여러 통의 문서로 작성한 복본(複本, Durchschriften)이나 공증 권한을 갖는 공무원이 작성한 정본(正本, Ausfertigungen)은 문서로 인정된다.[13)] 하지만 서식용지(Vordrucke)와 양식용지(Formulare)는 내용이 채워지지 않는 한 문서로 보지 않는다는 것이 독일 통설과 판례이다.[14)] 제3자가 원본을 그대로 베낀 단순한 사본(寫本, Abschriften)은 인증표시(Beglaubigungvermerk)가 없는 한 문서로 보지 않는다. 복사본(複寫本, Fotokopien)도 사본과 마찬가지로 취급되어 인증표시가 없는 한 문서로 보지 않는다는 것이 독일 통설과 판례이다.[15)] 이때 주의할 점은 팩스에 의해 수신된 문서(Fernkopien)에 대해서는 복사본과 달리 평가된다는 점이다. 팩스의 경우에는 서류가 송신장치에 의해 읽혀지고 수신장치에 의해 한 번 재생되므로, 수신된 서류는 두 번째 정본과 같아 원칙적으로 문서로 보는 것이 독일 통설과 판례이다.[16)]

한편 우리 형법에서는 문서에 관한 죄에 있어서 공문서와 사문서를 원칙적으로 구분하여 규정하고 있는데, 독일형법에서는 원칙적으로 공문서와 사문서가 구분되지 않는다. 현행 독일형법은

이에 대한 설명은 이형국, 형법각론연구, 법문사, 2005, 129-135면의 내용을 참조.

12) Rudolf Rengier, a. a. O., §32 RN. 21.

13) Johannes Wessels/Michael Hettinger, a. a. O., RN. 808 · 809; Rudolf Rengier, a. a. O., §32 RN. 23.

14) Johannes Wessels/Michael Hettinger, a. a. O., RN. 812.

15) Johannes Wessels/Michael Hettinger, a. a. O., RN. 811; Rudolf Rengier, a. a. O., §32 RN. 25.

16) Johannes Wessels/Michael Hettinger, a. a. O., RN. 811; Rudolf Rengier, a. a. O., §32 RN. 28.

1851년 프로이센 형법을 계승하여 오고 있는데, 1851년 프로이센 형법은 사문서위조와 공문서위조를 통합해서 규정했기 때문이다.[17] 다만 독일형법 제271조(간접적인 허위기재)와 제348조(허위공문서작성)는 공문서를 대상으로 한 규정이다.

2. 보호법익

문서범죄의 형사처벌을 통해 보호하고자 하는 것은 증명수단인 문서 등을 통한 법적거래의 안전과 신용이라는 것이 독일의 통설이다.[18] 법적거래의 안전과 신용이라는 독자적 법익이 등장한 것은 앞서 보았듯이 1851년 프로이센 형법(Preußisches Strafgesetzbuch von 1851)에서 비로소 문서위조가 사기로부터 분리되어 독자적으로 규정된 것이 배경이다. 재산범죄인 사기죄의 한 형태로서 문서위조 행위를 규정하던 것에서 벗어난 것은, 독자적인 법익으로서의 진실성(Wahrheit) 혹은 진정성(Echtheit)이 침해수단으로서의 기망과 구별되었다는 것을 의미한다.[19]

현재 독일형법에서 범죄의 객체로서 문서는 4가지 방향에서 보호되고 규제되는데, 첫째 (문서의 종류나 형태와 관계없이) 모든 문서의 진정성(Echtheit)에 대한 신뢰이다(독일형법 제267조). 둘째, 공문서 등의 특정한 일부 문서에 있어서 내용의 진실성(inhaltliche Wahrheit)에 대한 신뢰이다(독일형법 제348조, 제271조, 제276조, 제276a조, 제277조 전단, 제278조, 제279조). 셋째, 문서의 외형보전이다(독일형법 제273조, 제274조 제1항 제1호), 넷째, (진정한) 증명서의 부정한 사용이다(독일형법 제281조).[20] 아래에서는 독일형법의 문서에 관한 죄에 대하여 이에 따라 설명된다.

---

17) Reinhart Maurach/Friedrich-Christian Schroeder, a. a. O., RN. 5.
18) Johannes Wessels/Michael Hettinger, a. a. O., RN. 789.
19) Reinhart Maurach/Friedrich-Christian Schroeder, a. a. O., RN. 5.
20) Johannes Wessels/Michael Hettinger, a. a. O., RN. 789.

Ⅲ. 문서위조

1. 문서위조의 일반규정

독일형법 제267조는 문서에 관한 죄에서 가장 포괄적으로 적용되는 일반규정이다. 독일형법 제267조에서는 문서위조행위에 대한 규제가 3가지 유형에 대하여 이루어지고 있다. 첫째, 문서위조(부진정한 문서의 생성), 둘째, 진정한 문서의 변조, 셋째, 위조·변조된 문서의 행사이다. 독일형법 제267조의 규정은 다음과 같다.

> 제267조[21](문서위조) ① 법적거래에서 기망할 목적으로 부진정한 문서를 위조, 진정한 문서를 변조 또는 위·변조된 문서를 행사한 자는 5년 이하의 자유형 또는 벌금형에 처한다.

---

21) §267 Urkundenfälschung

(1) Wer zur Täuschung im Rechtsverkehr eine unechte Urkunde herstellt, eine echte Urkunde verfälscht oder eine unechte oder verfälschte Urkunde gebraucht, wird mit Freiheitsstrafe bis zu fünf Jahren oder mit Geldstrafe bestraft.

(2) Der Versuch ist strafbar.

(3) In besonders schweren Fällen ist die Strafe Freiheitsstrafe von sechs Monaten bis zu zehn Jahren. Ein besonders schwerer Fall liegt in der Regel vor, wenn der Täter

1. gewerbsmäßig oder als Mitglied einer Bande handelt, die sich zur fortgesetzten Begehung von Betrug oder Urkundenfälschung verbunden hat,
2. einen Vermögensverlust großen Ausmaßes herbeiführt,
3. durch eine große Zahl von unechten oder verfälschten Urkunden die Sicherheit des Rechtsverkehrs erheblich gefährdet oder
4. seine Befugnisse oder seine Stellung als Amtsträger oder Europäischer Amtsträger mißbraucht.

(4) Mit Freiheitsstrafe von einem Jahr bis zu zehn Jahren, in minder schweren Fällen mit Freiheitsstrafe von sechs Monaten bis zu fünf Jahren wird bestraft, wer die Urkundenfälschung als Mitglied einer Bande, die sich zur fortgesetzten Begehung von Straftaten nach den §§263 bis 264 oder 267 bis 269 verbunden hat, gewerbsmäßig begeht.

② 미수범은 처벌한다.
③ 특별히 중한 경우에는 6월 이상 10년 이하의 자유형에 처한다. 특별히 중한 경우는 일반적으로 행위자가
1. 지속적인 사기나 문서위조를 행할 목적으로 조직된 범죄조직의 구성원으로서 혹은 영업적으로 행하거나
2. 중대한 정도의 재산손실을 야기하거나
3. 다수의 위·변조된 문서를 통해서 법적 거래의 안전을 현저히 위태롭게 하거나
4. 공무원이 자신의 권한이나 지위를 남용한 경우이다.
④ 제263조부터 제264조 또는 제267부터 제269조의 범죄의 계속적 수행을 목적으로 조직된 범죄조직의 구성원으로서 문서위조를 영업적으로 행한 자는 1년 이상 10년 이하의 자유형에 처하고, 경한 경우에는 6월 이상 5년 이하의 자유형에 처한다.

2. 문서위조(부진정한 문서의 생성)

독일형법 제267조 제1항의 첫 번째 유형은 문서위조(부진정한 문서의 생성)이다. 작성자로 표시된 사람에 의하여 작성되지 않은 문서가 '부진정한 문서'이다. 부진정(Unechtheit)에 대한 중요한 기준은 (명의자의) 동일성기망(Identitätstäuschung)인데, 이것은 실제 작성자에 대한 착오를 유발하기 위한 행위이다.[22] 작성자로 표시된 사람이 존재하는지 여부는 중요하지 않고, 문서를 통해 특정한 사람이 작성자로서 인식될 수 있는 인상을 유발하면 충분하다는 것이 독일제국법원 이래 독일판례의 입장이다.[23] 문서위조에 있어서 문서내용의 진실성(Wahrheit)은 문제되지 않는다.

(명의자의) 동일성기망을 유발하는 가장 일반적인 유형은 타인명

22) Johannes Wessels/Michael Hettinger, a. a. O., RN. 821; Rudolf Rengier, a. a. O., §33 RN. 5.
23) Johannes Wessels/Michael Hettinger, a. a. O., RN. 821.

의로 서명하는 것이지만, 타인명의의 서명이 항상 필요한 것은 아니다. 행위자가 기망을 유발하기 위해서 자신의 호명(Rufname)이 아니라 사용되지 않는 자신의 본명(Vorname)을 사용하는 경우와 자신의 서명에 타인으로 보일 수 있는 것(예컨대 시니어 표시(sen.)나 관공서나 회사의 직인)을 추가하는 경우도 동일성기망을 유발하는 경우이다.[24] 그러나 거짓의 명의를 사용하는 것(소위 명칭기망, Namenstäuschung)이 바로 문서위조가 되는 것은 아니다.[25] 일반적으로 혹은 특정한 상황에서 문서의 작성자가 인지되어 그 사람에 대하여 의문의 여지가 없다면 명칭의 기망이 있더라도 문서위조(동일성기망)가 아니다. 예컨대 S로서 활동하는 외국인 A가 공문서에 S의 서명날인을 하더라도 문서위조가 아니라는 것이 독일판례이다.[26] 그 외에 단순히 서명만 된 구매계약용지나 금액이 적시되지 않은 서명된 수표와 같은 단순한 백지어음(Blankett)은 증명기능이 없어 문서가 아니므로, 단순한 백지어음에 서명자의 의사에 반해서 구매대상이나 금액을 삽입하여 문서를 완성시키더라도 문서위조죄의 구성요건에 해당되지 않는다.[27]

독일형법 제267조 제1항의 주관적 구성요건에 있어서는 문서위조에 대한 고의 이외에 법적거래에서 기망할 목적(zur Täuschung im Rechtsverkehr)이 요구된다. 여기서 고의는 문서의 성질에서 나타나는 본질적인 상황에 대한 인식으로 충분하다는 것이 독일 판례이고, 법적거래에서 기망할 목적은 문서의 진정성에 대하여 타인을 기망하여 그로 하여금 법적으로 중요한 행동을 유발시키고자 하는 것이다.[28] 독일판례에 의하면 가족을 안심시키기 위한 목

24) Johannes Wessels/Michael Hettinger, a. a. O., RN. 827.
25) Johannes Wessels/Michael Hettinger, a. a. O., RN. 827.
26) Rudolf Rengier, a. a. O., §33 RN. 13.
27) Rudolf Rengier, a. a. O., §33 RN. 19.
28) Johannes Wessels/Michael Hettinger, a. a. O., RN. 836.

적, 애인에게 환심(예컨대 어린 나이로 속임)을 사기 위한 목적은 법적거래에서 기망할 목적으로 포섭되지 않는다.[29] 한편 독일형법 제270조[30]에서는 "법적거래에서 정보처리에 허위로 영향을 주는 것은 법적거래에서의 기망으로 본다"는 간주규정을 두고 있다.

3. 문서변조

독일형법 제267조 제1항의 두 번째 유형은 진정한 문서의 변조이다. 변형행위를 통해서 문서의 증명성과 문서의 성질이 완전히 없어지면 변조가 아니다. 이러한 경우에는 독일형법 제267조 제1항의 첫 번째 유형(문서위조)에 해당하는지 여부가 검토된다.[31] 그리고 진정한 문서의 변조와 부진정한 문서의 생성(문서위조)이 동시에 존재하는 경우에는 문서변조는 문서위조에 흡수(법조경합)된다.[32]

문서변조와 관련하여 타인에게 교부한 문서에 대하여 문서작성자(Aussteller)에 의한 변조행위(예컨대 교수에게 제출한 자신의 과제물에 추후 내용을 몰래 보충하는 행위)가 성립될 수 있는지가 문제되는데, 문서변조를 인정하는 것이 독일의 통설이다. 문서의 교부를 통해 그 문서의 보전에 대한 정당한 이익이 타인에게 건너가서 교부자는 문서에 대한 종국적인 처분권한이 없기 때문이라고 한다.[33]

문서변조의 주관적 구성요건에 있어서도 문서위조와 마찬가

---

29) Johannes Wessels/Michael Hettinger, a. a. O., RN. 837.

30) 독일형법 제270조는 "법적거래에서 기망(Täuschung im Rechtsverkehr)"이라는 문구가 사용된 모든 구성요건(독일형법 제152a조, 제267조, 제268조, 제269조, 제271조, 제273조, 제281조)에 적용된다(Rudolf Rengier, a. a. O., §33 RN. 42).

31) Johannes Wessels/Michael Hettinger, a. a. O., RN. 842.

32) Johannes Wessels/Michael Hettinger, a. a. O., RN. 844; Rudolf Rengier, a. a. O., §33 RN. 23.

33) Rudolf Rengier, a. a. O., §33 RN. 24. 반면 이러한 경우는 문서위·변조죄(독일형법 제267조)가 아니라 독일형법 제274조(문서손괴)에 해당한다고 보는 견해도 있다. 독일형법 제267조는 위조행위이든 변조행위이든 동일성기망(Identitätstäuschung)을 전제로 하는 것이므로 제274조에 의해서 충분히 보호된다고 한다(Rudolf Rengier, a. a. O., §33 RN. 24 참조).

지로 고의 이외에 법적거래에서 기망할 목적(zur Täuschung im Rechtsverkehr)이 요구된다.[34)]

4. 위·변조된 문서의 행사

독일형법 제267조 제1항의 세 번째 유형은 위·변조된 문서의 행사이다. 독일판례에 의하면 위조된 자동차번호판이 달린 자동차를 운전한 행위는 위조된 문서의 행사[35)]이나 위조된 운전면허증을 단순히 휴대한 것은 위조된 문서의 행사가 아니다.[36)]

위·변조된 문서원본이 아니라 그 복사본을 사용한 것을 행사로 볼 수 있는지(문서원본의 직접적 사용 이외에 복사본의 간접적인 사용의 가능 여부)에 대하여 논란이 있는데, 독일판례는 복사본의 사용도 행사로 본다.[37)] 복사본도 위·변조된 문서에 대한 인식을 간접적으로 가능하게 한다는 것이 독일판례의 논거이다.[38)]

5. 죄 수

(우리 형법에서는 문서위조·변조와 위조·변조문서행사를 별개의 조문으로 규정하고 있으나) 독일형법 제267조 제1항에서는 문서위조, 문서변조, 위·변조된 문서의 행사를 함께 규정하고 있다. 이때 문서위조·변조행위와 위·변조된 문서의 행사의 죄수관계가 문제된다.

처음부터 위조된 문서를 사용하려고 구체적으로 계획하여 그에 따라 문서를 위조하여 행사한 경우에는 위조행위로 범죄는 기수에 이르고 행사를 통해 종료에 도달하는 것이라고 해석한다. 즉 단지

---

34) Rudolf Rengier, a. a. O., §33 RN. 39.

35) 독일형법에는 인장에 관한 죄가 별도로 규정되어 있지 않고, 공문서와 사문서가 원칙적으로 구별되어 있지 않다.

36) Rudolf Rengier, a. a. O., §33 RN. 31.

37) Rudolf Rengier, a. a. O., §33 RN. 32.

38) Johannes Wessels/Michael Hettinger, a. a. O., RN. 852.

하나의 문서위조죄만이 존재한다고 보는 것이 독일의 통설과 판례의 입장이다.[39)]

반면 문서를 위·변조한 자가 그 행위시에 위·변조된 문서의 사용에 대하여 단지 추상적으로 계획한 경우에는 실제로 위·변조된 문서를 사용한 것은 별개의 범죄행위라고 보고 위·변조행위와 사용행위를 실체적 경합범으로 처리하는 것이 독일의 통설 및 판례의 입장이다.[40)]

6. 기타 문서

(1) 기계적 기록

제268조[41)](기계적 기록의 위조) ① 법적거래에서 기망할 목적으로 다음 각 호의 행위를 한 자는 5년 이하의 자유형 또는 벌금형에 처한다.

---

39) Johannes Wessels/Michael Hettinger, a. a. O., RN. 853; Rudolf Rengier, a. a. O., §33 RN. 37.

40) Johannes Wessels/Michael Hettinger, a. a. O., RN. 853; Rudolf Rengier, a. a. O., §33 RN. 37.

41) §268 Fälschung technischer Aufzeichnungen

(1) Wer zur Täuschung im Rechtsverkehr

1. eine unechte technische Aufzeichnung herstellt oder eine technische Aufzeichnung verfälscht oder

2. eine unechte oder verfälschte technische Aufzeichnung gebraucht,

wird mit Freiheitsstrafe bis zu fünf Jahren oder mit Geldstrafe bestraft.

(2) Technische Aufzeichnung ist eine Darstellung von Daten, Meß- oder Rechenwerten, Zuständen oder Geschehensabläufen, die durch ein technisches Gerät ganz oder zum Teil selbsttätig bewirkt wird, den Gegenstand der Aufzeichnung allgemein oder für Eingeweihte erkennen läßt und zum Beweis einer rechtlich erheblichen Tatsache bestimmt ist, gleichviel ob ihr die Bestimmung schon bei der Herstellung oder erst später gegeben wird.

(3) Der Herstellung einer unechten technischen Aufzeichnung steht es gleich, wenn der Täter durch störende Einwirkung auf den Aufzeichnungsvorgang das Ergebnis der Aufzeichnung beeinflußt.

(4) Der Versuch ist strafbar.

(5) §267 Abs. 3 und 4 gilt entsprechend.

1. 부진정한 기계적 기록을 위조하거나 (진정한) 기계적 기록을 변조
2. 위 · 변조된 기계적 기록을 행사

② 기계적 기록은, 내용이 기록 당시에 이미 확정되는지 혹은 기록 이후에 확정되는지와 상관없이, 기계장치를 통해 데이터, 측량치, 계산치, 정황 또는 사건경과의 전부 또는 일부가 자동적으로 기록되는 표현물인데, 기록의 대상은 일반적으로 혹은 전문가에게 인식되며 법적으로 중요한 사실을 증명하는 것이다.
③ 행위자가 기록과정을 방해함으로써 기록의 결과에 영향을 미친 경우는 기계적 기록의 위조로 본다.
④ 미수범은 처벌한다.
⑤ 제267조 제3항과 제4항은 준용한다.

독일형법 제268조에는 기계적 기록의 위조와 변조, 위 · 변조된 기계적 기록의 행사에 대하여 규정되어 있는데, 문서위조를 규정한 독일형법 제267조의 구성형태와 동일한 구성형태이다. 법적거래에서 기계적 기록으로 나타난 내용은 조작이 없고 그래서 내용의 정확성이 추정된다는 신뢰를 받는데, 이를 보호하는 것이 독일형법 제268조이다.[42] 문서개념의 확장을 가져 온 기계적 기록에 대한 별도의 규정은 1969. 6. 25. 독일형법 개정시에 도입되었다.[43]

기계적 기록의 개념은 독일형법 제268조 제2항에 정의되어 있는데, "내용이 기록 당시에 이미 확정되는지 혹은 기록 이후에 확정되는지와 상관없이, 기계장치를 통해 데이터, 측량치, 계산치, 정황 또는 사건경과의 전부 또는 일부가 자동적으로 기록되는 표현

42) Johannes Wessels/Michael Hettinger, a. a. O., RN. 859; Rudolf Rengier, a. a. O., §34 RN. 1.
43) Frank Zieschang, Leipziger Kommentar, StGB(BAND 9/TEIL 2), 12. Aufl., De Gruyter Recht, 2009, Vor §267.

물로서, 기록의 대상은 일반적으로 혹은 전문가에게 인식되며 법적으로 중요한 사실을 증명하는 것"이 기계적 기록이다.

자동차의 속도계나 단순한 저울 등은 문서의 지속성을 나타낼 수 없으므로 동조의 기계에 해당되지 않는다는 것에 견해가 일치하나,[44] 자동차의 주행기록계, 수도계량기, 가스계량기 등이 동조의 기계에 해당되는지 여부에 대하여는 견해가 대립한다. 이 경우들에서 문서의 지속성을 인정하는 소수의견도 있으나, 기계와 분리할 수 있는 서류가 존재하지 않는다는 이유로 독일형법 제268조의 적용대상으로 보지 않는 것이 통설과 판례의 입장이다.[45]

독일형법 제268조에 규정된 기계적 기록에 포함되는 것은 라벨프린터저울의 기록, 기계에서 출력된 영수증 등이어서, 독일형법 제268조의 실제적 의미는 크지 않다고 한다.[46]

(2) 고도증명자료(특수매체기록)

제269조[47](고도증명자료의 위조) ① 법적거래에서 기망할 목적으로 고도증명자료를 저장하거나 변경하여 위·변조된 문서가 인식되도록 하거나 그렇게 저장 또는 변경된 자료를 행사한 자는 5년 이하의 자유형 또는 벌금형에 처한다.

---

44) Rudolf Rengier, a. a. O., §34 RN. 4.

45) Johannes Wessels/Michael Hettinger, a. a. O., RN. 864; Rudolf Rengier, a. a. O., §34 RN. 5.

46) Johannes Wessels/Michael Hettinger, a. a. O., RN. 861.

47) §269 Fälschung beweiserheblicher Daten
(1) Wer zur Täuschung im Rechtsverkehr beweiserhebliche Daten so speichert oder verändert, daß bei ihrer Wahrnehmung eine unechte oder verfälschte Urkunde vorliegen würde, oder derart gespeicherte oder veränderte Daten gebraucht, wird mit Freiheitsstrafe bis zu fünf Jahren oder mit Geldstrafe bestraft.
(2) Der Versuch ist strafbar.
(3) §267 Abs. 3 und 4 gilt entsprechend.

② 미수범은 처벌한다.
③ 제267조 제3항과 제4항은 준용한다.

독일형법 제267조(문서위조)의 적용되는 문서는 시각적인 인지 가능성이 있어야 하는데(문서의 지속성), 시각적으로 인지할 수 없는 형태의 의사표시의 경우에 발생하는 처벌의 흠결을 메우는 역할을 독일형법 제269조가 한다.[48] (우리의 특수매체기록에 해당하는) 고도증명자료(Beweiserhebliche Daten)란, 전자적 또는 자기적 등 직접 인지할 수 없게 저장되거나 전달된 (코드화된) 정보, 즉 거래처의 기본자료, 급여계좌에 관한 정보, 인명색인 등이다.[49] 이메일도 포함된다.[50] 1986. 5. 15. 독일형법 개정시에 자료의 저장과 가공에 대한 보호가 확대되었다.[51]

(3) 진단서

제277조[52](진단서위조) 의사나 기타 면허 있는 의료종사자의 자격을 모용하여 자기나 타인의 건강상태에 관한 진단서를 위조하거나 권한 없이 의사나 기타 면허 있는 의료종사자의 명의로 자기

---

48) Rudolf Rengier, a. a. O., §35 RN. 1.

49) Johannes Wessels/Michael Hettinger, a. a. O., RN. 883; Rudolf Rengier, a. a. O., §35 RN. 1.

50) Rudolf Rengier, a. a. O., §35 RN. 1.

51) Frank Zieschang, a. a. O., Vor §267.

52) §277 Fälschung von Gesundheitszeugnissen
Wer unter der ihm nicht zustehenden Bezeichnung als Arzt oder als eine andere approbierte Medizinalperson oder unberechtigt unter dem Namen solcher Personen ein Zeugnis über seinen oder eines anderen Gesundheitszustand ausstellt oder ein derartiges echtes Zeugnis verfälscht und davon zur Täuschung von Behörden oder Versicherungsgesellschaften Gebrauch macht, wird mit Freiheitsstrafe bis zu einem Jahr oder mit Geldstrafe bestraft.

나 타인의 건강상태에 관한 진단서를 위조하거나 그러한 종류의 진정한 진단서를 변조하여 관공서나 보험회사를 기망할 목적으로 이를 행사한 자는 1년 이하의 자유형 또는 벌금형에 처한다.

제279조[53](위조 · 변조 · 허위진단서행사) 자기나 타인의 건강상태에 관하여 관청이나 보험회사를 기망할 목적으로 제277조와 제278조에 규정된 종류의 진단서를 행사한 자는 1년 이하의 자유형 또는 벌금형에 처한다.

독일형법 제277조부터 제279조에는 문서 중 진단서에 대해 특별히 규정되어 있다. 독일형법 제277조에는 문서의 진정성과 관련하여 진단서위조가 규정되어 있다. 제278조에는 문서의 진실성과 관련하여 허위진단서작성이 규정되어 있다.[54] 그리고 독일형법 제279조에는 위·변조된 진단서와 허위작성된 진단서의 행사에 대하여 규정되어 있다.

독일형법 제277조는 문서위조에 대한 특별구성요건으로서 제267조(문서위조)에 우선하여 적용된다.[55] 독일형법 제277조(진단서위조)는 3가지 유형을 규정하고 있는데, 첫째 유형은 의료종사자의 자격을 사칭하여 진단서를 위조하는 것, 둘째 유형은 의료종사자인 타인의 이름으로 진단서를 위조하는 것, 셋째 유형은 진정한 진단서를 변조하는 것이다.[56] 그리고 독일형법 제277조가 적용되기 위해서는 이러한 3가지 유형 모두 행사행위까지 요구된다.

---

53) §279 Gebrauch unrichtiger Gesundheitszeugnisse
Wer, um eine Behörde oder eine Versicherungsgesellschaft über seinen oder eines anderen Gesundheitszustand zu täuschen, von einem Zeugnis der in den §§277 und 278 bezeichneten Art Gebrauch macht, wird mit Freiheitsstrafe bis zu einem Jahr oder mit Geldstrafe bestraft.

54) 이에 대해서는 후술하는 IV. 2. 참조.

55) Frank Zieschang, a. a. O., §277 RN. 20.

56) Frank Zieschang, a. a. O., Vor §277 ff.

독일형법 제279조(위조 · 변조 · 허위진단서행사)는 단순히 위조, 변조 또는 허위작성된 진단서를 행사한 경우에 적용되는데, 위조자나 변조자가 행사한 경우에는 독일형법 제277조만이 적용되고 제279조는 적용되지 않는다. 반면 독일형법 제278조(허위진단서작성)는 제277조(진단서위조)와 달리 허위진단서작성행위만 요구되고 행사가 요구되지 않기 때문에, 제278조에 대하여 제279조(위조 · 변조 · 허위진단서행사)는 가벌적 사후행위로서 별도로 적용된다.[57)]

7. 공신분증위조예비

제275조[58)](공신분증위조의 예비) ① 다음 각 호에 해당하는 물건을 제조하거나, 자기 또는 타인으로 하여금 취득하게 하거나, 판매하거나, 보관하거나 타인에게 양도하거나 반입 · 반출되게 함으로써 공신분증의 위조를 예비한 자는 2년 이하의 자유형 또는 벌금형에 처한다.

1. 판, 조판, 인쇄판, 나무판, 음각판, 활자주형 또는 기타 범행에 적합한 유사한 기구

---

57) Frank Zieschang, a. a. O., §281 RN. 8.

58) §275 Vorbereitung der Fälschung von amtlichen Ausweisen

(1) Wer eine Fälschung von amtlichen Ausweisen vorbereitet, indem er

1. Platten, Formen, Drucksätze, Druckstöcke, Negative, Matrizen oder ähnliche Vorrichtungen, die ihrer Art nach zur Begehung der Tat geeignet sind,
2. Papier, das einer solchen Papierart gleicht oder zum Verwechseln ähnlich ist, die zur Herstellung von amtlichen Ausweisen bestimmt und gegen Nachahmung besonders gesichert ist, oder
3. Vordrucke für amtliche Ausweise

herstellt, sich oder einem anderen verschafft, feilhält, verwahrt, einem anderen überläßt oder einzuführen oder auszuführen unternimmt, wird mit Freiheitsstrafe bis zu zwei Jahren oder mit Geldstrafe bestraft.

(2) Handelt der Täter gewerbsmäßig oder als Mitglied einer Bande, die sich zur fortgesetzten Begehung von Straftaten nach Absatz 1 verbunden hat, so ist die Strafe Freiheitsstrafe von drei Monaten bis zu fünf Jahren.

(3) §149 Abs. 2 und 3 gilt entsprechend.

2. 공신분증 제조용도로 사용되면서 특별히 위조가 방지되는 재질의 용지 또는 그와 혼동될 수 있는 유사한 용지
3. 공신분증서식

② 행위자가 제1항의 범죄행위를 지속적으로 수행하기 위해서 조직된 범죄조직의 구성원으로서 혹은 영업적으로 행한 경우에는 3월 이상 5년 이하의 자유형에 처한다.

③ 제149조 제2항과 제3항은 준용된다.

제276조[59](위조된 공신분증의 조달) ① 위·변조된 공신분증 또는 제271조와 제348조에 규정된 유형의 허위사실이 기재된 공신분증에 대하여 다음 각 호에 해당하는 행위를 한 자는 2년 이하의 자유형 또는 벌금형에 처한다.
1. 반입 또는 반출되도록 한 행위
2. 법적거래의 기망을 위한 행사가 가능하게 할 목적으로 자신 또는 타인이 취득하게 하거나 보관하거나 타인에게 양도하는 행위

② 행위자가 제1항의 범죄행위를 지속적으로 수행하기 위해서 조직된 범죄조직의 구성원으로서 혹은 영업적으로 행한 경우에는 3월 이상 5년 이하의 자유형에 처한다.

제276a조[60](체류법상의 서류; 자동차관련서류) 제275조와 제276조

---

59) §276 Verschaffen von falschen amtlichen Ausweisen
(1) Wer einen unechten oder verfälschten amtlichen Ausweis oder einen amtlichen Ausweis, der eine falsche Beurkundung der in den §§271 und 348 bezeichneten Art enthält,
1. einzuführen oder auszuführen unternimmt oder
2. in der Absicht, dessen Gebrauch zur Täuschung im Rechtsverkehr zu ermöglichen, sich oder einem anderen verschafft, verwahrt oder einem anderen überläßt,

wird mit Freiheitsstrafe bis zu zwei Jahren oder mit Geldstrafe bestraft.
(2) Handelt der Täter gewerbsmäßig oder als Mitglied einer Bande, die sich zur fortgesetzten Begehung von Straftaten nach Absatz 1 verbunden hat, so ist die Strafe Freiheitsstrafe von drei Monaten bis zu fünf Jahren.

60) §276a Aufenthaltsrechtliche Papiere; Fahrzeugpapiere
Die §§275 und 276 gelten auch für aufenthaltsrechtliche Papiere, namentlich Aufenthaltstitel und Duldungen, sowie für Fahrzeugpapiere, namentlich

는 체류허가와 체류인용과 같은 체류법상 서류 및 자동차검사증과 자동차등록증과 같은 자동차 관련 서류에도 준용된다.

공신분증(Amtliche Ausweise)은 신분증명을 가능하도록 발급된 (다른 목적이 함께 존재하는지 여부와 관계없이) 관청의 문서로서 예컨대 여권, 공무원증, 운전면허증, (국공립학교)학생증 등을 말한다.[61] 단지 특정기관 내부적으로만 사용되는 신분증, 예컨대 철도회원증, 도서관출입증 등은 공신분증에 해당되지 않는다.[62]

독일형법 제275조부터 제276a조에는 공신분증에 대한 위조준비행위에 대한 형사처벌이 규정되어 있다.[63] 공신분증의 위조행위 자체는 독일형법 제267조(문서위조)가 적용되는데, 독일형법 제275조에서는 문서 중 공신분증에 대해서 그 예비행위를 규제하고 있다. 독일형법 제276조는 위·변조된 공신분증과 허위로 작성된 공신분증의 행사에 대한 예비행위를 규제하고 있다. 공신분증위조예비에 대한 규정은 1974. 3. 2. 독일형법 개정시에 도입되었다.[64]

Ⅳ. 허위문서작성

1. 허위공문서작성

제348조[65](허위공문서작성) ① 공문서의 작성권한 있는 공무원이

Fahrzeugscheine und Fahrzeugbriefe.

61) Kristian Kühl, Strafgesetzbuch Kommentar, 26. Aufl., C. H. Beck, München, 2007, §275 RN. 1.

62) Kristian Kühl, a. a. O., §275 RN. 1.

63) Rudolf Rengier, a. a. O., §38 RN. 1.

64) Frank Zieschang, a. a. O., Vor §267.

65) §348 Falschbeurkundung im Amt
(1) Ein Amtsträger, der, zur Aufnahme öffentlicher Urkunden befugt, innerhalb

그 권한 내에서 법률상 중요한 사실을 허위로 작성하거나 공기록, 공장부 또는 공전자기록에 허위로 입력하거나 기록한 때에는 5년 이하의 자유형이나 벌금형에 처한다.

② 미수범은 처벌한다.

제271조[66](간접적인 허위작성) ① 권리나 법적관계에 중요한 의사표시, 거래 또는 사실이 전부 또는 일부 다르게, 혹은 자격 없는 사람이나 다른 사람에 의해서 발표되거나 나타나게 되어, 그것이 공문서, 공장부, 공전자기록, 공등기부에 기재 또는 기록되도록 한 자는 3년 이하의 자유형 또는 벌금형에 처한다.

② 제1항에 규정된 유형의 허위의 문서나 저장자료를 법적거래에서 기망할 목적으로 행사한 자도 동일하게 처벌한다.

③ 자기나 제3자의 이익을 취할 목적으로 혹은 타인에게 손해를 가할 목적으로 혹은 대가를 받고 행한 자는 3월 이상 5년 이하의 자유형에 처한다.

④ 미수범은 처벌한다.

---

seiner Zuständigkeit eine rechtlich erhebliche Tatsache falsch beurkundet oder in öffentliche Register, Bücher oder Dateien falsch einträgt oder eingibt, wird mit Freiheitsstrafe bis zu fünf Jahren oder mit Geldstrafe bestraft.

(2) Der Versuch ist strafbar.

66) §271 Mittelbare Falschbeurkundung

(1) Wer bewirkt, daß Erklärungen, Verhandlungen oder Tatsachen, welche für Rechte oder Rechtsverhältnisse von Erheblichkeit sind, in öffentlichen Urkunden, Büchern, Dateien oder Registern als abgegeben oder geschehen beurkundet oder gespeichert werden, während sie überhaupt nicht oder in anderer Weise oder von einer Person in einer ihr nicht zustehenden Eigenschaft oder von einer anderen Person abgegeben oder geschehen sind, wird mit Freiheitsstrafe bis zu drei Jahren oder mit Geldstrafe bestraft.

(2) Ebenso wird bestraft, wer eine falsche Beurkundung oder Datenspeicherung der in Absatz 1 bezeichneten Art zur Täuschung im Rechtsverkehr gebraucht.

(3) Handelt der Täter gegen Entgelt oder in der Absicht, sich oder einen Dritten zu bereichern oder eine andere Person zu schädigen, so ist die Strafe Freiheitsstrafe von drei Monaten bis zu fünf Jahren.

(4) Der Versuch ist strafbar.

공문서(Öffentliche Urkunden)는 관공서나 공적신용을 갖춘 사람(예컨대 공증인)이 그 권한 내에서 작성한 문서를 말하는데,[67] 독일형법 제348조와 제271조는 공문서에 한하여 내용적 진실성을 보호한다.[68] 진실성보호의 규정을 통해 입법자는 공문서의 특별한 증명력(Beweiskraft)에 대한 일반적 신뢰를 확보하려고 한다.[69] 독일형법 제348조는 신분범으로서 공무원범죄이고, 독일형법 제271조는 공무원이 아닌 사람에게 적용된다.[70]

독일형법 제348조는 공무원이 고의로 자신의 권한 내에서 공문서를 허위로 작성하거나 공전자기록에 허위로 입력한 경우를 규제한다. 진정한 공문서가 전제된다.[71] 공무원이 아닌 사람은 정범성의 흠결로 제348조의 공동정범[72]이나 간접정범이 될 수 없고, 교사범이나 방조범만이 고려될 수 있다.[73]

작성권한이 있는 공무원이 허위공문서작성을 고의 없이 행하고 이를 사주한 자가 공문서의 허위성에 대하여 인식하는 경우, 사주자는 제348조의 정범행위의 흠결로 인해 허위공문서작성죄의 교사범이 성립될 수 없다. 이 경우에 사주자는 허위공문서작성죄의 간접정범의 형태인데, 정범성의 결여(신분의 결여)로 인해 간접정범이 성립되지 않는다. 독일형법 제271조 제1항은 이러한 처벌의 흠결

---

67) Johannes Wessels/Michael Hettinger, a. a. O., RN. 905. 외국 공문서의 경우에는 독일 내에서 사용되는 한도에서는 독일형법 제271조에 포함된다는 것이 독일의 통설과 판례(독일연방행정법원은 외국공문서나 내국공문서에 모두 동일한 증명력을 인정한다)의 입장이다(Johannes Wessels/Michael Hettinger, a. a. O., RN. 906).

68) Rudolf Rengier, a. a. O., §37 RN. 1.

69) Johannes Wessels/Michael Hettinger, a. a. O., RN. 902.

70) Kristian Kühl, a. a. O., §348 RN. 2.

71) Rudolf Rengier, a. a. O., §37 RN. 3.

72) 독일형법에는 공동정범의 경우에 진정신분의 확대를 규정한 (우리 형법 제33조와 같은) 조문이 존재하지 않는다.

73) Rudolf Rengier, a. a. O., §37 RN. 4.

을 메우기 위한 규정이다.[74)]

독일형법 제271조의 해석과 관련하여, 표제에 사용된 '간접적(Mittelbare)' 허위기재라는 문구가 핵심이어서 간접정범의 행위를 전제로 하는 것인지, 아니면 '~도록 한(Bewirken)'이라는 문구가 핵심이어서 공무원에게 제348조의 구성요건을 유발시킬 수 있는 어떠한 행위라도 충분한 것인지가 문제된다. 독일의 통설은 '~도록 한(Bewirken)'이라는 문구를 넓게 해석하는 후자의 입장을 취하여 간접정범과의 대등함을 요구하지 않고 허위작성에 대한 촉발행위(jede Form der Urheberschaft)를 제271조에 포섭한다.[75)] 따라서 공무원이 허위의 공문서를 작성하도록 고의적으로 야기한 자는 제271조 구성요건을 충족시키는 것이다. 반면 공무원의 행위가 제348조의 구성요건에 해당하여 이를 야기한 사람에게 허위공문서작성교사가 적용되는 경우에는 독일형법 제271조는 죄수단계가 아니라 이미 구성요건단계에서 제외된다.[76)]

한편 독일형법 제271조 제2항은 허위의 공문서를 행사한 것을 규제하고 있는데, 이는 허위공문서작성행위의 가벌성과 독립적으로 적용된다.[77)] 독일형법 제271조 제3항은 동조 제1항과 제2항에 대한 가중적 구성요건이다.[78)]

2. 허위진단서작성

제278조[79)](허위진단서작성) 관공서나 보험회사에 사용할 목적으로

74) Rudolf Rengier, a. a. O., §37 RN. 6.
75) Rudolf Rengier, a. a. O., §37 RN. 9.
76) Rudolf Rengier, a. a. O., §37 RN. 11.
77) Rudolf Rengier, a. a. O., §37 RN. 26.
78) Rudolf Rengier, a. a. O., §37 RN. 27.
79) §278 Ausstellen unrichtiger Gesundheitszeugnisse
Ärzte und andere approbierte Medizinalpersonen, welche ein unrichtiges Zeugnis über den Gesundheitszustand eines Menschen zum Gebrauch

사람의 건강상태에 관한 허위진단서를 작성한 의사와 기타 면허 있는 의료종사자는 2년 이하의 자유형 또는 벌금형에 처한다.

앞서 설명되었듯이[80] 독일형법 제277조부터 제279조는 문서 중 진단서에 대해 특별히 규정하고 있는데, 독일형법 제278조는 문서의 진실성과 관련하여 허위진단서작성행위를 규제하고 있고 독일형법 제279조는 허위작성된 진단서의 행사에 대하여 규정하고 있다. 공무원인 의사가 허위진단서를 작성한 경우, 독일형법 제348조(허위공문서작성)와 제278조(허위진단서작성)의 죄수관계에 대하여는 법조경합으로 전자(허위공문서작성)만이 적용된다.[81]

Ⅴ. 문서은닉 · 손괴

1. 문서은닉 · 손괴

제274조[82](문서은닉; 경계표변경) ① 다음 각 호의 자는 5년 이하

bei einer Behörde oder Versicherungsgesellschaft wider besseres Wissen ausstellen, werden mit Freiheitsstrafe bis zu zwei Jahren oder mit Geldstrafe bestraft.

80) 전술한 III. 6. (3) 참조.

81) Frank Zieschang, a. a. O., §278 RN. 14.

82) §274 Urkundenunterdrückung; Veränderung einer Grenzbezeichnung
(1) Mit Freiheitsstrafe bis zu fünf Jahren oder mit Geldstrafe wird bestraft, wer
1. eine Urkunde oder eine technische Aufzeichnung, welche ihm entweder überhaupt nicht oder nicht ausschließlich gehört, in der Absicht, einem anderen Nachteil zuzufügen, vernichtet, beschädigt oder unterdrückt,
2. beweiserhebliche Daten (§202a Abs. 2), über die er nicht oder nicht ausschließlich verfügen darf, in der Absicht, einem anderen Nachteil zuzufügen, löscht, unterdrückt, unbrauchbar macht oder verändert oder
3. einen Grenzstein oder ein anderes zur Bezeichnung einer Grenze oder eines Wasserstandes bestimmtes Merkmal in der Absicht, einem anderen

의 자유형 또는 벌금형에 처한다.

1. 타인에게 불이익을 가할 목적으로 자기에게 속하지 아니하거나 단독으로 소유하지 아니한 문서나 기계적 기록을 폐기, 손괴 또는 은닉한 자
2. 타인에게 불이익을 가할 목적으로 처분권한이 없거나 단독으로 처분할 수 없는 고도증명자료(제202a조 제2항)를 소거, 은닉 또는 사용불가능하게 하거나 변경한 자 또는
3. 타인에게 불이익을 가할 목적으로 경계석 또는 기타 경계나 수위를 표시하는 표지를 절취, 파괴 또는 인식불능하게 하거나 그 위치를 변경하거나 그릇되게 놓은 자

② 미수범은 처벌한다.

독일형법 제274조 제1항 제1호(문서은닉)는 타인의 문서나 고도증명자료를 폐기하거나 손괴하거나 은닉한 행위를 처벌하는데, 이러한 행위는 일반적인 거래에 대한 것이 아니라 특정한 타인의 증명권한(Beweisführungsbefugnis)에 대한 것이다. 따라서 권한자의 동의는 특별한 사유가 없는 한 그 행위의 위법성을 조각시킨다.[83] 운전면허증, 여권과 같은 공신분증은 전적으로 소유자에게 속하는 것으로서 경찰에게 증명권한이 있지 않다.[84]

주관적 구성요건에는 고의 이외에 타인에게 불이익을 가할 목적이 포함되는데, 타인의 증명권한에 어떠한 방해(재산상 불이익도 가능)라도 충분하다는 것이 독일판례이다.[85]

한편 독일형법 제303조[86]에는 재물손괴죄가 규정되어 있는데,

Nachteil zuzufügen, wegnimmt, vernichtet, unkenntlich macht, verrückt oder fälschlich setzt.

(2) Der Versuch ist strafbar.

83) Johannes Wessels/Michael Hettinger, a. a. O., RN. 886.

84) Rudolf Rengier, a. a. O., §36 RN. 4.

85) Rudolf Rengier, a. a. O., §36 RN. 8.

86) §303 Sachbeschädigung (재물손괴)

제274조의 문서은닉죄가 우선 적용된다.87)

2. 공신분증변형

제273조88)(공신분증변형) ① 법적거래에서 기망할 목적으로
1. 공신분증의 내용을 제거하거나 식별하지 못하게 만들거나 은폐하거나 은닉하거나 공증서의 한 면을 제거하거나
2. 그러한 방식으로 변경된 공신분증을 행사한 자는,

그 행위가 제267조 또는 제274조에서 처벌되지 아니하는 경우, 3년 이하의 자유형 또는 벌금형에 처한다.
② 미수범은 처벌한다.

독일형법 제274조(문서은닉)가 '~에게 속한다(gehören)'는 문구를 규정하여 발생하는 처벌의 흠결을 메우기 위해서 독일형법 제273조가 존재한다.89) 운전면허증 등의 공신분증은 개별소유자에게 속하는 것으로서 소유자가 자신의 공신분증을 손괴 변형하더라도

---

(1) Wer rechtswidrig eine fremde Sache beschädigt oder zerstört, wird mit Freiheitsstrafe bis zu zwei Jahren oder mit Geldstrafe bestraft. (위법하게 타인의 재물을 손괴하거나 파괴한 자는 2년 이하의 징역형 또는 벌금형에 처한다.)
(2) Ebenso wird bestraft, wer unbefugt das Erscheinungsbild einer fremden Sache nicht nur unerheblich und nicht nur vorübergehend verändert. (권한 없이 타인의 재물외관을 항구적으로 두드러지게 변경한 자도 2년 이하의 징역형 또는 벌금형에 처한다.)
(3) Der Versuch ist strafbar. (미수범은 처벌한다.)

87) Johannes Wessels/Michael Hettinger, a. a. O., RN. 898.

88) §273 Verändern von amtlichen Ausweisen
(1) Wer zur Täuschung im Rechtsverkehr
1. eine Eintragung in einem amtlichen Ausweis entfernt, unkenntlich macht, überdeckt oder unterdrückt oder eine einzelne Seite aus einem amtlichen Ausweis entfernt oder
2. einen derart veränderten amtlichen Ausweis gebraucht,

wird mit Freiheitsstrafe bis zu drei Jahren oder mit Geldstrafe bestraft, wenn die Tat nicht in §267 oder §274 mit Strafe bedroht ist.
(2) Der Versuch ist strafbar.

89) Kristian Kühl, a. a. O., §273 RN. 1; Rudolf Rengier, a. a. O., §38 RN. 1.

문서손괴죄로 처벌되지 아니한다. 독일형법 제274조가 공신분증을 포섭하지 못하는 처벌의 흠결을 독일형법 제273조가 보완한다. 독일형법 제273조(공신분증변경)는 독일형법 제267조(문서위조)와 제274조(문서은닉)에 대하여 보충적으로 적용된다.[90]

Ⅵ. 증명서부정행사

제281조[91](증명서부정행사) ① 법적거래에서 기망할 목적으로 타인을 위하여 작성된 증명서를 행사한 자 또는 법적거래의 기망을 목적으로 작성대상자 이외의 타인에게 이를 양도한 자는 1년 이하의 자유형 또는 벌금형에 처한다. 미수범은 처벌한다.
② 거래에서 증명용으로 사용되는 증서 및 기타 문서는 증명서로 본다.

독일형법 제281조(증명서부정행사)는 진정한 증명서를 보호대상으로 하며,[92] 진정한 증명서를 사용하는 법적거래의 안전을 보호법익으로 한다.[93] 독일형법 제281조(증명서부정행사)는 법적거래에서 문서의 진실성(Wahrheit)의 보호에 기여한다.

행위객체인 증명서(Ausweispapiere)의 개념과 관련하여 논란이

90) Kristian Kühl, a. a. O., §273 RN. 5.

91) §281 Mißbrauch von Ausweispapieren
(1) Wer ein Ausweispapier, das für einen anderen ausgestellt ist, zur Täuschung im Rechtsverkehr gebraucht, oder wer zur Täuschung im Rechtsverkehr einem anderen ein Ausweispapier überläßt, das nicht für diesen ausgestellt ist, wird mit Freiheitsstrafe bis zu einem Jahr oder mit Geldstrafe bestraft. Der Versuch ist strafbar.
(2) Einem Ausweispapier stehen Zeugnisse und andere Urkunden gleich, die im Verkehr als Ausweis verwendet werden.

92) Frank Zieschang, a. a. O., §281 RN. 3.

93) Frank Zieschang, a. a. O., §281 RN. 3.

있는데, 증명서는 관공서나 공적 업무를 수행하는 공공기관에 의해서 작성된 인적 동일성 내지 인적관계의 증명에 기여하는 문서를 말하는 것으로서 공신분증(Amtliche Ausweise)를 의미한다고 보는 견해가 있다.[94] 그러나 독일형법 제281조의 증명서에는 공신분증뿐만 아니라 거래에서 인적 동일성의 증명용으로 사용되는 문서, 예컨대 출생확인서, 회사원증, 보험증서, 세례증서, 학위증서 등이 포함된다고 보는 입장이 독일의 다수설이고 판례이다.[95] 증명서(운전면허증)의 사진이 탈착되더라도 독일형법 제281조의 증명서에 해당된다.[96]

행위형태로는 행사(Gebrauchen)와 양도(Überlassen)가 규정되어 있다. 행사는 피기망자가 문서를 참고할 수 있도록 문서가 피기망자에게 접근되는 것을 말하고,[97] 양도는 타인에게 사용이 가능하도록 처분권한을 넘겨주는 것을 말한다.[98]

주관적 구성요건으로는 고의 이외에 법적거래에서 기망할 목적이 필요하다. 법적거래에서 기망할 목적이 인정되기 위해서는 두 가지가 필요한데, 첫째 증명서가 제시하는 사람과 동일인이라는 인상을 일으키려는 의도, 둘째, 피기망자가 법적으로 중요한 행위를 결정하도록 하는 의도가 필요하다.[99]

94) Rudolf Rengier, a. a. O., §38 RN. 4.
95) Kristian Kühl, a. a. O., §281 RN. 2; Johannes Wessels/Michael Hettinger, a. a. O., RN. 857.
96) Kristian Kühl, a. a. O., §281 RN. 2.
97) Johannes Wessels/Michael Hettinger, a. a. O., RN. 851.
98) Johannes Wessels/Michael Hettinger, a. a. O., RN. 857.
99) Johannes Wessels/Michael Hettinger, a. a. O., RN. 857.

[부록] 독일형법 중 문서에 관한 죄

법률규정	번 역
§267 Urkundenfälschung (1) Wer zur Täuschung im Rechtsverkehr eine unechte Urkunde herstellt, eine echte Urkunde verfälscht oder eine unechte oder verfälschte Urkunde gebraucht, wird mit Freiheitsstrafe bis zu fünf Jahren oder mit Geldstrafe bestraft.	**제267조 (문서위조)** ① 법적거래에서 기망할 목적으로 부진정한 문서를 위조, 진정한 문서를 변조 또는 위·변조된 문서를 행사한 자는 5년 이하의 자유형 또는 벌금형에 처한다.
(2) Der Versuch ist strafbar.	② 미수범은 처벌한다.
(3) In besonders schweren Fällen ist die Strafe Freiheitsstrafe von sechs Monaten bis zu zehn Jahren. Ein besonders schwerer Fall liegt in der Regel vor, wenn der Täter 1. gewerbsmäßig oder als Mitglied einer Bande handelt, die sich zur fortgesetzten Begehung von Betrug oder Urkundenfälschung verbunden hat, 2. einen Vermögensverlust großen Ausmaßes herbeiführt, 3. durch eine große Zahl von unechten oder verfälschten Urkunden die Sicherheit des Rechtsverkehrs erheblich gefährdet oder 4. seine Befugnisse oder seine Stellung als Amtsträger oder Europäischer Amtsträger mißbraucht.	③ 특별히 중한 경우에는 6월 이상 10년 이하의 자유형에 처한다. 특별히 중한 경우는 일반적으로 행위자가 1. 지속적인 사기나 문서위조를 행할 목적으로 조직된 범죄조직의 구성원으로서 혹은 영업적으로 행하거나 2. 중대한 정도의 재산손실을 야기하거나 3. 다수의 위·변조된 문서를 통해서 법적 거래의 안전을 현저히 위태롭게 하거나 4. 공무원이 자신의 권한이나 지위를 남용한 경우이다.
(4) Mit Freiheitsstrafe von einem Jahr bis zu zehn Jahren, in minder schweren Fällen mit Freiheitsstrafe von sechs Monaten bis zu fünf Jahren wird bestraft, wer die Urkundenfälschung als Mitglied einer Bande, die sich zur	④ 제263조부터 제264조 또는 제267부터 제269조의 범죄의 계속적 수행을 목적으로 조직된 범죄조직의 구성원으로서 문서위조를 영업적으로 행한 자는 1년 이상 10년 이하의 자유형에 처하고, 경한 경우에는 6월 이상 5년 이하의 자

fortgesetzten Begehung von Straftaten nach den §§263 bis 264 oder 267 bis 269 verbunden hat, gewerbsmäßig begeht.	유형에 처한다.
§268 Fälschung technischer Aufzeichnungen (1) Wer zur Täuschung im Rechtsverkehr 1. eine unechte technische Aufzeichnung herstellt oder eine technische Aufzeichnung verfälscht oder 2. eine unechte oder verfälschte technische Aufzeichnung gebraucht, wird mit Freiheitsstrafe bis zu fünf Jahren oder mit Geldstrafe bestraft.	**제268조 (기계적 기록의 위조)** ① 법적거래에서 기망할 목적으로 다음 각 호의 행위를 한 자는 5년 이하의 자유형 또는 벌금형에 처한다. 1. 부진정한 기계적 기록을 위조하거나 (진정한) 기계적 기록을 변조 2. 위 · 변조된 기계적 기록을 행사
(2) Technische Aufzeichnung ist eine Darstellung von Daten, Meß- oder Rechenwerten, Zuständen oder Geschehensabläufen, die durch ein technisches Gerät ganz oder zum Teil selbsttätig bewirkt wird, den Gegenstand der Aufzeichnung allgemein oder für Eingeweihte erkennen läßt und zum Beweis einer rechtlich erheblichen Tatsache bestimmt ist, gleichviel ob ihr die Bestimmung schon bei der Herstellung oder erst später gegeben wird.	② 기계적 기록은, 내용이 기록 당시에 이미 확정되는지 혹은 기록 이후에 확정되는지와 상관없이, 기계장치를 통해 데이터, 측량치, 계산치, 정황 또는 사건경과의 전부 또는 일부가 자동적으로 기록되는 표현물인데, 기록의 대상은 일반적으로 혹은 전문가에게 인식되며 법적으로 중요한 사실을 증명하는 것이다.
(3) Der Herstellung einer unechten technischen Aufzeichnung steht es gleich, wenn der Täter durch störende Einwirkung auf den Aufzeichnungsvorgang das Ergebnis der Aufzeichnung beeinflußt.	③ 행위자가 기록과정을 방해함으로써 기록의 결과에 영향을 미친 경우는 기계적 기록의 위조로 본다.
(4) Der Versuch ist strafbar.	④ 미수범은 처벌한다.
(5) §267 Abs. 3 und 4 gilt entsprechend.	⑤ 제267조 제3항과 제4항은 준용한다.

§269 Fälschung beweiserheblicher Daten (1) Wer zur Täuschung im Rechtsverkehr beweiserhebliche Daten so speichert oder verändert, daß bei ihrer Wahrnehmung eine unechte oder verfälschte Urkunde vorliegen würde, oder derart gespeicherte oder veränderte Daten gebraucht, wird mit Freiheitsstrafe bis zu fünf Jahren oder mit Geldstrafe bestraft. (2) Der Versuch ist strafbar. (3) §267 Abs. 3 und 4 gilt entsprechend.	**제269조 (고도증명자료의 위조)** ① 법적거래에서 기망할 목적으로 고도증명자료를 저장하거나 변경하여 위·변조된 문서가 인식되도록 하거나 그렇게 저장 또는 변경된 자료를 행사한 자는 5년 이하의 자유형 또는 벌금형에 처한다. ② 미수범은 처벌한다. ③ 제267조 제3항과 제4항은 준용한다.
§270 Täuschung im Rechtsverkehr bei Datenverarbeitung Der Täuschung im Rechtsverkehr steht die fälschliche Beeinflussung einer Datenverarbeitung im Rechtsverkehr gleich.	**제270조 (정보처리에서 법적거래기망)** 법적거래에서 정보처리에 허위로 영향을 주는 것은 법적거래에서의 기망으로 본다.
§271 Mittelbare Falschbeurkundung (1) Wer bewirkt, daß Erklärungen, Verhandlungen oder Tatsachen, welche für Rechte oder Rechtsverhältnisse von Erheblichkeit sind, in öffentlichen Urkunden, Büchern, Dateien oder Registern als abgegeben oder geschehen beurkundet oder gespeichert werden, während sie überhaupt nicht oder in anderer Weise oder von einer Person in einer ihr nicht zustehenden Eigenschaft oder von einer anderen Person abgegeben oder geschehen sind, wird mit Freiheitsstrafe bis zu drei Jahren oder mit Geldstrafe bestraft. (2) Ebenso wird bestraft, wer eine	**제271조 (간접적인 허위작성)** ① 권리나 법적관계에 중요한 의사표시, 거래 또는 사실이 전부 또는 일부 다르게, 혹은 자격 없는 사람이나 다른 사람에 의해서 발표되거나 나타나게 되어, 그것이 공문서, 공장부, 공전자기록, 공등기부에 기재 또는 기록되도록 한 자는 3년 이하의 자유형 또는 벌금형에 처한다. ② 제1항에 규정된 유형의 허위의 문서

falsche Beurkundung oder Datenspeicherung der in Absatz 1 bezeichneten Art zur Täuschung im Rechtsverkehr gebraucht.	나 저장자료를 법적거래에서 기망할 목적으로 행사한 자도 동일하게 처벌한다.
(3) Handelt der Täter gegen Entgelt oder in der Absicht, sich oder einen Dritten zu bereichern oder eine andere Person zu schädigen, so ist die Strafe Freiheitsstrafe von drei Monaten bis zu fünf Jahren.	③ 자기나 제3자의 이익을 취할 목적으로 혹은 타인에게 손해를 가할 목적으로 혹은 대가를 받고 행한 자는 3월 이상 5년 이하의 자유형에 처한다.
(4) Der Versuch ist strafbar.	④ 미수범은 처벌한다.
	제272조 (삭제)
§273 Verändern von amtlichen Ausweisen (1) Wer zur Täuschung im Rechtsverkehr 1. eine Eintragung in einem amtlichen Ausweis entfernt, unkenntlich macht, überdeckt oder unterdrückt oder eine einzelne Seite aus einem amtlichen Ausweis entfernt oder 2. einen derart veränderten amtlichen Ausweis gebraucht, wird mit Freiheitsstrafe bis zu drei Jahren oder mit Geldstrafe bestraft, wenn die Tat nicht in §267 oder §274 mit Strafe bedroht ist.	**제273조 (공신분증변형)** ① 법적거래에서 기망할 목적으로 1. 공신분증의 내용을 제거하거나 식별하지 못하게 만들거나 은폐하거나 은닉하거나 공증서의 한 면을 제거하거나 2. 그러한 방식으로 변경된 공신분증을 행사한 자는, 그 행위가 제267조 또는 제274조에서 처벌되지 아니하는 경우, 3년 이하의 자유형 또는 벌금형에 처한다.
(2) Der Versuch ist strafbar.	② 미수범은 처벌한다.
§274 Urkundenunterdrückung; Veränderung einer Grenzbezeichnung (1) Mit Freiheitsstrafe bis zu fünf Jahren oder mit Geldstrafe wird bestraft, wer 1. eine Urkunde oder eine technische Aufzeichnung, welche ihm entweder überhaupt nicht oder nicht	**제274조 (문서은닉; 경계표변경)** ① 다음 각 호의 자는 5년 이하의 자유형 또는 벌금형에 처한다. 1. 타인에게 불이익을 가할 목적으로 자기에게 속하지 아니하거나 단독으로 소유하지 아니한 문서나 기술매체기록을 폐기, 손괴 또는 은닉한 자 2. 타인에게 불이익을 가할 목적으로

ausschließlich gehört, in der Absicht, einem anderen Nachteil zuzufügen, vernichtet, beschädigt oder unterdrückt,

2. beweiserhebliche Daten (§202a Abs. 2), über die er nicht oder nicht ausschließlich verfügen darf, in der Absicht, einem anderen Nachteil zuzufügen, löscht, unterdrückt, unbrauchbar macht oder verändert oder

3. einen Grenzstein oder ein anderes zur Bezeichnung einer Grenze oder eines Wasserstandes bestimmtes Merkmal in der Absicht, einem anderen Nachteil zuzufügen, wegnimmt, vernichtet, unkenntlich macht, verrückt oder fälschlich setzt.

(2) Der Versuch ist strafbar.

처분권한이 없거나 단독으로 처분할 수 없는 중요한 증거자료(제202a조 제2항)를 소거, 은닉 또는 사용불가능하게 하거나 변경한 자 또는

3. 타인에게 불이익을 가할 목적으로 경계석 또는 기타 경계나 수위를 표시하는 표지를 절취, 파괴 또는 인식불능하게 하거나 그 위치를 변경하거나 그릇되게 놓은 자

② 미수범은 처벌한다.

§275 Vorbereitung der Fälschung von amtlichen Ausweisen

(1) Wer eine Fälschung von amtlichen Ausweisen vorbereitet, indem er

1. Platten, Formen, Drucksätze, Druckstöcke, Negative, Matrizen oder ähnliche Vorrichtungen, die ihrer Art nach zur Begehung der Tat geeignet sind,

2. Papier, das einer solchen Papierart gleicht oder zum Verwechseln ähnlich ist, die zur Herstellung von amtlichen Ausweisen bestimmt und gegen Nachahmung besonders gesichert ist, oder

3. Vordrucke für amtliche Ausweise

herstellt, sich oder einem anderen verschafft, feilhält, verwahrt, einem anderen überläßt oder einzuführen

제275조 (공신분증위조의 예비)

① 다음 각 호에 해당하는 물건을 제조하거나, 자기 또는 타인으로 하여금 취득하게 하거나, 판매하거나, 보관하거나 타인에게 양도하거나 반입·반출되게 함으로써 공신분증의 위조를 예비한 자는 2년 이하의 자유형 또는 벌금형에 처한다.

1. 판, 조판, 인쇄판, 나무판, 음각판, 활자주형 또는 기타 범행에 적합한 유사한 기구

2. 공신분증 제조용도로 사용되면서 특별히 위조가 방지되는 재질의 용지 또는 그와 혼동될 수 있는 유사한 용지

3. 공신분증서식

oder auszuführen unternimmt, wird mit Freiheitsstrafe bis zu zwei Jahren oder mit Geldstrafe bestraft.	
(2) Handelt der Täter gewerbsmäßig oder als Mitglied einer Bande, die sich zur fortgesetzten Begehung von Straftaten nach Absatz 1 verbunden hat, so ist die Strafe Freiheitsstrafe von drei Monaten bis zu fünf Jahren.	② 행위자가 제1항의 범죄행위를 지속적으로 수행하기 위해서 조직된 범죄조직의 구성원으로서 혹은 영업적으로 행한 경우에는 3월 이상 5년 이하의 자유형에 처한다.
(3) §149 Abs. 2 und 3 gilt entsprechend.	③ 제149조 제2항과 제3항은 준용된다.
§276 Verschaffen von falschen amtlichen Ausweisen	**제276조 (위조된 공신분증의 조달)**
(1) Wer einen unechten oder verfälschten amtlichen Ausweis oder einen amtlichen Ausweis, der eine falsche Beurkundung der in den §§271 und 348 bezeichneten Art enthält, 1. einzuführen oder auszuführen unternimmt oder 2. in der Absicht, dessen Gebrauch zur Täuschung im Rechtsverkehr zu ermöglichen, sich oder einem anderen verschafft, verwahrt oder einem anderen überläßt, wird mit Freiheitsstrafe bis zu zwei Jahren oder mit Geldstrafe bestraft.	① 위·변조된 공신분증 또는 제271조와 제348조에 규정된 유형의 허위사실이 기재된 공신분증에 대하여 다음 각 호에 해당하는 행위를 한 자는 2년 이하의 자유형 또는 벌금형에 처한다. 1. 반입 또는 반출되도록 한 행위 2. 법적거래의 기망을 위한 행사가 가능하게 할 목적으로 자신 또는 타인이 취득하게 하거나 보관하거나 타인에게 양도하는 행위
(2) Handelt der Täter gewerbsmäßig oder als Mitglied einer Bande, die sich zur fortgesetzten Begehung von Straftaten nach Absatz 1 verbunden hat, so ist die Strafe Freiheitsstrafe von drei Monaten bis zu fünf Jahren.	② 행위자가 제1항의 범죄행위를 지속적으로 수행하기 위해서 조직된 범죄조직의 구성원으로서 혹은 영업적으로 행한 경우에는 3월 이상 5년 이하의 자유형에 처한다.
§276a Aufenthaltsrechtliche Papiere; Fahrzeugpapiere	**제276a조 (체류법상의 서류; 자동차관련서류)**
Die §§275 und 276 gelten auch für aufenthaltsrechtliche Papiere, namentlich	제275조와 제276조는 체류허가와 체류인용과 같은 체류법상 서류 및 자동차검

Aufenthaltstitel und Duldungen, sowie für Fahrzeugpapiere, namentlich Fahrzeugscheine und Fahrzeugbriefe.	사증과 자동차등록증과 같은 자동차 관련 서류에도 준용된다.
§277 Fälschung von Gesundheitszeugnissen Wer unter der ihm nicht zustehenden Bezeichnung als Arzt oder als eine andere approbierte Medizinalperson oder unberechtigt unter dem Namen solcher Personen ein Zeugnis über seinen oder eines anderen Gesundheitszustand ausstellt oder ein derartiges echtes Zeugnis verfälscht und davon zur Täuschung von Behörden oder Versicherungsgesellschaften Gebrauch macht, wird mit Freiheitsstrafe bis zu einem Jahr oder mit Geldstrafe bestraft.	**제277조 (진단서위조)** 의사나 기타 면허 있는 의료종사자의 자격을 모용하여 자기나 타인의 건강상태에 관한 진단서를 위조하거나 권한 없이 의사나 기타 면허 있는 의료종사자의 명의로 자기나 타인의 건강상태에 관한 진단서를 위조하거나 그러한 종류의 진정한 진단서를 변조하여 관공서나 보험회사를 기망할 목적으로 이를 행사한 자는 1년 이하의 자유형 또는 벌금형에 처한다.
§278 Ausstellen unrichtiger Gesundheitszeugnisse Ärzte und andere approbierte Medizinalpersonen, welche ein unrichtiges Zeugnis über den Gesundheitszustand eines Menschen zum Gebrauch bei einer Behörde oder Versicherungsgesellschaft wider besseres Wissen ausstellen, werden mit Freiheitsstrafe bis zu zwei Jahren oder mit Geldstrafe bestraft.	**제278조 (허위진단서작성)** 관공서나 보험회사에 사용할 목적으로 사람의 건강상태에 관한 허위진단서를 작성한 의사와 기타 면허 있는 의료종사자는 2년 이하의 자유형 또는 벌금형에 처한다.
§279 Gebrauch unrichtiger Gesundheitszeugnisse Wer, um eine Behörde oder eine Versicherungsgesellschaft über seinen oder eines anderen Gesundheitszustand zu täuschen, von einem Zeugnis der in den §§277 und 278 bezeichneten Art	**제279조 (위조 · 변조 · 허위진단서행사)** 자기나 타인의 건강상태에 관하여 관청이나 보험회사를 기망할 목적으로 제277조와 제278조에 규정된 종류의 진단서를 행사한 자는 1년 이하의 자유형 또는 벌금형에 처한다.

Gebrauch macht, wird mit Freiheitsstrafe bis zu einem Jahr oder mit Geldstrafe bestraft.	
	제280조 (삭제)
§281 Mi ß brauch von Ausweispapieren (1) Wer ein Ausweispapier, das für einen anderen ausgestellt ist, zur Täuschung im Rechtsverkehr gebraucht, oder wer zur Täuschung im Rechtsverkehr einem anderen ein Ausweispapier überläßt, das nicht für diesen ausgestellt ist, wird mit Freiheitsstrafe bis zu einem Jahr oder mit Geldstrafe bestraft. Der Versuch ist strafbar. (2) Einem Ausweispapier stehen Zeugnisse und andere Urkunden gleich, die im Verkehr als Ausweis verwendet werden.	**제281조 (증명서부정행사)** ① 법적거래에서 기망할 목적으로 타인을 위하여 작성된 증명서를 행사한 자 또는 법적거래의 기망을 목적으로 작성대상자 이외의 타인에게 이를 양도한 자는 1년 이하의 자유형 또는 벌금형에 처한다. 미수범은 처벌한다. ② 거래에서 증명용으로 사용되는 증서 및 기타 문서는 증명서로 본다.
§282 Vermögensstrafe, Erweiterter Verfall und Einziehung (1) In den Fällen der §§267 bis 269, 275 und 276 sind die §§43a und 73d anzuwenden, wenn der Täter als Mitglied einer Bande handelt, die sich zur fortgesetzten Begehung solcher Taten verbunden hat. §73d ist auch dann anzuwenden, wenn der Täter gewerbsmäßig handelt. (2) Gegenstände, auf die sich eine Straftat nach §267, §268, §271 Abs. 2 und 3, §273 oder §276, dieser auch in Verbindung mit §276a, oder nach §279 bezieht, können eingezogen werden. In den Fällen des §275, auch in Verbindung mit §276a, werden die dort bezeichneten Fälschungsmittel eingezogen.	**제282조 (재산형, 몰수 및 추징)** ① 제267조부터 제269조까지, 제275조와 제276조는 행위자가 당해 범죄행위를 지속적으로 수행하기 위해서 조직된 범죄조직의 구성원으로서 행한 경우에 제43a조 및 제73d조를 적용한다. 제73d조는 행위자가 영업적으로 행한 경우에도 적용한다. ② 제267조, 제268조, 제271조 제2항과 제3항, 제273조 또는 제276조, 제276a조와 결합하여 적용되는 제276조, 또는 제279조의 범죄행위와 관련된 물건은 몰수될 수 있다. 제275조 및 제276a조와 결합하여 적용되는 제275조에 규정된 위조도구는 몰수한다.

§348 Falschbeurkundung im Amt	第348조 (허위공문서작성)
(1) Ein Amtsträger, der, zur Aufnahme öffentlicher Urkunden befugt, innerhalb seiner Zuständigkeit eine rechtlich erhebliche Tatsache falsch beurkundet oder in öffentliche Register, Bücher oder Dateien falsch einträgt oder eingibt, wird mit Freiheitsstrafe bis zu fünf Jahren oder mit Geldstrafe bestraft.	① 공문서의 작성권한 있는 공무원이 그 권한 내에서 법률상 중요한 사실을 허위로 작성하거나 공기록, 공장부 또는 공전자기록에 허위로 입력하거나 기록한 때에는 5년 이하의 자유형이나 벌금형에 처한다.
(2) Der Versuch ist strafbar.	② 미수범은 처벌한다.

[참고문헌]

박상기, 형법학, 집현재, 2015

류전철, 위조범죄의 이론과 실제, 전남대학교출판부, 2011

이형국, 형법각론연구, 법문사, 2005.

조규창, 로마형법, 고려대학교출판부, 1998

Arno Buschmann, Rechtshistorische Texte, C. H. Beck, 1998

Frank Zieschang, Leipziger Kommentar, StGB(BAND 9/TEIL 2), 12. Aufl., De Gruyter Recht, 2009

Johannes Wessels/Michael Hettinger, Strafrecht Besonderer Teil 1, 39. Aufl., C. F. Müller, 2015

Kristian Kühl, Strafgesetzbuch Kommentar, 26. Aufl., C. H. Beck München, 2007

Reinhart Maurach/Friedrich-Christian Schroeder, Strafrecht Besonderer Teil Teilband 2, 9. Aufl., C. F. Müller, 2005

Rudolf Rengier, Strafrecht Besonderer Teil II, 17. Aufl., C. H. Beck, 2016

12. 영국에서의 문서범죄

Ⅰ. 서 론

1. 문서위조죄 등

문서위조 및 통화위조법(Forgery and Counterfeiting Act 1981: FCA, 이하 '위조법'이라 한다)상 규정되어 있는 범죄들은 다음과 같다.

- 위조(forgery)
- 허위문서의 복사(copying a false instrument)
- 허위문서의 행사(using a false instrument)
- 복사된 허위문서의 행사(using a copy of a false instrument)

이 모든 행위는 피고인이 어떤 자로 하여금 허위의 문서를 진정한 것으로 받아들이게 하려는 고의가 필요하며, 그것을 받아들였다는 이유로 자기 또는 타인에게 피해를 주는 어떤 행위를 하거나 하지 않을 고의를 필요로 한다.

이들 범죄들은 송금환, 주식, 수표 및 기타 문서의 보관이나 관리 또는 기계, 기구 또는 자료의 보관이나 관리를 그러한 문서를 만들기로 하거나 이를 받아들이도록 하는 것과 관련된 범죄를 기술한 것에 따라 취급된다. 이들 범죄보다 더 중한 범죄들은 고의 이상의 것을 입증해야 하지만, 이보다 덜 중한 범죄는 그렇지 않나.

위조 및 이와 관련된 범죄들은 허위문서나 기타 문서를 포함한 예비행위를 처벌한다는 의미에서 사기 및 다른 범죄들을 보완하는 것이다. 위조 및 이와 관련된 범죄들은 범죄에 대한 단순한 예비를 처벌하지 않는다는 일반원칙에 예외가 된다. 그 이유는 신뢰받는 문서와 기타 서류들이 진정한 것이라는 사회적·상업적 필요성 때문이다.

위조 및 이와 관련된 범죄들은 1981년 위조법에 의해 규제된다. 이는 법사위원회(Law Commission)의 보고서인 '문서위조 및 통화위조'(Forgery and Counterfeit Currency: Law Com. No. 55, 1973)에 기초하여 입법화한 것이다. 이 법은 1913년 문서위조법(Forgery Act 1913), 1936년 통화주조법(Coinage Offence Act 1936) 및 기타 법령들을 폐지한 것이고, 보통법상 위조죄를 폐기한 것이다. 1981년 위조법 제1부는 문서위조 및 관련 범죄에 관한 것이고, 제2부는 통화위조에 관한 규정들이다. 이 법은 완전히 새로운 법이라고 할 수 있다.[1)]

이 법에 규정된 모든 범죄들은 택일기소범죄(triable either way offences)이고, 최고형은 10년의 징역형이다.

2. 영국 형법상 범죄의 유형과 구분

일반적으로 영국 형법에서는 범죄를 크게 약식기소범죄(summary offences), 정식기소범죄(indictable-only offences), 택일기소범죄(triable either way offences) 등 세 가지로 분류하고 있다.[2)]

약식기소범죄는 치안판사법원에서만 재판하는 범죄로서 주로 교통범죄, 단순폭행, 5,000파운드 이하의 손괴, 공공질서위반행위 등 가벼운 범죄가 이에 속한다.

정식기소범죄는 형사법원(Crown Court)에서만 재판하는 범죄로서 살인, 강간, 강도, 주거침입절도 등 주로 무거운 범죄가 이에

---

1) 이하의 내용은 Card, Cross & Jones, *Criminal Law* (Twentieth Edition), Oxford: Oxford University Press, 2012, pp. 485-517 참조.

2) 이경재, "영국 치안판사법원의 경미사건처리제도", 「형사정책」, 제20권 제1호(2008), 127-151면 참조.

속한다.

택일기소범죄의 대표적인 범죄로는 절도와 5,000파운드 이상의 손괴 그리고 장물, 사기, 폭행치상, 약물범죄 등으로서 치안판사법원이나 형사법원 양쪽에서 모두 재판할 수 있는 범죄를 말한다.[3]

(1) 약식기소범죄

약식기소범죄의 재판은 배심원 없이 행해지며, 이 범죄를 범한 피의자를 치안판사법원에 소환하여 피고인이 유죄를 답변하면 수분 내에 서류상으로 처리되는 것이 보통이다. 무죄를 답변하면 형사상의 모든 보호절차와 권리절차 등이 진행된다. 그러나 약식기소범죄라고 하여도 중죄에 대한 재판원칙이 적용되는데, 예컨대, 무죄추정원칙이라든가 엄격한 증거법원칙이 이에 해당하고, 검사는 합리적인 의심이 없을 정도로 증명해야 한다. 약식기소범죄에 대한 형벌은 벌금이 대부분이지만, 무거운 약식기소범죄인 경우에는 징역형이 부과되는 때도 있다.

(2) 정식기소범죄

정식기소범죄의 재판은 형사법원에서 배심원이 참가하여 행해진다. 피고인이 무죄를 주장하면 법관과 배심원에 의하여 재판이 진행되고, 유죄를 주장하면 법관이 양형을 한다.

(3) 택일기소범죄

치안판사법원이나 형사법원 어느 쪽에서도 재판할 수 있는 택일기소범죄는 재판형식(mode of trial)이라고 불리는 절차의 결과에 따라 법원이 결정된다.[4] 그런데 1997년 형사절차 및 수사법

3) Fiona Cownie, Anthony Bradney & Mandy Burton, *English Legal System in Context* (4th Edition), Oxford: Oxford University Press, 2007, p. 300.

4) 재판형식에 관한 상세한 내용은 Andrew Herbert, "Mode of Trial and the Influence of Lord Justice, *The Howard Journal* (Vol. 43, No. 1, February

(Criminal Procedure and Investigations Act 1997)에 의해 새로운 부가 절차가 도입되었는데, 이 절차는 재판형식의 절차에 앞서 택일기소 범죄로 기소된 성인의 피고인이 자신이 유죄인지 무죄인지를 알리는 절차이다(이를 'plea before venue' 절차라고 한다). 피고인은 치안판사법원에서 재판받을 수도 있고, 치안판사가 양형하는 것이 부적절하다고 판단하는 경우에는 양형을 위하여 형사법원으로 이송될 수도 있다.

피고인이 무죄를 주장하거나 아무런 답변도 하지 않으면, 재판형식절차가 진행된다. 이것은 치안판사의 판단에 중요한 양상이고 양형에 있어서 정확한 지식을 요한다. 이에 법원은 치안판사법원에서 재판할지 아니면 형사법원에서 재판할지를 결정한다. 치안판사가 약식기소범죄로 결정할지라도, 피고인은 배심원에 의한 재판을 받을 권리를 주장할 수 있다. 이에 따라 택일기소범죄의 재판은 두 가지 단계가 있다.[5] 첫째, 법원이 결정하는 단계: 법원은 범죄의 輕重과 피고인에게 부과될 형벌 등을 고려하여 적합한 재판형식을 결정한다. 이는 검사의 기소사실의 진술과 피고인의 진술에 근거한다. 둘째, 피고인이 선택하는 단계: 치안판사가 당해 범죄를 치안판사법원에서 재판할 것을 선택할지라도 피고인은 자신이 치안판사법원에서 재판받을 것인지 아니면 형사법원에서 재판받을

2004), pp. 65-78; Andrew Herbert, "Mode of Trial and Magistrates' Sentencing Powers: Will Increased Powers inevitably lead to a Reduction in the Committal Rate", *Criminal Law Review* (May 2003), pp. 314-325; John Jackson, "Mode of Trial: Shifting the Balance towards the Professional Judge", *Criminal Law Review* (April 2002), pp. 249-271; Penny Darbyshire, "An Essay on the Importance and Neglect of the Magistracy", *Criminal Law Review* (September 1997), pp. 627-643 참조.

5) 또 하나의 단계로는 형사손괴에 관한 절차인데, 손괴로 발생한 손해액이 5,000파운드 이상인지 아닌지가 불분명한 경우에 해당한다. 법원은 이 경우 약식기소범죄로 취급할 수 있지만, 피고인이 거부할 경우에는 택일기소범죄와 마찬가지로 취급된다.

것인지를 선택할 수 있다. 피고인은 치안판사법원에서 재판받기를 선택할지라도 1년 이하의 징역형이 부적합하다고 할 경우에는 법원사무관으로부터 조언을 받아 형사법원에 이송할 수 있다.

Ⅱ. 위조(Forgery)의 개념과 구성요건

이 범죄는 1981년 위조법 제1조에 다음과 같이 규정되어 있다.

1981년 위조법 제1조

자기 또는 타인이 어떤 자로 하여금 허위문서를 진정한 것으로 인수하도록 사용할 의도 및 허위문서를 인수하게 한 이유로 자기 또는 타인에게 피해를 주는 행위를 하거나 하지 않음으로써 허위문서를 만드는 자는 위조죄의 죄책을 진다.

1. 객관적 구성요건(Actus Reus)

이 죄의 객관적 구성요건은 허위문서의 작성(making a false instrument)이다. 1981년 위조법 제9조(2)는 문서를 변경하여 어떤 식으로든 허위로 작성하는 것을 포함한다.

(1) 문서의 개념

1981년 위조법 제9조(2)

이 법 제1부 및 다른 조항에서 '문서'(instrument)는 제8조 (1)에 다음과 같이 규정되어 있다.

(a) (화폐 이외에) 공식 또는 비공식적 성격을 가지는 모든 서류(any document)(1981년 위조법 제8조(2));

(b) 우편국이 발행하거나 판매한 모든 우표(또는 요금별납)

(1981년 위조법 제8조(3));

(c) 내국세 수입인지(Inland Revenue stamp)(Stamp Duties Management Act 1981; 1981년 위조법 제8조(4));

(d) 기계적, 전자적 또는 기타 수단에 의해 정보가 기록되거나 저장된 디스크, 테이프, 사운드트랙 또는 기타 특수매체기록. 정보가 '기록되거나' '저장되기' 위해서는 후속적인 정보의 검색이나 복구를 목적으로 적절한 시기를 위해 정보가 보존되어야 한다. 예를 들자면, 마이크로필름 기록, 컴퓨터디스크에 기록된 정보는 포함되지만, 컴퓨터나 그 '사용자 세그먼트(user segment)' 안에 있는 전자임펄스(electronic impulse)는 아니다. (해킹 등을 통하여) 권한 없이 그러한 전자적 자극을 조작하는 것은 1990년 컴퓨터부정사용법(Computer Misuse Act 1990) 제1조에 반하여 컴퓨터에 권한 없이 접근하는 죄가 된다.

1987년까지 (a)의 '서류'라는 용어와 관련된 개념정의에 어려움이 있었다. 1913년 위조법과 그 후속법률은 서류의 위조를 규정하고 있었지만, '서류'가 무엇을 의미하는지는 정의해두고 있지 않았다. 하지만 판례에서 어떤 물건이 정보를 전달하거나 약속을 기록했다는 사실을 제외하고 효용성을 가지려고 한다면, 그것은 서류가 아니라고 판시하였다. 위조법상 서류는 정보를 전달하고 약속을 기록할 의도로 기재된 것이다. 이러한 관점은 Closs 사건(유명한 예술가의 사인을 허위로 기재된 그림: (1875) Dears & B 460)과 Smith 사건(두 판사는 보위의 베이킹 파우다가 판매된 포장지와 같은 방식으로 만들어진 포장지는 서류가 아니라고 판시하였다: (1858) Dears & B 566)에서 어려운 결정을 현실화한 것이다.

법사위원회는 보고서에서 물건 그 자체(예컨대, 수표)에 관한 메시지와 언어나 상징에서 발견되는 메시지만을 전달하는 것(일정 액수를 은행가에게 지불하는 수표에 화체된 메시지)만이 위조법에 의해 보호되어야 한다고 결론지었다. 따라서 Closs나 Smith사건에서와 같은 물건은 서류의 위조를 공식 또는 비공식적 성격을 기재한 모든 문서라고 정의한 '문서'(instrument)에 국한함으로써 위조에서 배제됨을 명백히 하였다. 법사위원회의 관점에서 보면 '문서'는 이러한 의미를 전달하는 적절한 수단이다. 하지만 새로운 위조법이 허위의 문서를 만들어내는 것과 관련되어 있다 하더라도, 의회는 현명하게도 '문서'의 개념정의를 바꾸려고 하였고, 그래서 이 법이 문서를 '공식 또는 비공식적 모든 서류'라고 정의한 것이다. 이는 위조죄의 정도 문제를 개방시켜 놓은 것이고 Closs와 Smith사건에서 문제되었던 어려운 것들에 대하여 답을 제시한 것은 아니다.

1987년 Gold and Schifreen 사건([1987] QB 1116, CA)에서 항소법원(Court of Appeal)은 두 가지 유형의 메시지만을 포함하는 문서만이 위조법에 의해 보호될 필요가 있다는 법사위원회의 견해를 채택했다. 이 견해는 브랜든 경(Lord Brandon)이 대법원에 제기하여 부수의견으로 인정을 받았다.

두 가지 메시지 개념을 적용하면 그림, 허위의 서명, 그리고 제작자의 이름이나 원산지를 나타내는 제조품에 기재된 것은 서류가 아니고 따라서 문서가 아니다. 반면, 편지, 유언장, 부동산 권리증서, 수표는 문서이다. 물론 '문서'가 아닌 그림이나 기타 물건들은 설사 그것이 허위로 만들어진 것이라도 형법의 효력이 미치지 않는 것은 아니다. 왜냐하면 속일 목적으로 그러한 물건들을 사용하는 것은 2006년 사기법(Fraud Act 2006) 제1조의 사기죄에 해당할 수 있기 때문이다.

(2) 허위문서(False instrument)

1981년 위조법 제9조(1)은 위조 및 기타 범죄의 목적상 '허위'(false)라는 용어의 정의를 규정하고 있다. 문서는 다음과 같은 목적을 가지면 허위이다.

1981년 위조법 제9조(1)

(a) 실제로는 그러한 형태로 작성하지 않았던 자에 의하여 작성된 경우; 또는

(b) 실제로는 그러한 형태로 작성할 권한이 없는 자의 권한으로 작성된 경우; 또는

(c) 실제로는 그러한 조건으로 작성하지 않았던 자에 의하여 작성된 경우; 또는

(d) 실제로는 그러한 조건으로 작성할 권한을 가지지 않는 자의 권한으로 작성된 경우; 또는

(e) 실제로는 변경하지 않았던 자에 의하여 변경이 가해진 경우; 또는

(f) 실제로는 변경할 권한이 없는 자가 변경을 가할 경우; 또는

(g) 실제로는 작성되거나 변경되지 않은 날짜나 장소 또는 그런 상황에서 작성되거나 변경될 경우; 또는

(h) 실제로는 존재하지 않았지만 현존하는 자에 의하여 작성되거나 변경될 경우.

이러한 개념정의에서 중요한 요소는, 허위가 되기 위하여는 문서가 작성되거나 변경되지 않은 방식으로 작성되거나 변경될 목적을 가져야 한다는 것이다. 단순히 거짓을 말하고 있다(허위의 진술이 포함되어 있는 것처럼)는 것만으로는 문서가 허위는 아니다. 문서는 그 자체에 관하여 거짓을 말하고 있어야 하고, 1981년 위조법 제9조(1)에 규정된 방식으로 작성되거나 변경되어야 할 목적을 가짐으로써 그 자체에 관한 거짓을 말하고 있어야 한다. 이따금 자체 허위성(automendacity)의 요건이라고도 불리는 이러한 요건은 위조와 관련된 구법에서 만들어졌다. 1981년 위조법 제9조(1)의 문언

은 이것이 계속하여 법의 요건이 되고 있으며, 1987년 대법원(House of Lords)의 More 사건([1987] 3 All ER 825, HL.)에서 확인되었다.

More 사건에서 피고인 D는 X를 위하여 인출한 수표를 도중에 빼앗았다. D는 X의 이름으로 주택금융조합의 계좌를 개설하고 수표로 입금했다. 후에 D는 인출용지를 제출하고 입금한 대부분의 금액에 대하여 'X'라고 서명하였고, 주택조합이 지불하였다. D는 인출용지 위조로 유죄판결을 받았다. D는 항소법원에 항소하였으나 기각당했다. 항소법원은 그 인출용지가 제9조(1)(h)에 따라 허위의 문서라고 판시하였다. 왜냐하면 그것은 그 자에 대하여는 거짓을 말하고 있지는 않지만 계좌명의인에 의해 문서가 기입되었기 때문에, 존재하지 않는 현존인에 의해 만들어질 의도가 있었기 때문이다. D의 상고를 허가하면서 대법원은 그 인출용지는 허위의 문서가 아니라고 판시하였다. 왜냐하면 D는 실제로 존재하는 사람이기 때문이었다. 계좌명의인은 바로 피고인 D였고, 자신의 능력으로 인출양식서에 서명했다. 그 인출용지는 분명히 본래 계좌를 개설한 사람이 서명할 목적을 가지고 있었고, 이러한 점에서 그것은 완전히 정확하다. 따라서 대법원은 인출용지는 그 자체에 관하여 거짓을 말하고 있지 않기 때문에 허위의 문서가 아니라고 판시하였다.

More 사건에서 자체 허위성(automendacity) 요건이 확인되었음에도 불구하고, 1984년 항소법원의 Donnelly 판결([1984] 1 WLR 1017, CA.)은 힘이 빠진 것 같다. 그 이유는 이 판결이 과거의 사실에 관하여 거짓을 말하는 모든 문서는 그 자체에 대해 거짓을 말하는 것이고 위의 개념정의에 따라 허위라고 판시했기 때문이다.

Donnelly 사건에서 피고인 D는 보석가게 매니저였다. 그는 보험을 목적으로 보석에 대한 가치평가서를 완성하고 서명했다. 인증서에는 D가 문제의 물품을 조사했다고 기재되어 있었다. 사실 그

보석은 존재하지 않았고, 평가는 보험회사를 속이는 데 사용될 목적이었다. D는 위조죄로 유죄선고되었고, 항소법원에 항소했지만 기각당했다. 항소법원의 논거는 문제가 된 문서인 평가인증서는 그 자체에 관하여 거짓을 말하고 있다는 것이었다. 왜냐하면 제9조(1)(g)에 따라 '작성되지 않은 상황에서 만들어졌기 때문'이다. 그러나 이 문장은 (문서가 작성된 날짜나 장소를 언급하고 있는) 제9조(1)(g)의 나머지 부분의 맥락에서 읽어야 한다. 따라서 문서의 작성에 직접 관련된 다른 상황(예컨대, 증인의 등장)을 가리킨다. 이 문장에 무제한의 의미를 부여하는 것은 제9조(1)(a)에서 (h)까지 모든 다른 규정을 쓸모없게 할 수 있다. 왜냐하면 이 조항에서 규정하는 문서들과 거짓을 말하는 많은 다른 문서들도 이 문장에 의해 포함되기 때문이다. 특히 과거의 사실에 관해 거짓을 말하는 모든 문서는 위조이기 때문이다. 왜냐하면 사실이 발생된 이후에 만들어졌기 때문이다.

More 사건에 비추어볼 때 Donnelly 판결의 지위는 불확실했다. 그 불확실성은 1994년 항소법원의 두 판결, 즉 Jeraj 사건([1994] Crim LR 595, CA.)과 Warneford and Gibbs 사건([1994] Crim LR 753, CA.)으로 증가되었다.

첫 번째 사례인 Jeraj 사건에서 은행지점장인 피고인 D는 은행권 서류에 서명하여 은행을 대신하여 신용장을 받게 되었고 이에 대하여 배서했다. 그는 신용장을 인수하거나 배서할 수 없었어야 했다. 왜냐하면 그것은 존재하지 않는 것이었기 때문이었다. 항소법원은 D의 위조죄에 대한 유죄판결에 대한 항소를 기각하면서 재판장은 More 사건에 의해 훼손되지 않는 Donnelly 판결에 기속되었다는 점을 고려할 때 옳았다고 판시하였다. 항소법원은 Donnelly 사건에서의 논거를 Jeraj 사건에 적용할 수 있는 것처럼 하였다(제9조(1)(g)에 따라 당해 문서는 허위라는 것). 왜냐하면 신용장은 존재하지 않았기 때문에 그 서류는 신용장을 인수하고 배서한 후에 작성되지 않았고, 따라서 그것이 '작성되지 않은 상황에서 만들어진 것'이기 때문이다. 항소법원은 더 나아가 제9조(1)(g)에 의존하지 않았다. 즉 D의 서류는 신용장과 함께 명백히 표현된 서류를 나타내는 것이라는 점을 지적했다. 따라서 D의 서류는 그 자체로 거짓을 말하는 것이다. 왜냐하면 존재하지 않는 신용장에 배서할 수 없기 때문이다. 만약 이러한 점이 제9조(1)(g)에 의존하고 있지 않고, 제9조(1)에 어떤 다른 문구도 없기 때문에 이러한 설명은 그 자체에 관하여 거짓을 말하는 서류를 포함하지 않을 수 있다. 그러므로 Jeraj 사건은 Donnelly 판결의 입장을 확인한 것 때문이 아니라 제9조(1)에 규정된 것 이외의 방법으로 거짓을 말한다면 문서가 허위일 수 있다는 점을 기술했기 때문에 주목할 만하다.

Jeraj 판결에서 인용하지 않았던 Warneford and Gibbs 사건에서는 달리 구성된 항소법원이 Donnelly 판결은 잘못된 판결이며, More 판결과 양립할 수 없다고 판시하였다. D1과 D2는 1981년 위조법 제3조에 위반하여 허위의 문서를 행사하여 기소되었다. 이 허위의 문서는 '사용자의 신용조회서'(purported employer's reference)였는데, 저장신청을 위해 주택조합에 건넨 것으로서 당해 기관에 고용된 적이 없는 사람에 관한 것이었다. 그 신용조회서는 제9조(1)(g)에 의해 허위의 문서라고 기소되었다. 왜냐하면 그 기관에 고용된 적이 없는 사람은 표면상의 서류가 만들어졌지만 실제로는 만들어지지 않은 '상황'이기 때문이다. 항소법원은 D1과 D2의 항소를 받아들였다. 항소법원은 제9조(1)(g)는 허위를 포함하는 모든 서류를 포함하는 것으로 해석해서는 안 된다고 판시하였다. 제9조(1)(g)에 규정된 '실제로는 작성되지 않은 상황에서라면'이라는 표현은 서류를 작성하는 상황을 말하는 것이다. 마치 제9조(1)(g)에서 말하는 날짜와 장소에 대한 언급이 문서 작성의 날짜와 장소와 관련되어 있는 것처럼 말이다. 만약 그 서류가 실제로는 존재하지 않은 사람의 이름으로 만들어진 것이라면, 이는 제9조(1)(g)에 해당될 수 있을 것이다. 거짓은 서류 작성의 실제 상황과 관련이 있어야 한다. 서류 이외의 다른 사실에 관한 거짓으로는 충분치 않다. Jeraj 판결과 Warneford and Gibbs 판결은 조화될 수가 없는 것이다.

2000년 갈등은 A-G's Reference (No. 1 of 2000)에서 항소법원에 의해 해소되었다. 이 사건에서 법원은, Jeraj 판결을 감안해 볼 때, Donnelly 판결은 그에 기속되어 있고, Jeraj 판결을 인용하지 않은 Warneford and Gibbs 판결은 잘못 판결된 것으로 간주되어야 한다고 판시하였다. 그러나 항소법원은 그 효과를 제한하려고 하였다. 항소법원은, 문서는 제9(1)(g)의 규정상 허위일 수 있다고 판시하였는데, 그 논거로 허위로 되었던 과거의 사실이 당해 문서가 적절하게(또는 진정하게) 작성되거나 변경되기 전에 존재할 필요가 있었다면, 실제로는 작성되거나 변경되지 않은 상황에서 그 전에 작성되거나 변경되었다는 것을 들었다. 이 사건에서 휴식을 취하지 못했던 트럭운전사 D가 자신이 잠시 휴식을 취하고 대신 조수에게 운전을 맡겼다고 타코미터기를 조작했다. 그 결과, 타코미터용지에는 법에서 요구하는 휴식을 취한 것으로 나타났다. 하지만 사실은 그렇지 않았기 때문에 그 용지는 허위였다. 그 용지를 만들기 위해서는 타코미터기가 조수의 입장에서 작동되었던 동안에 조수가 존재할 필요가 있는 것이었다. D의 위조죄 판결시 재판장은 타코미터용지는 허위의 문서가 아니므로 D는 석방되어야 한다고 판결하였다. 항소법원은 타코미터용지는 제9조(1)(g)에 비추어볼 때 허위의 문서라고 판시하였다. Donnelly와 Jeraj 판결을 적용하면 Donnelly 판결은 과거의 사실에 대해 거짓을 말하는 문서를 위조라고 할 것까지도 없이 적용할 수 있다고 판시하였다.

Donnelly 판결에서 진실한 평가가 이루어지기 이전에 발생했어야 할 사건과 허위성이 관련이 있어야 한다는 것이다. 이와 유사한 코멘트가 Jeraj 판결에서도 나왔다. 즉, 진정으로 은행권이 쓰여지기 전에 배서될 수 있는 신용장이 있어야 한다는 것이다. 항소법원은 Warneford and Gibbs 판결에서도 마찬가지라고 인정하였다. 그러나 이 사건에서 항소법원은 Jeraj 판결을 알고 있었다고 하여도 Donnelly 판결의 올바름에 관하여 견해를 갖지 않았다는 관점을 가졌다. 항소법원은 Donnelly 판결은 문서가 적절하게 만들어지거나 변경될 수 있기 전에 존재해야 하는 과거의 사실과 허위성이 관련된다면, 그리고 그러한 상황이 존재하지 않았다면, 그 문서는 그 자체로서 거짓을 말하고 있다고 판시하였다. 왜냐하면 존재하지 않은 상황에서 만들어졌기 때문이다.

이 사건의 사실에 관하여 항소법원은 타코미터기가 조작되어 만들어진 것과는 반대로, 트럭운전사가 작성하여 제출하였다면, 제9조(1)(g) 규정상 허위의 문서는 없었을 것이라고 인정하였다. 먼저번 사건에서 허위성은 문서의 작성이 아니라 내용과 관련이 있다고 하였다. 반면 그 기간 동안 계속 만들어진 타코미터 기록은 문제의 기사가 운전하지 않았고 따라서 조수가 있었어야 했다는 것을 입증하는 기간 동안에는 허위의 문서일 수 있다. 그 문서가 적절한 것이 되기 위하여는 타코미터기가 조수의 입장에서 작동되는 동안 조수가 있어야 하는 것이 필수적이다. 그러나 조수는 없었고 따라서 문서는 허위이다. 허위의 상황은 운전하고 있었던 조수가 있어야 할 때 기록이 만들어진 것이다.

A-G's Reference (No. 1 of 2000)가 Donnelly 판결을 어느 정도 제한을 두고 있지만, 그 제한은 Donnelly 판결을 널리 놓아두고 있다. 즉, 충족되어야 할 많은 사건들이 있다는 것이다. 게다가 Donnelly 사건에 대한 항소법원의 설명은 More 판결과 일치시키

려는 인위적인 방법을 포함하고 있고, 미묘한 차이가 발생하는 것이다. 문서에 조사가 행해지지 않았음에도 불구하고 "내가 그림을 조사해보니 그것은 경관에 의한 것이었음이 밝혀졌다"고 언급한 것은 그 문서를 위조로 만들 수 있다. 왜냐하면 그러한 언급이 적절하게 행해지기 전에 존재했어야 할 사전의 상황에 관한 거짓이 있기 때문이다. 그러나 "그 그림은 경관에 의한 것이다"라는 말은 그럴 수 없다.

A-G's Reference (No. 1 of 2000)에 관해 놀라운 것은 위조는 계속해서 변화해 왔다는 점이다. 타코미터 기록용지에 허위로 기록한다는 것을 알면서 위조하는 것은 Transport Act 1968, s. 99(5)에 따라 택일기소범죄였고 지금도 그렇다.

2. 주관적 구성요건(Mens Rea)

1981년 위조법 제1조는 "피고인(D) 또는 나른 자가 허위의 문서를 이용하여 어떤 자로 하여금 그것을 진정한 것으로 받아들이게끔 하려는 내심의 의사(ulterior intent)가 있어야 하며, 그 내심의 의사는 그것을 받아들임으로써 그자로 하여금 그 또는 다른 자에게 피해를 주는 행위를 하거나 하지 않는다는 이유로 그자를 유인하는 행위를 가져야 한다"고 규정하고 있다. 이러한 의사는 피고인이 허위의 문서를 작성할 때 존재해야 한다. 그러므로 어떤 자로 하여금 어떤 문서가 진정한 것으로 믿게끔 하는 것만으로는 충분치 않다. 어떤 자가 좋은 집안 출신이라는 믿음을 갖게 하려고 허위의 출생증명서를 작성하는 것은 위조가 아니다.

피고인은 다른 사람을 유인할 의도를 가질 필요가 없다. 피고인이 기계를 이용하여 마치 그것이 진정한 것인 것처럼 반응을 보이게 하는 것만으로도 충분하다.

만약 피고인이 필요한 의도를 가지고 허위의 문서를 만든다면 그것이 다른 사람들에게 전달되었는지 아닌지는 중요하지 않고, 어떤 자가 그 문서를 진정한 것으로 받아들이도록 유인되었는지, 그리고 증거적인 의미에서는 제외하고, 피해가 발생되었는지도 상관없다.

만약 허위문서의 작성자가 그 문서를 만들 때 필요한 의사를 가졌다고 한다면, 바로 그 당시에 허위의 문서를 피해자에게 전달하는 방법을 결정하지 않았다는 것도 상관없다. 하지만 제1조가 규정하고 있듯이, 피고인이 허위의 문서 그 자체를 어떤 자로 하여금 진정한 것으로 받아들이게끔 하려고 사용되도록 의도하였고, 그렇게 함으로써 그 문서를 받아들여 그 자신이나 다른 자에게 피해를 입히는 행위를 하려고 그 자를 유인하려는 의도는 입증되어야 한다. 그리하여 Ondhia 사건([1998] 2 Cr App R 150, CA)에서 항소법원의 판결은 받아들이기 어렵다. 그 사건에서 피고인은 3번에 걸쳐 자신의 대리인이 팩스로 그로부터 각 팩시밀리를 수신하게 하려는 의도를 가지고 허위의 문서를 만들고 이를 피해자에게 전송하여, 피해자가 이를 받고 그것을 허위의 원본의 복사본으로 취급하게 할 것을 기대하였다. 항소법원은 세 개의 허위 원본문서라는 점에서 피고인이 위조죄의 유죄선고에 대한 항소를 기각하였다. 이는 이상하다. 왜냐하면 3개의 허위의 원본문서를 작성할 때, 피고인은 어떤 자로 하여금 어떤 일을 하게끔 그 문서를 사용할 의도가 없었기 때문이다. 그는 단지 어떤 자로 하여금 어떤 일을 하게끔 유인하는 데 사용될 수 있는 팩시밀리를 만들기 위해 그것을 사용할 의도만을 가졌을 뿐이다.

유인되도록 의도된 작위 또는 부작위는 유인된 자 또는 피고인(D) 이외의 다른 자에게 불이익(또는 침해: prejudice)이어야 한다. '불이익'은 1981년 위조법 제10조에 규정되어 있다. 제10조(1)은 이 장에 기술된 1981년 위조법에 규정된 범죄에 있어서 유인되도

록 의도된 작위 또는 부작위는 다음과 같은 결과가 발생하면 타인에 대한 불이익이 되는 것이다. 즉,

- 허위의 수표 또는 유언이 타인에게 재산을 나누어 주게 하거나 아니면 그가 가져야 할 재산을 가지지 못하게 하는 것처럼, 재산의 일시적 또는 영구적인 손실이 발생할 때.
  - 직업을 구하는 신청자에게 인물증명서(character reference)를 줄 것을 요구받은 자로부터 허위로 작성된 문서가 그가 부정직하다고 기술되어 있는 것처럼, 보수를 받을 기회를 박탈하는 결과가 발생할 때
  - 많은 입찰이 행해지는 계약을 얻기 위해 허위의 증언이 행해지거나 진정한 입찰자가 허위의 진술이 아니었다면 얻을 수 있는 계약을 박탈당하는 것처럼, 보수 이외의 재정적 이익을 얻을 기회를 박탈당하는 결과가 발생할 때
- 직업을 얻거나 더 많은 봉급을 받을 수 있는 직업을 얻기 위해 허위의 증언이나 학위서를 만드는 것처럼, 더 많은 보수를 얻기 위한 기회가 어떤 자에게 주어진 경우.
  - 비행기를 타거나 극장에 들어가기 위해 허위의 비행기표나 극장표를 만드는 것처럼, 보수 이외에 경제적인 이익을 얻기 위해 어떤 자에게 기회가 주어진 경우
- 의무를 실행하는 것과 관련하여 허위의 문서를 진정한 것으로 받아들이거나 허위의 문서를 진정한 것으로 복사하는 결과가 발생한 때. 예컨대, 유효한 수표로만 지불해야 하는 의무의 실행과 관련하여 은행으로 하여금 그 수표가 진정한 것처럼 유인하기 위해 허위로 배서하는 것을 들 수 있다. 또 다른 예로는, 법률요건을 갖춘 기록을 공무원에게 제출하기 위해 허위의 타코미터를 작성하는 경우를 들 수 있다. 마지막

예에서 보았듯이, 불이익이나 침해는 금전적인 의미를 가질 필요는 없다.

해야 할 의무가 있는 작위와 하지 않아야 할 부작위는 문제시되지 않는다. 따라서 빚을 갚는 것과 같이 타인에게 그가 해야 할 일을 하게끔 하거나 해야 할 자격이 없는 일을 하지 못하게 하게끔 하기 위해 허위의 문서를 만드는 것은 위조가 아니다.

마치 진정한 것처럼 문서에 반응하도록 의도적으로 유인하는 것이 기계에 의한 경우에는 기계에 의해 유도되도록 의도된 작위와 부작위는 타인에게 불이익이 되는 작위나 부작위로 간주된다.

위에서 언급한 위조의 주관적 구성요건(mens rea)은 유일한 것이다. 부정직(dishonesty)은 범죄요소가 아니다. 그러므로 피고인이 문서를 허위로 만든 결과로서 그가 이득을 얻을 합법적인 자격이 있다고 믿은 것은 상관없다. 따라서 피고인은 합법적으로 다른 자가 소유하고 있는 재산을 가질 자격이 있다고 믿고 재산을 얻을 목적으로 그렇게 할 자격이 있는 허위의 서류를 만든다면 그것은 위조가 된다. 실제로 피고인이 진실한 주장을 한다고 하여도 그에게 전달된 재산을 가질 자격이 있었다고 하는 것 자체가 항변이 되지 못한다. 허위문서의 작성자가 두 가지 고의를 가졌다고 입증된다면, 그는 위조의 죄를 지게 된다.

Ⅲ. 허위문서의 복사

1981년 위조법 제2조는 다음과 같이 규정되어 있다.

1981년 위조법 제2조

어떤 자 또는 다른 자가 허위문서의 복사본을 진정한 문서라고 인수하게 하려고 이를 사용하거나, 자기 자신 또는 타인에게 불이익이 되도록 어떤 작위를 하거나 부작위할 의도로 허위문서, 그리고 허위문서임을 알거나 그렇다고 믿고 이를 복사하는 행위는 범죄이다.

1. 객관적 구성요건(Actus Reus)

이 죄의 객관적 구성요건은 '허위문서'를 복사하는 것이다. 문서는 허위이어야 하지만 위조될 필요가 없다는 사실이란 필요한 고의를 가지고 허위문서를 복사하는 자가 책임이 있다는 것이다. 설사 그 문서가 그렇지 않다고 하여도 말이다.

복사 방법에는 제한이 없다. 포토카피가 가장 흔하고 쉬운 방법일 것이다.

2. 주관적 구성요건(Mens Rea)

주관적 구성요건은 다음과 같은 것을 요한다.

- 피고인은 복사문서가 허위임을 알거나 그렇게 믿었어야 한다.
- 피고인은 자기 또는 타인이 허위의 복사문서를 사용하여 다른 자로 하여금 그것이 진정한 것으로 받아들이게 할 내심의 고의와 그렇게 함으로써 자기 또는 다른 자의 불이익이 되도록 어떤 행위를 하거나 하지 않도록 받아들이게 할 내심의 고의를 가져야 한다. 내심의 고의라는 요건은 위조와 관련하여 이미 언급하였고, 거기에서 언급한 내용이 여기에도 적용된다. 다만, '허위문서'와 '진정문서'는 허위문서의 복사, 진정문서의 복사라고 해석해야 한다. 따라서 복사하는 사람이 허위문서의 복사로서 제출하려고 한다면 그것은 허위문서의 복

사를 하는 것이 아니다.

Ⅳ. 허위문서 또는 허위복사문서의 행사

1981년 위조법 제3조는 다음과 같이 규정되어 있다.

1981년 위조법 제3조

어떤 자로 하여금 허위의 문서를 진정한 것으로 인수하게 하거나 그렇게 함으로써 자기 자신이나 다른 자에게 불이익에 되도록 어떤 행위를 하거나 하지 않게 할 고의를 가지고, 허위인 문서, 그리고 허위라고 알고 있거나 그렇게 믿은 문서를 행사하는 것은 범죄이다.

피고인(D)은 어떤 자로 하여금 허위의 문서를 진정한 것으로 받아들이게끔 의도할 뿐만 아니라, 그렇게 함으로써 자신 또는 타인에게 불이익이 되는 어떤 것을 하거나 하지 않도록 받아들이도록 하는 것이 입증되어야 한다.

1981년 위조법 제4조는 어떤 자로 하여금 허위의 복사문서로 받아들이게 할 의도로 허위문서임을 알거나 그렇다고 믿고 이를 행사하는 것이 범죄라고 규정하고 있다.

'행사'(use)라 함은 문서를 제공, 전달, 판매나 교환 등을 포함하는 개념이다.

Ⅴ. 송금환(Money Orders), 주식(Share Certificates), 수표 등과 관련된 범죄

1981년 위조법 제5조는 다음과 같은 수단들과 관련된 많은 범죄들을 규정하고 있다. 이는 앞으로 '특별문서'(specified instrument)라 칭한다.

- 송금환
- 우편환(postal orders)
- 영국 우표
- 내국세 수입인지(Inland Revenue stamps)
- 주식
- 수표 및 기타 교환수단
- 여행자수표
- 은행권(banker's drafts)
- 약속어음(promissory notes)
- 체크카드
- 데빗 카드(debit cards)
- 신용카드
- 국가기관에서 발행하는 출생, 입양, 혼인, 사망신고서 등

1981년 위조법 제5조(1)은 다음과 같이 규정되어 있다.

1981년 위조법 제5조(1)

자신 또는 타인이 허위의 특별문서를 행사하여 다른 사람으로 하여금 그것을 진정한 것으로 인수하게 하거나, 그렇게 함으로써 자신이나 타인에게 불이익을 초래하는 어떤 행위를 하거나 하지 않게 하도록 인수하게 할 의도를 가지고, 허위인 특별문서, 또는 허위임을 알거나 그렇다고 믿고 있는 허위의 특별문서를 자신이 보관(custody)하거나 자신이 관리(control)하고 있는 것은 범죄이다.

'보관'과 '관리'는 법률에서 설명되어 있지 않지만, '보관'은 '물리적 보관'(physical custody)을 의미하는 것이고, '관리'는 당해 물건과 해야 할 것을 관리할 수 있는 권한을 나타내는 것이다. 이 죄의 다른 요건들은 1981년 위조법 제1-4조에 나온 것들과 같다.

이 죄와 위에서 언급한 다른 범죄와의 관계는 다음과 같다. 만약 피고인 D가 다른 자로 하여금 허위의 수표를 진정한 것으로 받아들이게 할 의도와, 그렇게 함으로써 자신에게 불이익한 어떤 것을 하게끔 받아들이게 할 의도로 허위의 수표를 작성했다면, 그는 제1조에 위반하여 위조죄를 범한 것이다. 만약 피고인이 허위의 수표를 가지고 이를 현금으로 바꾸기 위하여 은행으로 걸어 들어갔다면, 그는 제5조(1)에 위반한 죄를 범하는 것이다. 만약 피고인이 은행원으로 하여금 돈을 나누어주도록 할 목적으로 수표를 제시했다면, 그는 제3조의 행사죄를 범한 것이다. 물론 다수인이 다수의 범죄를 범할 수도 있다.

만약 1981년 위조법 제5조(1)의 범죄에서 요구하는 고의가 입증되지 않았지만 특별문서의 어느 하나를 보관하거나 관리하는 것이 입증된다면, 피고인은 이 법 제5조(2)에 따른 죄책을 지게 된다. 제5조(2)에 의하면, 합법적인 권한이나 면책 없이 허위인 특별문서 또는 허위라고 알거나 믿고 있는 특별문서를 보관 또는 관리하는 것은 범죄라고 규정하고 있다. 이 죄에 대한 최고형은 2년 이하의 징역이다.

여기서 더 설명해야 할 부분은 '합법적인 권한이나 면책 없이'(without lawful authority or excuse)이다. 피고인은 이를 입증할 부담을 가지지 않지만 증거법상 부담은 진다. 허위문서를 가지고 경찰서에 갈 의도를 가진 사람은 합법적인 면책이 있는 것이다. 설사 그가 처음에 그것을 건네줄 의도가 없었다고 하더라도 말이다. 한편, 의뢰인의 형사기소에 대한 항변을 준비하기 위해 의뢰인을 대신하여 허위문서를 가지고 있는 변호사는 합법적인 권한이나 면책 사유를 가지지 않을 뿐만 아니라, 허위임이 밝혀진 문서를 가지고 무엇을 할지 결정하지 못한 사람도 마찬가지이다.

1981년 위조법 제5조(3)은 다음과 같이 규정하고 있다.

1981년 위조법 제5조(3)

자신이나 다른 사람이 허위인 특별문서를 작성할 의도로, 그리고 그 또는 다른 자가 이를 행사하여 다른 자로 하여금 그것을 진정한 것으로 인수하게 할 의도로, 그리고 그렇게 함으로써 자신이나 다른 사람의 불이익이 되는 어떤 행위를 하게 하거나 하지 않게 인수하게 할 의도로, 특별문서를 작성하는 데 특별히 고안되거나 적용된다는 것을 알면서 기계, 도구, 서류 또는 기타 물건을 보관하거나 관리하는 것은 범죄이다.

이 죄는 허위문서를 작성하기 시작하기 전이나, 위조예비죄를 범하기 전이라도 장래의 위조범을 향한 것이다. 이 죄도 제5조(1)과 마찬가지로 일종의 예비죄이다.

1981년 위조법 제5조(4)는 제5조(3)에서 요구하는 고의가 입증되지 않은 경우에 중요하다. 왜냐하면 합법적인 권한이나 면책 없이 기계, 도구, 서류 기타 물건을 보관하거나 관리하는 것을 범죄로 하고 있기 때문이다. 이 죄의 법정형은 2년 이하의 징역형이다.

Ⅵ. 관할권 문제

국가를 뛰어넘는 이른바 초국가적 범죄의 경우 기망수단이 해외에서 발생한 경우 그 관할권을 정하기가 매우 까다로웠다. 이러한 어려움을 해결하기 위하여 제정된 법률이 바로 1993년 형사사법법(Criminal Justice Act 1993)이다. 이 법으로 인하여 이제 영국(잉글랜드와 웨일즈)의 법원은 해외에서 발생한 기망을 수단으로 한 범죄를 재판할 수 있게 되었다.

이 법 제1부에 따르면 범죄를 그룹 A와 그룹 B로 나누고, 각각에 속하는 범죄를 구분하였다.

[그룹 A 범죄]

- 1968년 절도법(Theft Act 1968)에 규정된 절도, 허위회계, 회사 임직원의 허위진술, 공갈, 장물 인도 등
- 2006년 사기법(Fraud Act 2006)에 규정된 사기, 사기에 사용될 물건의 소지, 사기에 제공될 물건의 제작 또는 공급, 사기행위에 가담하거나 부정하게 용역을 획득하는 행위 등
- 1981년 위조법에 규정된 위조, 허위문서의 복사, 복사문서의 행사 또는 복사된 허위문서의 행사, 송금환, 주식, 여권 등과 관련된 범죄
- 허위 신분증의 소지
- 국고세입을 속이는 보통법상의 범죄

[그룹 B 범죄]

- 그룹 A 범죄실행을 교사하거나 방조하는 행위
- 그룹 A 범죄실행과 공모하는 행위
- 그룹 A 범죄의 실행의 착수
- 보통법상 사기공모행위

1993년 형사사법법 제2조(3)은 당해 범죄와 관련된 '관련 사건'(relevant events)인 어떤 사건이 잉글랜드와 웨일즈에서 발생하는 경우에는 그룹 A의 범죄의 죄책을 진다고 규정하고 있다. 여기서

'관련 사건'이란 당해 범죄의 유죄선고에 필요한 증거가 되는 작위, 부작위 등을 의미한다.

[참고문헌]

이경재, "영국 치안판사법원의 경미사건처리제도", 「형사정책」, 제20권 제1호(2008), 127-151면.

Card, Cross & Jones, *Criminal Law* (Twentieth Edition), Oxford: Oxford University Press, 2012.

Fiona Cownie, Anthony Bradney & Mandy Burton, *English Legal System in Context* (4th Edition), Oxford: Oxford University Press, 2007.

Penny Darbyshire, "An Essay on the Importance and Neglect of the Magistracy", *Criminal Law Review* (September 1997), pp. 627-664.

Andrew Herbert, "Mode of Trial and the Influence of Lord Justice, *The Howard Journal* (Vol. 43, No. 1, February 2004), pp. 65-78.

Andrew Herbert, "Mode of Trial and Magistrates' Sentencing Powers: Will Increased Powers inevitably lead to a Reduction in the Committal Rate", *Criminal Law Review* (May 2003), pp. 314-325.

John Jackson, "Mode of Trial: Shifting the Balance towards the Professional Judge", *Criminal Law Review* (April 2002), pp. 249-271.

13. 미국에서의 문서범죄

Ⅰ. 연 혁

초기 미국의 문서범죄에 관한 규제는 기본적으로 영국의 영향을 받았다. 영국에서 성문의 법률로써 문서 위·변조(forgery)를 규제한 것은 1562년 엘리자베스 여왕 시대에 제정된 '허위 증서 및 문서의 위·변조 방지에 관한 법률(Act against forgers of false deeds and writings, 5 Eliz. 1, c. 14 (1562))'로 이 법률은 토지에 대한 권리에 영향을 미치거나 법정에 증거로 제출하기 위하여 공적으로 기록되어 정식으로 봉인된(sealed) 서류를 위·변조하는 것을 금지행위로 규정하였다. 이 법률과 보통법(common law)을 근거로 1726년 영국 법원은 위·변조의 대상을 봉인이 되지 않은 사적 서류로까지 확대하였다.[1] 이러한 영국의 영향을 받은 초기 미국 법원은 위·변조 개념에 대한 명확화보다는 위·변조의 대상이 되는 문서의 범위를 판단하는 데에 더 많은 관심을 기울였다.[2]

처음으로 미국이 연방 차원에서 위·변조 범죄를 처벌하는 성문의 법률을 제정한 것은 1823년 '미 정부에 대한 사기범죄의 처벌에 관한 법률(Act for the punishment of frauds committed on the government of the United States ch. 38, 3 Stat. 771 (1823))'이다. 이 법률은 미 정부로부터 금전을 편취할 의도로 허위의 문서를 만들거나 변경하는 행위를 금지하였는데, 가장 핵심적인 용어인 '위·

1) Rex v. Ward, 92 Eng. Rep. 451 (K.B. 1726).
2) Joshua Dressler, Encyclopedia of Crime & Justice(2d ed.), volume 2, Macmillan Reference USA, 2002, p. 720.

변조(forge)'에 대한 정의를 하지 않았기 때문에 구체적 범위는 연방 대법원의 해석에 맡겨졌다. 이 규정 내용은 이후 미 연방형법전(18 U.S.C. §495)으로 편제되었고 연방 대법원은 위·변조의 의미가 1823년 법률의 취지대로 보통법에 따라 해석되어야 한다고 판시하였다(Gilbert v. United States, 370 U.S. 650 (1962)).

명확하고 합리적으로 문서범죄를 규정하려는 입법적 노력은 1962년에 완성된 미국법률위원회(American Law Institute)의 모범형법전(Model Penal Code)에서 본격적으로 이루어졌는데 이 내용은 이후 각 주법의 위·변조범죄의 입법에 영향을 미쳤다. 현재에는 미국의 모든 주가 문서의 위·변조에 대하여 형벌을 부과하는 법률을 가지고 있다.[3)]

Ⅱ. 문서범죄의 보호법익

미국의 형법이론에서는 보호법익에 따른 범죄 분류가 대륙법계와 같이 전개되지 않은 까닭에 형법 이론서들은 형법각론 부분에 특별한 기준을 제시하지 않은 채 살인(Homicide), 강간(Rape), 절도(Theft)와 같은 대표적인 주요 범죄를 제시하는 경우가 많다.[4)] 또한 일정한 기준을 제시하는 경우에는 사람에 대한 범죄(Offenses against the Person)와 재산에 대한 범죄(Offenses against Property)로 구별하거나[5)] 여기에 공공질서 및 도덕에 관한 범죄(Crimes against Public Order and Morality)와 국가에 대한 범죄(Crimes against the States)를 추가하기도 한다.[6)] '사회적 법익'에 관한 범죄라 할 수 있

3) Wayne R. LaFave, Criminal Law, Thomson, 2003, p. 973.

4) Joshua Dressler, Cases and Materials on Criminal Law(5th ed.), West, 2009; Richard G. Singer, John Q. La Fond, Criminal Law(4th ed.), Aspen Publishers, 2007 등.

5) Wayne R. LaFave, Criminal Law, Thomson, 2003.

6) Matthew Lippman, Contemporary Criminal Law: Concepts, Cases and

는 공공질서에 관한 범죄의 주된 검토대상은 치안방해죄(disorderly conduct), 부랑죄(vagrancy), 성매매(prostitution) 등의 범죄이며, 우리 형법에서 공공의 안전과 평온을 해하는 범죄로 분류되는 방화죄(arson)의 경우, 재산에 대한 범죄로 취급된다. 그리고 문서의 위·변조죄 역시 재산에 대한 범죄의 장에서 규율되는데 모범형법전 또한 이러한 태도를 취하고 있다.[7)]

미국 법원은 문서의 위·변조죄가 거래활동에 활용되는 서류의 진정성(genuineness)에 대한 신뢰를 보호하기 위한 범죄라고 본다.[8)] 그런데 이는 곧 상업적 또는 재산적 거래활동에 관한 사회의 신뢰를 위협한다는 의미이므로 결국 문서의 위·변조는 재산적 법익을 보호하는 것으로 이해한다. 미국법률협회의 모범형법전 주석서에는 위·변조에 관한 §224가 §223의 절도 범죄와 관련성이 크다고 밝히면서 이 범죄는 상업적 주요 표시에 대한 대중의 신뢰(public confidence) 침해를 방지하려는 목적을 가진다고 설명하고 있다.[9)] 즉, 미국에서도 문서범죄가 보호대상으로 삼는 것은 공공의 신뢰라는 점에 인식을 같이하나 특히 거래가 가지는 경제적 의의에 중점을 두기 때문에 기본적으로 재산범죄로 분류되는 것이다.

Ⅲ. 위 · 변조죄(Forgery)

1. 보통법

영국의 대표적 법학자 William Blackstone은 보통법상의 위·변

Controversies(2d ed.), SAGE, 2010.

7) 모범형법전의 형법각론 체계는 개인에 대한 범죄, 재산에 대한 범죄, 가족에 대한 범죄, 공공행정에 대한 범죄, 공공질서에 관한 범죄로 구성되어 있다.

8) State v. Nguyen, 123 N.M. 290, 939 P.2d 1098 (App. 1997).

9) American Law Institute, Model Penal Code – Official Draft and Explanatory Notes, 1985, p. 154.

조를 "타인의 권리를 침해하기 위하여 허위의 문서(writings)를 만들거나 변경하는 행위"[10]라고 정의하였다. 이를 좀 더 구체화하면 보통법상의 위·변조란 ① 사취의 의도(intent to defraud)로 ② 법적인 효과가 있거나 법적 책임의 근거가 되는 문서를 ③ 허위로 만들거나 ④ 이미 존재하는 서류에 중대한 변경을 가하는 행위라고 정의된다.[11] ③, ④의 허위로 만들거나 변경하는 행위(false making)에서 허위는 내용의 허위가 아니라 작성권한의 부재를 의미하는 것이다.

초기 보통법에서 위·변조죄는 부정행위(cheats)라 불리며 경범죄(misdemeanors)로 취급되었으나 영국과 미국에서 성문화되면서 중범죄(felony)가 되었다. Blackstone은 과거에는 추방형과 같은 민사제재로 규율되던 위·변조에 부과 가능한 형벌로 수치형(Pillory), 벌금형, 징역형을 제시하고 있다.[12]

초기 미국의 주 법률들은 몇몇 예외가 있으나 대부분 이러한 보통법상의 내용에 따라 문서범죄의 구성요건과 형벌을 규정하였다.

2. 모범형법전

모범형법전은 기본적인 문서 위조 및 변조 행위를 구성요건행위로 규정하면서 '문서'의 개념을 보통법보다 확장하였다. 모범형법전의 조문은 다음과 같다.

10) William Blackstone, Commentaries on the Laws of England, Book Ⅳ of Public Wrongs (With an Introduction, Notes, and Textual Apparatus by Ruth Paley), Oxford University Press, 2016, p. 163.
11) Joycelyn M. Pollock, Criminal Law(10th ed.), Anderson Publishing, 2013, p. 324.
12) William Blackstone, Commentaries on the Laws of England, Book Ⅳ of Public Wrongs (With an Introduction, Notes, and Textual Apparatus by Ruth Paley), Oxford University Press, 2016, p. 163.

§224.1 위 · 변조[13)]

(1) 정의. 타인의 재산을 사취하거나 손해를 입힐 의도로 또는 타인의 사기나 불법행위를 방조한다는 사실을 알면서 다음의 행위를 하는 자는 위 · 변조죄의 책임을 진다.

(a) 권한 없이 타인의 문서를 변경하거나

(b) 어떤 문서를 제작, 완성, 작성, 인증, 발급 또는 모사하여 권한을 부여한 바 없는 원 권리자의 행위를 가장하거나 특정시간이나 장소 또는 일련번호에 따른 작성을 가장하거나 원본이 존재하지 않음에도 원본에 기한 사본인 것처럼 가장하는 경우

(c) (a) 또는 (b)에 규정된 방법으로 위 · 변조된 문서임을 알면서 이를 행사한 경우

---

13) Model Penal Code (1985).
Section 224. 1. Forgery.
(1) Definition. A person is guilty of forgery if, with purpose to defraud or injure anyone, or with knowledge that he is facilitating a fraud or injury to be perpetrated by anyone, the actor:
(a) alters any writing of another without his authority; or
(b) makes, completes, executes, authenticates, issues or transfers any writing so that it purports to be the act of another who did not authorize that act, or to have been executed at a time or place or in a numbered sequence other than was in fact the case, or to be a copy of an original when no such original existed; or
(c) utters any writing which he knows to be forged in a manner specified in paragraphs (a) or (b).
"Writing" includes printing or any other method of recording information, money, coins, tokens, stamps, seals, credit cards, badges, trade-marks, and other symbols of value, right, privilege, or identification.
(2) Grading. Forgery is a felony of the second degree if the writing is or purports to be part of an issue of money, securities, postage or revenue stamps, or other instruments issued by the government, or part of an issue of stock, bonds or other instruments representing interests in or claims against any property or enterprise. Forgery is a felony of the third degree if the writing is or purports to be a will, deed, contract, release, commercial instrument, or other document evidencing, creating, transferring, altering, terminating, or otherwise affecting legal relations. Otherwise forgery is a misdemeanor.

> 여기에서 "문서"란 인쇄물 또는 정보, 통화, 우표, 봉인, 신용카드, 뱃지, 상표 기타의 가치, 권리, 특권, 식별의 내용을 기록한 모든 종류의 서류를 포함한다.
>
> (2) **범죄등급.** 문서가 통화, 증권, 우표나 인지 또는 정부가 발행한 기타 서류 또는 재단이나 회사에 대한 권리를 표창하는 주식, 채권 등의 유형인 때에 위·변조죄는 2급 중범죄이다. 문서가 유언장, 권리증, 계약서, 양도증서, 기타 상업서류 또는 법률관계를 입증, 설정, 양도, 변경, 종료시키거나 영향을 미치는 종류의 서류인 때에는 3급 중범죄이다. 그 외의 서류를 대상으로 한 위조는 경범죄이다.

(1) 행위 객체: 문서(writing)

보통법의 전통에서 위·변조의 대상이 되는 문서는 법률적인 효력(legal efficacy)이 있거나 법적 권리의 근거가 된다는 점이 강조되었다. 그러나 모범형법전은 문서에 인쇄물과 함께 가치, 권리, 특권, 식별의 내용을 기록한 모든 종류의 서류를 포함시킴으로써 법적 문서 외에도 사적인 문서나 비상업적인 문서 모두를 적용 대상으로 삼았다. 따라서 의사의 처방전, 학위증명서 등과 같은 문서가 모두 위·변조의 대상이 된다.

한편 모범형법전은 통화나 주식, 우표 등도 문서의 내용에 포함시킴으로써 전통적으로는 별도의 통화 위·변조죄(counterfeiting of currency)나 유가증권 위·변조죄로 규정되던 범죄를 문서범죄로 통합하고 있다.

또한 문서의 유형에 따라 범죄의 등급이 달라지는데 징역 10년 이하의 형이 부과되는 2급 중범죄의 대상에는 각종 공문서와 함께 공문서는 아니지만 발급에 특별한 권한이 필요하고 대세적으로 재산적 가치를 표창하는 문서가 포함된다. 반면 징역 5년 이하의 형이 부과되는 3급 중범죄의 대상에는 사인 간의 권리 관계에 대한 기타의 서류가 해당된다. 그리고 이를 제외한 나머지 문서에 관한 범죄는 경범죄로 취급된다.

(2) 행위: 위·변조(forgery)

모범형법전은 구성요건적 행위로 ① 권한 없는 변경, ② 권한 없는 작성(③ 위·변조 문서의 행사는 아래 Ⅲ.에서 설명함)을 규정하고 있다. 이에 대하여 모범형법전의 주석은 적법한 문서에 담긴 '내용'의 허위가 아니라 '작성명의의 진정성'의 허위에 중점을 두었다고 밝혀[14] 기본적으로 작성권한자의 허위 작성이 아닌 작성권한 없는 자의 위·변조 행위를 처벌하려는 것이 주된 입법 의도임을 알 수 있다.

한편 모범형법전은 문서의 행사(uttering)까지 위·변조 행위에 포함시켜 정의하고 있다는 점이 보통법과는 구별되는 특징이다.

(3) 주관적 구성요건

보통법상 위·변조죄는 '사취의 의도'를 요건으로 하였으나 모범형법전은 여기에 선택적으로 '타인에게 손해를 입힐 의도'를 추가하였다. 타인의 손해(injure)는 반드시 재산적 손해만을 의미하는 것은 아니며 개인의 평판에 대한 손해 등을 포함하는 것으로 해석된다.[15] 기본적으로 재산범죄라는 점에서 사취의 의도 또는 손해를 입힐 의도를 요구하면서도 문서가 가지는 공공의 신뢰가 보호 대상이라는 점을 고려하여 '손해'의 범위를 넓게 해석하는 것으로 이

14) American Law Institute, Model Penal Code – Official Draft and Explanatory Notes, 1985, p. 154.

15) Matthew Lippman, Contemporary Criminal Law: Concepts, Cases and Controversies(2d ed.), SAGE, 2010, p. 479.

해된다.

또한 모범형법전은 의도 외에 '타인의 사기나 불법행위를 방조한다는 사실을 알면서(knowingly)'라는 주관적 요건도 추가하였다. 이로 인하여 위·변조 행위자가 위·변조 문서를 양도하거나 제시한 대상자를 직접 기망하지 않더라도 구성요건에 해당할 수 있음을 명백히 하였다.[16)]

3. 연방형법전

미 연방형법전은 통화 및 문서 위·변조의 장(18 U.S. Code Chapter 25-Counterfeiting and Forgery)에서 각종 위·변조 범죄에 관하여 규정하고 있는데 대표적인 조문은 다음과 같다.

18 U.S.C. Chapter 25[17)]
§471 - 미국의 채권 또는 담보
누구든지 사취의 의도로 미 합중국의 채권이나 담보의 내용을 거

16) Joycelyn M. Pollock, Criminal Law(10th ed.), Anderson Publishing, 2013, p. 325.

17) **18 U.S. Code §471 - Obligations or securities of United States**
Whoever, with intent to defraud, falsely makes, forges, counterfeits, or alters any obligation or other security of the United States, shall be fined under this title or imprisoned not more than 20 years, or both.
§495 - Contracts, deeds, and powers of attorney
Whoever falsely makes, alters, forges, or counterfeits any deed, power of attorney, order, certificate, receipt, contract, or other writing, for the purpose of obtaining or receiving, or of enabling any other person, either directly or indirectly, to obtain or receive from the United States or any officers or agents thereof, any sum of money; or
Whoever utters or publishes as true any such false, forged, altered, or counterfeited writing, with intent to defraud the United States, knowing the same to be false, altered, forged, or counterfeited; or
Whoever transmits to, or presents at any office or officer of the United States, any such writing in support of, or in relation to, any account or claim, with intent to defraud the United States, knowing the same to be

짓으로 작성, 위·변조 또는 변경하는 경우에는 이 장이 규정한 벌금 또는 20년 이하의 징역에 처하며 양자는 병과될 수 있다.

§495 – 계약서, 증명서와 위임장

누구든지 미합중국 또는 공무원이나 공공기관으로부터 금전적 이익을 취득 또는 수수하거나 직·간접적으로 제3자로 하여금 취득 또는 수수하게 할 목적으로 증서, 위임장, 명령장, 증명서, 영수증, 계약서 기타 문서(writing)를 작성, 위·변조, 변경하는 경우에는 (문서의 행사에 관한 범죄는 아래 Ⅲ.에서 서술함) 이 장이 규정한 벌금 또는 10년 이하의 징역에 처하며 양자는 병과될 수 있다.

§471은 사취의 의도로 미 합중국의 채권이나 담보에 관한 내용을 거짓으로 작성, 위·변조 또는 변경하는 행위를 규정하고 있으며, 이후 §472에서 §520까지의 조문은 각종 통화와 유가증권, 우표 및 인지 등의 위·변조에 관한 범죄를 규정하고 있다. 이에 대하여 연방법원은 이 법률의 취지는 미국의 모든 통화와 채권을 보호하기 위한 것이라고 판시하였다.[18] 이 중 특히 일반적인 문서를 대상으로 한 구성요건은 1823년 법률 내용을 그대로 담은 §495이다.

§495의 적용 대상은 계약서, 증명서, 위임장으로 대표되는 문서 일반이다. 연방 범죄이므로 기망의 상대가 국가 또는 공무원으로 규정되어 있으나 금전적 이익 취득의 목적을 요한다는 점에서 일반 문서범죄의 성격과 크게 다르지 않다. 연방법원은 이 규정을 적용하기 위해서 검사가 사기에 관한 피고인의 특징 고의(specific

false, altered, forged, or counterfeited—
Shall be fined under this title or imprisoned not more than ten years, or both.

18) United States v. LeMon, 622 F.2d 1022 (10th Cir. 1980).

fraudulent intent)를 입증해야 한다고 판시한 바 있다.[19]

4. 각 주의 법률 및 판례

각 주의 법률은 위·변조의 대상이 되는 문서의 종류를 확대하고 부과되는 형벌을 강화하는 경향을 보인다.[20] 그럼에도 위·변조죄의 핵심적인 내용은 초기 판례의 내용이 상당부분 유지되고 있다.

(1) 행위 객체: 문서

모범형법전의 태도를 따라 문서의 범위를 확장하여 정의하는 대표적인 입법례는 다음과 같다.

New York[21] '문서(written instrument)'란 컴퓨터 데이터나 컴퓨터 프로그램을 포함하여 정보를 인용, 구현, 전달, 기록하거나 가치, 권리, 특권 또는 식별 내용을 표현하거나 입증하기 위한 목적으로 사용되는 기재 또는 인쇄가 된 모든 종류의 서류를 의미하는데 이는 특정인의 이익 또는 불이익 모두를 위하여 사용될 수 있다(New York Penal Law §170.00).

Ohio[22] '문서'란 모든 종류의 컴퓨터 소프트웨어, 서류, 편지, 메

---

19) United States v. Sullivan, 406 F.2d 180 (2d Cir. 1969).

20) Joycelyn M. Pollock, Criminal Law(10th ed.), Anderson Publishing, 2013, p. 326.

21) S 170.00 Forgery; definitions of terms.
1. "Written instrument" means any instrument or article, including computer data or a computer program, containing written or printed matter or the equivalent thereof, used for the purpose of reciting, embodying, conveying or recording information, or constituting a symbol or evidence of value, right, privilege or identification, which is capable of being used to the advantage or disadvantage of some person.

22) 2913.01 Theft and fraud general definitions. (F)
"Writing" means any computer software, document, letter, memorandum, note, paper, plate, data, film, or other thing having in or upon it any written, typewritten, or printed matter, and any token, stamp, seal, credit card, badge, trademark, label, or other symbol of value, right, privilege,

모, 노트, 종이, 번호판, 자료, 필름, 또는 어떤 기재나 인쇄가 된 물건 및 토큰, 우표, 인지, 신용카드, 뱃지, 상표, 라벨 기타 가치, 권리, 특권, 면허 또는 식별의 내용을 담은 상징물을 의미한다(Ohio Rev. code Ann. §2913.01(F)).

Louisiana[23] '문서'란

(a) 정보를 기록하는 인쇄 또는 기타 방식의 물건

(b) 돈, 동전, 토큰, 우표, 인지, 신용카드, 뱃지와 상표, 그리고

(c) 가치, 권리, 특권 또는 식별 내용의 표현물을 의미한다(LA. Rev. Stat. §14:72).

Ohio주에서 '컴퓨터 소프트웨어'를 포함시키거나 Louisiana주에서 '정보를 기록하는 기타 방식의 물건'을 규정하는 등의 태도는 문서로서의 가시성이 인정되지 않는 전자기록 등에 대하여 별도로 규정하고 있는 우리나라와 구별되는 입법례이다.

한편, 보통법과 같이 문서의 공적인 법적 효력을 강조하는 대표적인 입법례는 다음과 같다.

New Mexico[24] 위·변조는 손해나 사취의 의도로 법적 효력(legal

license, or identification.

23) §72. Forgery C.

(2) "Writing" means the following:

(a) Printing or any other method of recording information;

(b) Money, coins, tokens, stamps, seals, credit cards, badges, and trademarks; and

(c) Symbols of value, right, privilege, or identification.

24) 30-16-10 Forgery.

A. Forgery consists of:

(1) falsely making or altering any signature to, or any part of, any writing purporting to have any legal efficacy with intent to injure or defraud; or

(2) knowingly issuing or transferring a forged writing with intent to injure or defraud.

efficacy)을 가지는 어떤 문서를 허위로 만들거나 서명을 변경하는 것(이하 생략)을 의미한다(NM Stat §30-16-10).

Wisconsin[25)]

(a) 법적인 권리나 의무를 창출, 종료 또는 이전시키는 문서 또는 채무나 재산적 권리의 증거로 상업적 거래에서 일반적으로 활용되는 서류: 또는

(b) 공적 기록과 그에 대한 사본

(c) 공적 기록의 사본에 대한 공식적인 인증서 또는 확인서

(d) 문서 내용에 대한 증거가 되는 공식적인 영수증 또는 증명서 (Wi. Stat. Ann. §943.38)

(2) 행 위

각 주법이 규정한 위·변조 행위는 기본적으로 권한 없는 자에 의한 문서의 작성과 원래의 문서에 대한 복사 및 변경을 포함하고 있는데 Missouri 주의 경우에는 이를 좀 더 확장하여 문서의 삭제, 폐기, 손괴까지도 구성요건적 행위에 포함시키고 있다(Missouri Revised Statutes §570.090. 1.)[26)]는 점이 특징적이다.

---

25) 943.38 Forgery.

(1) Whoever with intent to defraud falsely makes or alters a writing or object of any of the following kinds so that it purports to have been made by another, or at another time, or with different provisions, or by authority of one who did not give such authority, is guilty of a Class H felony:

(a) A writing or object whereby legal rights or obligations are created, terminated or transferred, or any writing commonly relied upon in business or commercial transactions as evidence of debt or property rights; or

(b) A public record or a certified or authenticated copy thereof; or

(c) An official authentication or certification of a copy of a public record; or

(d) An official return or certificate entitled to be received as evidence of its contents.

26) Forgery. 570.090. 1. A person commits the offense of forgery if, with the purpose to defraud, the person:

(1) Makes, completes, alters or authenticates any writing so that it purports

또한 일반적으로 문서의 작성권한이 있는 자의 허위 작성은 위·변조 행위에 포함시키지 않는데 대표적으로 New York 주 법원은 작성명의자의 권한을 초과한 문서 작성은 주법이 규정한 위·변조의 구성요건에 해당하지 않는다고 판시하였다.[27)]

(3) 주관적 구성요건

대부분의 주법은 사취의 의도를 주관적 구성요건으로 요구하며 판례 역시 이를 확인하고 있다.

예를 들어, Pennsylvania 법원은 위·변조죄의 성립을 위해서 검사는 허위의 문서라는 점과 이로 인한 기망의 가능성이 있고 피고인에게는 기망의 의도가 있다는 점을 입증하여야 한다고 판시하였다.[28)] 또한 Massachusetts 법원과 Louisiana 법원 역시 허위문서를 만든 행위가 오직 사기의 특정 고의하에 이루어졌을 때에만 위·변조 범죄가 성립한다고 판시하였다.[29)]

Ⅲ. 위·변조문서의 행사(Uttering of forged instruments) 및 소지죄(Possession)

1. 보통법 및 모범형법전

보통법에서 위·변조문서의 행사(utter)는 위·변조와는 별도의

---

to have been made by another or at another time or place or in a numbered sequence other than was in fact the case or with different terms or by authority of one who did not give such authority; or

(2) Erases, obliterates or destroys any writing; or

(3) Makes or alters anything other than a writing, including receipts and universal product codes, so that it purports to have a genuineness, antiquity, rarity, ownership or authorship which it does not possess; or

27) People v. Cunningham, 813 N.E.2d 891 (N.Y. 2004).

28) Commonwealth v. Fisher, 682 A.2d 811 (Pa. 1996).

29) Commonwealth v. O'Connell, 769 N.E. 2d 331 (Mass. 2002)와 State v. Johnson, 817 So. 2d 283 (La. 2002).

범죄로 인식되었다.[30] 여기에서 행사란 위·변조된 문서를 제공하는 것이면 직접적이든 간접적이든, 말로 표현하든 행동으로 표현하든 불문한다. 보통법은 행사죄의 성립을 위하여 주관적 구성요건요소로 위·변조에서 요구되는 사취의 의도와 함께 위·변조에 대한 인식을 요구한다.

한편 모범형법전은 행사죄를 따로 분리하지 않고 행사를 위·변조의 개념에 포함시켜서 함께 규율하고 있다는 점은 앞에서 살펴보았다.

2. 연방법률

연방 위·변조법은 행사죄를 두 가지의 유형으로 구분하여 규율하고 있는데, 하나는 일반적인 행사나 발행이고 다른 하나는 공무소 또는 공무원에 대한 제시이다. 두 범죄 모두 정부에 대한 사취의 의도와 함께 위·변조 사실에 대한 인식을 주관적 요건으로 하고 있다.

행사죄는 위·변조죄와 동일한 법정형으로 규정되어 있다.

18 U.S.C. Chapter 25
§495 – **계약서, 증명서와 위임장**
누구든지 미합중국을 사취하기 위한 의도로 문서가 허위의 위·변조된 것임을 알면서 이를 진짜인 것처럼 행사하거나 발행한 경우; 또는
누구든지 미합중국을 사취하기 위한 의도로 문서가 허위의 위·변조된 것임을 알면서 거래나 신청을 위하여 또는 이와 관련하여 이 문서를 제시 또는 제출한 경우에는

30) Joycelyn M. Pollock, Criminal Law(10th ed.), Anderson Publishing, 2013, p. 329.

이 장이 규정한 벌금 또는 10년 이하의 징역에 처하며 양자는 병과될 수 있다.

3. 각주의 법률

(1) 행사죄

많은 주의 법률들이 모범형법전과 달리 별개의 조문으로 행사죄를 규정하고 있는데 대표적인 입법례는 다음과 같다. 사취의 의도와 위·변조에 대한 인식을 요구하며 행사와 발행을 구성요건적 행위로 규정하고 있다는 점은 연방법의 내용과 유사하다.

Florida[31)]

831.01 위·변조죄

831.02 위·변조문서 행사죄 831.01조에 규정된 기록, 증명서, 기타 문서가 허위의 위·변조된 것이라는 사실을 알면서 손해 발생이나 사기의 의도를 가지고 이를 진짜인 것처럼 행사 또는 발행한 자는 775.082조, 775.083조, 775.084조에 각 규정된 형벌의 부과가 가능한 3급 중범죄의 죄책을 진다.

Michigan[32)]

750.249 기록과 기타 문서에 대한 위·변조: 행사 및 발행: 예

---

31) 831.02 Uttering forged instruments.
Whoever utters and publishes as true a false, forged or altered record, deed, instrument or other writing mentioned in s. 831.01 knowing the same to be false, altered, forged or counterfeited, with intent to injure or defraud any person, shall be guilty of a felony of the third degree, punishable as provided in s. 775.082, s. 775.083, or s. 775.084.

32) 750.249 Forgery of records and other instruments; uttering and publishing; exception.
(1) A person who utters and publishes as true a false, forged, altered, or

> 외 (1) 248조에 규정된 기록 또는 문서가 허위의 위·변조된 것이라는 사실을 알면서 손해발생이나 사기의 의도를 가지고 이를 진짜인 것처럼 행사 또는 발행한 자는 14년 이하의 징역형 부과가 가능한 중범죄의 죄책을 진다.

(2) 소지죄

위·변조 문서의 행사와는 별개로 소지 자체를 구성요건화하고 있는 입법례도 있다. 대표적인 입법례는 다음과 같다.

> Oregon[33]
> **165.017 2급 위·변조 문서 소지죄**
> (1) 문서의 위·변조 사실을 알면서 이를 행사할 의도로 위·변조 문서를 소지하는 자는 2급 위·변조 문서 소지죄의 죄책을 진다.
> (2) 2급 위·변조 문서 소지죄는 A급 경범죄이다.
> **165.022 1급 위·변조 문서 소지죄**
> (1) 165.013조(1급 위·변조죄)에 특정된 문서의 위·변조 사실을

counterfeit record, instrument, or other writing listed in section 248 knowing it to be false, altered, forged, or counterfeit with intent to injure or defraud is guilty of a felony punishable by imprisonment for not more than 14 years.

33) 165.017 Criminal possession of a forged instrument in the second degree
(1) A person commits the crime of criminal possession of a forged instrument in the second degree if, knowing it to be forged and with intent to utter same, the person possesses a forged instrument.
(2) Criminal possession of a forged instrument in the second degree is a Class A misdemeanor.
165.022 Criminal possession of a forged instrument in the first degree
(1) A person commits the crime of criminal possession of a forged instrument in the first degree if, knowing it to be forged and with intent to utter same, the person possesses a forged instrument of the kind and in the amount specified in ORS 165.013 (Forgery in the first degree).
(2) Criminal possession of a forged instrument in the first degree is a Class C felony.

알면서 이를 행사할 의도로 위·변조 문서를 소지하는 자는 1급 위·변조 문서 소지죄의 죄책을 진다.
(2) 1급 위·변조 문서 소지죄는 C급 중범죄이다.

소지죄를 별도의 구성요건으로 처벌하는 주들은 대부분 소지 문서의 위·변조죄의 등급에 따라 소지죄의 등급을 달리 규정하고 있다. 소지죄 역시 행사할 의도를 필요로 한다는 점에서 행사죄의 성립을 시기적으로 한 단계 앞당긴 구성요건이라 할 수 있다.

[부록] 미국 모범형법전 중 문서에 관한 죄

법률규정	번 역
Section 224. 1. Forgery.	Section 224. 1. 위·변조
(1) Definition. A person is guilty of forgery if, with purpose to defraud or injure anyone, or with knowledge that he is facilitating a fraud or injury to be perpetrated by anyone, the actor:	(1) 정의. 타인의 재산을 사취하거나 손해를 입힐 의도로 또는 타인의 사기나 불법행위를 방조한다는 사실을 알면서 다음의 행위를 하는 자는 위·변조죄의 책임을 진다.
(a) alters any writing of another without his authority; or	(a) 권한 없이 타인의 문서를 변경하거나
(b) makes, completes, executes, authenticates, issues or transfers any writing so that it purports to be the act of another who did not authorize that act, or to have been executed at a time or place or in a numbered sequence other than was in fact the case, or to be a copy of an original when no such original existed; or	(b) 어떤 문서를 제작, 완성, 작성, 인증, 발급 또는 모사하여 권한을 부여한 바 없는 원 권리자의 행위를 가장하거나 특정시간이나 장소 또는 일련번호에 따른 작성을 가장하거나 원본이 존재하지 않음에도 원본에 기한 사본인 것처럼 가장하는 경우
(c) utters any writing which he knows to be forged in a manner	(c) (a) 또는 (b)에 규정된 방법으로 위·변조된 문서임을 알면서 이를 행사

specified in paragraphs (a) or (b). "Writing" includes printing or any other method of recording information, money, coins, tokens, stamps, seals, credit cards, badges, trade-marks, and other symbols of value, right, privilege, or identification.	한 경우 여기에서 "문서"란 인쇄물 또는 정보, 통화, 우표, 봉인, 신용카드, 뱃지, 상표 기타의 가치, 권리, 특권, 식별의 내용을 기록한 모든 종류의 서류를 포함한다.
(2) <u>Grading.</u> Forgery is a felony of the second degree if the writing is or purports to be part of an issue of money, securities, postage or revenue stamps, or other instruments issued by the government, or part of an issue of stock, bonds or other instruments representing interests in or claims against any property or enterprise. Forgery is a felony of the third degree if the writing is or purports to be a will, deed, contract, release, commercial instrument, or other document evidencing, creating, transferring, altering, terminating, or otherwise affecting legal relations. Otherwise forgery is a misdemeanor.	(2) <u>범죄등급</u>. 문서가 통화, 증권, 우표나 인지 또는 정부가 발행한 기타 서류 또는 재단이나 회사에 대한 권리를 표창하는 주식, 채권 등의 유형인 때에 위·변조죄는 2급 중범죄이다. 문서가 유언장, 권리증, 계약서, 양도증서, 기타 상업 서류 또는 법률관계를 입증, 설정, 양도, 변경, 종료시키거나 영향을 미치는 종류의 서류인 때에는 3급 중범죄이다. 그 외의 서류를 대상으로 한 위조는 경범죄이다.

[참고문헌]

American Law Institute, Model Penal Code – Official Draft and Explanatory Notes, 1985

Joshua Dressler, Encyclopedia of Crime & Justice(2d. ed.), volume 2, Macmillan Reference USA, 2002

Joshua Dressler, Cases and Materials on Criminal Law(5th ed.), West, 2009

Joycelyn M. Pollock, Criminal Law(10th ed.), Anderson Publishing, 2013

Matthew Lippman, Contemporary Criminal Law: Concepts, Cases and Controversies(2d ed.), SAGE, 2010

Richard G. Singer, John Q. La Fond, Criminal Law(4th ed.), Aspen Publishers, 2007

Wayne R. LaFave, Criminal Law, Thomson, 2003

14. 일본에서의 문서범죄

Ⅰ. 연 혁

일본에서 근대적 의미의 형법은 메이지유신(明治維新) 이후 메이지 정부가 서양의 근대적인 형법을 계수함으로써 시작되었다. 1880(明治13)년 7월 17일 태정관포고(太政官布告) 제36호로 공포되고 1882(明治15)년 1월 1일부터 시행된 「형법」은 형식적 의미의 죄형법정주의의 원칙을 선언한 일본 최초의 근대적 형법전이었다. 이 법률은 계몽주의적인 시민적 자유주의 사상을 배경으로 한 법전으로, 1873(明治6)년 메이지 정부가 초청한 프랑스의 법률학자 보아소나데(Gustave Emile Boissonade)의 초안을 토대로 작성되어 당시 세계적으로 가장 진보한 형법이라고 일컬어지던 1810년 프랑스 형법전(나폴레옹 형법전)의 영향을 강하게 받았다. 전문 430개조로 구성된 이 법률은 형법의 총칙과 각칙을 구분하고, 죄형법정주의를 선언하였으며, 범죄를 중죄, 경죄 및 위경죄로 3분하여 각각의 범죄유형에 적합한 다양한 형벌을 규정하고 있는 것이 특징이다. 일본에서는 현재 이를 구 형법이라고 부르고 있다.[1)]

일본의 현행 형법은 1907(明治40)년 제정되어 1908년부터 시행된 「형법」(明治四十年四月二十四日法律第四十五号)이다. 이 법률은 프랑스 형법의 영향을 받은 구 형법과 달리 독일 형법의 영향을 받았다. 중죄, 경죄, 위경죄의 구별을 폐지하는 등 범죄의 유형이

1) 오영근, "일본개정형법가안이 제정형법에 미친 영향과 현행 형법해석론의 문제점", 「형사법연구」 제20권(2003), 한국형사법학회, 114면 및 법무부, 일본형법, 2007, 3면 참조.

구 형법에 비해 포괄적이고, 법정형의 폭이 넓으며, 형벌의 종류를 간소화한 것이 특징이다. 현행 형법 시행 이후 1940(昭和15)년 당시의 시대적 흐름이었던 국가주의와 사회방위주의를 반영한 '개정형법가안(改正刑法仮案)'이 공표되었으나 제2차 세계대전의 발발로 입법이 무산되었고, 1974(昭和49)년에는 제2차 세계대전 후 성립된 헌법의 정신을 반영한 '개정형법초안(改正刑法草案)'이 작성되었으나 사회 각계로부터의 다양한 비판적 의견 때문에 역시 입법에 이르지 못하였다.[2)]

구 형법은 문서범죄를 '공익에 관한 중죄경죄'(제2편) 속에 편제하였고, 그 중에서도 '신용을 해하는 죄'(제4장)의 하나로 두었다. 신용을 해하는 죄는 다시 '공문서를 위조하는 죄'(제3절), '사인·사문서를 위조하는 죄(제4절)', '면장(免狀)·감찰(鑑札) 및 질병증서를 위조하는 죄(제5절)'의 3개 절로 나누어 규정하고 있었다. 현행 형법은 이러한 구 형법을 전면개정하여 음료수에 관한 죄(제15장), 통화위조의 죄(제16장), 문서위조의 죄(제17장), 유가증권위조의 죄(제18장), 인장위조의 죄(제19장), 위증의 죄(제20장)의 순으로 편제하고 있다. 이들은 모두 구형법에서는 '공익에 관한 중죄경죄'(제2편)에 규정되어 있던 죄들로, 제16장 내지 제19장의 범죄는 특히 구 형법상 '신용을 해하는 죄'(제4장)에 해당하는 범죄들이라 할 수 있다.

현행 형법은 1908년 시행된 이래 지금까지 30차례 가까이 개정되었는데,[3)] 이 가운데 문서죄와 관련한 의미 있는 변화가 있었던 것은 1987년과 2001년의 개정이었다. 먼저 1987(昭和62)년 개정

---

2) 법무부, 일본형법, 8-9면 참조.

3) 일부개정으로 14차에 걸쳐 개정되었으며(최종개정: 2007(平成19)년 5월 24일 법률 제54호), 타법개정에 의한 개정까지 합하면 2017년 6월 현재 총 29차에 걸쳐 개정되었다(최종개정: 2016(平成28)년 6월 3일 법률 제54호[형사소송법 등의 일부를 개정하는 법률 제3조에 의한 개정]).

에서는 다양화·고도화하는 컴퓨터범죄에 대응하기 위하여 '전자적 기록'의 개념을 형법에 도입하였다. 먼저 전자적 기록의 '정의'(제7조의2) 규정을 신설하고, 문서의 위조 및 변조에 대응하는 '전자적 기록 부정작출 및 공용(供用)'(제161조의2) 규정을 신설하였으며, 기존의 '공정증서원본부실기재 등'(제157조)의 행위객체에 전자적 기록을 추가하였다(동조 제1항).[4)]

2001(平成13)년 개정에서는 신용거래에 대한 공중의 신뢰와 안전을 두텁게 보호하기 위하여 신용카드 등 지불용 카드의 일부를 구성하는 전자적 기록에 대한 특별규정을 신설하였다. 형법은 '유가증권위조의 죄'의 장(제18장) 뒤에 '지불용 카드 전자적 기록에 관한 죄'의 장(제18장의2)을 새로 만들고 '지불용 카드 전자적 기록 부정작출 등'(제163조의2), '부정 전자적 기록 카드 소지'(제163조의3), '지불용 카드 전자적 기록 부정작출 준비'(제163조의4), '미수죄'(제163조의5) 등 4개 조항을 신설하였다.

Ⅱ. 문서범죄와 위조죄

1. 보호법익 및 보호정도

사회생활에서 경제거래를 중심으로 하는 인간의 상호교섭 및 관계를 신속하고 원활하게 하기 위해 사회적 신용성을 가진 기술적 수단이 빈번히 사용된다. 통화나 유가증권 및 문서는 그 대표적인 예이다. 이와 같은 중요한 증명수단의 공적 신용성을 법적으로 보호하고자 하는 범죄유형으로 일본 형법은 통화위조의 죄(제16장), 문서위조의 죄(제17장), 유가증권위조의 죄(제18장), 지불용 카

4) 1987(昭和62)년 개정에서는 이밖에도 문서죄 외의 전자적 기록에 관한 규정으로 '전자계산기 손괴 등 업무방해'(제234조의2), '전자계산기사용 사기'(제246조의2) 규정을 신설하였다.

드 전자적 기록에 관한 죄(제18장의2), 인장위조의 죄(제19장) 등을 규정하고 있다. 이들 각종 위조죄는 직접적으로는 통화나 문서 등의 진정성(Echtheit)에 대한 공공의 신뢰(publica fides)를 보호하지만, 간접적·궁극적으로는 통화·유가증권 및 문서 등에 의해 매개되는 거래·계약 등의 안전을 보호한다. 통화·유가증권 및 문서 등 위조죄의 성립에 보통 '행사할 목적'을 필요로 하는 것은 바로 이 때문이다. 형법은 통화나 문서 등의 위조행위가 증명수단의 공적 신용성을 해하는 일반적인 위험성을 가진다는 점에서 이를 처벌의 대상으로 하고 있지만, 실제로 신용성이 상실되거나 상실될 위험이 발생할 것을 범죄성립의 요소로 하고 있지는 않다. 이러한 의미에서 위조죄는 기본적으로 추상적 위험범이다.

2. 위조죄의 법적 성격 및 최근 동향

문서범죄의 근간을 이루는 위조죄는 원래 사기죄나 위증죄와 마찬가지로 이른바 거짓(falsum)의 죄로부터 분화·독립된 것이다. 이들 가운데 가장 먼저 독립한 것은 통화위조죄였다. 위증죄 등도 이른바 '사법작용에 대한 죄'로서 비교적 일찍 독립하였다. 마지막으로 분화된 것이 사기죄와 문서위조죄인데, 사기죄가 개인적 법익을 보호하는 재산에 대한 죄로 분화·독립한 데 반해 문서위조죄는 사회적 법익으로서의 문서 등에 대한 공공의 신용을 해하는 죄로 분화·독립하였다.[5)]

이러한 역사적 배경 때문에 이들 범죄는 현행 형법상의 편제는 다르지만 거짓 또는 충실의무위반 등의 개념요소를 공유한다는 점에서 입법사적으로 상호 연장선상에 있다고 할 수 있다. 예컨대 위조통화등행사죄의 경우 그에 내포된 사기죄적 성격에 의해 동

5) 松宮孝明, 刑法各論講義, 成文堂, 2006, 354面.

죄가 성립하면 이와 별도로 사기죄가 성립하지는 않는다. 또한 허위공문서작성죄의 경우 문서범죄의 일반적 보호법익 외에 직무행사의 적정 또한 아울러 보호하고 있다고 평가된다. 즉 국가 등에 대한 공무원의 충실의무를 위반한다는 이른바 독직죄(瀆職罪)적 성격이 포함되어 있는 것이다. 이밖에도 위조죄에서는 재산이나 사법작용에 대한 죄의 준비행위로서의 색채 또한 찾아볼 수 있다. 오늘날 각종 위조죄가 '위조행위'만으로는 부족하고 '행사할 목적'이 있어야 비로소 성립하는 것은 그 대표적인 예이다. 말하자면 각종 위조죄는 행사할 목적, 즉 부진정한 문서를 진정한 문서로 속여 사용할 목적으로 위조행위를 하는 것이라는 점에서 사기죄 등 침해범의 예비 단계의 가벌성을 포착하고 있는 것이라 할 수 있다. 간접적 · 궁극적인 보호법익인 거래 · 계약의 안전을 위하여 직접적 · 1차적으로 그 기초가 되는 문서 등의 진정성 · 진실성에 대한 공공의 신뢰를 보호하고자 하는 것이다.

그런데 최근 새롭게 범죄화된 '지불용 카드 전자적 기록에 관한 죄'(제18장의2)에 관한 규정들은 여기서 한 걸음 더 나아가 그 이전의 단계까지도 형사처벌의 영역에 포함시키고자 하고 있다. 예컨대 문서 등의 위조에 해당하는 '지불용 카드 전자적 기록 부정작출'(제163조의2 제1항)이 사기죄의 예비 단계를 처벌하는 규정이라고 한다면, '지불용 카드 부정작출목적 전자적 기록 정보취득'(제163조의4 제1항)은 그보다 한 단계 앞선 사기죄의 예비의 예비 단계를 처벌의 대상으로 하는 것이다. 공공의 신용을 보호하는 범죄로서의 위조죄의 성격을 강조하여 범죄의 성립시기를 법익침해 이전의 단계로 대폭 앞당기고 있는 것이다. 문제는 일본 형법이 여기서 그치지 않고 위 조항에 대한 미수범(제163조의5 후단) 규정을 둠으로써 이른바 '예비의 예비의 미수'를 범죄화하고 있다는 점이다. 이에 대해서는 위조죄의 추상적 위험범성에 대한 고려가 정도를 넘어선 것이 아니냐는 비판이 가능할 것이며,[6] 실제로 일본에서도 이러한 입법은 위조죄의 미수·예비 일반을 처벌하고자 하는 것이라는 비판의 목소리도 있다.[7]

3. 문서범죄의 범주와 상호관계

문서의 유형 가운데 가장 강력하게 보호되고 있는 것은 '통화(通貨)'이다. 일본 형법은 통화위조행위에 대하여 무기징역을 포함한 중형을 규정함과 동시에, 그 신용성을 해하는 행위를 폭넓게 처벌의 대상으로 하고 있다. 다음으로 처벌의 범위가 넓고 형이 중한 것은 '지불용 카드 전자적 기록'을 위조하는 죄이다. 현대사회에서 통화를 대체하는 기능을 수행하고 있는 지불용 카드(신용카드, 선불카드, 직불카드, 현금카드 등)의 전자적 기록 부분이 이에 의해 보호된다. '유가증권(有價證券)'을 위조하는 죄도 무겁게 취급된다. 유가증권 역시 문서의 일종이지만, 통화에 가까운 실제적 기능을 수행하고 있기 때문에 그 위조·변조에 대해 일반 사문서보다 무거운 형이 규정되어 있고, 나아가 위조·변조유가증권의 교부나 수입까지도 처벌되고 있다(일반 문서의 경우 교부나 수입까지는 처벌되지 않는다).

그러나 위조죄를 이해함에 있어 가장 중요한 의미를 갖는 것은 역시 '문서(文書)' 위조죄라 할 수 있다. 문서위조의 죄는 사회생활상 법률관계나 중요한 사실관계의 존재를 증명하는 수단으로 중요한 기능을 가진 문서, 그리고 많은 분야에서 이를 대신하는 기능

---

6) 실제로 우리나라의 경우 이와 유사한 내용을 규정하고 있는 여신전문금융업법은 '거짓이나 그 밖의 부정한 방법으로 알아낸 타인의 신용카드 정보의 보유 및 이를 이용한 신용카드 거래' 행위를 '신용카드등의 위조·변조' 및 '위조·변조된 신용카드등의 판매·사용' 행위와 동일한 형으로 처벌하면서도(각 여신전문금융업법 제70조 제1항 제6호·제1호·제2호), 이 가운데 미수범 처벌규정은 후 2자(제1호 및 제2호)에 대해서만 두고 있다(동법 제70조 제6항).

7) 松宮孝明, 刑法各論講義, 成文堂, 2006, 353-354面 참조.

을 수행하고 있는 전자적 기록의 공적 신용성을 보호하기 위해 문서의 위조·변조 및 위조·변조 문서의 행사(와 그 미수), 전자적 기록의 부정작출, 부정하게 작출된 전자적 기록의 사용(과 그 미수)를 처벌하고 있다. 형법은 이밖에 사회생활에서 사람의 동일성을 증명하는 수단으로 중요한 기능을 수행하고 있는 '인장(印章)'이나 '서명(署名)'의 위조 및 부정사용행위 또한 처벌의 대상으로 하고 있다. 다만 이들은 독자적인 위조죄로서 기능하기보다는 문서위조의 전단계 또는 경과범죄로서의 역할을 하는 경우가 많다는 점에 특징이 있다.

결국 통화, 유가증권, 전자적 기록, 인장·서명 등은 모두 넓은 의미에서 문서의 일종 내지 문서에 준하는 것이라 할 수 있으며, 이러한 의미에서 각종 위조죄를 넓은 의미의 문서위조죄로 부르는 것도 가능하다.[8)]

Ⅲ. 문서범죄의 기초개념

문서범죄에 관한 일본의 논의는 우리나라와 대체로 유사하다. 다만 구체적인 해석론에 있어 다소간의 차이가 있으며, 판례가 새로운 해석론을 제시하고 있는 경우가 있다. 아래에서는 문서범죄의 기초개념에 관한 간략한 정리와 함께 일본과 우리나라의 논의에 차이가 있는 부분을 중심으로 살펴보기로 한다.

1. 행위객체

(1) 문 서

'문서'는 '문자 또는 문자를 대신할 수 있는 대체적 부호·기호를 사용하여 어느 정도 지속성 있는 상태로 물체상에 기재된 의사

8) 井田 良, 刑法各論, 弘文堂, 2002, 153-154面 참조.

또는 관념의 표시로서, 그 표시의 내용이 법률상 또는 사회생활상 중요한 사항에 대하여 증거로 할 수 있는 것'을 말한다.[9] 이 가운데 상형적 부호를 사용한 것을 도화(図画)라 한다. 이러한 점에서 가독성(可讀性), 지속성, 의사·관념의 표시성, 증명성 등이 문서의 필수적 개념요소로서 요구된다.

먼저 문서나 도화는 문자 등으로 표시되어 있을 것을 요하기 때문에 가시성 내지 가독성을 전제로 한다. 따라서 시각적으로 확인할 수 있는 경우는 물론, 마이크로필름과 같이 육안으로는 판독하기 어려워도 확대장치 등을 통해 읽을 수 있는 경우라면 문서성을 긍정할 수 있다. 이와 관련하여 HDD, ODD 등 컴퓨터를 이용한 기록으로서 출력 등을 통해 시각적 확인이 가능하지만 그 자체로는 가독성이 없는 이른바 전기적·자기적 기록의 문서성이 문제되는데, 이에 대해서는 후술한다. 표시된 내용이 영구적이지는 않더라도 일정 시간 이상은 지속되어야 하므로 일시적으로 쓰인 표시는 문서에 해당하지 않고, 의사 또는 관념이 표시된 것이라고 보기 어려운 단순한 명함·표찰 등 역시 문서에 해당하지 않는다.

표시된 내용이 문장의 형식일 필요는 없으므로 표시가 간략화된 경우 인장 및 기호와의 경계선이 모호해지는 경우도 있다. 판례는 사람이나 물건의 동일성 이외의 사항을 증명·표시하는 것은 문서·도화에 해당한다고 하면서 일본전매공사 시대의 담배 '히카리(光)'의 상자는 합법적 전매품이라는 점을 증명하는 의사를 표시한 도화라고 판시한 바 있다.[10] 판례에 따르면 우체국의 일부인도 공문서에 해당한다.[11]

의사나 관념의 표시인 문서·도화에는 그 주체인 명의인이 존재

9) 大判明治43(1910)年9月30日, 刑録16輯1572頁.
10) 最判昭和33(1958)年4月10日, 刑集12巻5号743頁.
11) 大判昭和3(1928)年10月9日, 刑集7巻683頁.

해야 한다. 따라서 명의인을 특정할 수 없는 경우에는 문서위조죄는 성립하지 않지만, 문서 자체에 명의인의 직접적인 기재가 없어도 문서의 내용, 형식, 필적, 부속물(예컨대 봉투) 등으로부터 명의인을 특정할 수 있다면 문서성이 긍정된다. 명의인이 가공의 인물이라 하더라도 일반인의 관점에서 진정하게 작성된 것으로 오신할 우려가 있는 경우에는 위조죄가 성립하며,[12] 이러한 법리는 사자명의 문서의 경우도 마찬가지이다.[13]

한편 복사기술의 발달과 함께 원본과 동일한 형태의 복사가 가능해짐에 따라 복사문서의 문서성이 문제되게 되었다. 우리나라와 같은 명문의 규정은 없으나 복사기로 복사한 문서를 원본으로 이용하는 경우 해당 복사물이 문서에 해당한다는 점에 이론이 없다. 판례는 공문서의 내용을 변경한 후 이를 복사한 사안에서 해당 복사물이 원본과 마찬가지의 사회적 기능과 신용성을 가진다고 인정할 수 있다고 보아 공문서위조죄의 성립을 긍정하고 있다.[14]

(2) 전자적 기록

컴퓨터 기술의 발달과 함께 컴퓨터를 이용한 기록으로서 출력 등을 통해 시각적 확인이 가능하지만 그 자체로는 가독성이 없는 이른바 전기적·자기적 기록의 문서성이 문제되게 되었다. 한때 전자적 기록의 문서성에 대한 논란[15]이 있었으나, 컴퓨터에 의해 수집·처리·기록되는 정보가 종래의 종이를 이용한 서류·문서 이상의 사회적 중요성을 갖게 되었다는 점에서 이를 문서에 준하여 보

12) 最判昭和36(1961)年3月30日, 刑集15巻3号667頁(공문서); 最判昭和28(1953)年11月13日, 刑集7巻11号2096頁(사문서).

13) 最判昭和26(1951)年5月11日, 刑集5巻6号1102頁.

14) 最判昭和51(1976)年4月30日, 刑集30巻3号453頁; 最決昭和61(1986)年6月27日, 刑集41巻4号340頁.

15) 最決昭和58(1982)年11月24日, 刑集37巻9号1538頁(판례가 도로운송차량법이 규정한 전자정보처리조직에 의한 자동차등록파일을 형법 제157조 제1항에서 말하는 '권리·의무에 관한 공정증서의 원본'에 해당한다고 보아 문제가 되었던 사례).

호할 필요가 있었고, 일본 역시 우리나라와 마찬가지로 입법을 통하여 이 문제를 해결하였다.

'전자적 기록' 개념의 형법 도입은 1987(昭和62)년 5월 27일 '형법 등의 일부를 개정하는 법률'에 의해 이루어졌다. 이 법률은 먼저 전자적 기록의 정의규정을 신설하였는데, 이에 따르면 "이 법률에서 '전자적 기록'이라 함은 전자적 방식, 자기적 방식 기타 사람의 지각에 의해서는 인식할 수 없는 방식으로 만들어지는 기록으로서 전자계산기에 의한 정보처리용으로 제공되는 것을 말한다." (제7조의2) 개정법은 또한 문서의 위조 및 변조에 대응하는 '전자적 기록 부정작출 및 공용(供用)'(제161조의2) 규정을 신설하였으며, 기존의 '공정증서원본부실기재 등'(제157조)의 행위객체에 전자적 기록을 추가하였다(동조 제1항).[16)]

전자적 기록을 행위객체로 하는 신설조항 역시 그 보호법익은 기존의 문서범죄와 마찬가지로 사회적 신용 및 증명기능에 있다고 해석된다. 다만 개정법은 구성요건의 형태면에서 신설조항을 기존의 문서위조·변조죄와 대응관계로 규정하지 않고 '전자적 기록을 부정하게 작성하는' 별도의 규정을 두는 방식을 택하였다. 이에 대해서는 종래 문서위조죄의 경우 '위조'의 개념이 권한 없이 타인의 명의를 모용한다는 확립된 해석에 근거하고 있어서 원칙적으로 유형위조만을 처벌하고, 무형위조는 특별한 경우에만 처벌되는 것으로 해석하는 데 무리가 없었던 반면, 신설조항의 '부정한 작성'에 대해서는 그러한 해석이 확립되어 있지 않은 관계로 무형위조도 처벌의 대상이 될 가능성이 있다는 점에서 다소 문제될 소지가 있

16) 개정법은 이밖에도 문서죄 외의 전자적 기록에 관한 규정으로 '전자계산기 손괴 등 업무방해'(제234조의2), '전자계산기사용 사기'(제246조의2) 규정을 신설하였다. 이후 2001(平成13)년 개정법에서 신용거래에 대한 공중의 신뢰와 안전을 두텁게 보호할 목적으로 신용카드 등 지불용 카드의 일부를 구성하는 전자적 기록에 대한 특별규정이 신설되었다는 점은 앞서 살펴본 바와 같다.

다는 지적도 있다.

2. 행 위

(1) 형식주의와 실질주의, 유형위조와 무형위조

문서위조죄가 무엇을 보호법익으로 하는가와 관련하여 '형식주의'와 '실질주의'의 두 가지 입장이 대립한다. 형식주의는 문서위조죄가 직접 보호하고자 하는 것이 문서의 형식적 진실(작성명의의 진정 및 성립의 진정)이라고 하는 데 반해, 실질주의는 이를 문서에 표시된 사실의 진실(내용의 진정)이라는 입장이다. 일반적으로 전자는 독일 형법에서 유래된 것으로서 명의모용을 위조로 처벌하려는 주의이고, 후자는 프랑스 형법에서 유래된 것으로서 문서의 허위작성을 위조로 처벌하려는 주의라고 설명된다.[17)]

일본 형법상 문서위조죄는 위조(제154조, 제155조, 제159조)와 허위작성(제156조, 제160조)으로 나뉘고, 유가증권위조죄 역시 협의의 위조(제162조 제1항)과 허위기입(제162조 제2항)으로 나뉘어 있다. 위조란 타인의 명의를 사칭하여 문서 등을 작성하는 것이고, 보다 엄밀하게는 '작성자와 작성명의인의 인격적 동일성을 속이는 것'이다. 이에 대하여 허위작성 내지 허위기입이란 자신의 명의로 내용이 허위인 문서들을 작성하는 것으로 해석된다. 명의의 모용은 명의의 진정을 해하는 것으로서 '유형위조'라고도 불린다. 이에 대하여 허위작성은 '무형위조'로 불린다. 일본 형법은 사문서 등에 대하여 협의의 위조, 즉 유형위조의 처벌을 원칙으로 하고 허위작성 등 무형위조의 처벌은 예외로 하고 있다는 것이 다수설의 태도이다. 다만 전술한 바와 같이 전자적 기록 부정작출죄(제161조의2)에

17) 이에 대해서는 프랑스 형법에서도 명의모용은 위조죄로 처벌되고 있고, 독일 형법에도 공문서허위작성죄가 존재한다는 점에서 이러한 구별은 정확하지 않다는 지적도 있다(松宮孝明, 刑法各論講義, 成文堂, 2006, 356面).

서는 협의의 위조와 허위작성의 구별이 곤란한 경우도 있다.

(2) 위조 · 변조

'위조'란 문서의 명의인과 작성자 사이의 인격적 동일성을 속여 문서를 작성하는 것을 말한다.[18] 위조의 방법에는 제한이 없다. 이미 위조된 문서 등을 이용하여 새로운 위조죄를 범할 수도 있다.[19] '변조'는 명의인이 아닌 자가 진정하게 성립된 문서의 내용에 변경을 가하는 것을 말한다. 다만 진정하게 성립된 문서를 변경한 경우라도 변경된 부분이 본질적 부분이 아닌 경우에는 변조에 해당하지만, 본질적 부분에 대한 변경을 통해 새로운 증명력을 작출하는 데 이른 경우에는 위조가 된다.[20] 변조는 권한 없이 타인 명의의 문서를 변경하는 경우를 말하는 것이므로, 자기 명의의 문서를 변경하는 경우에는 변조에 해당하지 않고 경우에 따라 문서손괴죄가 성립할 뿐이다.[21] 위조나 변조는 명의인이 권한범위 내에서 작성한 것이라고 일반인이 오신함에 충분한 정도이면 족하다. 다만 문서로서의 형식 · 요건에 다소의 불비가 있어도 범죄의 성립에는 영향이 없다.

문서위조는 작성권한 없는 자가 타인의 명의를 모용하여 문서를 작성하는 것이므로, 명의인으로부터 유효한 승낙을 받았다면 명의를 모용한 것으로 볼 수 없어 위조죄의 구성요건해당성이 인정되지 않는다. 다만 문서의 성질상 문서작성인 이외의 자가 문서를 작성하는 것이 법령상 허용되어 있지 않은 경우가 있고, 이러한

---

18) 最判平成5(1993)年10月5日, 刑集47卷8号7頁.

19) 最判昭和24(1949)年9月1日, 刑集3卷10号1551頁(이장의 위조직인을 찍은 서류를 기초로 새로이 허위의 사실을 기입하여 완성한 전출증명서).

20) 最決昭和35(1960)年1月12日, 刑集14卷1号9頁(타인의 운전면허증이나 여권의 사진을 자신의 것으로 바꿔 붙인 행위를 공문서의 위조로 본 사례).

21) 大判明治37(1904)年2月25日, 刑録10輯364頁(채무자가 차용증서를 일시 반환받아 그 내용의 일부를 변경한 경우); 大判大正10(1921)年9月24日, 刑録27輯591頁(면사무소의 서기가 타인에게 속한 자신의 사직서의 날짜를 변경한 경우) 등.

경우에는 설령 명의인이 승낙하였다고 해도 위조죄가 성립된다.[22) 예명·필명 등 통칭명을 사용하여 문서를 작성하여도 그 명의인과 작성자의 동일성에 불일치가 발생하지 않는 경우 위조죄는 성립하지 않는다. 그러나 문서의 성질상 공적으로 등록된 이름을 기재할 것이 예정되어 있는 경우에는 설령 널리 정착된 통칭명이라도 그 사용이 허용되지 않는다.[23)]

타인의 명의가 아닌 자신의 명의로 문서를 작성하되 타인의 직함만을 모용하는 경우가 있다. '甲의 대리인 乙' 또는 '甲 주식회사 대표이사 乙' 등의 형태로 권한 없이 대리·대표명의를 모용한 경우 해당 문서의 명의인은 甲이라고 보아 위조죄의 성립을 인정하는 것이 통설·판례[24)]의 태도이다. 이는 우리 형법과 같이 명의모용(제225조, 제231조)과 자격모용(제226조, 제232조)이 구분되어 있지 않은 일본 형법의 구조에 기인한 것으로, 이 경우 우리나라에서라면 문서위조와 별도로 규정된 자격모용공·사문서작성죄(제226조, 제232조)가 성립할 것이다. 해당 문서의 명의인을 누구로 특정해야 할 것인지 자체가 문제되는 경우도 있다. 판례에 의해 유형화된 몇몇 사례를 제외하면 결국 사안별로 판단할 수밖에 없지만, 판례는 가공인 명의의 이력서에 자신의 사진을 붙인 경우 이는 가공인 명의의 문서가 되고,[25)] 또 동명이인인 타인의 직함을 붙여 해당 직함에 해당하는 문서를 작성하는 행위 역시 해당 동명이인인 타인 명의의 문서가 되는 것으로 보고 있다.[26)]

---

22) 最決昭和56(1981)年4月8日, 刑集35巻3号57頁(교통사건원표 중 진술서); 最決平成6(1994)年11月29日, 刑集48巻7号453頁(입학시험 답안지); 東京地判平成10(1998)年8月19日, 判時1653号154頁(여권 신청서) 등.

23) 最決昭和56(1981)年12月22日, 刑集35巻9号953頁(교통사건원표 중 진술서); 最判昭和59(1984)年2月17日, 刑集38巻3号336頁(재입국허가신청서) 등.

24) 最決昭和45(1970)年9月4日, 刑集24巻10号1319頁.

25) 最決平成11(1999)年12月20日, 刑集53巻9号1495頁.

26) 最決平成5(1993)年10月5日, 刑集47巻8号7頁(동명이인인 변호사의 직함을 사용

한편 대리권한을 가진 자가 그 권한의 정당한 행사로 보기 어려운 문서작성행위를 한 경우, 해당 행위의 법적 효력이 문제된다. 문서작성권한을 아예 일탈한 경우에는 권한 없는 행위가 되어 유형위조가 되지만, 권한범위 내에서 권한을 남용한 데 불과한 경우에는 유형위조가 될 수 없다는 것이 확립된 판례이다. 일탈인지 남용인지는 부여된 문서작성권한, 일반적인 행사상황 등을 종합적으로 고려하여 결정하게 된다. 대체로 대표이사와 같은 포괄적 수권을 받고 있는 자의 경우 원칙적으로 작성권한이 인정되어 남용에 그치는 경우가 많겠지만, 단순한 기능적 보조자로서 구체적 수권행위에 의해서만 권한을 갖게 되는 경우라면 많은 경우 작성권한이 인정되지 않아 위조가 되는 경우가 많을 것이다. 다만 포괄적 수권을 받고 있는 자도 내부 규정에 의해 특정 문서에 대한 작성권한이 다른 자에게 인정되어 있다면 해당 문서의 작성은 문서위조죄를 구성할 수 있고,[27] 기능적 보조자의 경우에도 특정한 조건 아래 문서의 작성이 허용되어 있다면 문서위조죄의 성립이 부정될 수 있을 것이다.[28]

(3) 행 사

'행사'란 '위조문서 등을 진정하게 성립한 것으로 타인에게 교부하거나 제시하는 등으로 그 열람에 제공하거나, 그 내용을 인식케 하거나 인식할 수 있는 상태에 두는 것'을 말한다.[29] 이러한 정의에 해당하는 것이라면 행위의 태양은 특별히 묻지 않는다. 문서의 본래적 용법에 따른 사용에 한정되지 않으며, 통화위조와 달리

하여 변호사로서의 업무에 관하여 변호사가 작성한 형식과 내용의 문서를 작성한 경우).

27) 最決昭和43(1968)年6月25日, 刑集22卷6号490頁.

28) 最判昭和51(1976)年5月6日, 刑集30卷4号591頁.

29) 最大判昭和44(1969)年6月18日, 刑集23卷7号950頁.

유통에 놓을 필요도 없다. 행사의 상대방 역시 누구인지 묻지 않는다. 문서에 대해 이해관계를 가진 자여야 한다는 견해도 있으나, 이해관계자의 범위를 명확하게 확정하기는 어려울 것이다.

판례는 자동차를 운전하면서 위조 운전면허증을 휴대한 경우에는 아직 행사가 있었다고 볼 수 없다고 한 반면,[30] 금융기관의 무인점포에 설치된 자동계약접수기의 이미지스캐너 및 디스플레이를 통해 운전면허증을 제시한 행위는 행사에 해당한다고 보고 있다.[31] 교부나 제시 없이 일정한 장소에 비치하는 것만으로 행사가 인정되는 경우도 있다.[32]

3. 주관적 구성요건요소

(1) 행사할 목적

'행사할 목적'이란 '사람으로 하여금 위조문서를 진정한 문서로 오신케 하거나 허위문서의 내용을 진실한 문서로 오신케 할 목적'을 말한다.[33] 위조죄는 목적범으로 위조문서의 작성에 대한 인식이 있는 것과 함께 '행사할 목적'이라는 주관적 불법요소의 존재가 필요하다. 목적은 타인을 해하거나 이롭게 한다는 것임을 요구하지 않으며, 문서의 명의인에 대하여 사용될 목적에 한정되지도 않는다. 문서의 본래의 용법에 따라 사용할 목적이 아니더라도 진정한 문서로서 그 효용에 맞게 사용한다는 정도의 목적이면 충분하다.

행사할 목적의 내용이라 할 수 있는 행사의 구체적 방법은 처음부터 특성되어 있을 필요는 없고 추상적으로 존재하면 족하다.

---

30) 最大判昭和44(1969)年6月18日, 刑集23卷7号950頁.
31) 大阪地判平成8(1996)年7月8日, 判タ960号293頁.
32) 大判大正14(1925)年12月23日, 刑集4卷787頁(공정증서원본); 大判大正11(1922)年5月1日, 刑集1卷252頁(등기부); 大判明治42(1909)年11月25日, 刑録15輯1661頁(회사의 장부) 등.
33) 大判大正2(1913)年12月6日, 刑録19輯1387頁.

다만 목적의 구체적 내용이 행사죄에서 '행사'에 해당하는 것이어야 함은 물론이다. 통화위조와는 달리 유통시킬 목적일 필요는 없다. 확정적으로 행사를 의도한 경우뿐 아니라 미필적인 목적이 있는 경우나 타인이 행사할 것을 인식하고 있는 경우도 포함되며,[34) 행사할 목적이 존재하였다면 현실적으로 행사하였는지 여부는 위조죄의 성립에 영향을 미치지 않는다.

(2) 사람의 사무처리를 그르치게 할 목적

재산상·신분상 그 밖의 생활관계에 영향을 미칠 수 있다고 인정되는 사안의 처리를 그르치게 할 목적을 말한다. 문서위조죄의 '행사할 목적'에 상응하는 것이다. 구체적으로 '사람의 사무처리를 그르치게 하는 것'은 '당해 전자적 기록을 전자계산기에 의해 처리한 경우 이에 의한 타인의 사무처리가 전자적 기록의 작출권자가 본래 의도하고 있던 바와 다르게 되도록 하는 것'을 말한다.[35) 고의 이외의 주관적 요건을 부가함으로써 본죄의 성립범위를 한정하고, 특히 권한 없는 전자적 기록의 복제를 처벌대상에서 배제하도록 하기 위한 것이라 할 수 있다. 이에 따르면 예컨대 단순히 정보를 입수하기 위해 타인의 전자적 기록의 복사본을 권한 없이 작성하는 행위는 이러한 목적을 결여하여 본죄에 해당하지 않게 된다.[36)

34) 最判昭和28(1953)年12月25日, 刑集90卷487頁.

35) 東京地判平成元(1989)年2月22日, 判時1308号161頁(은행 현금자동지급기 사용을 위해 현금카드의 자기띠 부분에 타인의 계좌정보 등을 입력하여 사용한 경우, 해당 CD거래에서 은행의 자격확인 관련 사무처리를 그르치게 할 목적 인정).

36) 川端 博, 刑法各論講義, 成文堂, 2007, 484-485面.

Ⅳ. 개별구성요건

1. 조서(詔書) 위조 · 변조

第154조(조서〈詔書〉[37] 위조 등) ① 행사할 목적으로 어새(御璽), 국새(國璽)나 어명(御名)을 사용하여 조서 그 밖의 문서를 위조하거나 또는 위조한 옥새, 국새나 어명을 사용하여 조서 그 밖의 문서를 위조한 자는 무기 또는 3년 이상의 징역에 처한다.
② 옥새 또는 국새를 날인하거나 어명을 서명한 조서 그 밖의 문서를 변조한 자도 전항과 같다.

본조는 천황(天皇)[38] 명의의 문서에 대한 규정이다. 천황에 의한 국사행위에 대해서는 공문서가 사용되는 경우가 많은데, 이러한 천황 명의의 문서는 일반 공문서와 비교하여 좀 더 중요하게 보호할 필요성이 있다는 점에서 특별히 별도의 규정을 둔 것이다.

'어새(御璽)'는 천황의 인장을, '국새(國璽)'는 일본국의 인장을, '어명(御名)'은 천황의 서명을 말한다. '조서(詔書)'는 천황이 일정한 국사에 관한 의사표시를 공시하기 위해 일정한 형식(천황의 친서(親署), 어새의 압날(押捺), 내각총리대신의 부서(副署) 등)에 의해 작성된 문서를 가리킨다. 국회의 소집은 이에 의해 이루어진다. '그 밖의 문서'란 그 이외의 천황 명의의 공문서를 말하며 사문서는 포함되지 않는다.

---

37) 조서(詔書): 임금의 명령을 일반에게 알릴 목적으로 적은 문서(국립국어원 표준국어대사전)

38) 우리나라의 언론 등에서는 일본국왕(日本國王), 일왕(日王) 등으로 표현하기도 하나, 여기서는 일본 현지의 표기에 따라 '천황(天皇)'으로 표기하기로 한다.

2. 공문서 위조 · 변조

第155条(공문서 위조 등) ① 행사할 목적으로 공무소나 공무원의 인장 또는 서명을 사용하여 공무소나 공무원이 작성하여야 할 문서 또는 도화를 위조하거나, 위조한 공무소나 공무원의 인장 또는 서명을 사용하여 공무소나 공무원이 작성하여야 할 문서 또는 도화를 위조한 자는 1년 이상 10년 이하의 징역에 처한다.
② 공무소 또는 공무원이 날인하거나 서명한 문서 또는 도화를 변조한 자도 전항과 같다.
③ 전 2항에 규정한 것 이외에 공무소나 공무원이 작성하여야 할 문서 또는 도화를 위조하거나 공무소나 공무원이 작성한 문서 또는 도화를 변조한 자는 3년 이하의 징역 또는 20만엔 이하의 벌금에 처한다.

第225条(공문서등의 위조 · 변조) 행사할 목적으로 공무원 또는 공무소의 문서 또는 도화를 위조 또는 변조한 자는 10년 이하의 징역에 처한다.

第226条(자격모용에 의한 공문서등의 작성) 행사할 목적으로 공무원 또는 공무소의 자격을 모용하여 문서 또는 도화를 작성한 자는 10년 이하의 징역에 처한다.

第235条(미수범) 제225조 내지 제234조의 미수범은 처벌한다.

본조는 공문서 · 공도화의 유형위조 · 변조를 처벌하는 규정이다. 공문서는 그 성질상 증거력 내지 신용력이 일반 문서에 비해 두텁기 때문에 사문서위조죄보다 중한 법정형을 규정하고 있다. 우리 형법이 권한 없는 문서작성행위를 명의모용(제225조)과 자격모용(제226조)으로 구별하고 있는 데 반해, 일본 형법은 이를 구별하고 있지 않다. 따라서 권한 없이 대리 · 대표명의, 즉 자격을 모용한 경우 이에 대하여 위조죄의 성립을 인정하는 것이 일본의 통설 · 판례[39]이다.

'공무소' 또는 '공무원'의 의미에 대해 일본 형법은 별도의 정의규정을 두고 있다(제7조). 이에 따르면 '공무원'은 국가 또는 지방공공단체의 직원, 그 밖의 법령에 의하여 공무에 종사하는 의원, 위원 그 밖의 직원을(제1항), '공무소'는 관공서 그 밖에 공무원이 직무를 행하는 곳을(제2항) 말한다. 공무원은 의사결정기관임을 요하지 않고 이를 보조하는 자도 포함하며,[40] 직제상의 직원인지 여부도 묻지 않는다.[41] 다만 단순한 기계적 · 육체적 업무에 종사하는 자는 이에 포함되지 않는다.[42] 공무원이나 공무소는 모두 일본의 공무원이나 공무소를 말하고 외국의 공무원이나 국제기구의 직원은 이에 포함되지 않는다.[43]

'인장(印章)'이란 인영(印影)의 현출을 위해 필요한 문자 · 부호를 조각한 물건을 말한다. 인장위조죄의 객체로서의 인장이 인영만을 의미하는지 아니면 인과(印顆) · 인형(印形)을 포함하는지에 대해서는 다툼이 있지만, 판례는 인장에는 인영뿐 아니라 인과도 포함된다고 해석하고 있다.[44] 판례는 형태로 보면 인장(인영)과 유사한 것이라도 사람의 동일성 이외의 사항을 증명 · 표시하는 것은 인장이 아니라 문서라고 해석하여, 우체국의 일부인[45], 물품세 증지[46] 등을 인장이 아니라 공문서로 보고 있다.

'공문서'란 '공무소 · 공무원이 직무에 관하여 소정의 형식에 따라 작성할 문서'를 말한다. 직무에 관한 문서여야 하므로 공무원의

39) 最決昭和45(1970)年9月4日, 刑集24卷10号1319頁.
40) 最判昭和25(1950)年10月20日, 刑集4卷10号2115頁.
41) 最決昭和30(1955)年12月3日, 刑集9卷13号2596頁.
42) 大判昭和12(1937)年5月10日, 刑集16卷717頁.
43) 最判昭和27(1951)年12月25日, 刑集6卷12号1387頁.
44) 大判大正5(1951)年12月11日, 刑録22輯1856頁.
45) 大判昭和3(1928)年10月9日, 刑集7卷683頁.
46) 最決昭和29(1954)年11月11日, 刑集8卷11号1821頁.

개인적 문서는 공문서가 아니다. 다만 일반인이 볼 때 공무원 등의 직무에 관하여 작성되었다고 오신함에 충분한 외관을 구비하였다면 설령 직무권한 내에 속하지 않는 사항에 대한 것인 경우에도 공문서로 취급될 수 있다.[47] 기재내용 자체로부터 본래의 용법상 유효한 문서로서의 외관을 보일 것을 요하지 않는다. 따라서 유효기간을 이미 경과한 것으로 표시된 운전면허증을 작성하였다고 하여 바로 위조죄의 성립이 부정되는 것은 아니다.[48]

공문서는 문서 각각에 대하여 1개의 죄가 성립한다. 다만 본죄가 성립하는 경우 별도로 인장·서명위조죄는 성립하지 않는다. 본죄와 위조공문서행사죄(제158조)는 견련범 관계에 있다.

3. 허위공문서 작성

제156조(허위공문서작성 등) 공무원이 그 직무에 관하여 행사할 목적으로 허위의 문서 또는 도화를 작성하거나 문서 또는 도화를 변조한 때에는 인장 또는 서명의 유무로 구별하여 전 2조의 예에 의한다.

제227조(허위공문서작성등) 공무원이 행사할 목적으로 그 직무에 관하여 문서 또는 도화를 허위로 작성하거나 변개한 때에는 7년 이하의 징역 또는 2천만원 이하의 벌금에 처한다.

제235조(미수범) 제225조 내지 제234조의 미수범은 처벌한다.

본죄는 공문서·공도화의 무형위조를 처벌하기 위한 것이다. 공문서는 사문서의 경우에 비해 증거력 내지 증명력이 일반적으로 높기 때문에 사문서에서는 원칙적으로 처벌하지 않는 무형위조를 공문서에서는 범죄로 하고 있는 것이다.

---

47) 最判昭和28(1951)年2月20日, 刑集7卷2号426頁.

48) 最決昭和52(1977)年4月25日, 刑集31卷3号169頁.

작성권한 없는 자가 작성권한자를 기망하여 내용이 허위인 공문서를 작성한 경우 본조의 간접정범으로 처벌할 수 있는지 여부에 대해서는 다툼이 있다. 판례는 비공무원에 대해서는 간접정범성을 부정하고 공무원에 대해서는 이를 긍정하는 것으로 이해된다. 즉 판례는 공무원 아닌 자가 허위공문서작성의 간접정범인 경우 제157조의 경우를 제외하고는 이를 처벌하지 않는다는 취지로 해석함이 상당하다고 판시하면서,[49] 이와 달리 작성권한자인 공무원을 보좌하여 공문서의 기안을 담당하는 공무원이 행사할 목적으로 내용이 허위인 공문서를 작성하고, 정을 모르는 상사를 이용하여 이를 완성한 경우 본조의 간접정범이 성립한다고 하고 있다.[50]

본조의 행위는 허위 내용의 공문서를 작성하는 것이다.[51] 허위 내용의 신고·신청이 있었다는 것을 알면서도 공무원이 이를 그대로 기재한 경우, 해당 공무원에게 실질적인 심사권이 있는 경우에는 본죄의 성립이 인정된다는 점에 이론이 없다.[52] 또한 형식적인 심사권을 가진 데 불과한 경우라도 신고인 등의 공모가 있었던 경우에는 본죄가 성립한다.[53]

4. 공정증서원본부실기재

> **제157조(공정증서원본 부실기재 등)** ① 공무원에 대하여 허위의 신고를 하여 등기부, 호적부 그 밖의 권리, 의무에 관한 공정증서의 원본에 부실한 기재를 하게 하거나 또는 권리, 의무에 관한 공정증서의 원본으로 사용되는 전자적 기록에 부실한 기록을 하

49) 最判昭和27(1952)年12月25日, 刑集6巻12号1387頁.
50) 最判昭和32(1957)年10月4日, 刑集11巻10号2464頁.
51) 最決昭和33(1958)年9月5日, 刑集12巻13号2858頁.
52) 大判昭和7(1932)年4月3日, 刑集11巻415頁.
53) 大判大正6(1917)年5月11日, 刑録23輯699頁.

게 한 자는 5년 이하의 징역 또는 50만엔 이하의 벌금에 처한다.
② 공무원에 대하여 허위의 신고를 하여 면허장, 감찰 또는 여권에 부실한 기재를 하게 한 자는 1년 이하의 징역 또는 20만엔 이하의 벌금에 처한다.
③ 전 2항의 죄의 미수는 벌한다.

第228条(공정증서원본등의 부실기재) ① 공무원에 대하여 허위신고를 하여 공정증서원본 또는 이와 동일한 전자기록등 특수매체기록에 부실의 사실을 기재 또는 기록하게 한 자는 5년 이하의 징역 또는 1천만원 이하의 벌금에 처한다.
② 공무원에 대하여 허위신고를 하여 면허증, 허가증, 등록증 또는 여권에 부실의 사실을 기재하게 한 자는 3년 이하의 징역 또는 700만원 이하의 벌금에 처한다.

第235条(미수범) 제225조 내지 제234조의 미수범은 처벌한다.

본죄는 전조와 마찬가지로 공문서의 무형위조를 처벌하는 것이지만, 제1항 및 제2항이 공문서의 범위를 한정하고 간접정범적 형태를 대상으로 하고 있다. 또한 1987(昭和62)년 개정에 의해 전자적 기록도 객체에 포함되는 것으로 명시되었다. 다른 위조죄 등과 달리 행사의 목적에 대해서는 문언이 없지만, 실제로는 행사할 목적 없이 본조에 해당하는 부실의 기재·기록을 하게 한다는 사태는 생각하기 어려울 것이다.

일정한 사실의 존부에 대하여 공무원에게 진실에 반한 신고를 하는 것을 말한다. 신고사항의 내용에 허위가 있는 경우는 물론, 신고자격에 허위가 있는 경우도 포함된다.[54)]

'권리·의무에 관한 공정증서'란 '공무원이 그 직무상 작성한 문서로서 권리·의무에 관한 사실을 증명하는 효력을 가진 것'을 말

54) 大判明治44(1911)年5月8日, 刑録17輯817頁.

한다.[55] 원본일 것을 요한다.[56] '부실의 기재 · 기록'이란 '객관적 사실에 반한 사항을 기재 · 기록하는 것'을 말한다. '면장(免狀)'이란 특정인에 대하여 일정한 행위를 할 권리를 부여한 증명서를, '감찰(鑑札)'이란 공무소의 허가 · 등록사실을 증명하는 증표를, 여권(旅券)이란 여권법상 발급된 문서를 말한다.

제1항의 죄와 동 행사죄 및 사기죄는 죄질상 통상 수단과 결과의 관계로서 견련범에 해당한다.[57] 본조는 허위의 신고를 한 결과 내용이 허위인 공정증서 등의 교부를 받은 행위를 포함하고 있다고 해석하여야 할 것이므로 별도의 사기죄는 성립하지 않는다.[58]

5. 위조공문서 행사

제158조(위조공문서 행사 등) ① 제154조 내지 전조의 문서 또는 도화를 행사하거나 전조 제1항의 전자적 기록을 공정증서의 원본으로 사용한 자는, 그 문서 또는 도화를 위조하거나 변조하여 허위의 문서 또는 도화를 작성하거나 부실한 기재 또는 기록을 하게 한 자와 동일한 형에 처한다.
② 전항의 죄의 미수는 벌한다.

제229조(위조등 공문서의 행사) 제225조 내지 제228조의 죄에 의하여 만들어진 문서, 도화, 전자기록등 특수매체기록, 공정증서 원본, 면허증, 허가증, 등록증 또는 여권을 행사한 자는 그 각 죄에 정한 형에 처한다.

제235조(미수범) 제225조 내지 제234조의 미수범은 처벌한다.

---

55) 最判昭和36(1961)年6月20日, 刑集15卷6号984頁.
56) 最決昭和48(1973)年3月15日, 刑集27卷2号115頁(주민표); 名古屋高判平成10(1998)年12月14日, 高刑集51卷3号510頁(외국인등록원표); 最決昭和37(1972)年3月1日, 刑集16卷3号247頁(공증인작성 공정증서) 등.
57) 最決昭和42(1967)年8月28日, 刑集21卷7号863頁.
58) 最判昭和27(1952)年12月25日, 刑集6卷12号1387頁.

본조는 제154조 내지 제157조의 각종 위조문서등을 행사(전자적 기록의 경우 '공용(供用)')한 자에 대하여 위조죄와 동일하게 처벌하도록 한 것이다. 전조와 마찬가지로 1987(昭和62)년 개정에 의해 전자적 기록에 대한 규정도 정비되게 되었다.

내용을 인식할 수 있는 상태에 두고자 하였으나 이에 이르지 못한 경우, 이미 상대방이 위조문서 등이라는 사정을 알고 있었던 경우 등에는 미수가 된다.[59] 우편으로 발송하였으나 도착하지 않았던 경우도 마찬가지이다.[60] 전 4조의 죄와 본죄는 견련범의 관계에 있다. 또한 위조공문서 등을 이용하여 사기죄를 범한 경우 사기죄와 본죄가 견련범의 관계에 서게 된다.

6. 사문서 위조 · 변조

제159조(사문서 위조 등) ① 행사할 목적으로 타인의 인장 또는 서명을 사용하여 권리의무나 사실증명에 관한 문서 또는 도화를 위조하거나 위조한 타인의 인장 또는 서명을 사용하여 권리의무나 사실증명에 관한 문서 또는 도화를 위조한 자는 3월 이상 5년 이하의 징역에 처한다.

② 타인이 날인하거나 서명한 권리의무 또는 사실증명에 관한 문서 또는 도화를 변조한 자도 전항과 같다.

③ 전 2항에 규정한 것 외에 권리의무 또는 사실증명에 관한 문서 또는 도화를 위조하거나 변조한 자는 1년 이하의 징역 또는 10만엔 이하의 벌금에 처한다.

제231조(사문서등의 위조 · 변조) 행사할 목적으로 권리 · 의무 또는 사실증명에 관한 타인의 문서 또는 도화를 위조 또는 변조한 자는 5년 이하의 징역 또는 1천만원 이하의 벌금에 처한다.

제235조(미수범) 제225조 내지 제234조의 미수범은 처벌한다.

---

59) 東京高判昭和53(1978)年2月8日, 高刑集31卷1号1頁.

60) 大判大正5(1916)年7月14日, 刑録22輯1238頁.

본조는 사문서의 위조·변조를 처벌하기 위한 것이다. 사문서 일반에 대해서는 본조에 의해 유형위조가, 사문서 중 진단서(제160조)에 대해서는 무형위조가 각각 처벌된다.

형태상 1통의 서면에 의해 복수의 명의가 모용된 경우 죄수를 어떻게 해석할 것인가에 대해서는 판례상으로도 명확한 기준이 제시되고 있지 않다. 모용된 작성명의의 수, 문서의 형태 및 그 내용이 된 사항의 수를 종합적으로 고려하여 구체적으로 정하여야 할 것이다.

7. 허위진단서 작성

제160조(허위진단서 등 작성) 의사가 공무소에 제출하여야 할 진단서, 검안서 또는 사망증서에 허위의 기재를 한 때에는 3년 이하의 금고 또는 30만엔 이하의 벌금에 처한다.

제233조(허위진단서등의 작성) 의사, 한의사, 치과의사 또는 조산사가 진단서, 검안서 또는 생사에 관한 증명서를 허위로 작성한 때에는 3년 이하의 징역이나 금고, 7년 이하의 자격정지 또는 3천만원 이하의 벌금에 처한다.

제235조(미수범) 제225조 내지 제234조의 미수범은 처벌한다.

본조는 형법상 사문서의 무형위조가 처벌되는 유일한 예외규정이다.[61] 본조에는 제157조와 같이 '행사할 목적'에 관한 명시적인 문언은 없지만 '공무소에 제출할'이라고 되어 있는 점에서 목적이 필요하다고 보는 견해와 문리적으로 필요없다고 보는 견해가 대립한다.

'제출하여야 할 서류'는 공무소에의 제출이 의무화되어 있는 서

61) 다른 법률상 사문서의 무형위조가 처벌되는 경우로는 「소득세법」 제242조 제1호, 「정치자금규정법」 제25조 제1항 제3호 등 참조.

류에 한한다는 견해도 있으나 공무소에의 제출이 예정되어 있는 것이라고 해석하여야 할 것이다. 따라서 고소장에 첨부하여 경찰서에 제출된 진단서나 공립학교의 입학원서에 첨부된 진단서도 이에 해당한다.

'의사'는 의사의 면허를 받은 자에 제한된다. '진단서'란 의사가 진료의 결과에 관한 판단을 표시하여 사람의 건강상태를 증명하기 위해 작성하는 문서를, '검안서(檢案書)'란 사체검안서를, '사망증서(死亡證書)'란 진료한 의사에 의한 사망진단서를 말한다. '허위의 기재'는 객관적 사실 및 그에 기초한 판단에 관한 일체의 허위기재를 말한다.

본죄는 위조사문서행사죄(제161조)와 견련범의 관계에 있다. 또한 공무원인 의사가 그 자격에 기초하여 무형위조를 한 경우에는 허위공문서작성죄(제156조)가 성립한다.

8. 위조사문서 행사

제161조(위조사문서 등 행사) ① 전 2조의 문서 또는 도화를 행사한 자는 그 문서 또는 도화를 위조 또는 변조하거나 허위의 기재를 한 자와 동일한 형에 처한다.
② 전항의 죄의 미수범은 처벌한다.

제234조(위조사문서등의 행사) 제231조 내지 제233조의 죄에 의하여 만들어진 문서, 도화 또는 전자기록등 특수매체기록을 행사한 자는 그 각 죄에 정한 형에 처한다.

제235조(미수범) 제225조 내지 제234조의 미수범은 처벌한다.

본조는 위조공문서행사죄(제158조)와 마찬가지로 전2조의 사문서 등에 대한 행사죄 및 그 미수범을 처벌하기 위한 규정이다. 다수의 사문서를 일괄하여 행사한 경우 각 죄의 상상적 경합이 된다. 전 2조의 죄와 본죄는 견련범의 관계에 있으며, 본죄와 이를 수단으로 이루어진 사기죄의 경우도 마찬가지이다.

9. 전자적 기록 부정작출 및 공용(供用)

제161조의2(전자적 기록 부정작출 및 공용) ① 타인의 사무처리를 그르치게 할 목적으로 그 사무처리에 제공되는 권리의무 또는 사실증명에 관한 전자적 기록을 부정하게 작성한 자는 5년 이하의 징역 또는 50만엔 이하의 벌금에 처한다.

② 전항의 죄가 공무소 또는 공무원에 의하여 작성되어야 할 전자적 기록에 관계되는 때에는 10년 이하의 징역 또는 100만엔 이하의 벌금에 처한다.

③ 부정하게 작성된 권리의무 또는 사실증명에 관한 전자적 기록을 제1항의 목적으로 타인의 사무처리용으로 제공한 자는 그 전자적 기록을 부정하게 작성한 자와 동일한 형에 처한다.

④ 전항의 죄의 미수범은 처벌한다.

제227조의2(공전자기록위작(僞作)·변작(變作)) 사무처리를 그르치게 할 목적으로 공무원 또는 공무소의 전자기록등 특수매체기록을 위작 또는 변작한 자는 10년 이하의 징역에 처한다.

제229조(위조등 공문서의 행사) 제225조 내지 제228조의 죄에 의하여 만들어진 문서, 도화, 전자기록등 특수매체기록, 공정증서원본, 면허증, 허가증, 등록증 또는 여권을 행사한 자는 그 각 죄에 정한 형에 처한다.

제232조의2(사전자기록위작·변작) 사무처리를 그르치게 할 목적으로 권리·의무 또는 사실증명에 관한 타인의 전자기록등 특수매체기록을 위작 또는 변작한 자는 5년 이하의 징역 또는 1천만원 이하의 벌금에 처한다.

제234조(위조사문서등의 행사) 제231조 내지 제233조의 죄에 의하여 만들어진 문서, 도화 또는 전자기록등 특수매체기록을 행사한 자는 그 각 죄에 정한 형에 처한다.

제235조(미수범) 제225조 내지 제234조의 미수범은 처벌한다.

본조는 정보화사회의 도래와 함께 전자적 기록이 중요한 사회적 역할을 하고 있다는 점에서 이에 걸맞는 형법상의 보호를 하는 것을 목적으로 1987(昭和62)년 형법 개정에 의해 신설되었다. 처벌규정의 골격은 기본적으로는 문서위조·행사죄와 같다.

'부정작출'은 권한이 없거나 권한을 남용하여 전자적 기록을 작출하는 것을 말한다. 단순한 데이터의 소거는 문서훼기(제258조, 제259조)에 해당할 뿐이다. 전자적 기록이 일정한 시스템에 이용되어 증명기능을 수행한다는 특질에 비추어 위조·변조·허위기입이라는 개념은 사용되지 않는다. 그 결과 해당 시스템의 설치운영주체의 의사에 반하는 등으로 허위의 기록을 작출하는 행위는 모두 처벌의 대상이 된다.

'공용'이라 함은 '부정작출된 전자적 기록을 타인의 사무처리를 위해 이에 사용되는 전자계산기에서 사용될 수 있는 상태로 놓아두는 것'을 말한다. 문서위조에서 '행사' 행위에 대응한다. 구체적으로는 자기띠 부분이 있는 예금통장을 은행의 현금자동지급기에 넣어 기록내용의 판독이 가능한 상태에 놓는 것을 가리킨다.

공용죄에는 미수범 처벌규정이 있다. 자기띠 부분이 있는 예금통장 등의 경우 현급자동지급기에 넣으려고 하면 실행의 착수가 인정되고, 넣어 판독이 가능한 상태에 이르기 전에 검거된 경우 미수에 그치게 된다.

[참고문헌]

박상기, 형법각론, 박영사, 2015.

박상기, 형법학, 집현재, 2015.

이형국, 형법각론연구Ⅱ, 법문사, 2005.

류전철, 위조범죄의 이론과 실제, 전남대학교출판부, 2011.

법무부, 일본형법, 2007.
柳全哲, "韓國刑法に及ぼした日本刑法の影響", 법학논총 제29집 제2호(2009.12), 전남대학교 법학연구소, 237-256면.
오영근, "일본개정형법가안이 제정형법에 미친 영향과 현행 형법해석론의 문제점", 형사법연구 제20권(2003), 한국형사법학회, 109-140면.
井田 良, 刑法各論, 弘文堂, 2002.
大塚 仁 外, 大コンメンタール刑法[8], 青林書院, 2001.
川端 博, 刑法各論講義, 成文堂, 2007.
前田雅英 外, 條解刑法, 弘文堂, 2002.
松宮孝明, 刑法各論講義, 成文堂, 2006.
山口 厚, 刑法各論, 有斐閣, 2005.
山中敬一, 刑法各論Ⅱ, 成文堂, 2005.

저자 소개 (집필순)

❙ 박상기
독일 Göttingen대학교 법과대학 박사
(현) 연세대학교 법학전문대학원 교수
(전) 한국형사정책연구원 원장
(전) 한국형사법학회 회장

❙ 김혜경
연세대학교 법학박사
(현) 계명대학교 경찰행정학과 교수
(전) 한국형사정책연구원 부연구위원
2012년 한국형사법학회 정암형사법학술상

❙ 이창현
연세대학교 법학박사
(현) 한국외국어대학교 법학전문대학원 교수
(전) 법무법인 세인 변호사

❙ 심희기
서울대학교 법학박사
(현) 연세대학교 법학전문대학원 교수
(전) 한국형사소송법학회 회장

❙ 한상훈
서울대학교 법학박사
(현) 연세대학교 법학전문대학원 교수
(현) 한국형사법학회 상임이사
(현) 대법원 사법발전위원회 위원

❙ 김용수
연세대학교 법학박사
(현) 가톨릭대학교, 연세대학교 강사
(전) 연세대학교 법학연구원 전문연구원

❙ 이승준
연세대학교 법학박사
(현) 충북대학교 법학전문대학원 부교수
(현) 한국형사정책학회 이사
(현) 대한변호사협회 검사평가특별위원회 위원

❙ 전지연
독일 Göttingen대학교 법과대학 박사
(현) 연세대학교 법학전문대학원 교수
(전) 연세대학교 법학전문대학원 원장
(전) 한국형사법학회 회장

❙ 임정호
연세대학교 법학박사
(현) 한국형사정책연구원 부연구위원
(전) 법무법인 남산 연구위원

❙ 정소영
연세대학교 법학박사
(현) 충남대학교, 충북대학교 강사
(전) 연세대학교 법학연구원 전문연구원

❙ 김정환
독일 Göttingen대학교 법학박사
(현) 연세대학교 법학전문대학원 교수
2015년 한국형사법학회 정암형사법학술상
2016년 한국보호관찰학회 학술상

❙ 이경재
연세대학교 법학박사
(현) 충북대학교 법학전문대학원 교수
(전) 한국형사정책연구원 선임연구원

❙ 김슬기
연세대학교 법학박사
(현) 대전대학교 법학과 조교수
(현) 충청남도 행정심판위원회 위원

❙ 황태정
연세대학교 법학박사
(현) 경기대학교 경찰행정학과 부교수
(전) 한국형사정책연구원 부연구위원

문서와 범죄

2017년 6월 20일 초판인쇄
2017년 6월 26일 초판발행

저 자 박상기 외

발행인 위 호 준
발행처 도서출판 **집현재**
04091 서울특별시 마포구 토정로 222
한국출판콘텐츠센터 417호
전화 (02)332-4922 Fax (02)3142-4922
홈페이지: www.jhjbook.co.kr
e-mail: jyp4922@naver.com

출판등록 2010년 10월 25일
등록번호 제105-91-57581호

정가 35,000원 ISBN 978-89-97304-70-7

이 도서의 국립중앙도서관 출판예정도서목록(CIP)은 서지정보유통지원시스템 홈페이지(http://seoji.nl.go.kr)와 국가자료공동목록시스템(http://www.nl.go.kr/kolisnet)에서 이용하실 수 있습니다.
(CIP제어번호: CIP2017014469)